文化发展统计分析报告

2011

2011 Statistical Analysis Report on Cultural Development

中华人民共和国文化部

文化艺术出版社
Culture and Art Publishing House

2011 文化发展统计分析报告

编委会和编辑办公室

2011 文化发展统计分析报告

撰稿人员

（按姓氏笔画排序）

于　芳　于　洁　于吉凯　亢　博　王　栋　王云峰　王建文

王明亮　王晓龙　王增亚　车文文　冯忠禄　田　颖　田爱军

艾　涛　刘　岚　刘　鹏　刘双葆　刘宇松　刘丽团　刘爱华

华澄宁　孙　毅　孙忠云　孙晓华　孙晶玮　汤筱蕾　许扶亚

闫　俊　何　嘉　吴　兵　宋奇慧　张　洁　张玉伟　张国庆

张晓强　李　娜　李　强　李　锋　李玉芳　李玉荣　李向欣

杨　伟　杨家颖　汪　锦　迟晓玲　邵书兰　邹　端　陈　红

陈　虹　陈　歆　陈伦海　陈晓文　周继红　孟　艳　明　珍

金　鹏　金京生　姚仲明　姚登科　姜　标　宫长平　施融宁

胡建华　赵　赋　赵若奎　唐　迪　唐恺玲　晏　林　聂　俊

袁大俊　郭　尧　郭　懿　郭蔚婷　高雪梅　黄倩南　龚英邓

彭　涛　彭月萍　程　青　董　益　蒋　林　蒋　萍　韩克炼

解秀海　潘　沛　戴东升　魏　锋　魏建业

序

蔡武

文化是一个国家、一个民族的灵魂，是一个民族真正有力量的决定性因素。中国特色社会主义文化建设，既是中国特色社会主义总体布局的重要组成部分，又是贯通、保证、推动经济建设、政治建设和社会建设的基础。没有先进文化的引领，国家和民族不可能屹立于世界民族之林，没有文化的大发展大繁荣，就不可能有国家的现代化。中华民族的伟大复兴，归根到底，要靠中华文化的伟大复兴。

经过改革开放三十多年的发展，尤其是党的十六大以来的快速发展，我国的文化建设取得了令人瞩目的成就。文化发展的理论体系进一步完善，文化发展的环境明显改观，文化发展的成果更加丰富，文化发展的影响持续彰显。我国文化建设已经进入一个崭新的发展阶段。

但也应该看到，当前文化建设中还存在着很多不足，推动文化全面协调可持续发展的任务依然非常艰巨。首先是文化发展总体水平还不高，还无法满足人民群众日益增长的多样化精神文化需求，还无法更好地维护日益突出的国家文化安全，还无法适应我国经济社会又好又快发展的新形势。其次是文化发展不平衡问题突出，中西部地区、农村地区文化发展水平还很低，实现公共文化服务均等化的任务还比较繁重。第三是文化发展的资金保障、制度保障和人才保障等还非常薄弱，文化事业费占国家财政总支出的比重还很低，文化领域的法律法规还不够健全，文化队伍建设还有待加强。

面对这些挑战，我们必须全面学习贯彻胡锦涛总书记在庆祝中国共产党成立90周年大会上的讲话精神，以高度的文化自觉和文化自信，着眼于提高民族素质和塑造高尚人格，以更大力度推进文化改革发展，在中国特色社会主义伟大实践中进行文化创造，让人民共享文化发展成果，在弘扬中华优秀传统文化的基础上创造出中华文化新的辉煌。

由文化部组织编印，全国文化统计工作者撰写的《2011 文化发展统计分析报告》，运用翔实的统计数据，科学的统计方法，直观展现了我国文化发展的现状与趋势，深刻剖析了文化发展中存在的问题并提出相应的政策建议，对我国现阶段文化发展具有一定的参考意义。这是全国文化统计能力建设的重要内容，也是全国文化统计系统认真贯彻胡锦涛总书记讲话精神，努力践行科学发展观，着力开创文化工作新局面的具体体现。

当前，我国文化建设正处在加快发展的关键时期。作为一项基础性工作，文化统计工作发挥着反映文化发展、服务文化决策、引导文化实践的重要作用。希望各级文化部门高度重视文化统计工作，切实夯实统计基础，不断提高统计质量，继续加强统计分析，为文化发展提供强有力的统计保障。

2011 年 7 月

目 录

综合篇

地区篇

A

P.1-82

综合篇

全国2010年文化发展基本情况

2010年，全国各级文化部门认真贯彻落实中央精神，以推进文化大发展、大繁荣为目标，全面推进文化建设，我国的文化事业和文化产业进入了新的发展阶段。面对新形势，要全面贯彻胡锦涛总书记在中共中央政治局第22次集体学习时的讲话精神，坚持以科学发展观为统领，加快文化全面发展。

一、文化建设取得新进展

2010年，我国文化改革发展取得了新的成就。公共文化服务体系进一步完善，资金保障能力进一步加强。文化市场繁荣有序，文化产业发展强劲。文化遗产保护力度不断加大，中华文化国际影响力不断提升。

截至2010年底，纳入统计制度的全国各类文化机构31.35万个，比上年增加7776个；从业人员210.79万人，比上年增加12.38万人。分类型看，执行事业会计制度的文化机构62172个，比上年增加1713个，全年收入合计696.33亿元，比上年增长16.1%；执行企业会计制度的文化机构251368个，比上年增加6063个；全年营业总收入1244.14亿元，比上年增长15%，实现利润403.39亿元，增长9.6%。

（一）公共文化服务体系进一步完善

2010年，随着公共文化设施建设进一步加快，覆盖城乡的公共文化服务体系初步形成，公共文化服务能力进一步提高，公共文化活动更加丰富多彩。

1. 设施设备建设进一步加快

2010年，各级政府不断加大投入力度，保证了全国乡镇综合文化站、全国文化信息资源共享工程等一系列文化惠民工程的顺利开展。

乡镇综合文化站建设是国家“十一五”时期实施的一项重大文化建设项目。2010年6月，国家发改委下达了最后一批乡镇综合文化站中央预算内投资18.48亿元，顺利完成了“十一五”乡镇综合文化站建设中央投资39.48亿元的全部下达任务。截至2010年底，需要中央补助投资的乡镇综合文化站建设项目23746个（不含黑龙江农垦项目），其中13561个建设项目竣工，占项目总数的57.1%。其余项目预计在2011年内将全部建成投入使用。

为解决乡镇综合文化站设施“空壳”问题，财政部2008至2010年连续三年安排乡镇文化站设备购置专项资金11.62亿元（其中2010年安排资金4.19亿元），为已建成且达标的乡镇综合文化站配备文化信息资源共享工程设备和开展文化活动所必需的设备器材，以改善其设备状况，完善其服务功能，从硬件上保障乡镇文化站活动的正常开展。

全国文化信息资源共享工程进展顺利。截至2010年底，中央累计投入达27.44亿元（其中

2010 年投入 5.34 亿元)。已建成 1 个国家中心，33 个省级分中心，2867 个县级支中心，2.3 万个乡镇基层服务点，59.7 万个村基层服务点，基本建成覆盖城乡的服务网络，完成“村村通”的目标。文化共享工程资源总量达 108TB，数字资源已形成规模。技术平台日益完善，已形成互联网、卫星网、有线（数字）电视网等多形式共用、多网络结合的资源传输渠道，实现了电脑、电视、手机、投影等各种终端服务设备的综合运用。

2. 服务内容更加丰富

2010 年底，全国共有公共图书馆 2884 个，比上年增加 34 个，图书总藏量 6.17 亿册（件），比上年增长 5.5%；全年共发放借书证 2019.52 万个，增长 15.4%；全国平均每万人拥有公共图书馆面积由 2009 年的 63.7 平方米提高至 67.2 平方米。

2010 年底，全国共有群众文化机构 43382 个，比上年增加 1423 个；藏书总量达到 1.61 亿册，比上年增长 15.9%；对公众开放阅览室 41.97 万平方米，增长 24.8%；全国平均每万人拥有群众文化设施面积由 2009 年的 164.27 平方米，提高到 188.6 平方米。

3. 信息化水平快速提高

随着信息技术的广泛应用，公共文化机构的信息化装备水平显著提升。从公共图书馆看，电子阅览室占阅览室总面积的比重逐年增加。2010 年，全国公共图书馆共有计算机 142772 台，比上年增长 13.1%；电子阅览室终端数 83124 个，增长 15.2%；全国公共图书馆电子阅览室面积 37.62 万平方米，增长 9.5%。电子阅览室面积占阅览室总面积的比重由 2009 年的 16.89% 提高到 17.05%。

图1　全国电子阅览室面积情况

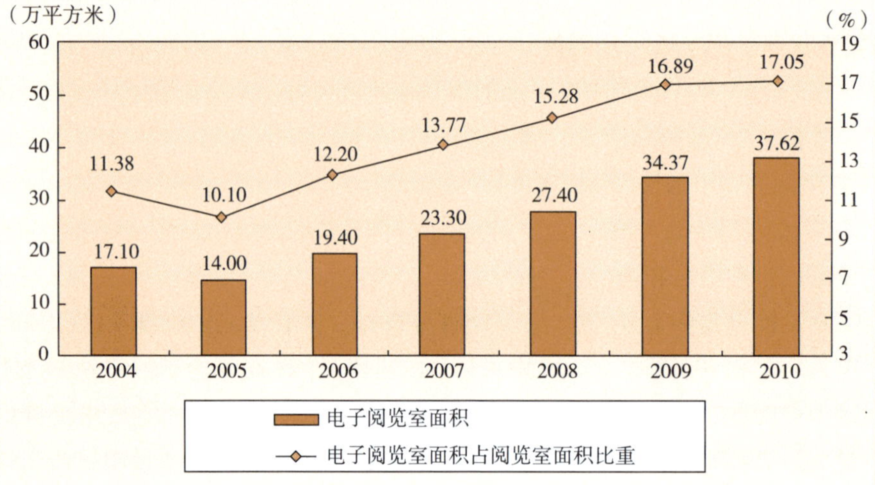

从群众文化机构看，全国共有计算机 115269 台，比 2009 年增长 36.7%，比 2004 年增长近 40 倍。增幅最快的是 2009 年和 2010 年，主要原因是，中央从 2009 年开始实施乡镇综合文化站设备购置专项，支持文化站购置文化信息资源共享设备。

4. 社会效益更加突出

2010 年，文化部积极搭建公益性文化活动平台，加强对群众性文化活动的引导和扶持。成功举办“大地情深”——全国城乡基层群众小戏小品展演、中华红歌会、“春雨工程——全国文化志愿者边疆行”等重大文化活动，有效地带动了全国文化活动的开展。据统计，2010 年全国群众文化机构共举办展览 11.74 万个，比上年增长 6.4%；组织文艺活动 57.68 万次，增长 3.9%；组织各类理论研讨和讲座 1.22 万次，增长 8.3%；举办各类训练班 35.87 万次，增长 17.6%；培训 1805.62 万人次，增长 13.3%。

2010 年全国公共图书馆总流通人次 3.28 亿人次，比上年增长 2%；书刊文献外借 1.39 亿人次和 2.64 亿册次，分别增长 4.9% 和 2.1%。

表 1 “十一五”期间全国公共图书馆发展情况

年 份	机构数（个）	财政拨款（万元）	总藏量（万册、件）	总流通人次（万人次）	书刊、文献外借册次（万册次）	新购图书（万册）	公用房屋建筑面积（万平方米）	阅览坐席数（万个）
2006 年	2778	319479	50024	25217	21039	1686	718.9	50.0
2007 年	2799	395441	52053	26103	21319	1871	741.4	52.7
2008 年	2820	477616	55064	28141	23129	2071	780.0	55.4
2009 年	2850	550808	58521	32167	25857	2939	850.3	60.2
2010 年	2884	583685	61726	32823	26392	2956	900.4	63.1

（二）艺术演出市场全面发展

1. 演出场次、演出收入大幅增长。2010 年，全国各级艺术表演团体坚持“贴近实际、贴近生活、贴近群众”原则，努力开拓国内外市场，积极组织各类文艺演出活动，演出规模继续扩大，演出收入快速增长。2010 年，全国 6864 个艺术表演团体全年共演出 137.15 万场，比上年增长 14.1%；国内演出观众 8.85 亿人次，增长 8.2%；总收入 128.76 亿元，增长 13.0%，其中财政补贴 71.05 亿元，增长 9.3%；演出收入 34.27 亿元，增长 18.9%。

从 2007 年以来的情况看，除 2008 年受金融危机影响，演出市场有所萎缩外，其他年份均保持了较高增长的态势。

表 2 近几年全国艺术表演团体基本情况

年 份	机构数（个）	从业人员（人）	演出场次（万场次）	国内演出观众人次（万人次）	演出收入（万元）
2007	4512	185413	92.7	75895.6	203757
2008	5114	184678	90.5	63186.8	204842
2009	6139	208174	120.2	81715.9	288214
2010	6864	220653	137.1	88455.8	342696

2. 赴农村演出比重进一步提高。2010 年，以县级艺术院团为主体的全国艺术表演团体，深入农村，开展了丰富多彩的活动，为进一步满足广大农民精神文化需求提供了保障。据统计，2010 年文艺院团共赴农村演出 84.67 万场次，比上年增长 14.3%；农村观众 5.64 亿人次，增长 9.3%。赴农村演出场次占全部演出场次的 61.8%，比重比上年略有提高。

图2 全国艺术表演团体赴农村演出场次及比重

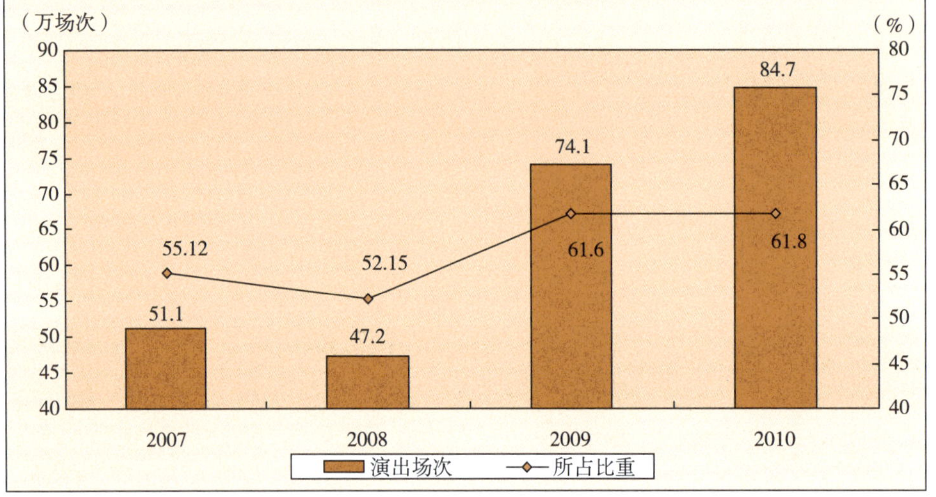

3. 社会效益有力彰显。近年来，全国各级艺术表演团体通过“文化下乡”、低票价演出等方式，将经济效益与社会效益有机统一起来，受到了广大人民群众的热烈欢迎和社会的广泛赞誉。据统计，2010 年全国艺术表演团体共组织政府采购的公益演出场次 5.67 万场，比上年增长 13.2%；观众人次 6807.4 万人次，增长 20.2%；政府采购的公益演出补贴收入 2.28 亿元，增长 14.6%。

（三）文化市场繁荣有序，文化产业发展强劲

1. 文化市场规模进一步扩大

2010 年，文化部先后下发了《文化部关于进一步加强文化市场管理工作的若干意见》、《网络游戏管理暂行办法》等文件，切实加强文化市场管理，促进文化市场的健康持续发展，创造了和谐稳定的社会文化环境，我国文化市场进一步活跃繁荣。2010 年底，全国文化市场经营单位 24.47 万个（不含经营性艺术表演团体和艺术表演场所），比上年增加 5126 个，全年营业总收入 1069.63 亿元，比上年增长 11%；利润总额为 375.26 亿元，增长 7.2%。

表 3 近几年全国文化市场经营机构基本情况

		机构数（个）	从业人员（人）	资产总计（万元）	利润总额（万元）
总量	2008 年	231220	1264266	15927513	1821632
	2009 年	239571	1294912	14182320	3498936
	2010 年	244697	1388863	16150845	3752604
增长速度（%）	2008 年	0.8	3.9	-20.3	-41.1
	2009 年	3.6	2.4	-11.0	92.1
	2010 年	2.1	7.3	13.9	7.2

2. 文化市场结构特点突出

现阶段，我国文化市场的结构特点是比较突出的。从市场主体看，主要以内资民营企业为主；从经营业务看，主要以娱乐场所和网吧为主；从经营区域看，覆盖全国城乡大部分地区。

2010年，不同区域和不同领域的文化市场发展情况略有不同。从城乡区域看，城市文化市场规模扩张较快，但利润水平却明显不如农村；从业务种类看，娱乐场所发展较快，各项指标增长速度均比较高，网吧则进入稳定发展期，网吧机构数、从业人员数和资产总计比上年略有增长，营业收入和利润总额出现一定程度的下滑。

表4　2010年全国文化市场经营机构分组情况

		机构数（个）	从业人员（人）	资产总计（万元）	营业总收入（万元）	利润总额（万元）
总量	总计	244697	1388863	16150845	10696257	3752604
	按城乡分					
	城市	103890	771363	9904531	6896073	2165945
	县城	90910	440084	4515271	2760098	1171644
	县以下	49897	177416	1731043	1040086	415015
	按经营范围分					
	#娱乐场所	85854	703520	7635552	4772099	1718734
	网吧	140376	584912	5864306	3626809	1490620
增长速度（%）	总计	2.1	7.3	13.9	10.4	7.2
	按城乡分					
	城市	3.5	9.0	11.8	11.9	3.6
	县城	0.3	5.6	17.1	8.2	12.8
	县以下	2.9	4.0	17.8	7.0	12.5
	按经营范围分					
	#娱乐场所	4.4	10.5	21.8	15.5	25.7
	网吧	1.7	0.7	5.0	-4.2	-1.3

3. 文化市场执法能力进一步增强

2010年，文化市场综合执法改革取得重大进展，执法力量不断加强，执法手段不断改进。北京、上海、重庆等11个省（市）基本完成综合执法改革，山东、河北、辽宁所有省辖市全部完成综合执法改革。全国地级市中已有70%组建了综合执法机构，72%实现了文化、新闻、广电三局合并；全国有一半的县（区）组建了综合执法机构并实现三局合并。

2010年底，全国各级文化市场执法机构共拥有机动执法车辆2396辆，比上年增加39辆；数码取证设备2755台，增加205台；影视鉴定设备575台，增加43台。

表 5　2010 年全国文化市场执法机构情况

	机构数（个）	从业人员（人）	本年收入合计（万元）		资产总计（万元）	公用房屋建筑面积（万平方米）	机动执法车辆（辆）
				财政拨款			
总　计	2653	22293	118473	104857	71191	20.59	2396
省区市	33	426	7362	6975	11624	0.34	73
地　市	238	3258	24177	22655	12720	3.15	418
县市区	2382	18609	86934	75227	46847	17.10	1905

4. 文化产业发展环境进一步优化

2010 年，各级文化部门以贯彻落实国务院文化产业振兴规划为契机，采取了一系列政策措施，为文化产业的发展创造了良好条件。一是出台了《关于金融支持文化产业振兴和发展繁荣的指导意见》，促进了金融资本与文化产业的对接，文化部与中国工商银行、中国农业银行等签订了战略合作协议，经文化部平台共向银行推荐项目 31 个，涉及金额 136 多亿元。二是继续开展国家文化产业示范基地和国家级文化产业示范园区的评选命名工作，累计审定 204 家国家文化产业示范基地，4 家国家级文化产业示范区。三是大力扶持重点产业，开展重点动漫产品、重点动漫企业认定工作，2010 年底，全国动漫企业达到 831 家，原创漫画作品 13761 部，原创动画作品 4429 部，全年营业总收入 58.15 亿元，比上年增长 78.2%，实现利润 11.65 亿元，增长 197.4%。

（四）文化遗产保护事业蓬勃发展

1. 文物藏品进一步增加，服务水平进一步提高

2010 年，文物机构大力推进考古和文物保护工作，文物藏品数量进一步增加，文物机构开展公共服务的基础进一步夯实。据统计，全国文物机构全年考古发掘项目 2123 个，比上年减少 781 个；考古钻探面积 15200 万平方米，比上年增长 128.37%；考古发掘面积 402.53 万平方米，增长 5.7%；全年修复藏品数 55354 件，增长 24.6%；全年征集藏品数 333054 件，增长 106.1%。第三次全国文物普查中，全国 2800 多个县全部完成了实地文物调查，调查登记不可移动文物 80 余万处，比第二次全国文物普查登记的文物总数翻了一番。

截至 2010 年底，全国 5207 家文物单位拥有文物藏品 2864.22 万件，比上年底增加 183.95 万件，其中一级品 67208 件，增加 390 件。全国文物机构共举办陈列展览 30156 个，比上年增长 82.5%，参观人次达 5.21 亿人次，增长 20.5%。

2. 全国博物馆免费开放工作顺利开展

2010 年，中央财政安排免费开放专项经费 20 亿元，重点补助地方博物馆、纪念馆免费开放所需资金，鼓励改善陈列布展和举办临时展览，支持重点博物馆、纪念馆提升服务能力。至 2010 年底，全国免费开放的博物馆达到 1893 个，占全国博物馆总量的 77.7%，全年接待观众 31959 万人次，占全国博物馆参观人次的 78.6%。免费开放加快了博物馆融入社会的步伐，博物馆的文化辐射力和社会关注度得到空前提高，公共文化服务能力和社会效益得到进一步增强。

3. 非物质文化遗产保护事业成效显著

初步建立了符合我国国情的非物质文化遗产保护制度，国家、省、市、县四级名录体系初步形成。2010 年底，全国共有国家级非物质文化遗产名录 1028 个，国家级代表性传承人 1488 人。京剧和中医针灸列入“人类非物质文化遗产代表作名录”，还有三项列入“急需保护的非物质文化遗产名录”。下发《文化部关于加强国家级文化生态保护区建设的指导意见》，新设立 6 个国家级文化生态保护实验区。

（五）对外文化工作稳步推进

2010 年，国务院批复建立了“对外文化工作部际联席会议”制度，为科学统筹我国对外文化工作提供了重要平台。一年来，我国对外文化阵地不断拓展，对外文化交流全面深化，对外文化影响进一步增强。

1. 对外文化阵地不断拓展。2010 年曼谷中国文化中心、新加坡中国文化中心先后奠基，乌兰巴托中国文化中心正式揭牌。另外，与 4 个国家签署了建立文化中心的政府文件，与 6 个国家达成了初步意向。

2. 对外文化交流全面深化。一方面通过开展与各国特别是西方大国的思想文化对话，赢得各国思想上、价值观上的平等尊重和相互理解，树立起中国文化的新形象；另一方面，通过各类文化年会和品牌活动，创新对外宣传方式，推动文化产品走出去，增强国家软实力。其中“欢乐中国”活动在 42 个国家和港澳台地区举办；我国承办的 2010 年国际博协第 22 届大会，是我国主办的文化遗产和博物馆领域规模最大的国际会议，122 个国家 3000 多名代表参会，并发表了《上海宣言》，增强了我国在国际博物馆事业中的话语权。

3. 对港澳台文化交流工作成效明显。不断深化与港澳地区文化交流合作，对港澳青少年文化交流工作得到加强。对台文化工作成效显著，成功举办两岸民间艺术节等系列文化活动，文化部部长蔡武同志以中华文化联谊会名誉会长身份成功访台并出席两岸文化论坛，与台湾当局文化主管部门直接交流，引起海内外广泛关注。

4. 对外文化贸易活跃。随着我国经济实力的显著增强和国际影响力的不断扩大，我国的发展模式备受关注、文化魅力日益显现，国际社会对我国文化产品与服务的需求也在大幅增长。近几年，我国艺术表演团体赴国外演出规模不断扩大。2010 年，全国共有 940 家文艺演出团体赴外演出 9.37 万场次，比上年增长 25.4%。另据商务部的统计，2010 年我国核心文化产品进出口总额 143.9 亿美元，增长 15.1%。

（六）文化经费保障稳步提高

1. 文化事业费总量持续增长。2010 年，全国文化事业费（财政拨款）323.06 亿元，比上年增加 30.75 亿元，增长 10.5%。文化事业费占国家财政总支出的 0.36%，比重比上年下降了 0.02 个百分点。

“十一五”期间，全国文化事业费整体上呈现快速增长的态势。五年间全国文化事业费总计达 1220.41 亿元，是“十五”时期的 2.46 倍；文化事业费年均增长 19.3%，是改革开放以来增长速度最快的一个时期。

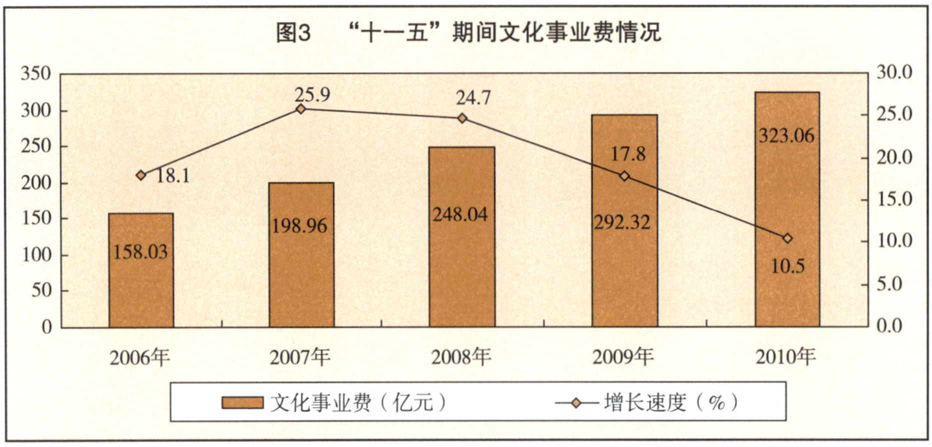

2. 人均文化事业费不断提高。2010 年全国人均文化事业费 24.11 元，比上年增加 2.21 元，同比增长 10.1%。2010 年人均文化事业费是 2005 年的 2.4 倍，2000 年的 4.8 倍，1995 年的 8.8 倍。

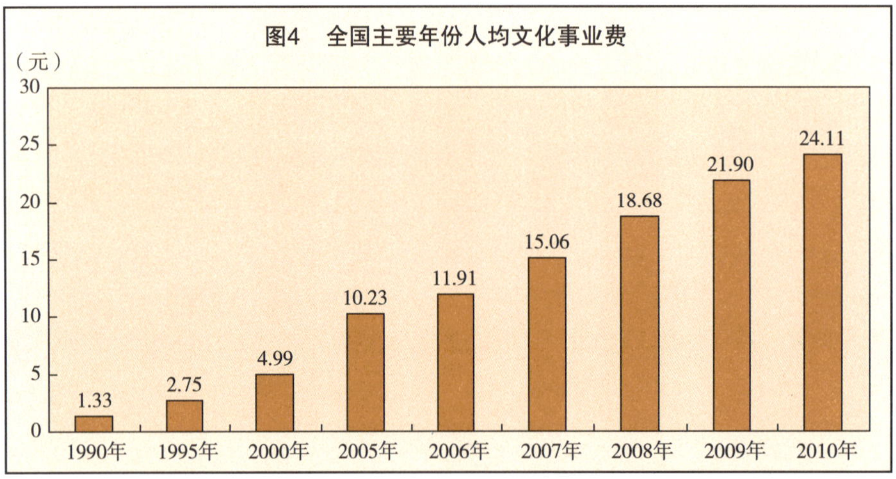

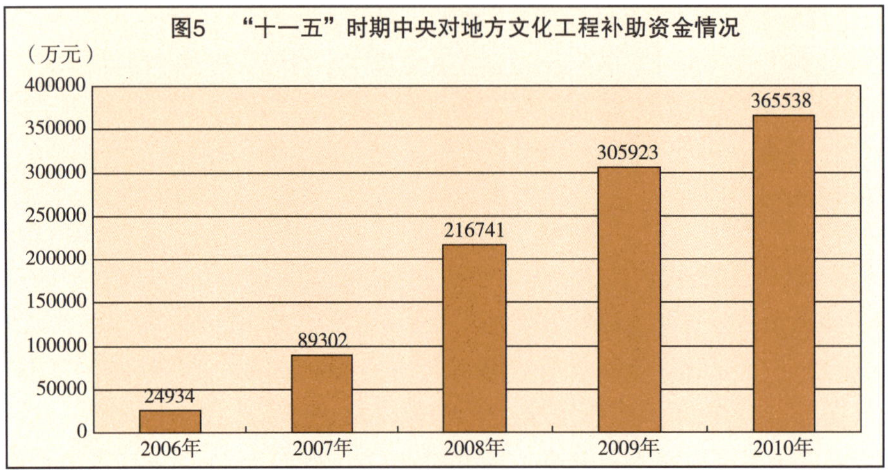

3. 各项重大文化工程项目稳步推进。“十一五”以来，中央财政继续通过转移支付方式，大力推进乡镇综合文化站建设、全国文化信息资源共享工程、非物质文化遗产保护补助地方专项等重大文化工程项目，支持各地文化建设。五年间，中央投入的资金不断加大。其中2010年36.55亿元，比2009年增长19.5%。“十一五”期间，中央共投入资金100.24亿元，是“十五”期间的12.4倍。

4. 公共文化设施建设成效显著。2010年，各级文化部门按照《国家“十一五”时期文化发展规划纲要》中对建设公共文化服务设施网络的要求，加大对公共文化服务设施建设的投入力度。全年全国文化基建项目11983个，比上年增加2174个；项目计划总投资390.07亿元，比上年增长6.0%；施工面积（建筑面积）1243.46万平方米，增长22.4%；建成项目5260个，比上年增加418个；竣工面积315.53万平方米，比上年增长11.1%。

二、推动文化持续协调发展的任务依然艰巨

经过改革开放以来三十多年的发展，尤其是党的十六大以来的快速发展，我国的文化建设取得了令人瞩目的成就。文化发展的基础不断巩固，文化发展的环境明显改善，文化发展的内容更加丰富，文化发展的影响更加彰显，我国文化建设已经进入一个崭新的发展阶段。但从整体上看，我国文化发展还存在着很多不足，推动文化持续协调发展的任务依然艰巨，需要高度重视，妥善解决。

（一）文化发展的总体水平偏低

我国文化发展的总体水平还不高，还无法满足人民群众日益增长的多样化精神文化需求，还无法适应我国经济社会又好又快发展的新形势。

据测算，按照国际人均收入和支出平均标准，我国文化消费支出总量应该达到4万亿元以上，而目前尚不足1万亿元，缺口非常大。再如2010年全国图书馆人均藏书量0.46册，远远低于国际图书联合会人均1.5－2.5册的标准；2010年，全年全国人均观看演出次数仅为0.66场；我国文化产业的增加值占GDP的比重还不足3%，远低于发达国家水平。

（二）文化发展的结构不平衡

文化发展的结构不平衡主要体现在两个方面，一是城乡的不平衡，二是区域的不平衡。文化发展的不平衡从内容上是全方位的，从文化投入到文化服务，从公共文化到文化产业。

1. 城乡结构不平衡。农村一直是文化发展的薄弱环节，尽管近些年来国家采取了一系列调控政策，城乡的文化发展差距有所缩小，但整体上看，差距依旧明显。从文化投入看，2010年，全国文化事业费323.06亿元，其中农村投入116.41亿元，仅占36.0%；从公共文化看，2010年，主要服务于农村的1532家县图书馆图书总藏量10819.4万册，仅占全国图书馆总藏量的17.5%，本年新购藏量400.3万册，占13.5%，公用房屋建筑面积214.8万平方米，占23.9%，总流通人次6287万人次，占19.2%；从文化市场情况看，2010年县以下文化市场经营单位49897家，仅占20.4%，其中娱乐场所12639家，占14.7%，网吧35247家，占25.1%。

2. 区域结构不平衡。受经济发展水平、自然环境条件、历史文化传统等多种因素影响，我国文化发展存在着较大的地区差异。从文化投入和公共文化发展程度看，东部地区最好，西部次之，中

部地区最差。究其原因，东部地区主要是由于当地经济发展水平较高，地方财政投入较多，西部地区则更多地得益于中央的转移支付；从演出市场情况看，中部地区明显好于东部地区和西部地区，这主要缘于中部地区丰富的演艺文化资源和厚重的演艺文化底蕴；从文化市场情况看，由于东部地区整体市场化发育程度较高，其文化市场经营状况也明显好于中西部地区。

表 6 分区域 2010 年文化发展情况

	东部地区	中部地区	西部地区
人均文化事业费（元）	30.54	15.64	23.80
人均公共图书馆藏书（册）	0.66	0.30	0.36
人均进入公共图书馆次数（次）	0.40	0.15	0.18
人均观看文艺演出次数（次）	0.63	0.79	0.51
人均文化市场经营资产（元）	178.65	84.87	97.01
人均文化市场经营利润（元）	36.41	24.21	22.92

（三）文化保障体系仍需进一步完善

文化保障体系的内容非常广泛，这里只着重从资金保障、制度保障和人才保障几个方面加以简要说明。

1. 资金投入总量明显不足。一是比重小。文化事业费占国家财政总支出的比重，近年来一直在 0.4% 以下且不断回落。2010 年，文化事业费占财政支出的 0.36%，是改革开放以来的新低。二是速度低。“十一五”期间，文化事业费年均增长速度低于同期财政支出的增长速度，更明显落后其他社会事业费增长速度，文化与其他社会事业的差距被迅速拉大。

图6 历年文化事业费占财政支出的比重情况

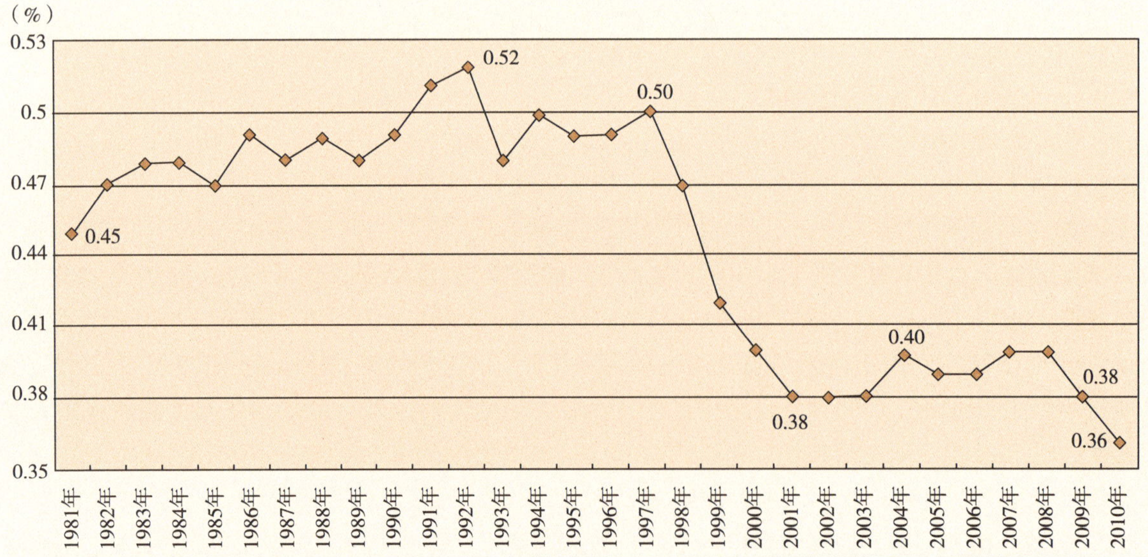

图7　各时期社会事业费年均增长速度比较

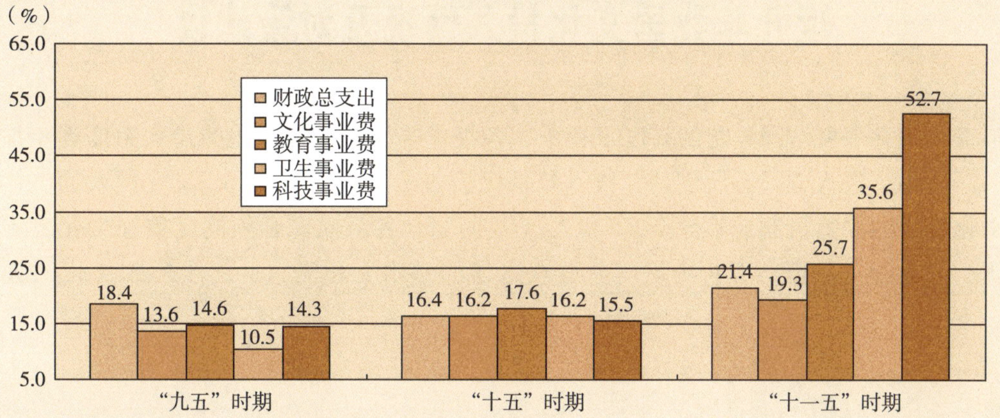

2. 人才保障远远不够。文化队伍处在文化建设的最前沿，是文化战线贯彻落实党中央国务院文化建设重要战略部署的基石。但目前我国文化人才保障远远不够。一是文化领域尤其是公共文化领域从业人员严重不足。以2010年乡镇文化站情况为例，全国共有从业人员73920人，平均每站2人，其中，专职人员39588人，平均每站1人。在全国34121个乡镇文化站中，14503个没有专职人员，占乡镇文化站总数的32.14%。二是专业人才不足。如2010年全国艺术表演团体从业人员中具有中高级职称的人员61314人，仅占从业人员总数的27.8%，比重比2007年还下降了2.4个百分点。三是人才培训和教育不足。从文化部门直属的151家文化教育机构看，2010年在校人数81696人，比上年减少6934人；毕业人数22165人，增加1247人；培训干部4097人，减少694人。

3. 制度保障不够完备。长期以来，文化领域的立法相对滞后。目前只有《文物保护法》和《非物质文化遗产法》两部法律。除了法律之外，现在还有10多个行政法规、40多个部门规章和一些地方性法规条例。但总体来看，与教育、卫生、科技和体育等领域相比，文化法制建设的步伐还比较滞后。与文化事业发展的需要相比，文化政策法规体系还不够健全。部分政策法规的前瞻性、科学性和可操作性不强，一些政策法规的执行和落实还不到位。

2011年是“十二五”规划的开局之年，是文化建设非常关键的一年。文化系统要深入学习贯彻胡锦涛总书记“7.23”重要讲话，以邓小平理论和“三个代表”重要思想为指导，深入贯彻落实科学发展观，贯彻高举旗帜、围绕大局、服务人民、改革创新的总要求，坚持贴近实际、贴近生活、贴近群众，围绕科学发展这一主题和加快转变经济发展方式这一主线，加快文化体制机制改革创新，加快构建公共文化服务体系，加快发展文化产业，加强对文化产品创作生产的引导，着力营造推动科学发展、促进社会和谐的浓厚氛围，着力营造隆重庆祝中国共产党成立90周年的浓厚氛围，为实现“十二五”时期经济社会发展目标、夺取全面建设小康社会新胜利提供强大的思想保证、精神动力和文化条件。

（文化部财务司）

近几年我国文化投入情况及对策建议

近年来，在党中央、国务院的高度重视下，各级党委、政府对文化的投入力度逐年加大，投入结构不断完善，投入方式有所创新，投入效果比较明显。但总体来看，文化投入的整体水平还很低，文化投入的保障机制还不健全。“十二五”期间，各级政府必须高度重视文化发展，采取多种措施，加大投入保障，不断满足广大群众迫切的基本文化需求，逐步实现文化的大发展大繁荣。

一、文化投入的基本情况

（一）文化投入持续增长

“十一五”以来，随着国民经济的持续快速增长，各级政府不断加大文化投入，全国文化投入呈现持续增长的态势。据统计，“十一五”期间，全国文化事业费（不含基本建设投资，不含文化管理部门行政运行经费）总计达1220.41亿元，是“十五”时期的2.46倍；全国文化事业费年均增长19.3%，是改革开放以来增长速度最快的一个时期。

图1　“十一五”期间文化事业费情况

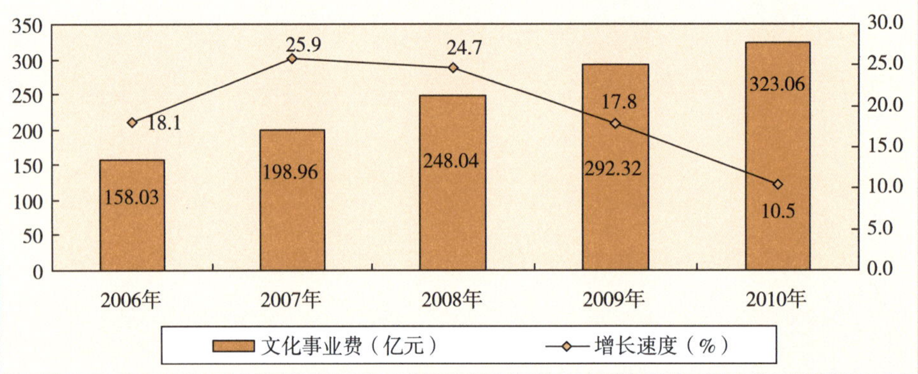

另据财政部统计，2010年，我国文化经费525亿元，比上年增长10.3%，增长速度连续多年高于10%。文化经费占财政总支出的0.59%。扣除文联、作协等部门的经费，文化部门的经费约500亿元左右，占财政总支出的0.56%。

需要说明的是，由于统计渠道和统计口径的不同，文化部的统计数据（主要是文化事业费）和财政部的统计数据（主要是文化经费）有所不同，但整体趋势基本一致。

（二）重点文化项目稳步推进

“十一五”以来，中央财政继续通过转移支付方式，大力推进重大文化工程项目，支持各地文化建设。五年间，中央投入的资金不断加大，其中2010年投入36.55亿元，比2009年增长19.5%。“十一五”期间，共投入资金100.24亿元，是“十五”期间的12.4倍。

图2 “十一五”时期中央对地方文化工程补助资金情况

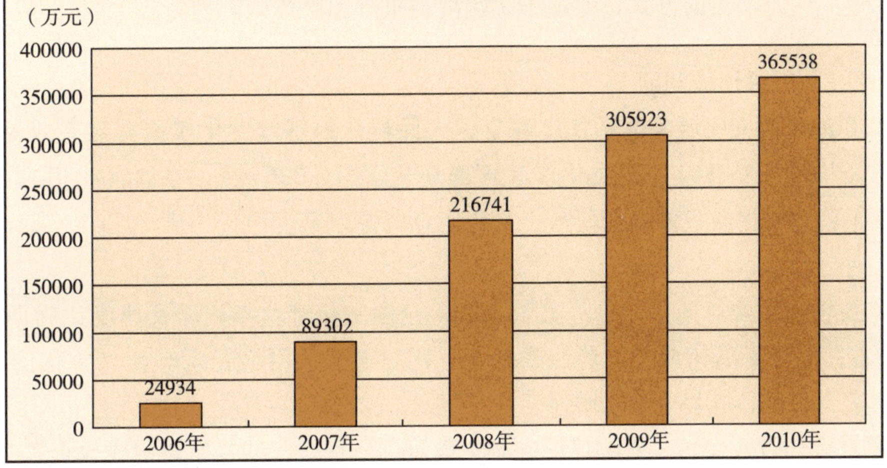

分主要项目看，乡镇综合文化站设施建设资金39.48亿元，重点支持2.67万个乡镇综合文化站建设；乡镇文化站设备购置专项资金11.62亿元，为中西部22个省（区、市）已建成且达标的17227个乡镇文化站购置了基本业务设备和共享工程设备；全国文化信息资源共享工程26.84亿元，在全国基本建成了以数字资源建设为核心，多种传播方式为手段，资源丰富、覆盖城乡的数字文化服务体系；国家非物质文化遗产保护补助地方专项资金7.18亿元，主要用于加强非物质遗产普查、推动国家级非遗名录项目保护、开展传承人资助和文化生态保护区建设等。

（三）文化投入结构有所改善

一是文化事业费进一步向西部地区倾斜。2010年，西部地区文化事业费85.78亿元，占全国的26.6%，比重比2005年提高了5.6个百分点。二是文化事业费进一步向基层倾斜。2010年，县及县以下文化机构文化事业费116.41亿元，占36%，比重比2005年提高了9.3个百分点。三是文化事业费进一步向群众文化倾斜。2010年，群众文化机构文化事业费80.39亿元，占24.9%，比重比2005年提高了4.1个百分点。四是对文化产业的投入从无到有。为支持文化产业发展，国家自2009年设立了文化产业发展专项资金，两年间共安排资金40亿元。

（四）文化投入方式不断创新

为提高财政资金使用效率，各级财政和文化部门在加大投入的同时，遵循文化发展的特点和规律，积极探索转变财政投入方式。一是明确中央与地方的支出责任，建立了公共文化服务经费保障分级投入新机制。按照健全中央和地方财力与事权相匹配的财政体制的要求，合理界定中央与地方的事权和支出责任，确定了建立中央地方财政共担的文化经费保障机制的思路。这种思路在今年初实施的公共图书馆、文化馆（站）、美术馆免费开放工作中率先进行了尝试。二是探索引入基金运行模式，激发全社会文艺创作热情。如我部正在会同财政部积极推动设立“国家艺术基金”，该基金将通过项目申报、专家评审和社会公示等制度，面向全社会文化机构和个人进行资助，提高资金分配使用的透明度和覆盖面，为社会资金资助文化发展提供新的平台。三是改变传统直接投入方式，建立多元文化投入新模式。全国多数地区对艺术表演团体实行了财政补助与演出场次挂钩的动态投入机制，通过政府购买的方式，促进了院团内部机制和服务机制创新。

（五）文化投入效果比较明显

1. 覆盖城乡的公共文化服务体系初步建立，人民群众的基本文化权益得到有效保障。2010 年底，全国共有公共图书馆 2884 个，文化馆（含群众艺术馆）3264 个，乡镇（街道）文化站 40118 个，基本实现了公共文化服务体系全覆盖；文化信息资源数字资源量达到 108TB，基本实现“村村通”。

2. 文化产业快速发展。预计“十一五”期间，全国文化产业年均增长速度比同期 GDP 增速高 6 个百分点左右，保持了高速增长的势头。动漫、网络游戏、网络音乐等新兴文化产业迅速崛起，文化产业整体实力和核心竞争力不断增强。

3. 文化遗产得到有效保护。文物保护基础工作进一步加强，博物馆建设成效卓著，文物保护机构逐步健全。2010 年底，全国文物机构 5207 个，比 2005 年增加了 1177 个，文物藏品 2864 万件，比 2005 年增长了 24.3%；初步建立了符合我国国情的非物质文化遗产保护制度，国家、省、市、县四级名录体系初步建立。截至 2010 年底，全国共有国家级非物质遗产名录 1028 个，国家级代表性传承人 1488 人。

4. 文艺市场繁荣发展。2010 年全国 6864 家艺术表演团体原创首演剧目 1443 个，演出 137 万场，国内观众 88456 万人次，实现演出收入 342696 万元。

5. 中国文化影响力有所增加。对外文化贸易不断增多，海外文化阵地建设稳步推进（在德国柏林、日本东京、蒙古乌兰巴托、俄罗斯莫斯科等地建成 4 个文化中心），中华文化在港澳台地区的影响不断增强。

二、文化投入存在的主要问题

（一）文化投入总量明显不足

1. 比重小

文化事业费占国家财政总支出的比重，近年来一直在 0.4% 以下且不断回落。2010 年，文化事业费占财政支出的 0.36%，是改革开放以来的新低。

另据财政部的统计，2010 年我国文化经费 525 亿元，也只占全国财政支出的 0.59%，比重比 2009 年回落 0.03 个百分点，比 2007 年回落 0.07 个百分点，是近几年最低。

2. 速度低

“十一五”以来，文化事业费年均增长速度低于同期财政支出的增长速度，更明显落后于其他社会事业费，文化与其他社会事业的差距被迅速拉大。

图3 历年文化事业费占财政支出的比重情况

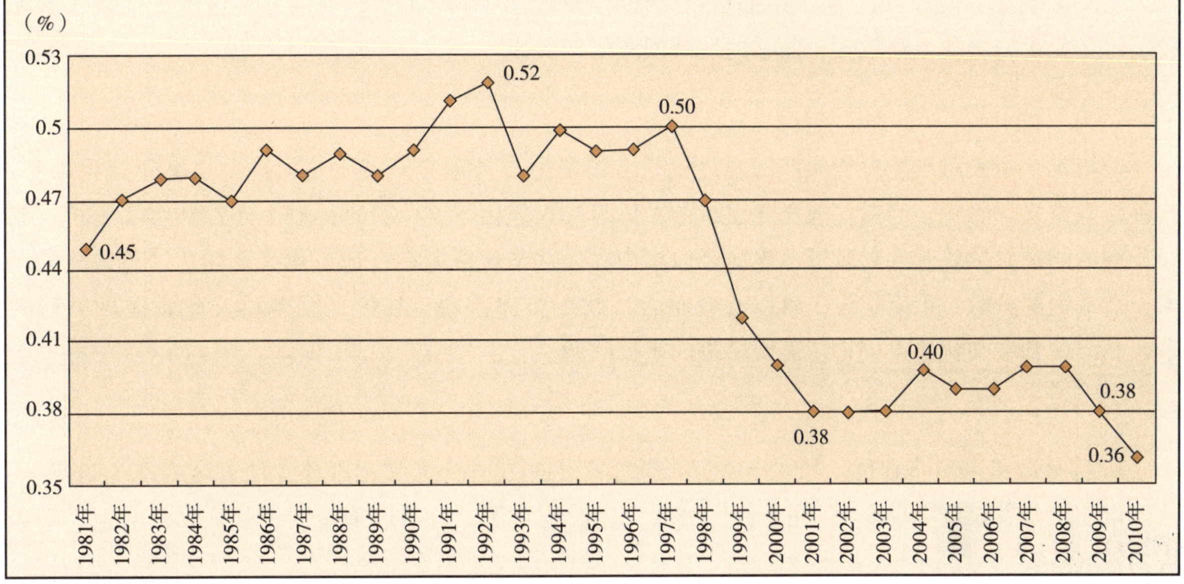

图4 各时期社会事业费年均增长速度比较

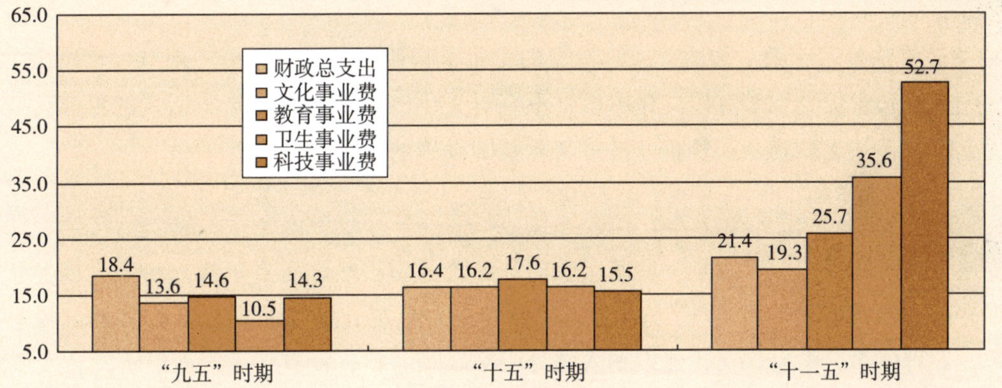

3. 缺口大

与人民群众日益增长的多样化精神文化需求相比，现有的文化设施普遍落后、文化产品和服务供给水平远远不足。如2010年全国图书馆人均藏书量0.46册，远远低于国际图书联合会人均1.5－2.5册的标准；公共文化产品的新形式、新内容不多，服务方式和服务手段还比较单一，普遍缺乏广大群众喜闻乐见、丰富多彩的文化产品。

（二）文化投入结构仍不平衡

城乡之间、区域之间文化投入不平衡，造成发展水平不均衡，实现公共文化服务均等化的任务非常艰巨。2010年，全国文化事业费323.06亿元，其中农村投入116.41亿元，仅占36.0%；全国人均文化事业费24.11元，其中中部地区15.64元，只相当于全国平均水平的64.9%。尽管西部地区人均文化事业费23.8元，高于中部地区，但仍低于全国平均水平，且西部地区地广人稀，欠账较多，文化设施服务半径较大，面临的发展问题仍很突出。

（三）体制障碍导致资金整体效益不佳

近年来，中央财政配合文化部门通过设立专项资金支持地方开展了一大批重点文化建设项目。这种投入方式尽管符合当前国家文化建设的总体目标，但由于文化管理体制上还存在多头管理、条块分割的问题，导致公共财政资金投向难以集中，公共文化资源存在地方化、部门化、行政化的现象，造成资源分散、重复建设，难以有效整合，发挥整体效益。如何加强基层文化资源的共建共享，是当前基层文化建设中迫切需要解决的重要问题。

（四）文化投入政策的引导作用不强

1. 部分政策落实不到位。如“十一五”规划提出的建立公共文化服务专项资金或基金的政策、从城市住房开发投资中提取1%用于社区公共文化设施建设、公益性捐赠的税收优惠等政策，尚未得到普遍落实。

2. 部分政策缺失。如鼓励社会力量参与公共文化服务建设的政策力度不够、实施细则不完善、税收减免的程序和手续过分繁杂等原因，导致社会力量参与公共文化服务体系建设的积极性不高，参与的程度非常有限。

3. 相关政策法规不完善。如缺乏统筹考虑的文化全行业税收优惠政策。现有优惠对象主要集中于转制文化企业和党报党刊等宣传文化单位，没有对文化产业从业人员给予适当的税收优惠，缺乏地区性优惠政策，缺乏鼓励个人和企业投资文化基础设施的优惠政策等等。

（五）文化投入的激励约束机制仍不健全

一些地方政府和部门，特别是一些基层政府和综合部门仍然没有真正树立科学发展意识和正确的政绩观，存在单纯追求GDP增长，对文化建设轻视、忽视、偏视的观念。许多地方没有建立科学发展考核评价体系，没有将文化建设纳入领导干部政绩考核，没有纳入当地经济社会发展规划。

三、进一步加大文化投入的政策建议

“十二五”时期，国家坚持把保障和改善民生作为加快转变经济发展方式的根本出发点和落脚点，将逐步完善符合国情、比较完整、覆盖城乡、可持续的基本公共服务体系，提高政府保障能力，推进基本公共服务均等化。文化作为公共服务的重要组成部分，是人民群众的基本民生，加大文化投入，势在必行。

（一）明确文化投入增长幅度和占财政总支出比重，进一步加大财政投入力度。进一步落实《中共中央办公厅国务院办公厅关于进一步加强公共文化服务体系建设的若干意见》（中办发［2007］21号）中关于“中央和省级财政每年对文化建设的投入增幅不低于同级财政经常性收入的增幅”、“从城市住房开发投资中提取1%用于社区公共文化设施建设”等政策要求，加大财政投入力度。可参照“十一五”期间科技 52.7%、卫生 35.6%、教育 25.7%的财政投入年均增幅，考虑文化投入基数小的现实状况，在未来 5 年财政支出中，文化投入的年均增幅应达到 40%；力争到 2015 年，文化投入占国家财政总支出的比重比 2010 年翻一番。

（二）进一步明确各级政府支出责任，建立健全公共文化服务经费保障机制。把基层公共文化服务纳入公共财政保障范围，建立分区域的人均基层群众基本文化权益经费保障标准。一是适度增加文化事业建设费的收缴标准，并明确中央和地方的文化事业建设费主要用于公共文化服务，同时在资金使用过程中要听取文化部门的意见；二是根据各地经济发展水平和人口规模，根据文化设施运营和业务活动开展的实际需要，对公共文化服务设施的人员经费、公用经费和业务活动经费等进行测算，建立以本级政府为主，中央和地方财政合理分担的常态化、可持续的公共文化服务经费保障机制，纳入各级财政预算，予以全额保障。三是加大转移支付特别是一般转移支付力度，采取一般转移支付和专项转移支付相结合的方式，扩大公共财政覆盖范围，保证一定数量的转移支付资金用于基层文化建设，文化领域新增加的财政投入应主要用于农村和基层，努力解决地区之间、城乡之间公共文化服务体系建设不均衡的问题，促进基本文化服务均等化。

（三）进一步创新财政投入方式，探索文化多元化投入模式。积极发挥财政资金的引导和示范作用，带动社会资本投入文化事业和文化产业，加快建立健全与社会主义市场经济相适应，符合文化发展内在规律，多渠道、多元化的文化投入机制。一是改革公共财政原有单一的财政拨款方式，在文化建设规划和相关政策制度设计中设立各类建设目标以及相关的奖励标准，建立“以奖代补”为核心的激励机制，充分调动地方政府投入文化事业的积极性，增强文化投入的效益观念，提升公共财政投入的绩效。二是借鉴国际成功经验，推动面向公益性文化事业单位的捐赠制度改革，加大面向公益性文化事业捐赠的激励力度，对各种社会力量参与公共文化服务体系建设做出更为明确的制度安排。三是探索基金制管理模式，设立国家艺术基金，面向全社会文化机构和个人进行资助和奖励，支持文化艺术领域优秀作品创作和人才培养，引导文化产品创作生产。四是继续发挥文化产业发展专项资金作用，引导金融资本和其他社会资本投入，推动建立文化产业投融资平台，培育文化产业战略投资者。

（四）尽快建立科学可行、操作性强的公共文化服务指标体系，列入各地科学发展评价指标，建立健全激励约束机制。一是进一步统一思想，营造社会氛围，强化科学发展理念和对文化建设重大意义的认识，努力解决文化部门“自拉自唱”的问题，形成合力，推动全党、全社会的文化自觉。二是研究制定规范可行、操作性强的公共文化服务评价体系，加强对政府文化部门、文化单位、重大文化工程的绩效考核，列为各级党政领导干部业绩考核的重要指标。三是强化监督检查机制，推动各级党委政府将公共文化服务体系建设作为硬任务纳入重要议事日程，纳入当地总体发展规划和财政预算。四是发挥典型示范作用，通过表彰奖励等措施，鼓励和引导各地因地制宜推进公共文化服务体系建设。

（五）进一步完善文化经济政策，推动文化体制改革和文化产业发展。一是完善税收优惠政策，继续落实宣传文化单位税收优惠政策，落实支持经营性文化事业单位转企改制和文化企业发展的税收优惠政策。进一步完善鼓励社会组织、机构和个人捐赠以及兴办公益性文化事业的税收优惠政策。研究制定文化产业示范区税收优惠政策，鼓励文化企业自主创新。二是完善投融资政策。落实和完善金融支持文化产业发展政策措施，促进文化产业与资本市场的对接，拓宽文化企业融资渠道。加强文化产业金融服务，积极开发适合文化产业特点的金融产品，推动符合条件的文化企业上市融资。鼓励担保机构为文化企业提供信用担保。财政文化产业专项资金可采取贷款贴息、保费补贴等方式，合理分担金融风险。三是完善非公有资本投资文化产业政策，进一步研究完善文化市场准入政策，鼓励和支持非公有资本以多种形式投资文化产业。保证非公有制企业在投资核准、土地使用、技术创新、财税政策、融资服务、对外贸易等方面与固有文化企业享受同等待遇。

（六）建立健全制度保障体系，确保资金发挥效益。一是要顶层设计，解决文化事业多头管理、条块分割问题；二是成立由宣传部门和财政部门牵头的联席会议制度，建立沟通协商机制，共同承担经费保障和稳定增长机制的职责，整合资源，形成合力，提高政府部门服务的能力和效率；三是不断加强基层文化队伍建设，提高基层文化工作者的素质水平，提高资金使用效果。贯彻中宣部、中编办等六部委《关于加强地方县级和城乡基层宣传文化队伍建设的若干意见》精神，明确核定乡镇综合文化站人员编制，每个文化站配备不少于 2 个以上的人员编制，稳定乡镇和社区文化队伍。

（文化部财务司）

“十五”以来全国群众文化事业发展情况分析

群众文化机构是专门从事组织、辅导、研究群众文化的公益性文化单位，是公共文化服务体系的重要组成部分。其主要职能是，通过开展群众文化工作对社会进行审美教育和群众文化的艺术普及，提高公民素质，促进社会的全面进步和发展。在我国，群众文化机构一般是按照政府行政层级分级设置的，即省市设群众艺术馆，县设文化馆，县以下的农村乡镇和城市街道设文化站。“十五”以来，国家通过实施县级图书馆和文化馆建设、县级图书馆和文化馆修缮、乡镇综合文化站建设、乡镇综合文化站设备购置专项、文化信息资源共享、流动舞台车等重大文化项目，不断完善群众文化机构的服务职能，其社会效益显著增强。但与全面建设小康社会的要求相比、与“四位一体”的总体布局相比、与人民群众日益增长的精神文化需求相比，群众文化事业的发展水平还不能完全适应，必须采取多项措施，促进群众文化事业健康快速发展。

一、发展现状

（一）机构数量先降后升，出现明显转折

“十五”以来，全国群众文化机构数量先降后升。大体上，“十五”期间减少，“十一五”期间增加。分年度看，2000年底共有机构数45321个；到2006年底，减少到10年间最少的40088个；之后开始回升，到2010年底逐步增加到43382个。

图1　全国群众文化机构数量情况

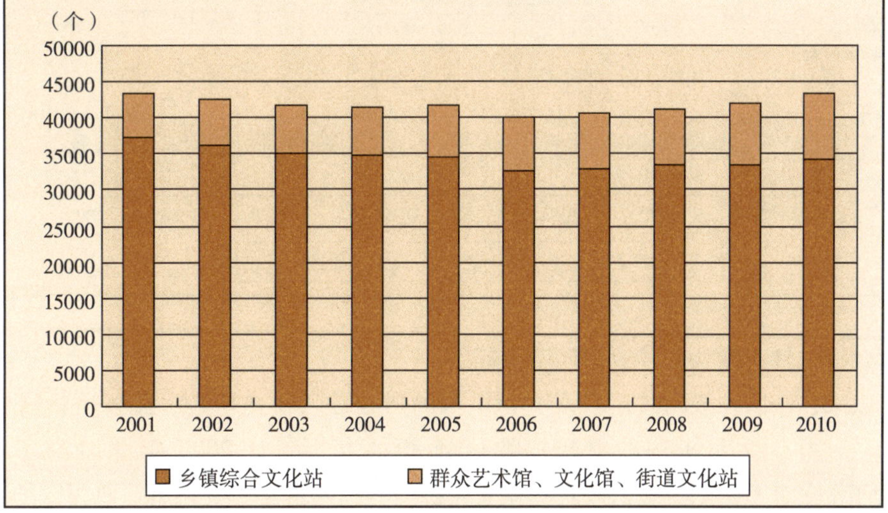

群众文化机构数量大幅波动，与乡镇文化站的数量变化高度相关。在群众文化机构中，乡镇文化站的数量大致占到总数的80%左右。乡镇文化站的数量变化，主要受两方面影响：一是受全国乡

镇级行政区划数量变化影响。2000 年，全国共有乡镇级行政区划 49668 个，由于撤乡并镇，到 2007 年底，减少到 10 年间最少的 40813 个；之后相对稳定，2010 年底小幅增加到 40906 个。受其影响，全国乡镇文化站数量由 2000 年的 39348 个减少到 2006 年的 32706 个。二是受“十一五”乡镇综合文化站建设规划影响。2007 年，为改变基层文化阵地逐年萎缩的状况，国家开始大力实施“十一五”乡镇综合文化站建设规划，对全国 2.67 万个面积低于 50 平方米的乡镇文化站进行规划建设。从 2007 年开始，文化站数量逐步回升，到 2010 年增加到 34121 个。

（二）从业人员总量增加，结构显著优化

“十五”以来，全国群众文化机构从业人员数量稳中有升。2010 年底，共有从业人员 141002 人，比 2000 年增加 12582 人，增长 9.8%。平均来看，每个群众艺术馆有从业人员 29.7 人，比 2000 年减少 0.1 人；每个文化馆有从业人员 13.9 人，比 2000 年减少 1 人；每个文化站有从业人员 2.24 人，比 2000 年增加 0.49 人。

从人员结构来看，中高级职称人员占从业人员总数的比重逐年提高，人员结构不断优化。2010 年，全国群众文化机构从业人员中，中级职称 25048 人，高级职称 6240 人，分别比 2001 年①增加 11460 人和 3163 人，分别增长 84.34% 和 102.79%。中级职称人员比重为 17.76%，高级职称人员比重为 4.43%，分别比 2001 年提高 6.45 和 1.87 个百分点。

图2 全国群众文化机构从业人员结构情况

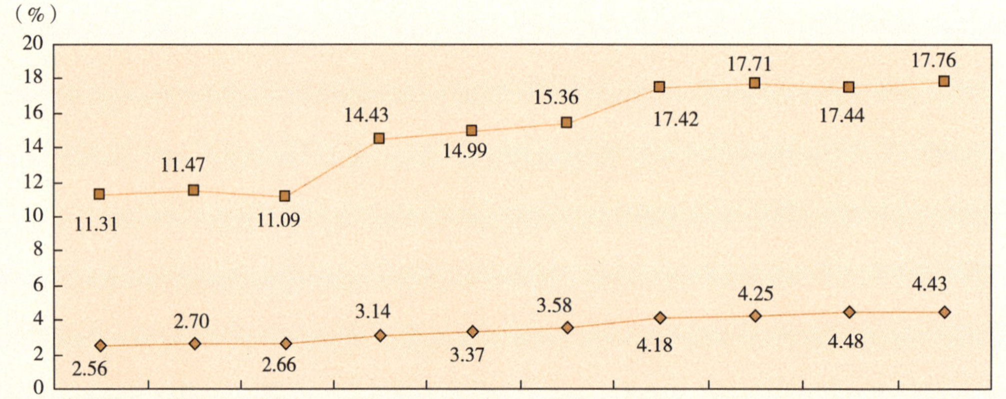

（三）财政投入快速增长，并逐步向基层倾斜

“十五”以来，全国各级财政对群众文化机构的财政拨款快速增长，总量大幅增加。2010 年，全国各级财政对群众文化机构的财政拨款达到 80.4 亿元，比 2000 年增加 68.6 亿元，增长 581.4%，年均增长 21.2%。各级财政对群众文化机构的投入占全国文化事业总投入的 24.9%，比

① 中级职称、高级职称人员情况指标，自 2001 年开始统计。

2000 年提高 9.8 个百分点。

图3　全国各级财政对群众文化事业财政拨款情况

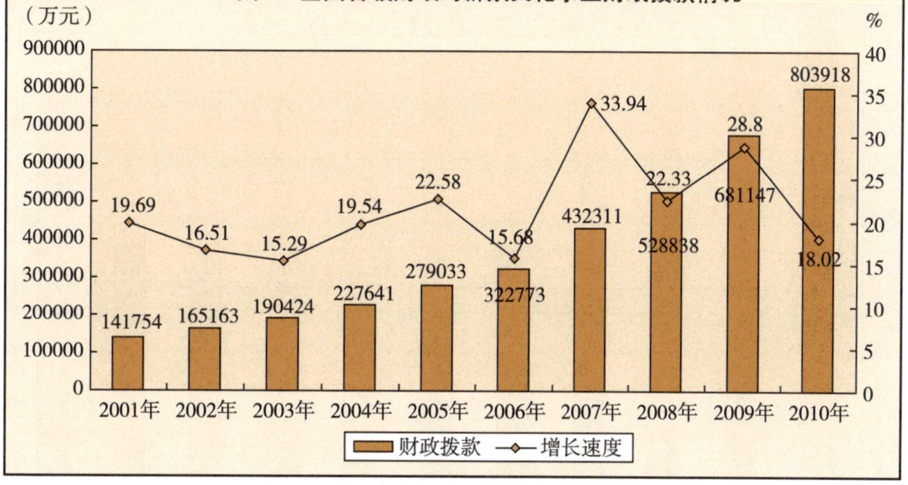

分结构看，投入逐步向基层倾斜。2010 年，各级财政对群众艺术馆财政拨款 12.18 亿元，比 2000 年增加 9.83 亿元，增长 418.30%，占群众文化机构总投入的 15.15%。对文化馆财政拨款 27.33 亿元，比 2000 年增加 21.88 亿元，增长 401.47%，占群众文化机构总投入的 33.99%。对文化站财政拨款 40.88 亿元，比 2000 年增加 36.84 亿元，增长 91.88%，占群众文化机构总投入的 50.85%。

图4　全国群众文化机构财政拨款结构变化情况

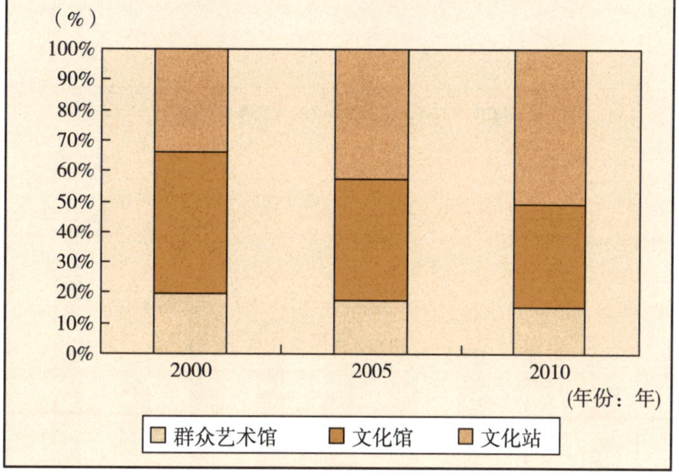

（四）建筑面积增长较快，设施条件得到改善

“十五”以来，国家通过实施县级图书馆和文化馆建设、乡镇综合文化站建设等重大文化工程，群众文化设施状况得到较大改善。2010 年，全国群众文化机构公共房屋建筑面积 2526.7 万平方米，比 2000 年增加 1296.8 万平方米，增长 105.4%。全国平均每万人拥有群众文化设施面积由 2001 年的 100 平方米，提高到 2010 年的 190 平方米，增幅达 90%。

其中，乡镇文化站的建筑面积由2000年的690.7万平方米，增长到2010年的1486.5万平方米，增幅115.2%。平均每站面积由2000年的175.5平方米，增长到2010年的435.7平方米，增幅149.3%。

图5　每万人拥有群众文化设施面积情况

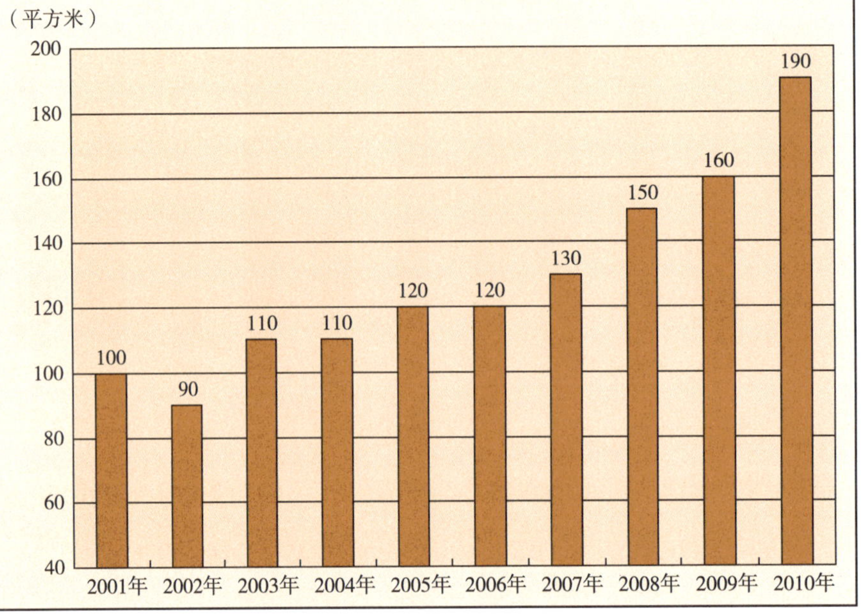

（五）服务资源更加丰富，服务能力进一步提高

随着投入的增加，群众文化服务资源更加丰富，藏书数量、计算机数量都有较快增长。2010年，全国群众文化机构共有藏书16139.2万册，比2000年增加7940.4万册，增长96.8%。

图6　全国群众文化机构藏书情况

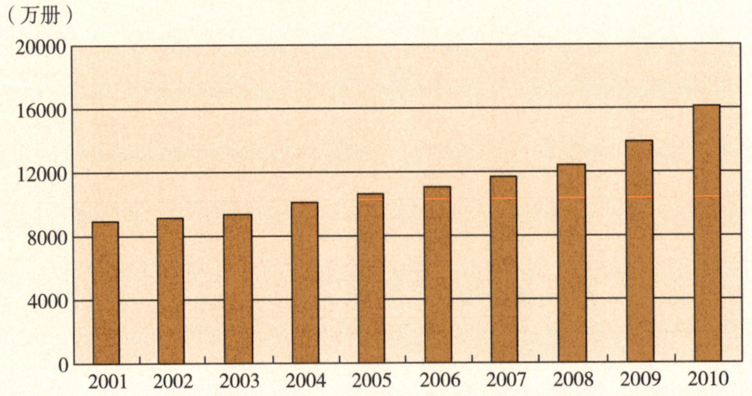

2010年，全国群众文化机构共有计算机115269台，比2004[①]年增长近40倍。增幅最快的是

① 信息化情况指标，自2004年开始统计。

2009年和2010年，主要原因是，中央从2009年开始实施乡镇综合文化站设备购置专项工程，支持文化站购置文化信息资源共享设备。

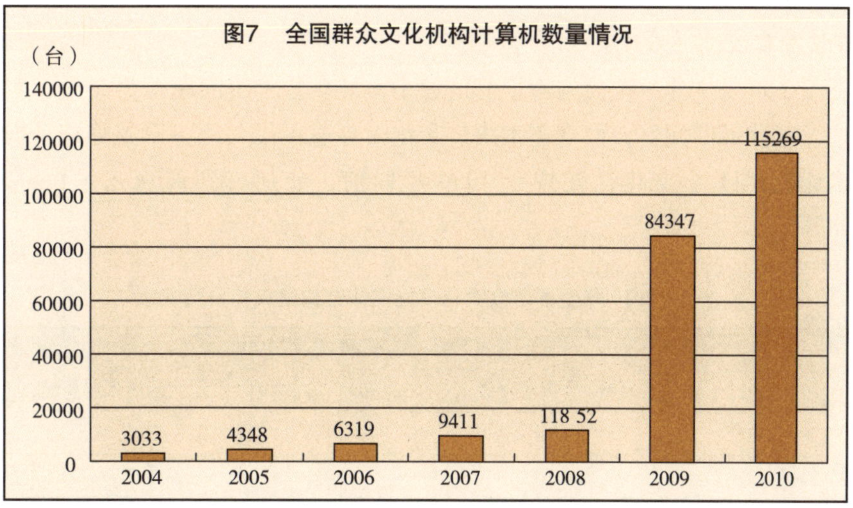

（六）群众文化活动日益丰富，社会效益更加显著

随着服务条件的改善，群众文化活动开展日益丰富，组织文艺活动次数、举办训练班班次及举办展览个数都明显增加，社会效益更加显著。2010年，全国群众文化机构共组织文艺活动57.68万次，比2000年增加30.02万次，增长108.6%。举办训练班35.87万次，比2000年增加21.53万次，增长150.2%。举办展览11.74万个，比2000年增加2.57万个，增长28.0%。

从结构看，乡镇文化站组织开展群众文化活动日趋活跃，在丰富群众文化生活、满足群众基本文化权益、促进文化均等化方面的作用比较突出。2010年，乡镇文化站共组织文艺活动30.5万次、举办训练班15.3万次，举办展览7.6万个，分别占到群众文化总量的52.9%、42.6%和65.0%。

表1 “十一五”期间全国乡镇综合文化站活动情况

年份	举办展览		组织文艺活动次数		举办训练班	
	总量（万个）	占群众文化总体比重（%）	总量（万次）	占群众文化总体比重（%）	总量（万次）	占群众文化总体比重（%）
2006年	9.2	65.2	27.2	54.6	11.9	54.3
2007年	5.8	63.7	30.0	55.0	10.8	44.6
2008年	6.5	64.4	27.9	58.9	15.3	51.0
2009年	7.1	64.5	30.0	54.1	15.5	50.9
2010年	7.6	65.0	30.5	52.9	15.3	42.6

二、存在问题

（一）设施状况有待进一步改善

从建设面积看，群众文化机构设施面积普遍偏小，群众艺术馆问题尤为突出，与其所承担的社会功能不相适应。从建成时间看，群众艺术馆、文化馆普遍年代久远，设施陈旧。据统计，全国有171个群众艺术馆、1011个文化馆建成于1990年以前，分别占到群众艺术馆、文化馆总量的45.72%、34.98%。

表2　2010年全国群众文化设施主体结构建成年份情况表

按级别	分组数量				
	合　计	1980年以前建成	1981－1990年间建成	1991－2000年间建成	2001年以后建成
全　国	43382	1501	3439	6916	31526
群众艺术馆	374	61	110	103	100
文化馆	2890	396	615	637	1242
文化站	40118	1044	2714	6176	30184

（二）业务经费和活动经费严重不足

群众文化机构属于公益性事业单位，收入来源主要依靠财政支持。从收入结构来看，2000－2010年，群众文化机构的财政拨款占收入合计的比重越来越大，由2000年的60.1%，逐年增长到2010年的85.1%。这说明，群众文化机构的正常运转对财政的依赖度越来越大。从支出结构来看，人员经费支出较大，2000－2010年，人员支出占支出合计的比重保持在46%－59%之间。

由于财政投入不足，用于设备购置和开展活动的经费十分有限，严重制约了群众文化活动的开展。2010年，群众文化机构的业务活动专项经费为12.68亿元，全国人均仅为0.95元。

（三）地区发展不平衡

受经济发展水平影响，群众文化机构状况存在明显的地区差异。经济发达地区的设施面积普遍较大，经费相对充足，服务资源相对丰富；而经济欠发达地区设施条件十分简陋，经费十分紧缺，服务资源相对不足。以2010年乡镇文化站情况为例，东部地区平均每站面积为1146.30平方米，西部仅为263.04平方米；东部地区平均每年每站的业务活动专项经费为6.61万元，中部仅为0.40万元。

表3　2010年乡镇文化站分地区情况（平均每站）

地　区	房屋建筑面积（平方米）	财政拨款（万元）	业务活动专项经费（万元）	固定资产原值（万元）
全　国	435.66	9.29	1.59	29.99
东部地区	1146.30	24.19	6.61	70.28
中部地区	299.46	5.79	0.40	21.07
西部地区	263.04	6.30	0.59	21.38

（四）人才队伍建设仍需加强

尽管群众文化机构人员结构正在逐渐优化，但面对数量众多的服务对象，人才队伍建设仍需加强。以2010年乡镇文化站情况为例，全国共有从业人员为73920人，平均每站2.24人，其中，专职人员39588人，平均每站1人。在全国34121个乡镇文化站中，14503个没有专职人员，占乡镇文化站总数的32.14%，也就是说，近1/3的乡镇文化站没有专职工作人员。

三、有关建议

（一）加强设施建设并充实设备。制定实施文化设施建设中长期规划，是有效改善文化设施状况的重要手段。“十五”、“十一五”期间，国家先后组织实施了县级公共图书馆和文化馆建设规划、乡镇综合文化站建设规划，县乡两级文化设施条件得到极大改善。相比之下，地市级群众艺术馆设施落后的问题更加突出。因此，建议在“十二五”期间，对地市级群众艺术馆进行统一规划建设，使全国所有地市级城市都建有设施达标、布局合理、功能完善的群众艺术馆。同时，要继续加大乡镇综合文化站设备购置专项、城市社区文化中心（文化活动室）设备购置专项等文化项目的实施力度，不断充实群众文化机构的专业设备。

（二）推进建立经费保障机制。2011年1月，文化部、财政部联合印发了《关于推进全国美术馆、公共图书馆、文化馆（站）免费开放工作的意见》，就各级文化行政部门归口管理的美术馆、公共图书馆、文化馆（站）进一步向社会免费开放进行了总体部署，初步确立了文化馆（站）开展基本公共文化服务项目内容和补助标准。建议进一步推进建立基层公共文化服务经费保障机制，确保群众文化机构的财政投入。

（三）建立完善科学的管理制度。通过理顺体制，建立科学的管理制度，提升群众文化机构的管理能力与服务水平。整合各种社会资源，提高设施的使用效率。完善服务手段，丰富服务内容，提高群众文化机构的吸引力，切实满足人民群众的文化需求。

（四）加强文化队伍建设。一是以事业单位录用考试专业化的形式实现群众文化从业人员资格准入。二是加强对群众文化从业人员的业务培训，注重知识更新。三是落实有关乡镇文化站人员编制、待遇的现行政策，解决乡镇文化站专职人员问题。

（文化部财务司）

近几年来全国艺术表演团体发展情况分析

艺术表演团体是指由文化部门主办或实行行业管理的专门从事表演艺术等活动的文化机构涵盖了戏曲、话剧、歌舞剧、木偶、皮影等众多艺术门类，是我国文化体系的重要组成部分。近几年来，全国各级艺术表演团体大力开展艺术创作和生产，在繁荣演出市场、传播先进文化、开展艺术教育、提升全民素质等方面均发挥着重要作用，为推动社会主义文化大发展大繁荣作出了重要贡献。

一、艺术表演团体总体发展情况

（一）机构人员稳步增长

2010 年底，全国共有各类艺术表演团体 6864 个，比上年增加 725 个。分层级看，中央级 16 个，省级 258 个，地市级 765 个，县级 5825 个；分类型看，执行事业单位会计制度的艺术表演团体 2435 个，占 35.5%，执行企业会计制度的艺术表演团体 4429 个，占 64.5%；分剧种看，戏曲剧团 2451 个，占 35.7%，是全国最大种类的艺术表演团体。

近年来，全国各级艺术表演团体从业人员数量不断增加。2010 年，全国艺术表演团体从业人员 22.07 万人，比上年增加 1.25 万人，增长 6.0%。

图1 全国艺术表演团体机构与人员情况

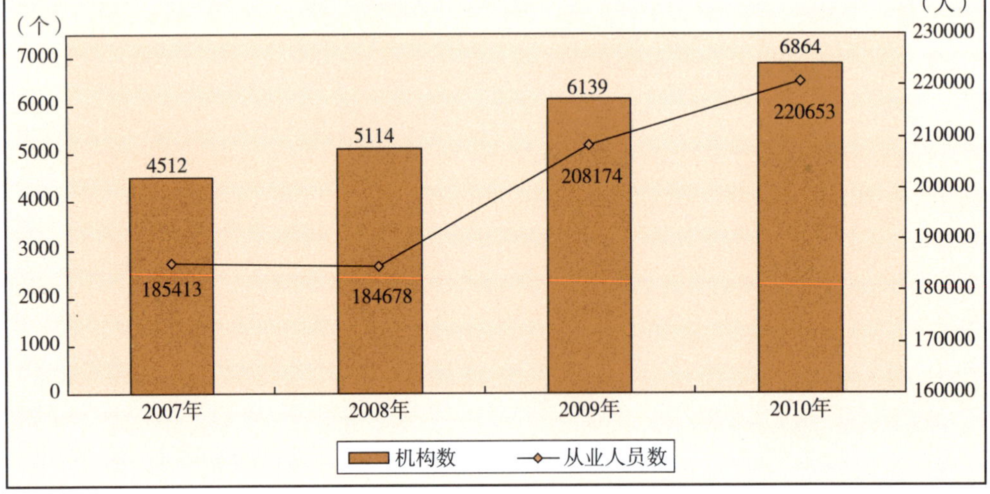

（二）创排和演出条件有所提升

近年来，全国各级艺术表演团体加大了对公用房屋、排练场所的建设力度，院团演出硬件设施条件有所改善。2010 年，全国艺术表演团体公用房屋建筑面积 465.53 万平方米，比上年增加了

8.87 万平方米，增长 1.9%；排练练功用房 128.72 万平方米，比上年增加 9.18 万平方米，增长 7.7%。

随着经济实力的增长，各地纷纷兴建了一大批功能完善、设施完备的艺术表演场馆，为艺术院团提供了很好的演出条件。2010 年，全国共有艺术表演场馆 2112 个，比上年减少 25 个；观众坐席数 161.73 万个，比上年增长 2.8%；演出场馆面积 743.5 万平方米，增长 10.8%。

为进一步方便剧团送戏下乡，开展灵活、多样、方便的文化服务，真正解决艺术表演团体演出难、转点难、搭台难的问题，2005 年，文化部、财政部正式实施了流动舞台车工程。截至 2010 年底，中央财政共安排专项资金 3 亿元，为剧团和基层文化机构配备了 969 台流动舞台车。流动舞台车的配置，极大地方便了院团为基层群众进行舞台艺术表演，受到了基层群众的广泛欢迎。2010 年，全国各级艺术表演团体共利用流动舞台车演出 11.41 万场次，观众人次 1.14 亿人次。

（三）演出规模持续增加

全国各级艺术表演团体坚持“贴近实际、贴近生活、贴近群众”的原则，进一步调动广大文艺工作者的积极性、创造性，努力开拓国内外市场，积极组织各类文艺演出活动，涌现出了一大批优秀艺术精品，演出场次持续快速增长。

2010 年，全国 6864 个艺术表演团体全年共演出 137.15 万场次，比上年增加 17.04 万场，增长 14.2%。全国艺术表演团体全年平均每团演出 199.81 场，比上年增加 4.16 场，增幅 2.1%。

图2 全国艺术表演团体演出场次情况

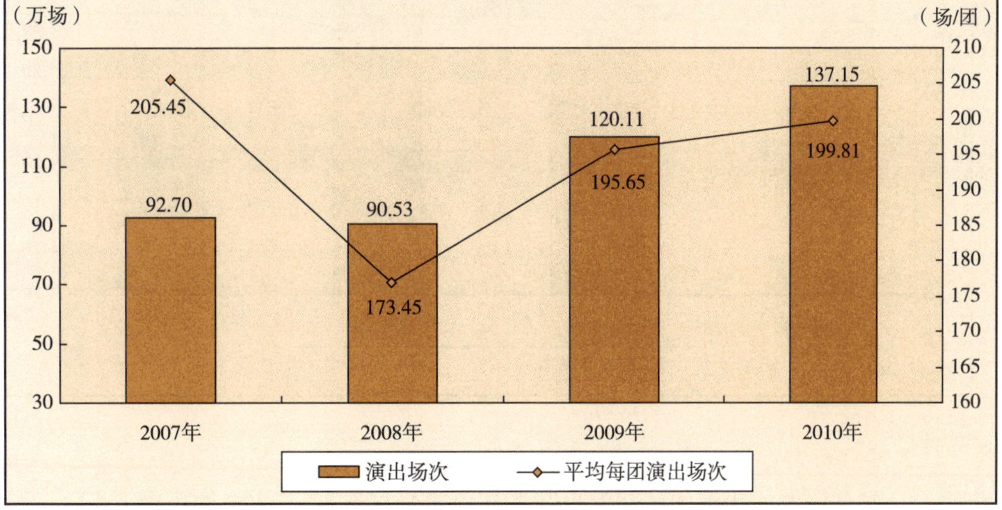

演出场次的持续增加，带来了观众人次的连续增长。2010 年，全国艺术表演团体演出观众人次 8.85 亿人次，比上年增加 6740 万人次，增长 8.2%。从 2007 年以来的情况看，除 2008 年受金融危机影响，全年演出观众人次小幅回落之外，其他年份均保持较高速度的增长。

图3　全国艺术表演团体演出观众人次情况

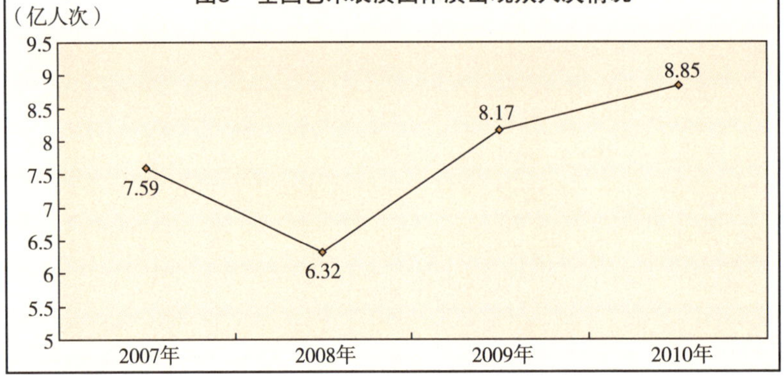

（四）演出收入快速增长

演出市场的扩大，观众人次的增加，带动了艺术表演团体收入的大幅度增长。2010 年，全国艺术表演团体全年总收入 128. 76 亿元，比上年增加 14. 81 亿元，增长 13. 0%；全年演出收入 34. 27 亿元，比上年增加 5. 45 亿元，增长 18. 9%。

图4　全国艺术表演团体收入情况

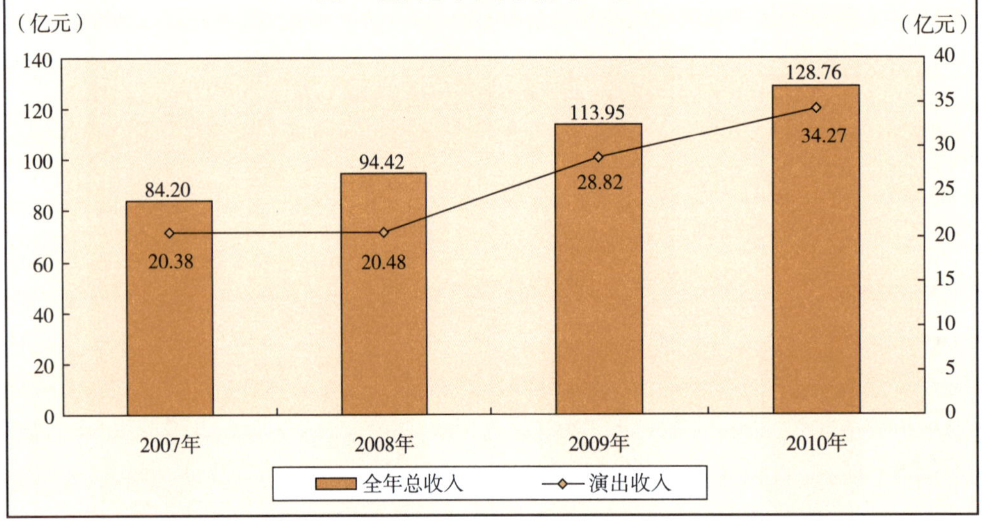

（五）社会效益有力彰显

近年来，全国各级艺术表演团体在大力开拓演出市场的同时，通过“文化下乡”、低票价演出等方式，将经济效益与社会效益有机统一起来，充分体现出艺术院团面向基层、服务人民的社会责任，受到了广大人民群众的热烈欢迎和社会的广泛赞誉。同时，为加大对艺术表演团体公益性演出的扶持力度，国家发改委、文化部等九部委于 2008 年 1 月份印发了《关于构建合理演出市场供应体系促进演出市场繁荣发展的若干意见》，要求各级财政加大对到城市社区、工矿企业等基层进行公益性演出团体的补贴力度，切实做到“月月有公益场，场场有低价票”。

2010年，全国各级财政补贴2.28亿元，开展公益性演出5.67万场次，比上年增加6660场次，增长13.2%；演出观众人次6807万人次，比上年增长1142万人次，增长20.2%。

（六）艺术院团转企改制工作取得重大进展

近年来，全国文化系统深化文化体制改革，国有文艺院团转企改制数量逐年增长，转企改制工作取得了显著成效。截至2010年底，全国文化系统承担改革任务的2086家国有文艺院团中，已有461家完成转企改制，转企完成率达到22.1%。

转制后的艺术表演团体，按照“面向市场、增强活力”的要求，积极探索和建立新形势下推动院团发展的工作机制，在经济效益和社会效益方面均取得新进展。

二、艺术表演团体发展特点

（一）县级院团主体地位更加突出

近年来，随着演出市场的快速发展，县级院团作为长期面向基层群众、活跃基层群众文化活动的重要力量，主体地位更加突出。2010年，全国县级艺术表演团体5825个，占全国艺术表演团体机构数比重由2007年的74.2%提高至84.9%，其他各项业务指标也显著提升。

表1　近年来县级艺术表演团体所占比重情况（单位:%）

年　份	机构数	演出场次	演出观众人次	演出收入
2007年	74.2	78.3	75.3	41.2
2008年	76.3	77.7	71.9	35.9
2009年	83.2	82.9	78.5	51.1
2010年	84.9	83.6	77.0	48.9

（二）赴农村演出比重提高

为保障我国广大农村群众能够及时观赏到精彩的文艺演出，全国各级艺术表演团体加大了对农村的文艺演出力度，为进一步满足广大农民精神文化需求提供了保障。据统计，2010年文艺院团共赴农村演出84.67万场次，比上年增长14.3%；农村观众人次5.64亿人次，比上年增长9.3%。赴农村演出场次占全部演出场次的61.8%，比重比上年略有提高。

（三）文化部门所属院团自我发展能力显著提升

近年来，全国文化部门所属艺术表演团体乘着文化体制改革东风，深入推动内部机制改革，积极开拓市场，自身发展能力极大提高。2010年，全国2597个文化部门所属艺术表演团体演出收入17.63亿元，占全年总收入的17.6%，比上年提高了0.7个百分点；全年财政拨款67.92亿元，占全年总收入的67.8%，比上年降低了1.8个百分点。

作为衡量院团自我发展能力的重要指标，2010年全国文化部门2421个执行事业会计制度的艺术表演团体经费自给率为31.9%，高于去年1.9个百分点，自2008年因遭遇金融危机而造成艺术

图5　全国艺术表演团体赴农村演出情况

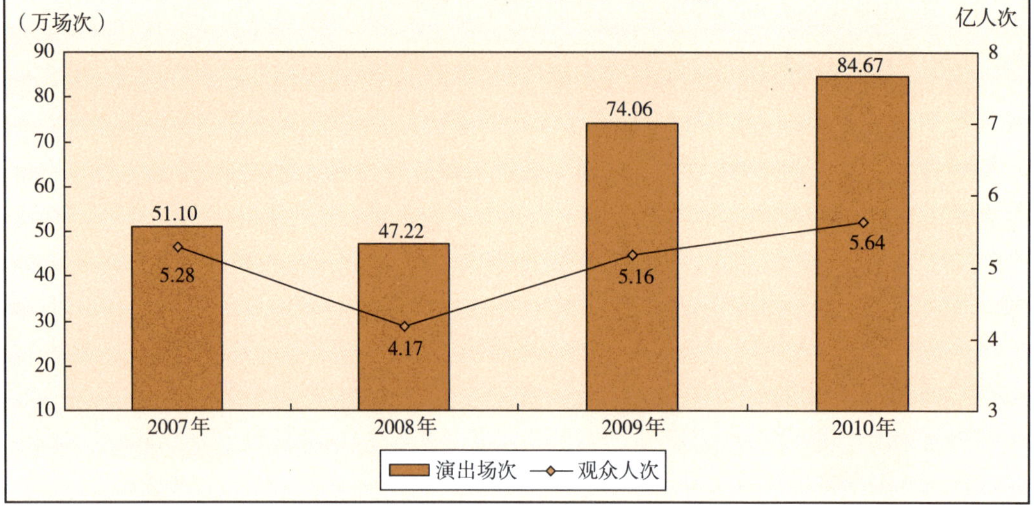

图6　全国文化部门所属艺术表演团体经费情况

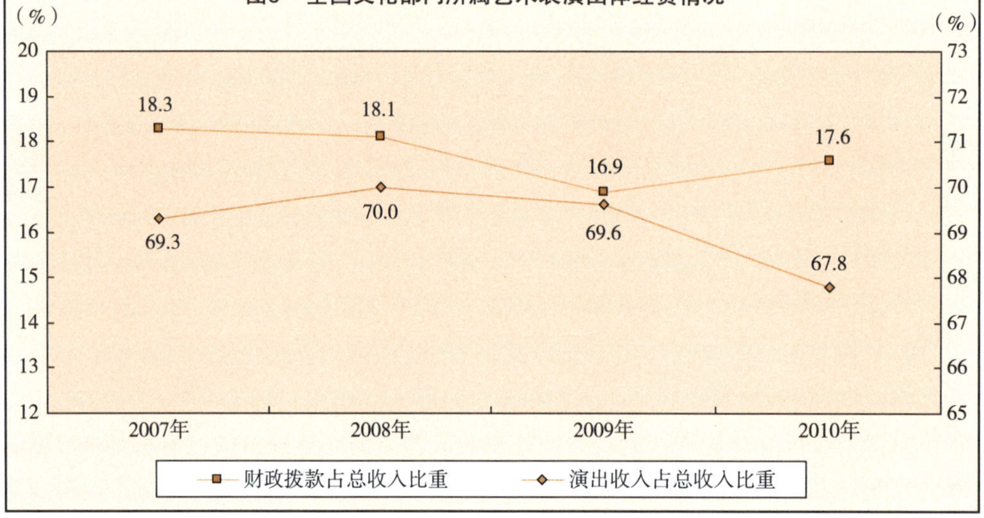

演出市场整体疲软的态势已基本得到改善。

（四）非文化部门艺术表演团体发展迅速

2005年，文化部、财政部、人事部、国家税务总局联合下发了《关于鼓励发展民营文艺表演团体的意见》，这是新中国成立以来第一部专门为鼓励民营文艺表演团体发展出台的文件，具有里程碑意义。近年来，我国众多民营艺术表演团体按照文件精神，以灵活多样的办团方式、特色鲜明的地方风格、充满生机的营销机制、不畏艰苦的创业精神等优势，创作演出了大量内容生动、形式活泼、群众喜闻乐见的剧目，与国有院团互为补充，共同成为构建社会主义和谐社会的重要力量，获得了良好的社会效益和经济效益。

图7 “十一五”期间全国文化部门艺术表演团体经费自给率

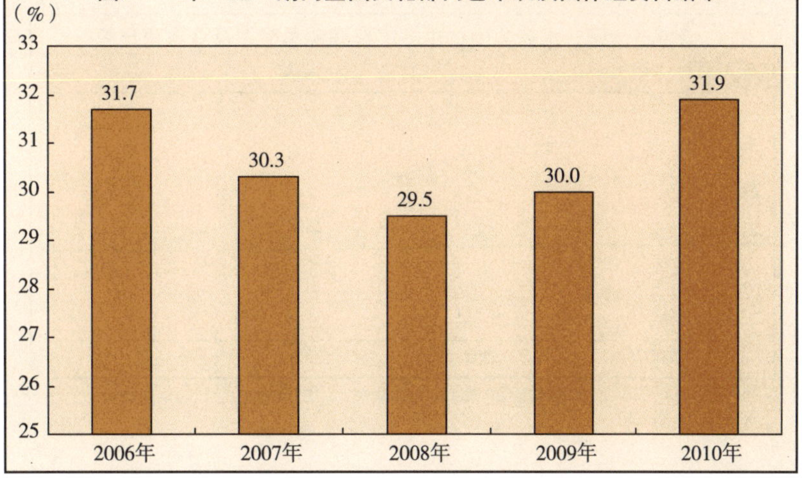

2010年，在全国6864个艺术表演团体中，非文化部门的艺术表演团体有4267个，涵盖了戏剧、曲艺、歌舞、杂技、魔术、马戏、木偶、皮影等众多艺术门类，占到全国艺术表演团体总数的62.2%，比2007年的44.8%提高了17.4个百分点；全年共演出91.15万场次，比上年增加15.93万场次，增长21.2%；全年演出观众人次4.11亿人次，比上年增加4286万人次，增长11.6%；演出收入16.64亿元，比上年增加3.25亿元，增长24.3%。

图8 非文化部门艺术表演团体所占比重情况

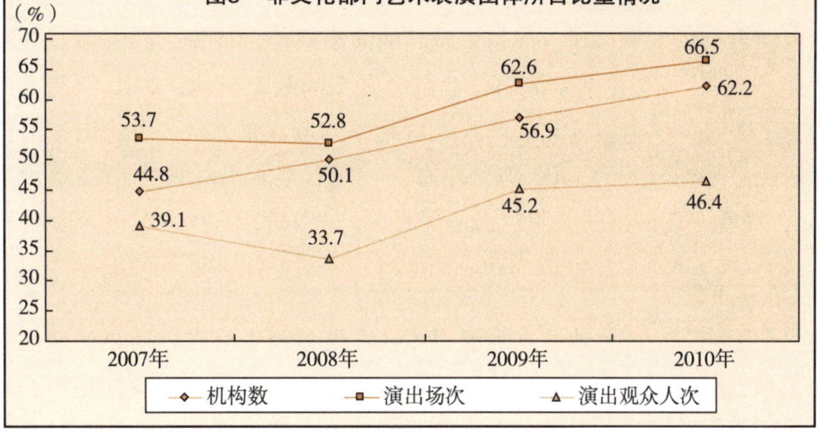

三、艺术表演团体发展存在的问题

(一) 人才保障不足

2010年全国艺术表演团体从业人员22.07万人，其中高级职称人员21131人，占从业人员总数的9.6%；中级职称人员40183人，占18.2%。中、高级职称所占从业人员比重连年下降，2010年中、高级职称共占27.8%，比2007年下降了2.4个百分点。

图9　全国艺术表演团体中、高级职称总数占从业人员比重

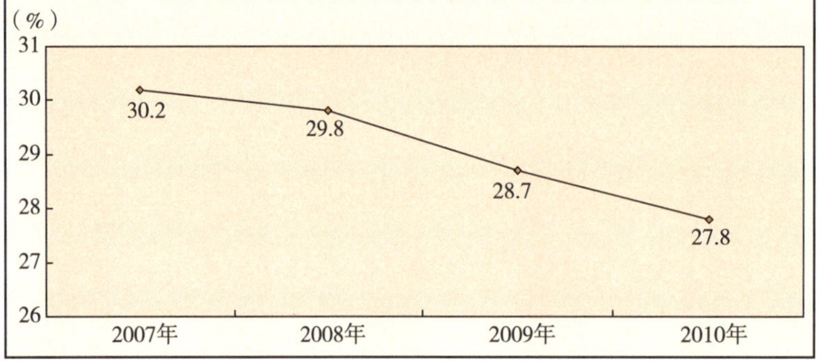

（二）院团设施状况有待于进一步改善

尽管近些年来国家对艺术表演团体基础设施和演出设施投入力度加大，但是部分地区仍存在着设施薄弱、设备老化等问题，严重制约着艺术表演团体的发展。2010年，全国6864个艺术表演团体公用房屋建筑面积465.53万平方米，平均每团678.22平方米，排练练功用房128.72万平方米，平均每团187.53平方米。在全国文化部门所属的2597个院团中，公用房屋建筑面积小于200平方米的院团有802个，无排练练功用房的院团有932个，分别占到了文化部门所属艺术表演团体的30.9%和35.9%，设施情况令人担忧。

（三）部分艺术演出票价定价过高

近几年，国内演出市场发展迅速，但越来越高的演出票价也使得一些普通观众很难欣赏到艺术演出，只能是“望剧兴叹”。根据北京演出行业协会发布的数据显示，2010年北京市大型艺术表演场馆的平均票价为772元，已经接近北京地区人均月平均收入的1/3。而对比美国百老汇音乐剧的票价，纽约地区居民月平均收入为2000美元左右，一场百老汇音乐剧的最高票价为120美元，最低票价为40美元，观看一场演出的费用仅占居民月平均收入的1/20左右，远远低于国内水平。

（四）区域发展不平衡

受经济发展水平影响，全国各地艺术表演团体在发展过程中存在着明显的地区差异。经济发达的中东部地区，艺术表演团体总量较大，特别是非文化部门管理的院团较为集中，演出场次、演出收入情况等各项指标均居前列，而经济欠发达的西部地区，艺术演出市场还相对薄弱，亟须国家进一步加大扶持。

表2　2010年全国艺术表演团体分地区情况

单位：个，万场次，万人次，万元，%

地　区	机构数量		演出场次		观众人次		演出收入	
	数量	比重	数量	比重	数量	比重	数量	比重
全　国	6864	100	137.1	100	88456	100	342696	100

（续）

地区	机构数量		演出场次		观众人次		演出收入	
	数量	比重	数量	比重	数量	比重	数量	比重
中央	16	0.2	0.4	0.3	677	0.8	27388	8.0
东部地区	2226	32.4	41.2	30.1	29357	33.2	187593	54.7
中部地区	2980	43.5	71.8	52.3	39933	45.1	78890	23.1
西部地区	1642	23.9	23.8	17.3	18489	20.9	48825	14.2

（五）非文化部门所属院团规模普遍较小

在我国民营艺术表演团体高速发展的同时，也应看到，我国众多民营院团仍存在从业人数匮乏，资产规模小等问题，严重制约着我国民营艺术演出业的平稳发展。

2010 年，全国非文化部门所属艺术表演团体 4267 个，从业人员 84713 人，资产 28.72 亿元，平均每团人数不足 20 人，资产不到 70 万元，远远低于文化部门所属院团每团从业人员将近 60 人、资产近 500 万元的标准。加之民营院团竞争能力和抗风险能力要弱于国有院团，导致许多民营院团的生存和发展难以得到保障。

四、对我国艺术表演团体发展的有关建议

（一）加大艺术表演团体体制改革力度。按照区别对待、分类指导、稳步推进的原则，加快国有院团体制改革的步伐，积极落实支持国有文艺院团转企改制的各项政策，各级财政应通过安排专项资金的方式对转制文艺院团重点产业发展项目予以支持，从而全面焕发转企院团的生机与活力。

（二）加大对民营艺术表演团体的扶持力度。鼓励社会资本投资兴办民营文艺表演团体，争取设立民营文艺表演团体专项扶持资金，在人才培养、剧目创作等方面给予民营院团适当倾斜，并且在政府主办的各类重大文化节庆活动中，鼓励民营文艺表演团体参加。

（三）加大对公益性演出的补贴力度。建立公益性演出经费保障长效机制，继续通过政府补贴的方式，加大对各级艺术表演团体政策宣传性演出、重大节庆演出、对外文化交流、送戏下乡和拥军慰问等公益性演出的补贴力度，充分体现艺术表演团体在文化建设中“为人民服务、为社会服务”的作用，最终实现社会效益与经济效益的双赢。

（四）加大对艺术表演团体设施建设力度。结合“十二五”文化发展规划的编制实施，落实“一团一场”政策，加大新建、改造剧场的力度，在全国兴建一批设施达标、布局合理、功能完善的演出场所和排练练功用房，切实改善排练和演出条件，为各级艺术表演团体健康发展提供有力保障。

（文化部财务司）

全国2010年文化市场发展情况分析

2010年是“十一五”发展规划的收官之年，也是文化市场快速发展的一年，也是文化市场工作全面推进的一年。一年来，各级文化管理部门深入贯彻落实科学发展观，积极探索、大胆创新，全国文化市场主体得到快速培育，产业结构不断优化，统一开放、竞争有序的市场环境逐步形成。

2010年纳入文化统计制度的全国各类文化市场经营单位253022个（含艺术表演团体及演出场所），其中，演出市场经营单位8325个，歌舞娱乐场所52549个，游艺娱乐场所31256个，互联网上网服务营业场所（网吧）140376个。截至2010年资产总计已达16150845万元，解决就业1388863人。但同时，我国文化市场经营机构平均资产只有66万元，平均年利润仅15.3万元。其中181家港澳台商投资企业平均资产却为417.6万元，200家外商投资企业平均每单位资产477.4万元。总体来看，我国文化市场经营机构仍存在规模小、利润低等不足，相比外资企业力量依然比较薄弱。

图1 全国文化市场经营单位数量情况

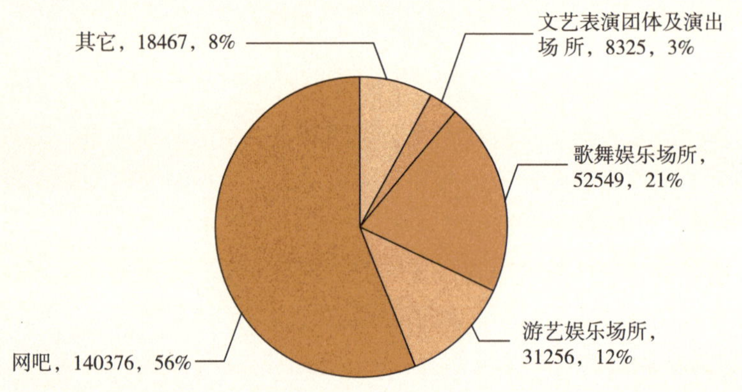

一、演出市场依然活跃

一是演出总量呈上升趋势。2010年我国艺术表演团体已达6864个，随着文化体制改革的深入推进，文化部门艺术表演团体为2597个，比去年减少1.8%。与2009年相比，2010年全国演出场次增加14%，观众人数上升8.2%，演出收入增加18.9%。

表1 全国艺术表演团体基本情况

年 份	机构数（个）	从业人员（人）	演出场次（万场次）	国内演出观众人次（万人次）	演出收入（万元）
2007年	4512	185413	92.7	75895.6	203757

（续）

年　份	机构数（个）	从业人员（人）	演出场次（万场次）	国内演出观众人次（万人次）	演出收入（万元）
2008 年	5114	184678	90.5	63186.8	204842
2009 年	6139	208174	120.2	81715.9	288214
2010 年	6864	220653	137.1	88455.8	342696

二是演出形式呈现多样化趋势。2010 年演出市场规模分布比例相对稳定，据测算，专业演出场所收入所占比例超过一半，占到演出市场总收入的 54%，民营团体在非专业演出场所演出所取得的收入占到总收入的近 1/4；大型场馆的演唱会占到整个演出市场收入的 12%；旅游演出在全国各地处处开花，其中，实景旅游演出和主题公园演出的收入占到总收入的 11%。

图2　2010年中国演出市场规模分布

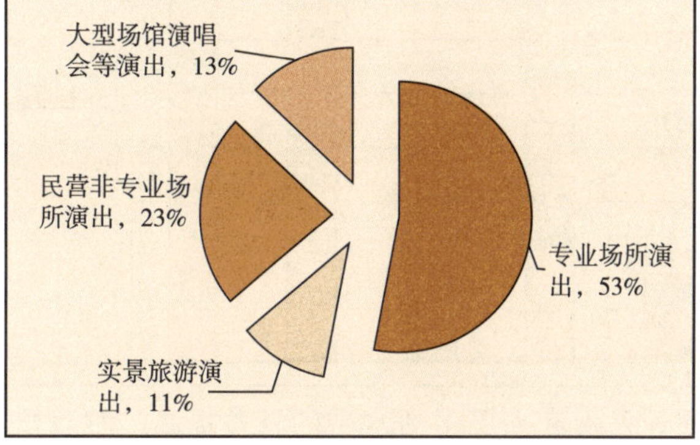

演出市场日益多元化发展，从传统的剧场演出到各种混搭类型的组台演出、旅游演出、节庆演出、动漫演出和音乐节，形式多样，其中 35 个优秀文化旅游演出项目入选《国家文化旅游重点项目名录－旅游演出类》。

图3　2000–2010年中国音乐节演出规模情况

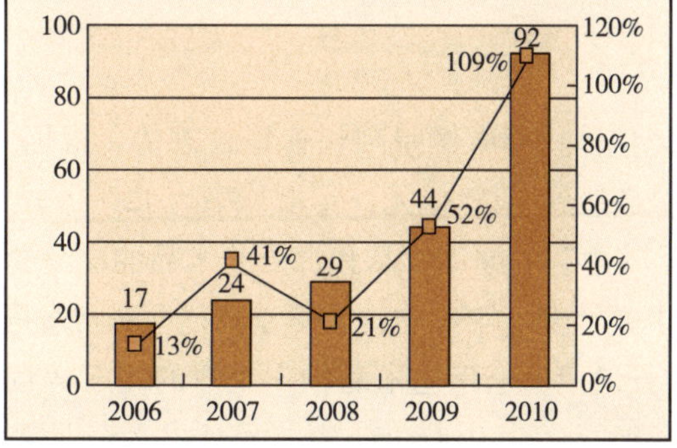

近年来中国音乐节的演出数量一直成倍数递增，2010 年，全国音乐节总量飙升至 92 场，比 2009 年增长 109%，演出区域也由北京、上海、广州等城市逐渐扩展到辽宁、福建、重庆、河北等地，由一线城

市向二三线城市扩张。历时10年的“迷笛”、已举办5届的“摩登天空”等音乐节已形成品牌。

二、娱乐市场规模与盈利水平持续增长

2010年，我国文化娱乐市场总体发展依然保持较好态势，据统计，截至2010年底我国歌舞娱乐场所52549家，游艺娱乐场所31256家，娱乐行业从业人员达703520人。2008年以来，伴随着规模的扩大，我国娱乐业盈利能力也在逐年增长，2010年利润总额171.87亿元，资产利润率已达22.51%，表明我国娱乐产业对资本吸引力依然巨大。

图4 “十一五”期间全国娱乐场所利润总额及资产利润率

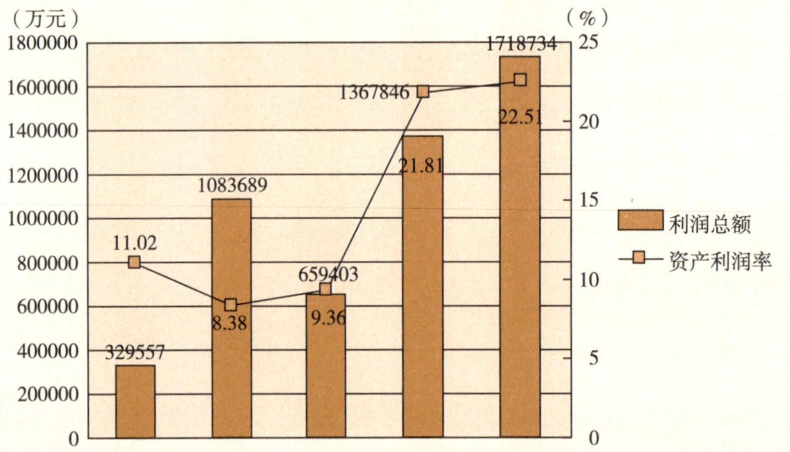

近年来，随着经济的飞速发展和人民生活水平的日益提高，游戏娱乐市场的发展空间越来越大，截至2010年底我国游艺娱乐场所为31256家，电子游戏及游艺机数量已达1031217台。2009年文化部要求各地制定游艺娱乐场所总量与布局规划以来，各地对游艺娱乐场所的注册资本、最低营业面积、单机占地面积和台数等条件都作了明确的规定，产业规模越来越大，电子游戏机经营场所已逐步形成与大型购物商场及电影院伴生的关系，呈现出大型购物商场和电影院与电子游戏机经营场所的业态相互伴生的现象。

三、艺术品市场快速发展①

2010年，我国艺术品市场整体规模继续呈现快速增长态势。根据《2010中国艺术品市场年度报告》数据显示，市场交易总额达到1700亿元，年增长率为42%，较之2007年阶段性峰值的1561亿元，实现了历史性的突破。其中艺术原创作品和古董艺术品的交易总额为989亿元，占全球市场份额的23%，首次超越英国上升至全球第二位，数倍于我国电影市场同期102亿元的票房收入。

（一）艺术品拍卖市场成长迅速。全年艺术品拍卖企业的注册数量已达到300余家，取得一类文物拍卖资质的拍卖企业共有93家。其中有157家艺术品拍卖企业举办艺术品拍卖活动，占总数

① 注：本部分所有数据取自文化部文化市场司联合中国拍卖业协会编辑出版的《2010中国艺术品市场年度报告》。

比达52%，同比增长了31%。157家艺术品拍卖企业年内共举办320场1694场次的拍卖活动，同比分别增长了15%和99%。艺术品上拍量为30万件，成交量为23万件，总成交率为66%。年度总成交金额达到创纪录的589亿元，同比增长了177%，超过阶段性峰值2007年的223亿元，又一次实现了历史性的跨越。其中美术品拍卖收益（包括绘画、装置、雕塑、素描、摄影、版画）达到了204亿元，同比增长16%，并以占全球份额的33%首次超越美国名列世界第一。

（二）我国画廊业的进步明显。画廊总数量达到1512家，主要分布于大中型城市之中。北京、上海、香港、台北是我国画廊业的主要聚集区，北京地区的画廊有605家，占40%，上海地区有237家画廊，占16%，港澳台地区有120家画廊，占8%。

图5　2010年中国（含港澳台地区）画廊分布情况

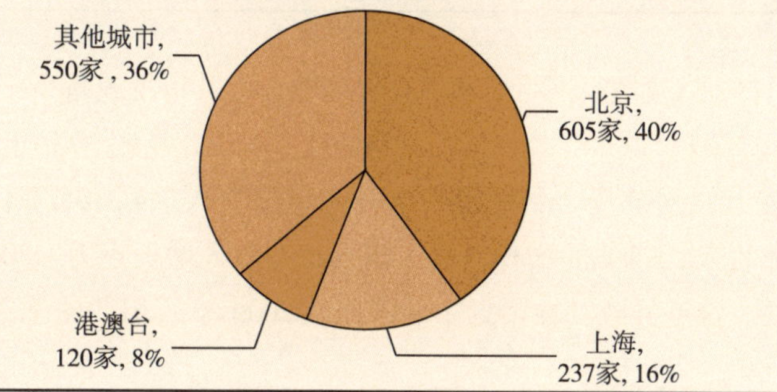

2010年以中国画廊业和艺术品经纪单位为核心的一级市场交易额快速增长，达到了409亿元，年增长率为98%。国内的画廊市场以交易当代艺术品为主，进入2010年之后画廊交易渐趋活跃，年内占比65%的画廊实现赢利，交易数量和交易价格接近2007年的历史最好水平。

（三）我国艺术品整体价格提高较快，其中尤以书画、古董的价格增长明显。在拍卖市场中，2010年艺术品成交均价为26万元/件，同比增长了70%，共有22件艺术品的拍卖成交价格超过了亿元。艺术品博览会等交易市场总体情况向好，市场规模有所恢复，参展商数量同比上升了48%，销售价格整体提高30%。此外，我国艺术衍生品市场的交易额也增长明显，全年达到50亿元的交易水平。

四、网络游戏市场增长速度放缓①

2010年，中国互联网和移动网游戏市场规模合计为349亿元。其中互联网游戏323亿元，增长率25.2%；移动网游戏26亿元，增长率40.7%。除了互联网游戏和移动网游戏外，广电网游戏也逐步形成了一个值得关注的市场。

值得注意的是，网络游戏市场增长率已经降至26.2%，增长速度连续两年下滑。但是用户的增长速度超过了规模的增长。2010年互联网游戏用户总数突破1.2亿人，同比2009年增长超过37%。这从一个侧面反映出市场发展的根本动力仍然强劲，只是市场的发展热点和重点在发生转移，市场从全生命周期角度看还远未达到成熟期，仍处在快速发展的成长期。

---

① 注：本部分所有数据取自文化部文化市场司编辑出版的《2010年中国网络游戏市场年度报告》。

图6 2006-2010 年中国网络游戏市场规模及增长

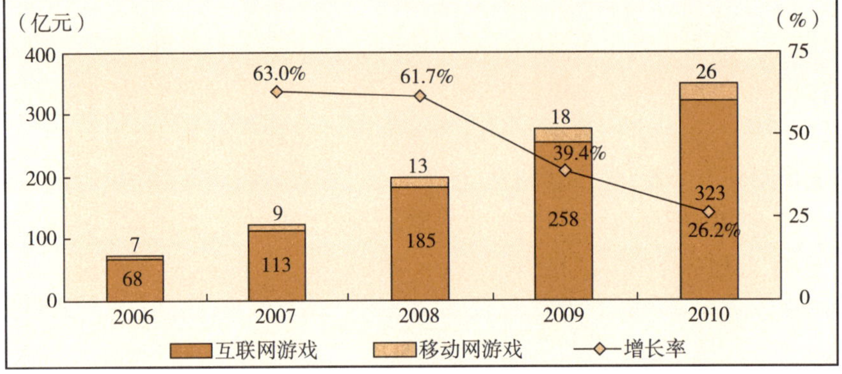

2010 年文化部依据法定职责，认真履行网络游戏内容管理职责，共审批或备案了 204 款网络游戏。其中，进口网络游戏 28 款，相比 2009 年减少 7 款；国产网络游戏 176 款，相比 2009 年增加 96 款。

2010 年中国自主研发互联网游戏产品在国内市场的运营收入达到 185.1 亿元，同比增长 17.3%。相比互联网游戏市场整体收入 25.2% 的增长，自主研发产品收入增长乏力。2010 年自主研发产品的收入增长显著低于进口游戏，这就导致其在市场中的占比从 2009 年的 61.2% 下跌到 2010 年的 57.3%。

五、网络音乐市场发展态势良好[①]

2010 年中国网络音乐市场实现了用户规模的稳步增长和市场规模的迅速发展，市场整体知识产权保护状况不断改善，商业模式探索逐渐成熟，市场呈现良好的发展态势。

网络音乐企业数量在 2010 年平稳增长。截至年底，获得文化行政部门审批、具有网络音乐业务经营资格的企业有 240 家，比 2009 年增长 14.3%。

市场规模方面，2010 年，我国网络音乐总体市场规模达到 23 亿元（以服务提供商总收入计），比 2009 年增长约 14.4%。其中在线音乐市场收入平稳上升，规模为 2.8 亿元，比 2009 年增长 64%，无线音乐市场规模达到 20.2 亿元，比 2009 年增长 9.8%，在网络音乐总体规模中所占的比例超过了 87.8%，是支撑和推动网络音乐市场发展的中坚力量。2010 年电信运营商通过无线音乐获得了 279 亿元的收入，同比增长 3.5%。在用户规模上，网络音乐用户数也呈现出了快速增长的态势。我国在线音乐总体用户规模已达到 3.6 亿，使用率达到 79.2%，增长率为 12.9%。

六、网吧市场平稳发展

2010 年，全国网吧总量为 140376 家，市场电脑终端保有量为 11861056 台，从业人员 584912 人，上网人次达 2093846 万人次。由于网吧行业持续微利及结构性调整压力，利润总额同比下降 1.3%，资产利润率同比下降 1.63 个百分比。

---

① 注：本部分所有数据取自文化部文化市场司编辑出版的《2010 年中国网络音乐市场年度报告》。

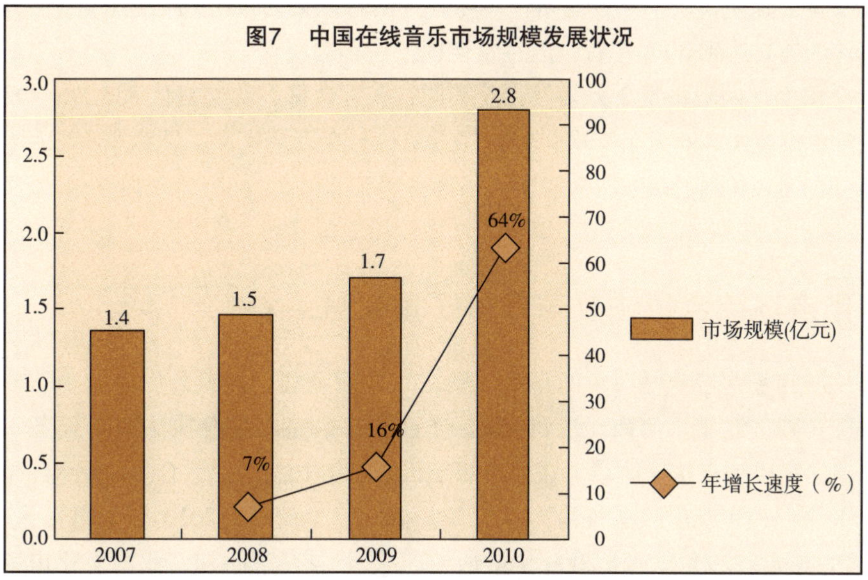

表 2 “十一五”期间全国网吧基本情况

年 份	机构数（个）	从业人员（人）	资产总计（万元）	利润总额（万元）	经营面积（万平方米）	计算机终端数（台）	上网人次（万人次）
2007 年	133163	539460	4304405	1036162	3782	9598755	779404
2008 年	134267	565707	5307279	913361	2748	10161778	839787
2009 年	138048	580749	5585437	1510735	3032	11315209	1677604
2010 年	140376	584912	5864306	1490620	3171	11861056	2093846

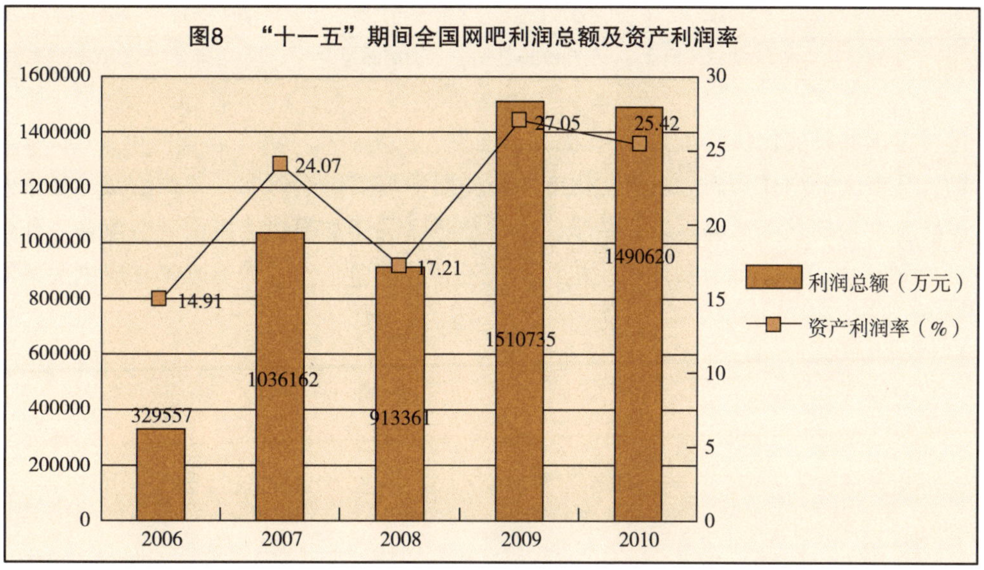

受外部环境影响，2010 年，网吧市场自身也随之发生一些新变化。2010 年 4 月全国推进网吧

连锁工作现场经验交流会议以来，各地结合实际进行创新，大力推进网吧连锁工作。据统计，目前网吧连锁率进一步提高达到30%左右，但直营连锁发展相对缓慢。

2010年，全国受理网吧举报2万多件，立案调查3万余件，移交案件833件，办结案件2.8万余件。责令经营单位改正3.6万余家次，警告经营单位6.9万余家次，罚款8839万余元，没收违法所得39.1万余元，责令停业整顿6999家次，吊销许可证83家。网吧违规接纳未成年人现象得到有效遏制。

七、文化市场综合执法改革取得了重大进展

2010年是文化市场综合执法改革的克难攻坚之年。除新疆、西藏外，全国28个省份下发了改革文件，山西、安徽、辽宁、河南、贵州等11个省份基本完成综合执法改革任务，山东、河北、吉林的省辖市基本完成综合执法改革。在地市级层面，280个组建了综合执法机构，占70%；在县区级层面，1258个组建了综合执法机构，占51%。据不完全统计，2010年全国文化市场执法机构为2653个，执法人员22293人，比2009年增加4%。“十一五”时期，我国文化市场执法机构数、从业人员、财政投入总体上呈现逐年增加态势，文化综合执法队伍力量明显加强，文化市场由分头管理、多头执法向统一领导、综合执法转变。

表3 “十一五”期间全国文化市场执法机构基本情况

年份	机构数（个）	从业人员（人）	资产总计（万元）	财政拨款（万元）	公用房屋建筑面积（万平方米）
2006	1841	13207	29882	34348	19.00
2007	2476	18196	50214	64293	19.60
2008	2576	19145	46309	96727	22.90
2009	2702	21439	60705	94507	21.14
2010	2653	22293	71191	104857	20.59

据统计，全国共有文化执法车辆2396辆，平均每个机构有0.9辆车，省区市平均2.2辆，地市平均1.8辆，县市区平均0.8辆。表明文化市场装备配备基础仍然薄弱，与执法实际需求相比明显不足，基层装备配备问题亟待解决。下一步，还需按照《关于加强执法机构装备配备工作的指导意见》的有关要求，进一步加强对基层执法机构执法设备的配备工作，切实改善基层执法条件。

（文化部文化市场司）

全国2010年文物事业发展概况

2010年是实施“十一五”规划的最后一年，在党中央、国务院的正确领导下，在国务院《关于加强文化遗产保护的通知》、《国家“十一五”规划》和《国家“十一五”文化发展规划纲要》（中办发［2006］24号）等文件指导下，全国文物系统以强烈的使命感、责任感，积极投身文化遗产保护实践，胜利完成2010年工作任务和“十一五”规划确定的主要发展目标。以下根据2010年度文物统计数据（来源于全国文化文物单位统计上报的数据），通过历年数据对比，从机构、人员、业务及财务等几个主要方面，对我国文物事业发展概况分别进行论述。

一、文化遗产事业备受关注，机构建设稳步推进

（一）总体情况

1. 2010年基本情况

据统计，2010年全国共有各类文物机构为5207个，比2009年增加365个，增长7.54%。在总数中，其中，博物馆数量2435个，占文物机构总数的46.76%；文物保护管理机构2436个，占文物机构总数的46.78%；文物科研机构108个，占文物机构总数的2.08%，；文物商店76个，占文物机构总数的1.46%；其他文物机构152个，占文物机构总数的2.92%。

2. “十一五”与“十五”对比情况

“十一五”以来，各级政府非常重视文物机构的建设和发展，投入大量财力物力加强各级各类文物机构建设，文物机构发展规划工作势头良好。从2010年各类机构数量看，除文物商店较2005年减少外，均有所增加。2010年机构数比2005年总体增加1177个，增幅29.21%。其中，文物科研机构比2005年增加20个，增长22.73%；文物保护管理机构比2005年增加250个，增长11.44%；博物馆比2005年增加854个，增长54.02%；文物商店比2005年减少21个，下降21.65%；其他文物机构比2005年增加74个，增长94.87%。

各级文物机构的不断健全和快速发展，必将会在文化遗产事业新时期的向纵深推进的过程中发挥越来越重要的作用。

（二）各地因地制宜，机构体系日趋完善

总体而言，全国各地方政府在推进文化遗产事业向前发展的同时，能够因地制宜，根据各自特点和文博资源状况，强化体系建设，全国省、市、县级文物保护机构体系日益完善。同时，由于各地情况不同，机构建设的实践也不尽一致。从各地区文物机构总数来看，2010年，陕西、江苏、浙江、安徽、山东、四川、河北等13个地区较多，均超出200个。机构最少是天津、上海、海南、青海、宁夏等地区，少于50家。机构数量最多的为陕西省347个，数量最少的为海南省26个，两者相差321个。

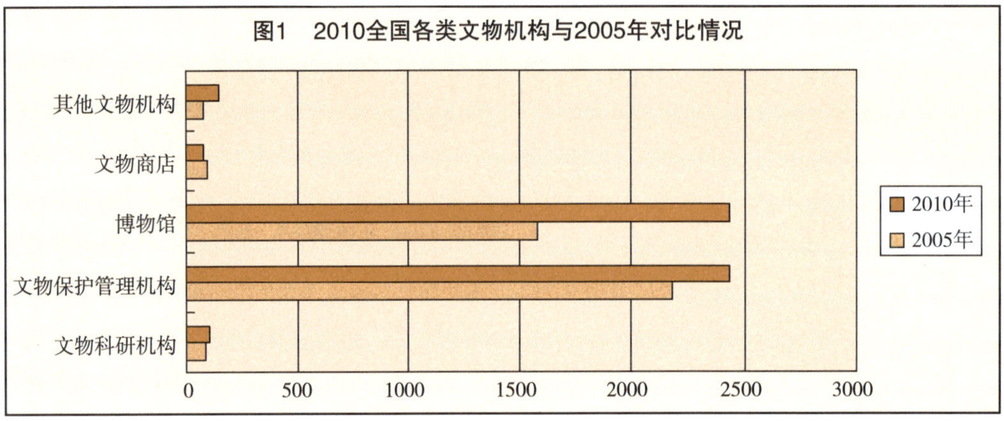

二、队伍建设取得显著进展，人员素质不断提高

（一）总体情况

1. 2010 年基本情况

2010 年全国文物系统从业人员共 102471 人，比 2009 年增加 7238 人，增长 7.6%。在总数中，其中，文物保护管理机构 30171 人，占总数的 29.44%；博物馆 57431 人，占总数的 56.05%，文物科研机构 3486 人，占总数的 3.75%；文物商店 1737 人，占总数的 1.7%；其他文物机构 9286 人，占总数的 9.06%。从人数分布情况看，文物系统从业人员仍集中在文物保护管理机构和博物馆，占总数的 85.49%。

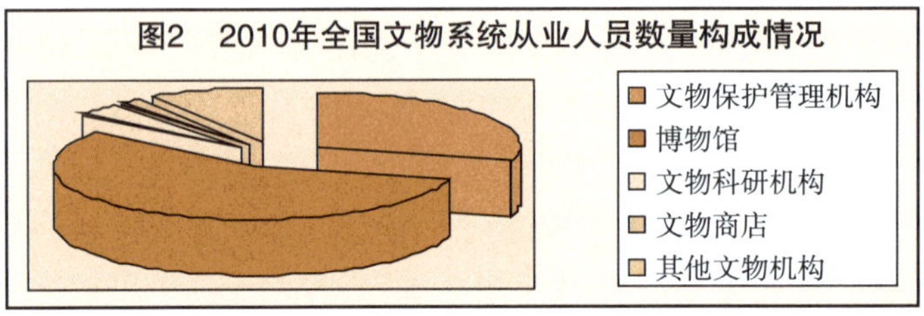

2. “十一五”与“十五”对比情况

“十一五”期间，各级文物部门在加强机构建设的同时，随着文化遗产事业形势发展的需要，不断强化队伍建设，在必要地区充实文物管理队伍，人员数量稳步增长。同时，加强人员培训，提升人员素质，优化人员结构，从而进一步夯实了新时期文化遗产事业的基础。从 2010 年与 2005 年对比情况看，比 2005 年增加 19483 人，增长 23.48%。其中，文物科研机构比 2005 年增加 402 人，增长 11.67%；文物保护管理机构比 2005 年减少 3881 人，降低 11.4%；博物馆比 2005 年增加 18828 人，增长 48.77%；文物商店比 2005 年减少 573 人，下降 24.81%；其他文物机构比 2005 年增加 4707 人，增长 102.8%。

图3 2010全国各类文物机构从业人员数与2005年对比情况

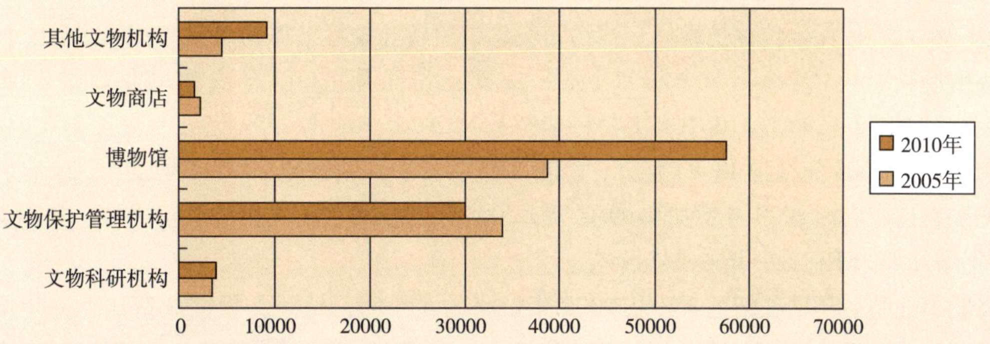

（二）各地落实人才强省战略，队伍建设势头良好

一直以来，各级政府都非常重视文化遗产人才队伍建设，充分落实人才强省战略，既重视量的扩大，更重视质的提高。2010 年，全国省以下文物系统从业人员总数为 99826 人，较 2009 年增加 7177 人，增长 7.75%。从业人员数量较多的省份有河南、陕西、河北、山西等，其中，河南 8438 人；陕西 7935 人；河北 6597 人；山西 5290 人等。人员数较少的地区有海南、青海、宁夏、天津等，其中海南 308 人；青海 371 人；宁夏 561 人、天津 941 人等，均少于 1000 人。为切实提高文物系统从业人员素质，2006－2010 年，全国共开展各级各类培训 400 余次，参训人员约 2.5 万人次。27 个省份地市文博管理干部培训和“国保”单位保护管理机构负责人培训得以完成。各类专业技术培训稳步开展，逐渐形成规模。这些培训大大开阔了全国文博人才队伍眼界，提升了从业素质。

三、文物事业经费增长迅速，文化遗产事业基础日益夯实

（一）总体情况

1. 2010 年基本情况

2010 年文物事业费持续保持稳定增长的态势，全国文物事业费 122.44 亿元，比 2009 年增加 24.49 亿元，增长 25%。其中，文物科研机构 40.77 亿元，占 3.33%；文物保护管理机构 187.97 亿元，占 15.35%；博物馆 728.88 亿元，占 59.53%；文物商店 0.99 亿元，占 0.08%；其他文物机构 265.77 亿元，占 21.71%。

图4 2010年全国文物事业费构成情况

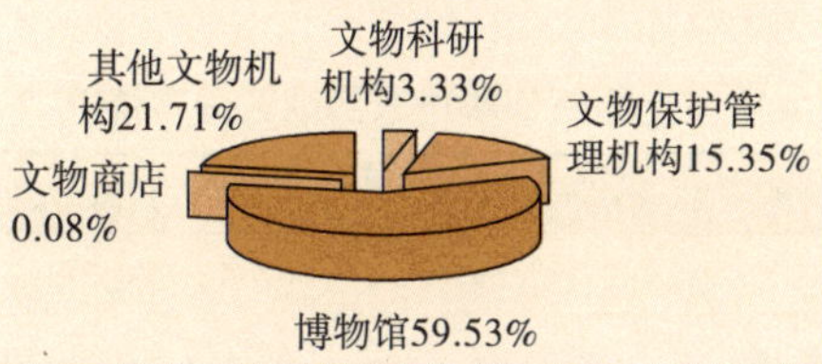

2. “十一五”与“十五”对比情况

“十一五”期间，国家各级政府高度重视文物事业的发展，随着各项文物事业的大力开展，大遗址建设、第六批国保单位保护维修、博物馆纪念馆免费开放等工作的设立和深入进行，文物事业投入大幅度增长。从“十一五”末与“十五”末对比情况看，2010 年文物事业费比 2005 年增加 91. 52 亿元，增长 295. 96%。其中，文物科研机构比 2005 年增加 2. 79 亿元，增长 216. 2%；文物保护管理机构比 2005 年增加 13. 84 亿元，增长 279. 44%；博物馆比 2005 年增加 56. 21 亿元，增长 337. 16%；文物商店比 2005 年增加 0. 09 亿元，2005 年文物商店无文物事业费支持；其他文物机构比 2005 年增加 18. 57 亿元，增长 231. 94%。

从文物事业费各年增长情况看，从 2005 年以来的 6 年间，每年文物事业费比上一年增长均达到 25% 以上，其中 2008 年比 2007 年增长速度最快，达到 45. 9%。同时，“十一五”时期人均文物事业费也比“十五”时期有了显著增长。2010 年人均文物事业费 9. 14 元/人，比 2005 年的 2. 36 元/人增长 2. 87 倍。

图5　2005年以来全国文物事业费及增长速度

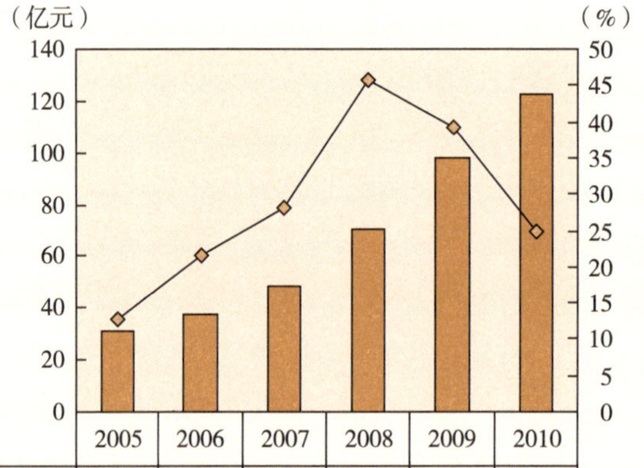

	2005	2006	2007	2008	2009	2010
文物事业费(亿元)	30.92	37.59	48.18	70.3	97.95	122.4
比上年增长速度（%）	12.70	21.57	28.17	45.90	39.33	25.00

文物事业费(亿元)　—◇— 比上年增长速度（%）

（二）各地文物业投入快速上升，西部地区得以倾斜

从文物事业费在全国西部和中东部地区分布情况看，“十一五”以来比较稳定，全国西部和中东部地区基本在 1：3 的比例，与 2005 的 1：4 比例相比，进一步向西部倾斜。

表 1　文物事业费在全国西部和中东部地区分布情况（单位：亿元）

年　度		2005	2006	2007	2008	2009	2010
全国	金额	30. 92	37. 59	48. 18	70. 3	97. 95	122. 44
西部地区	金额	6. 06	8. 17	10. 63	17. 82	21. 99	31. 15
	所占比例	20%	22%	22%	25%	22%	25%

（续）

年　度		2005	2006	2007	2008	2009	2010
中东部地区	金额	24.86	29.42	37.55	52.48	75.96	91.29
	所占比例	80%	78%	78%	75%	78%	75%

（三）全国文物业总收入情况

从总收入情况看，2010 年全国文物业总收入为 187.04 亿元，较 2009 年增加 34.2 亿元，增长 22.37%。在总收入中，财政拨款为 122.44 亿元，事业收入 33.17 亿元，经营收入 4.37 亿元，其他（除以上三项外）27.06 亿元。2010 年文物业总收入最高的省为：北京（18.86 亿元）、浙江（16.79 亿元）、陕西（11.49 亿元）等。文物业收入最低的省为：青海（0.49 亿元）、海南（0.51 亿元）。

（四）全国文物业总支出情况

从总支出情况看，2010 年全国文物业总支出为 174.30 亿元，较 2009 增加 32.57 亿元，增长 22.98%。在总支出中，其中，项目支出 82.29 亿元，占总支出的 47.21%；基本支出 74.97 亿元，占总支出的 43.01%；经营支出 3.57 亿元，占总支出的 2.05%。其他（除以上三项外）支出 13.47 亿元，占总支出的 7.73%。2010 年文物业总支出最高的省为：北京（18.08 亿元）、浙江（14.9 亿元）、陕西（10.79 亿元）等。文物业总支出最低的省为：青海（0.49 亿元）、海南（0.51 亿元）。

（五）加大文物维修投入，文物保护水平充分提升

2010 年，全国共投入文物维修经费 57.61 亿元，开展文物保护维修项目 2345 项，维修面积 1215.9 万平方米。与 2005 年 13.73 亿元对比，文物维修经费增加 43.88 亿元，增长 3.2%；维修项目增加 990 项，增长 73.06%。这些经费有力推进了重大文物保护工程的建设实施，提升了文物保护水平。

从各地区情况看，投入文物维修经费最多的是四川（11.02 亿元）、上海（5.43 亿元）、安徽（4.91 亿元）、河南（4.91 亿元）等。开展文物保护维修项目最多的地区为四川（317 个）、山西（260 个）、（浙江（231 个），而宁夏（8 个）、天津（3 个）、青海（1 个）等省区均在 10 个以下。

四、强化文物征集管理力度，文物馆藏品有一定增长

（一）总体情况

1. 2010 年基本情况

2010 年全国文物单位有馆藏文物 2864.22 万件/套，较 2009 年增加 1533809 万件/套，增长 5.57%%。在总数中，一级文物 6.72 万件/套，占总数的 0.23%。从 2010 年分类情况看，其中，文物科研机构 87.02 万件/套，占总数的 3.04%；文物保护管理机构 214.94 万件/套，占总数的 7.51%；博物馆 1755.25 万件/套，占总数的 61.28%，文物商店 774.89 万件/套，占总数的

27.05%；其他文物机构32.12万件/套，占总数的1.12%。从全国总体情况看，文物藏品主要集中在博物馆和文物商店，这两者总数占了文物藏品总数的88.34%。

图6 2010年全国文物单位有馆藏文物数量对比情况

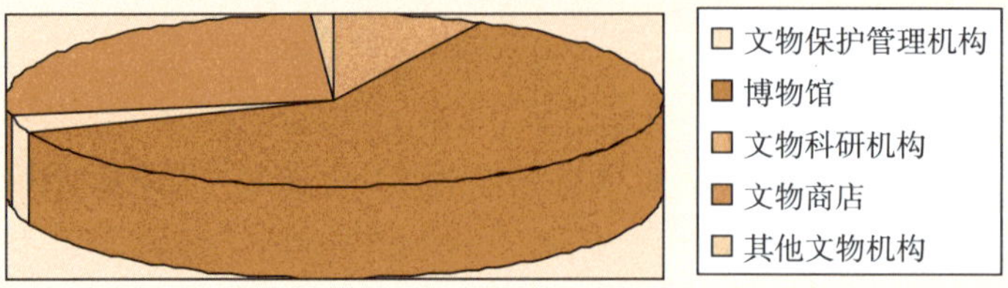

2. “十一五”与“十五”对比情况

从2010年与2005年对比情况看，全国各级文物机构加强文物征集管理力度，馆藏品总数稳中有升。2010年比2005年全国文物馆藏品增加560.01万件/套，增长24.3%。其中，文物科研机构比2005年减少8.31万件/套，降低9.55%；文物保护管理机构比2005年减少26.71万件/套，降低12.43%；博物馆比2005年增加135.31万件/套，增长7.71%；文物商店比2005年增加433.03万件/套，增长55.88%；其他文物机构比2005年增加26.69万件/套，增长83.1%。

（二）各地馆藏品情况

文物藏品的区域差别比较明显，从文物藏品总数看，2010年，北京、江苏、河南、山东、湖北、广东、四川等省（市）超过100万件/套，其中前五名为：北京375.58万件/套、江苏249.05万件/套、河南183.33万件/套、湖北146.45万件/套、山东144.81万件/套等。而海南、宁夏两省（区）仅在10万件/套以内，其中，海南5.84万件/套、宁夏8.41万件/套。

五、更新理念，创新管理，陈列展览量和质得以提升

（一）总体情况

1. 2010年基本情况

2010年，全国共举办陈列展览数为30156个，比2009年增加13741个，增长83.71%。在总数中，文物保护管理机构3419个，占总数11.34%；博物馆26704个，占总数88.55%；文物科研机构33个，占总数0.11%。从平均水平看，2010年，全国各类文物机构平均举办陈列展览6.06个，其中，文物保护管理机构共举办展览3419个，平均每一机构举办展览1.4个；博物馆举办展览26704个，平均每一博物馆举办展览10.97个；文物科研机构108个，平均每一机构举办展览仅有0.31个。

2. “十一五”与“十五”对比情况

为进一步发挥博物馆、纪念馆的宣传教育和社会服务功能，推动博物馆机制改革和管理创新，各级博物馆在“十一五”期间，充分利用博物馆、纪念馆免费开放的契机，不断更新陈列理念，推陈出新，通过重新布展和改造完善，在提高基本陈列的水平的同时，不断推出更多观众喜闻乐见的

临时展览，最大限度地满足了不同观众的需求，提升了博物馆、纪念馆的公共服务水平。从对比情况看，陈列展览“十一五”较“十五”期间大幅增加，2010年较2005年增加22193个，增长278.7%。其中，文物保护管理机构增加1385个，增长68.09%；博物馆增加20775个，增长350.4%；文物科研机构增加33个，2005年此类机构尚未开展陈列展览。“十一五”时期陈列展览大幅增加的原因，主要是2008－2010年三年间，国家投入大量资金推进了博物馆、纪念馆免费开放，大大提升了陈列展览质和量的大幅提升。

（二）各地发展情况

2010年，从各地区统计情况看，福建（6118）、云南（5187）、江苏（1651）、广东（1503）等省举办展览数量较多，均在1500个以上；宁夏（76）、青海（68）、西藏（2）等地则不足100个。

六、抓住契机，强化管理，参观人数增长迅速

（一）总体情况

1. 2010年基本情况

2010年，全国文物单位接纳观众人数为520979千人次，较2009年增加88497千人次，增长20.46%。在总数中，其中，博物馆为406793千人次，占78.08%；文物保护管理机构111978千人次，占21.5%；文物科研机构2208千人次，占0.42%。

图7 2010年全国文物机构接纳观众人数构成情况

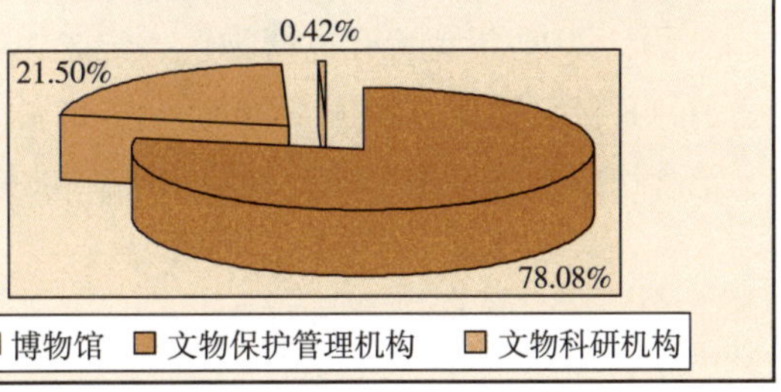

2. “十一五”与“十五”对比情况

从对比情况看，2010年较2005年有较大增长，总人数增加344405千人次，增长1.95倍，增长的主要原因是2008年博物馆、纪念馆免费开放后，各级文物机构抓住此契机，加大投入，强化管理，吸引更多的观众走进博物馆、纪念馆，从而造成各地两馆参观人数激增。

（二）各地参观人数情况

从各地区情况看，2010年各地参观人数不一而足，其中，四川（39331千人次）、浙江（33609千人次）、湖南（31696千人次）等地达3000万以上，而青海、海南等地不足150万人次。

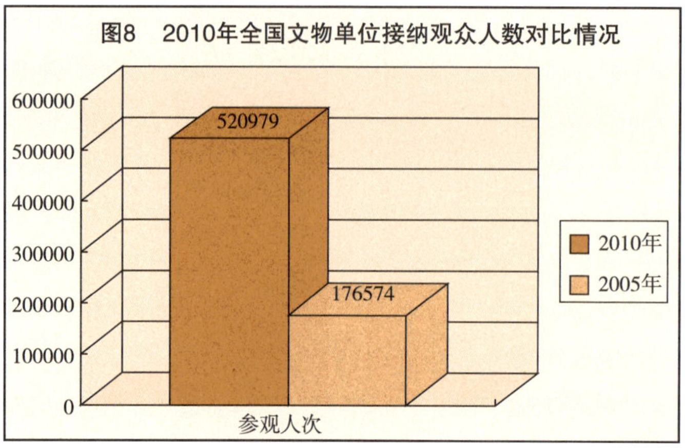

七、博物馆免费开放工作取得较好效果

（一）经费投入大幅增长

2008－2010 年，中央财政共计拨付 52 亿元，其中，2008 年 12 亿元；2009 年 20 亿元；2010 年 20 亿元，对纳入中央免费开放范围的 1444 家博物馆、纪念馆门票减收、运转经费增量和改善陈列布展等予以补助。2010 年，各级博物馆、纪念馆共收到各级财政拨款 61.28 亿元，其中，中央收到 4.56 亿元，地方收到 56.72 亿元。分地区情况看，2010 年免费开放收到各级财政拨款最多三个地区为浙江 7.2 亿元、江苏 4.1 亿元、广东 3.68 亿元；最少的三个地区为西藏（0.13 亿元）、青海（0.22 亿元）、海南（0.24 亿元）。2010 年免费开放博物馆、纪念馆收到的财政拨款与 2005 年全国博物馆、纪念馆文物事业费 16.68 亿元相比，增加 44.6 亿元，增长 2.67 倍。免费开放经费的不断增长，大大提升了博物馆、纪念馆的基础设施和陈列展览水平，夯实了两馆向社会提供公共服务的基础。

（二）免费开放数量稳步上升

2010 年全国博物馆免费开放数量 1893 个，免费开放的博物馆占全国已上报博物馆总数的 77.74%。随着民办博物馆不断增加，博物馆门类日益丰富，办馆主体呈多元化，初步形成门类丰富、特色鲜明、分布广泛的博物馆发展新格局。根据中宣部、财政部、文化部、国家文物局《关于印发免费开放博物馆纪念馆名单的通知》（文物博发［2010］9 号）确定全国 1444 个免费开放名单。现博物馆统计数据 1893 个含有 1444 个，其余 449 为各省确定的免费开放名单，尚未得到国家文物局的确认。分地区情况看，2010 年免费开放博物馆、纪念馆数量最多的三个地区为江苏 154 个、广东 128 个、云南 113 个。

（三）参观人数增长迅猛

2008 年博物馆、纪念馆免费开放以来，观众参观的热情非常高涨，平均观众量比免费开放前增长 50%，广大人民群众在博物馆的知识殿堂中实现了前所未有的文化体验。2010 年，全国免费开放博物馆、纪念馆参观人数共 319594 千人次，其中，未成年人参观人数 99243 千人次。比 2005 年全国博物馆、纪念馆参观人数 118191 千人次增加 201403 千人次，增长 170. 4%。

（四）陈列展览有较大突破

2010 年免费开放的博物馆、纪念馆陈列展览数量为 23866 个，较 2005 年全国博物馆、纪念馆陈列展览数量 5929 个增加 17939 个，增长 302. 53%。免费开放工作也加快了博物馆、纪念馆融入社会的步伐，博物馆的文化辐射力和社会关注度得到空前提高，公共文化服务能力和社会效益得到进一步增强。

八、基本建设投资增长快速，固定资产投资增幅较大

（一）2010 年基本情况

2010 年，全国文物机构固定资产投资项目总数达到 107 个，计划总投资达 51. 91 亿元，计划施工面积（建筑面积）645. 04 万平方米，本年完成投资额为 30. 48 亿元。

（二）“十一五”比“十五”投资增长显著

从“十一五”和“十五”对比情况看，2010 年比 2005 年从各方面均增幅较大，如本年计划投资增长 233. 79%；实际完成投资增长 258. 7%；交付使用的项目个数增长 160. 98%；交付使用面积增长 11628%。投资的增长、投资项目的增加较好地满足了全国文博事业基本建设发展的需要。

总之，2010 年是我国文化遗产事业“十一五”时期的最后一年。与 2005 年相比，2010 年，文化遗产事业在机构、人员、文物事业费、馆藏品、陈列展览、参观人数及基本建设投资等方面均有较大提升，全面带动我国文化遗产各项事业发展更上一层楼，达到新的历史高度。但不容忽视的是，“十一五”期间已经比较突出的问题，如全国文物保护经费投入仍然不足、东中西部发展不平衡、免费参观后博物馆面临的新挑战等问题依然突出，这些问题在一定程度上限制了我国文化遗产事业进一步健康稳定发展。“十二五”期间亟须积极努力，采取有效措施，解决上述问题。

（国家文物局办公室）

附表 1　2010 年各地区文物业藏品数情况（单位：件/套）

地　区	总　计	文物科研机构	文物保护管理机构	博物馆	文物商店	其他文物机构
全　国	28642200	870223	2149366	17552482	7748943	321186
中　央	2510414	——	——	2510414	——	——
北　京	3735879	153	23900	1138476	2565409	7941
天　津	955735	——	2733	579740	373262	——
河　北	554831	197780	109503	232455	14464	629
山　西	775959	6768	105002	453355	134862	75972
内蒙古	461499	14479	38045	408471	501	3
辽　宁	724758	4604	69666	351402	294010	5076
吉　林	299574	8241	21188	237522	32623	——
黑龙江	218877	3541	19696	192158	——	3482
上　海	1444185	——	5680	327455	1111050	——
江　苏	2490474	5446	30024	1527507	924858	2639
浙　江	896263	17971	68757	676477	133058	——
安　徽	822095	202	81433	503247	224547	12666
福　建	445866	——	4213	382327	59326	——
江　西	643335	1385	10510	425788	172631	33021
山　东	1448056	22943	267718	692829	462019	2547
河　南	1833281	317402	557743	725093	203001	30042
湖　北	1464517	8395	12809	1211525	201794	29994
湖　南	857677	34791	108235	443174	232507	38970
广　东	1121797	31742	3311	844627	239587	2530
广　西	347472	1154	24118	279452	42748	——
海　南	58398	——	1099	57299	——	——
重　庆	754363	——	77865	488955	187383	160
四　川	1147088	12520	212376	885543	26127	10522
贵　州	119594	1001	15270	74826	19337	9160
云　南	453712	2453	65254	358457	27548	——
西　藏	143071	——	104821	32605	5645	——
陕　西	946083	50217	79374	767086	780	48626
甘　肃	546332	68612	1256	439654	29604	7206
青　海	186276	55452	7429	118984	4411	——
宁　夏	84093	149	17735	66209	——	——
新　疆	150646	2822	2603	119370	25851	——

附表 2　2010 年全国各地区文物业参观人数情况（单位：千人次）

地　区	总　计	文物保护管理机构	博物馆	文物科研机构
全　国	520979	111978	406793	2208
中　央	15866	——	15866	——
北　京	17121	12126	4995	——
天　津	4222	215	4007	——
河　北	22596	10136	12460	——
山　西	18334	6926	10815	593
内蒙古	6495	656	5839	——
辽　宁	12436	2100	10336	——
吉　林	5304	226	5078	——
黑龙江	7607	444	7163	——
上　海	6416	170	6246	——
江　苏	47991	2420	45568	3
浙　江	33609	13339	19572	698
安　徽	13512	1458	12054	——
福　建	17000	998	16002	——
江　西	21189	396	20730	63
山　东	22882	9038	13844	——
河　南	24131	6168	17942	21
湖　北	20854	1803	19051	——
湖　南	31696	9697	21999	——
广　东	29753	3928	25825	——
广　西	8760	1101	7441	218
海　南	1480	495	985	——
重　庆	16203	669	15509	25
四　川	39331	5760	33571	——
贵　州	16292	4521	11771	——
云　南	19623	4332	15291	——
西　藏	2426	2277	149	——
陕　西	21724	6741	14981	2
甘　肃	8439	1430	6467	542
青　海	850	18	832	——
宁　夏	2086	1336	740	10
新　疆	4751	1054	3664	33

附表 3　2010 年全国各地区博物馆免费开放情况

地　区	免费开放数量（个）	财政拨款（万元）	参观人数（千人次）	未成年人参观人数（千人次）	陈列展览数（个）
总　计	1893	612843	319594	99243	23866
中　央	4	45630	585	215	19
地　方	1889	567213	319009	99028	23847
北　京	20	15593	2628	515	137
天　津	11	19051	3361	1322	104
河　北	57	14555	10740	3359	293
山　西	53	14722	4606	1272	171
内蒙古	48	16518	5439	1564	208
辽　宁	51	25438	6690	2540	230
吉　林	50	9742	4359	1242	350
黑龙江	73	9360	6267	2498	344
上　海	23	28179	4118	802	146
江　苏	154	40970	32973	9627	1209
浙　江	88	71984	17922	5087	1005
安　徽	106	14994	11292	5217	818
福　建	91	16511	15809	4075	5076
江　西	108	20823	20730	6050	1093
山　东	92	26742	12195	4126	902
河　南	78	19861	12935	4183	822
湖　北	107	22776	18645	8213	1858
湖　南	71	28109	21587	7940	349
广　东	128	36849	21536	4861	1129
广　西	44	12924	7042	1883	291
海　南	13	2391	950	297	211
重　庆	19	15832	13860	4157	209
四　川	53	21036	19785	6836	262
贵　州	46	9456	10906	3499	176
云　南	113	11395	14532	2907	4830
西　藏	2	1314	149	13	2
陕　西	43	12418	7068	1211	799
甘　肃	58	16044	5649	2054	397
青　海	15	2197	832	273	54
宁　夏	5	3038	740	232	57
新　疆	69	6391	3664	1173	315

动漫核心产业专项调查统计分析报告

动漫产业是文化产业的重要组成部分。为了解全国动漫产业的发展状况，满足国家宏观决策和行业管理的需求，文化部于2010年开展了全国动漫核心产业专项调查。依据本次调查数据，现对我国动漫核心产业发展状况分析如下。需要说明的是，由于统计调查口径和范围的不同，此次调查数据和年度报表统计数据有所不同。

一、动漫核心产业已进入快速发展期

自2006年成立扶持动漫产业发展部际联席会议以来，在党中央和国务院领导的关心下，在10部委的共同努力下，经过社会各界特别是动漫业界的辛勤耕耘，我国动漫核心产业发展成效显著，发展速度很快。

（一）主要经济指标显著增长

1. 产值。2009年中国动漫核心产业总产值为64.20亿元（核心产值是指核心动漫产品的生产产值），比2008年增长48.2%。预计2010年增长率可达33.1%，核心产值达到85.45亿元。根据调查，围绕动漫核心产业，还涉及动漫产品流通、播映、商品销售、电信等相关产业，相关比例为1：3.3，即2008年动漫产业带动产值达143亿元，2009年动漫产业带动产值达210.46亿元。2009年，动漫主题公园实现经营收入158亿元，合并计算，2009年我国动漫产业总产值共计368.46亿元。

2. 资产。2009年中国动漫核心产业总资产为154亿元，比2008年增长41.4%。预计2010年增长率可达47%，总产值达到226亿元。

3. 企业数量。2009年全国动漫企业共有921家，比2008年增长29.2%。预计2010年企业数量可达到1413家，增长率达到53.4%。

4. 从业人员。2009年全国动漫核心产业从业人数为6.38万人，比2008年增长15.17%。预计2010年增长率可达15.46%，从业人员总数达到7.36万人。

5. 利润水平。2009年全国动漫核心产业税前利润总额为16.97亿元，比2008年增长82.2%。预计2010年增长率可达60%，行业税前利润总额达到27.15亿元。

6. 税收情况。2009年全国动漫企业缴纳税金总额为3.97亿元，比2008年增长37.8%。预计2010年增长率可达22.8%，行业缴纳税金总额达到4.87亿元。

（二）财税优惠政策发挥巨大杠杆作用

1. 税收优惠政策影响深远

2008年《动漫企业认定管理办法》发布以来，对通过认定的动漫企业实行税收减免，范围包含增值税、营业税、企业所得税在内的多个税种。相比2008年，2009年动漫核心企业享受政策的减免税总额为1.5亿，比2008年增长75.9%，而同期动漫产业纳税总额为3.97亿，比2008年增长39.97%。可以看出，税收减免的增长幅度远高于纳税的增长幅度。税收优惠政策使整个行业缴税水平降低，税额增长率趋缓，有效减轻了企业的税负，增强了企业盈利能力，高达82.2%的利润增长率就说明了这一问题。

2. 各级政府财政投入力度加大

自中央财政设立动漫专项资金以来，特别是2009年《文化产业振兴规划》将动漫产业列入重点发展领域之后，各级政府高度重视动漫产业的投入。2009年动漫企业享受的政府财政补贴总额为2.87亿元，比2008年增长80.36%。政府对动漫产业的投入力度大幅提高，各种奖励、扶持、贴息政策相继出台。从动漫企业资产总额41.1%的增长率可以看出，政府投入拉动了大批投资，促进了动漫产业的快速发展。

（三）各地动漫产业有序发展，集聚现象突出

统计数据显示，东部地区的动漫核心产业无论是产值还是企业数量，在全国均占据半壁江山，西部地区相对规模较小。我国动漫产业主要分布在京、沪、广等中心城市和沿海经济发达地区大城市，产业聚集现象较为突出。

图1 2008年动漫产业区域发展情况

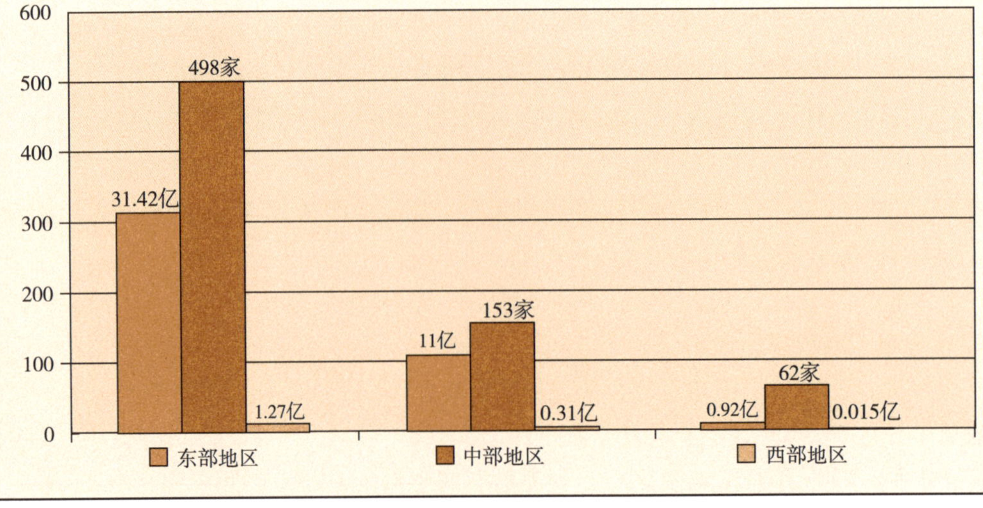

动漫产业的发展需要良好的经济基础作为后盾，经济发达地区的动漫产业发展如此迅速，究其原因，一是当地政府比较重视，都有相应的扶持政策出台，在资本运作、对外合作、人才培养、技术创新、海外拓展等方面给予扶持和引导；二是当地高新技术企业密集、人才丰富、市场发达、基础条件较好，有利于创造动漫市场的良性发展环境。

（四）大型动漫企业发展迅速，出现一批领军企业

据统计，央视动画有限公司等27家动漫领军企业在行业中占有重要地位，无论是产值、出口

图2　2009年动漫产业区域发展情况

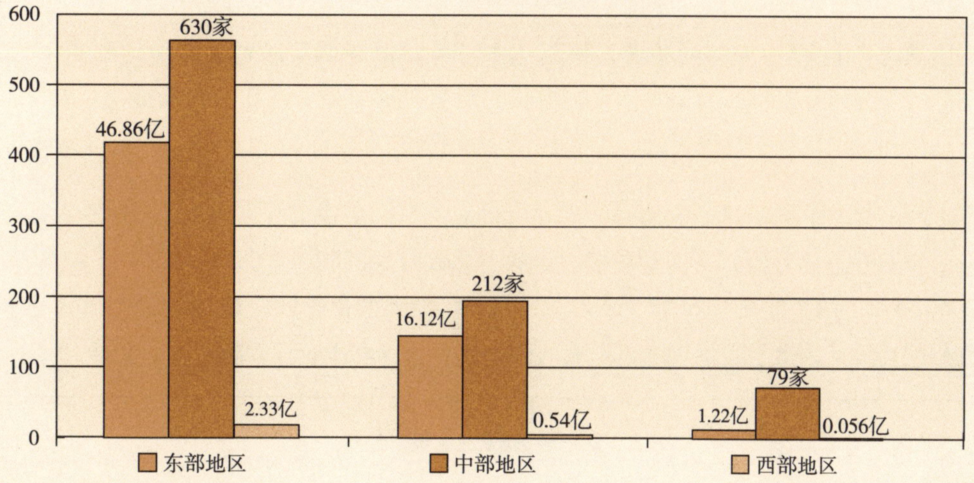

收入，还是纳税情况，在全行业中均占较大比重。特别是税收缴纳方面，这些企业所缴税收占全行业的53%，主导作用日益明显。

（五）动漫产业出口形势喜人，通过贸易方式传播中华文化

2009年全国动漫出口总收入为3.19亿，比2008年增长89.32%，由漫画出口收入、电视动画片出口收入、动画电影出口收入、衍生品出口收入四部分构成。与传统的由政府组织的文化交流活动不同，动漫产品出口均为自主的市场贸易行为，人们通过主观意愿的购买实现消费，在消费时更加珍惜。同时，动漫产品具有鲜明的文化特点，在消费过程中能够实现“以文化人”，更好地传播中华文化，体现我国文化软实力。

二、动漫产业发展中存在的瓶颈和问题

（一）我国动漫产业发展历史较短，底子薄弱，基础较差

虽然发展速度较快，但由于基础薄弱，2009年我国动漫核心产业总产值仅有64.2亿元，相比发展历史较长、较为成熟的游戏产业，动漫产业仍处于发展期，需要加大扶持力度。

（二）动漫产业链结构不合理，培育不完全

动漫产业是一个涵盖创意、创作、制作、出版、发行、播映、新媒体、演出、授权、衍生品开发等多行业的全产业链，产业链条长，涉及行业门类多。作为一个完整的产业链，任何一个环节都是至关重要的。每一个环节的健全发展，都会影响到整个产业状态。但从统计情况看，动漫产业的企业数量和人员相对集中于动漫衍生品和电视动画片环节，而动漫产业的基础——漫画产业，动漫产业的突破口——新媒体动漫方面比较薄弱；动漫衍生品产业从事正版产品开发的数量较少，产值

偏低，知识产权保护情况欠佳，不利于上游企业回收资金、拓展盈利空间。

（三）动漫企业盈利水平偏低，利润率不高

虽然动漫核心产业2009年的利润增长率高达82.2%，但同期动漫企业的平均利润率为26.4%，盈利水平偏低。其原因是多方面的，包括大幅增长的产品数量与趋于饱和的垄断播出平台之间的矛盾日益尖锐、动漫知识产权保护情况堪忧、创意和经营管理人才缺乏、动漫产品年龄定位偏低幼化等。

（四）动漫企业集中度不高，普遍较为弱小

2009年，年产值在500万以下的动漫核心企业占总数的84.26%，与2008年的85.41%基本持平，年产值在3000万以上的企业只有24家，年产值超过1亿的大型企业只有13家，这与2008年的企业规模分布大致相同，可见，由于起步较晚，发展时间不长，我国动漫企业规模较小，竞争力弱。

图3 2009年动漫企业规模分布

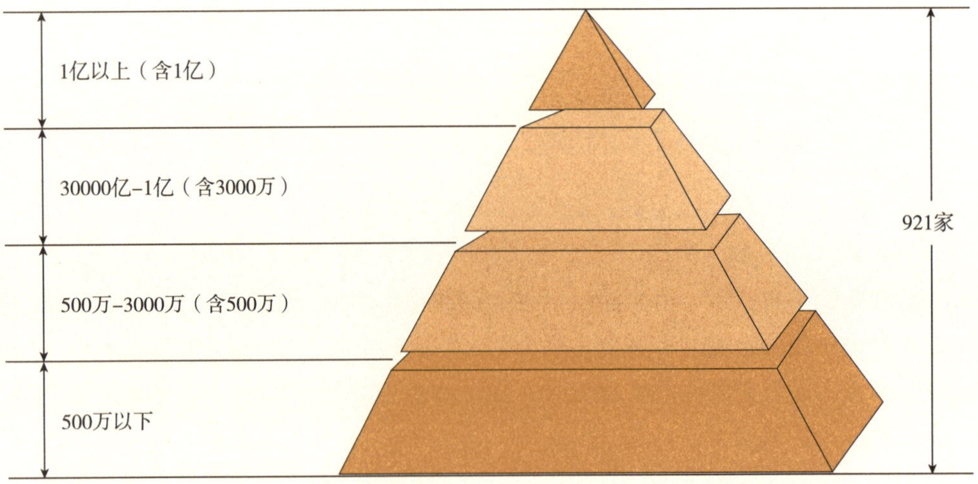

（五）动漫企业人员待遇较低，缺少对优秀人才的吸引力

2009年动漫核心企业人均年工资虽然比2008年增长了33%，但也仅有1.93万元，明显低于其他与高新技术相结合的产业平均水平。这也直接导致了动漫企业从业人员学历水平不高，2009年专科生占36.86%，本科生占39.22%，高中及以下占到19.71%，研究生及以上学历仅为4.22%。优秀人才的缺乏已经日益成为动漫产业发展的瓶颈问题。

三、对策建议

（一）加大政策扶持力度，继续发挥财税杠杆作用

从统计数据可以看出，实行两年的税收优惠政策发挥了巨大作用，动漫企业认定工作在业界已

经成为投资风向标，各级政府的积极投入也直接推动了动漫产业的发展。今后，应继续加大政策扶持力度，可以考虑在投融资领域进一步帮助动漫企业，扩大产业规模。

（二）加强知识产权保护

动漫产业是以创意和知识产权为核心的产业，当前的知识产权保护情况不容乐观，这也直接影响了原创动漫的生产和企业的盈利空间。特别是衍生产品领域，大幅提高知识产权保护水平，能够为动漫产业带来更加丰厚的回报。

（三）培育产业链条

加大对漫画产业的培育，改变“重动画、轻漫画”的现状。漫画是动漫产业的基础和上游，漫画形象的树立能够带来动画、演出、新媒体、衍生品等多行业的盈利，漫画行业的发展现状与其重要地位并不相称。

支持新媒体动漫发展，为动漫产品提供新的传播和盈利渠道。新媒体是动漫产业今后发展的一大契机，在播出机制难以改变的情况下，新媒体以其海量存储、即时传输、方便快捷的互动消费模式为动漫产业的发展带来新的突破口。

加强动漫上游行业与衍生品行业的对接。目前获得正版动漫形象授权的衍生品生产数量不高，今后应在加强知识产权保护的同时，举办多形式的活动，引导上游行业与衍生品行业的对接，提高动漫企业的盈利能力。

（四）加强动漫产业人才教育培训

动漫产业人才学历水平偏低，有经验的优秀人才更是缺乏。一方面，应加大教育力度，加强动漫相关专业学科建设，培养优秀人才；另一方面，应针对现有企业从业人员，加大培训力度，继续举办国家动漫产业高级研修班，提升行业高端人才数量和质量。

（五）继续以贸易方式推动动漫产品出口，扩大中国动漫产业的国际影响力

动漫是国际性的艺术语言，动漫产业“走出去”有得天独厚的优势。应继续采取多种方式支持和组织国内有实力的动漫企业参加国际会展、开拓国际市场，积极与国外有关机构协调沟通，帮助国内动漫企业走向世界，继续提高动漫产品出口能力和出口规模。

（六）分类指导，区别对待，实现东、中、西部动漫产业均衡发展

动漫产业发展有其特殊性，对经济基础的要求较高。从实践来看，东部地区动漫产业发展也较为迅速，而西部地区规模较小。因此，应支持东部、中部有条件的地区，进一步加大投入，提高产业集聚程度，培育领军企业，继续快速发展动漫产业；帮助文化资源丰富的西部地区利用动漫形式，挖掘民族文化资源，因地制宜的发展动漫产业。

（文化部文化产业司）

附表　各省动漫产业收入排名

	2008年省份排名（按收入）			2009年省份排名（按收入）		
排名	地区	收入总数（亿元）	占全国的比例（%）	地区	收入总数（亿元）	占全国的比例（%）
1	广东省	15.66	36.16	广东省	23.00	35.82
2	上海市	4.43	10.23	上海市	6.94	10.81
3	北京市	4.23	9.77	湖南省	6.35	9.88
4	湖北省	3.93	9.08	北京市	5.64	8.79
5	湖南省	3.89	8.99	湖北省	5.16	8.04
6	浙江省	2.83	6.54	浙江省	4.77	7.43
7	江苏省	1.81	4.17	江苏省	2.67	4.16
8	吉林省	1.57	3.62	黑龙江	1.91	2.98
9	黑龙江	1.11	2.55	吉林省	1.80	2.80
10	福建省	0.98	2.26	福建省	1.23	1.91
11	辽宁省	0.51	1.17	辽宁省	1.00	1.56
12	山东省	0.47	1.08	山东省	0.87	1.36
13	重庆市	0.38	0.87	重庆市	0.41	0.63
14	河北省	0.30	0.69	安徽省	0.35	0.54
15	四川省	0.24	0.56	四川省	0.34	0.53
16	陕西省	0.22	0.51	河北省	0.33	0.51
17	天津市	0.16	0.37	陕西省	0.27	0.43
18	河南省	0.15	0.34	河南省	0.25	0.39
19	安徽省	0.13	0.30	天津市	0.21	0.33
20	江西省	0.10	0.22	广　西	0.17	0.27
21	山西省	0.09	0.21	江西省	0.14	0.21
22	广　西	0.04	0.09	山西省	0.10	0.16
23	新　疆	0.03	0.07	内蒙古	0.07	0.10
24	贵州省	0.02	0.04	贵州省	0.06	0.09
25	云南省	0.02	0.03	新　疆	0.05	0.08
26	内蒙古	0.01	0.03	甘肃省	0.05	0.07
27	甘肃省	0.01	0.03	海南省	0.03	0.05
28	海南省	0.00	0.01	云南省	0.03	0.04
29	宁　夏	0.00	0.00	宁　夏	0.02	0.02
30	西　藏	0.00	0.00	西　藏	0.00	0.00
31	青海省	0.00	0.00	青海省	0.00	0.00

中国文化产业集聚状况分析

本文利用第二次经济普查数据测度和分析了中国文化产业及其各行业的集聚状况。按照国家统计局《文化及相关产业分类》分类方法，文化产业共分为九个行业：一为新闻服务，二为出版发行和版权服务，三为广播、电视、电影服务，四为文化艺术服务，五为网络文化服务，六为文化休闲娱乐服务，七为其他文化服务，八为文化用品、设备及相关文化产品的生产，九为文化用品、设备及相关文化产业的销售。在这九个行业中，行业一至行业七属于文化服务，行业八和行业九属于相关文化服务。相关文化服务主要是为了从产业链的角度观察文化活动，并进一步观察文化对社会经济的推动作用，相比较前面的七大行业，文化用品、设备及相关文化产品的生产和销售存在众多共性的地方。为了分析方便，我们将其合并为“相关文化服务行业”来分析。

一、空间集聚状况分析

空间集聚是文化产业集聚状况的一个重要表现。测度文化产业的空间集聚状况对于我们了解文化产业的地区分布，研究文化产业地区发展的不均衡性等都具有参考作用。为了测度中国文化产业的空间集聚状况，我们引入文化产业各行业增加值最大的前六位省区（表1）和各省区出现位于前六位行业的频次[①]（表2）这两个指标。并根据这两个指标来绘制中国文化产业空间集聚状况分布图（图1）。

表1　文化产业各行业规模最大的前六位省区表

序号	行业	位于前六位的省区
1	新闻服务	北京、广东、四川、湖南、湖北、山东
2	出版发行和版权服务	广东、北京、江苏、浙江、山东、上海
3	广播电视电影服务	北京、广东、江苏、浙江、湖南、上海
4	文化艺术服务	北京、广东、江苏、上海、山东、浙江
5	网络文化服务	北京、福建、浙江、上海、广东、黑龙江
6	文化休闲娱乐服务	广东、山东、江苏、湖南、北京、浙江
7	其他文化服务	广东、北京、上海、江苏、山东、湖南
8	相关文化服务	广东、江苏、山东、浙江、北京、福建

表2　各省区出现位于前六位行业的频次表

北京　8次	浙江　6次	湖北　1次
广东　8次	上海　5次	四川　1次
山东　6次	湖南　4次	黑龙江　1次
江苏　6次	福建　2次	辽宁等20个省区　0次

① 频次实际上指的是各省区位于前六位的行业的数量。频次越大，说明该省区位于前六位的行业越多；频次越小，说明该省区位于前六位的行业越少。因此，可以用出现的频次反映我国文化产业各行业在全国的空间分布状况。

图1　中国文化产业空间集聚状况分布图

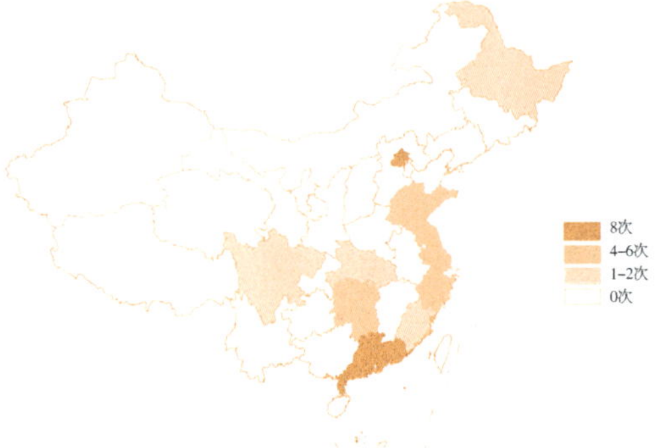

由图1可以看出，中国文化产业各行业的空间集聚格局已经形成，东部沿海的经济发达地区同时也成了文化产业的主要集聚地区。根据图1可以将中国31个省区分为以下四类：

第一类为北京和广东，这两个省区文化产业中的所有行业全部排在前六位，是中国文化产业最发达的地区。虽然从发展水平来看可以将这两个省区分为一类，但从行业分布来看，这两省区又有不同的特点。北京有6个行业排名前二位，其中有4个行业排名第一位，分别是新闻服务、广播电视电影服务、文化艺术服务和网络文化服务行业；2个行业排名第二位，分别是出版发行和版权服务、其他文化服务行业。广东有7个行业排名前二位，其中有4个行业排名第一位，分别是出版发行和版权服务、文化休闲娱乐服务、其他文化服务和相关文化服务行业；3个行业排名第二位，分别是新闻服务、广播电视电影服务、文化艺术服务行业。通过比较我们可以看出，北京和广东在文化产业的构成上还是有所差异的。北京作为全国的文化中心，以传统意义上文化产业为主的核心层①发展水平处于全国领先的地位。而广东作为全国开放程度最高的省份，以改革开放后发展起来的文化产业为主的外围层以及相关层的发展水平处于全国领先的地位。

第二类为山东、江苏、上海、浙江和湖南5个省区，它们出现位于前六位行业的频次为4－6次。其中山东、江苏、上海、浙江来自东部沿海地区，湖南来自中部地区。这5个省区的文化产业的发展水平远远高于全国平均水平。它们利用自身经济发展水平高、文化底蕴深厚的特点，大力发展文化产业，使文化产业各行业在这些省区产生了集聚化、专业化的生产。使得这些省区的文化产业发展无论从规模还是质量上都要优于全国其他省区。

第三类为湖北、四川、福建和黑龙江4个省区，它们出现位于前六位行业的频次为1－2次。其中福建来自东部地区，湖北和黑龙江来自中部地区，四川来自西部地区。这些地区集聚行业相对较少，集聚现象不是十分明显。其中四川、湖北和黑龙江这三个地区都有1个行业排名全国前6位。四川和湖北是新闻服务行业，黑龙江是网络文化服务行业，而福建排名前6位的2个行业中也

---

① 按国家统计局官方网站上提供的《文化及相关产业分类》标准，文化产业可以划分为三个层次，分别为文化产业核心层、文化产业外围层和相关文化产业层。

核心层包括：（1）新闻服务，（2）出版发行和版权服务，（3）广播、电视、电影服务，（4）文化艺术服务。

外围层包括：（1）网络文化服务，（2）文化休闲娱乐服务，（3）其他文化服务。

相关层即相关文化服务包括：（1）文化用品、设备及相关文化产品的生产，（2）文化用品、设备及相关文化产品的销售。

有网络文化服务行业。由此可见，这一类集聚行业较少的省区，集聚的行业均为新闻服务行业或网络文化行业。

第四类为除第一类、第二类、第三类以外的其他20个省区。它们出现位于前六位行业的频次为0次。根据各省区文化产业集聚程度不高的原因不同，我们可以把第四类20个省区划分成两个小类。第一小类是因为经济发展比较落后的省区，比如西部的大部分省区等，文化产业各行业在这些省区分布比较零散，甚至如西藏的新闻服务行业，还处于空白状态。第二小类是像辽宁、重庆等文化产业虽然比较发达，但是8大行业没有一个排名前6位的省区。这一小类省区的文化产业各行业发展都比较适中，都十分接近全国的平均水平，并没有产生明显的偏重。但从另一方面来说，它们文化产业各行业的发展，并没有突出的侧重点，也没有自己的特色行业和优势行业。与东部沿海的像江苏、浙江、上海等省区相比，他们的文化产业各行业的发展还需要相当长的一段路要走。除像北京、广东这两个超级文化大省在8大行业都具有优势外，其余的文化大省在文化产业方面都有自己的优势行业，只有充分发挥自己的优势行业，利用优势行业带动其他行业，才能使文化产业各行业全面提高，这值得其他省区学习和借鉴。

二、行业集聚状况分析

文化产业的空间集聚程度的测度，只能从空间上反映文化产业在各地区的集聚状况，却不能反映出文化产业各行业本身的集聚程度。为了能够尽可能准确地测度文化产业各行业的集聚状况，我们引用了 Ellison 和 Glaeser 提出的产业集中指数 γ_{EG}①。根据该指数对文化产业八个行业的集聚程度进行考察。表3给出了中国文化产业各行业的集中指数 γ_{EG}值。

表3　行业集中指数表（%）

新闻服务	出版发行和版权服务	广播、电视电影服务	文化艺术服务	网络文化服务	文化休闲娱乐服务	其他文化服务	相关文化服务
5.511	0.342	3.619	3.604	0.648	2.412	0.821	0.447

① 公式为：

$$\gamma_{EG} = \frac{G - (1 - X)H}{(1 - X)(1 - H)}$$

$$G = \sum_{i=1}^{N} (S_i^k - S_i)^2$$

$$X = \sum_{i=1}^{N} S_i^2$$

$$H = \sum_{j=1}^{M} Z_i^2$$

其中，γ_{EG} 是某产业的产业集中指数；S_j^k 是地区 i 产业 k 的增加值占该产业全部增加值的比重；S_i 是地区 i 总增加值占全国总增加值的比重；H 是赫芬达尔指数，表示产业在企业层面的就业集中度，其中 Z_j 是第 j 个企业在全产业就业中所占的份额，M 是该产业内的企业数，H 指数实质是赋予每个企业的市场份额 Z_j 一个权重，通常对大企业给予的权重较大。

从表3可以看出，行业集中指数从高到低排列依次是：新闻服务行业，广播、电视、电影服务行业，文化艺术服务行业，文化休闲娱乐服务行业，其他文化服务行业，网络文化服务行业，相关文化服务行业，出版发行和版权服务行业。根据 Ellison 和 Glaeser 的分类，当 $\gamma_{EC}<2\%$ 时，该行业为低度集聚行业；当 $2\%\leq\gamma_{EC}<5\%$ 时，该行业为中度集聚行业；当 $\gamma_{EC}\geqslant5\%$ 时，该行业为高度集聚行业。按照这一标准，新闻服务行业为高度集聚行业；广播、电视、电影服务行业，文化艺术服务行业和文化休闲娱乐服务行业为中度集聚行业；出版发行和版权服务行业，网络文化服务行业，其他文化服务行业和相关文化服务行业为低度集聚行业。

新闻服务行业是八个行业中唯一一个高度集聚的行业。新闻服务即为新闻业，新闻业务包括新闻采访、新闻写作、新闻编辑、新闻摄影等。由上述定义可知，新闻服务行业是各部门、各新闻机构需要密切配合、紧密联系的行业，这一特点决定了新闻服务行业不同于网络文化服务和相关文化服务等行业具有分散分布的特点，它的分布是相对集聚才会更有效率的。而新闻服务行业本身覆盖范围广的特点也为新闻服务行业的集聚提供了基础。与新闻服务行业不同的是，出版发行和版权服务、网络文化服务、其他文化服务和相关文化服务这几个低度集聚行业，都是覆盖范围小，各地区都需大力发展以满足当地人民精神文化生活的行业。

三、省区间同构状况分析

随着文化产业集聚程度的不断加强，不同地区文化产业结构趋同是不可避免的。一定程度上的文化产业同构现象是文化产业专业化、集聚化的表现，是应该鼓励的；但是如果出现比较严重的同构现象，则说明各地区的文化产业有可能出现盲目的重复建设，造成资源浪费。所以考察各地区文化产业的同构现象是对文化产业集聚效应分析的一个补充，是十分必要的。我们利用结构相似系数来测度文化产业的同构现象。结构相似系数通常介于0和1之间。产业结构同构现象越严重，该指标越接近1，反之，则接近0。表4、表5和表6分别给出了东部地区、中部地区、西部地区各省区的文化产业结构相似系数。

表4　东部地区11省区文化产业结构相似系数表

地区	结构相似系数	地区	结构相似系数	地区	结构相似系数
广东	0.978	上海	0.924	天津	0.963
江苏	0.983	辽宁	0.998	海南	0.740
福建	0.974	北京	0.973	河北	0.942
山东	0.976	浙江	0.970		

表5　中部地区8省区文化产业结构相似系数表

地区	结构相似系数	地区	结构相似系数	地区	结构相似系数
湖北	0.979	黑龙江	0.935	吉林	0.962
河南	0.957	湖南	0.916	山西	0.967
安徽	0.971	江西	0.985		

表 6　西部地区 12 省区文化产业结构相似系数表

地区	结构相似系数	地区	结构相似系数	地区	结构相似系数
四川	0.972	云南	0.837	青海	0.524
陕西	0.975	贵州	0.820	西藏	0.388
重庆	0.998	新疆	0.832	广西	0.886
甘肃	0.980	宁夏	0.958	内蒙古	0.882

图2　各省区文化产业结构相似系数图

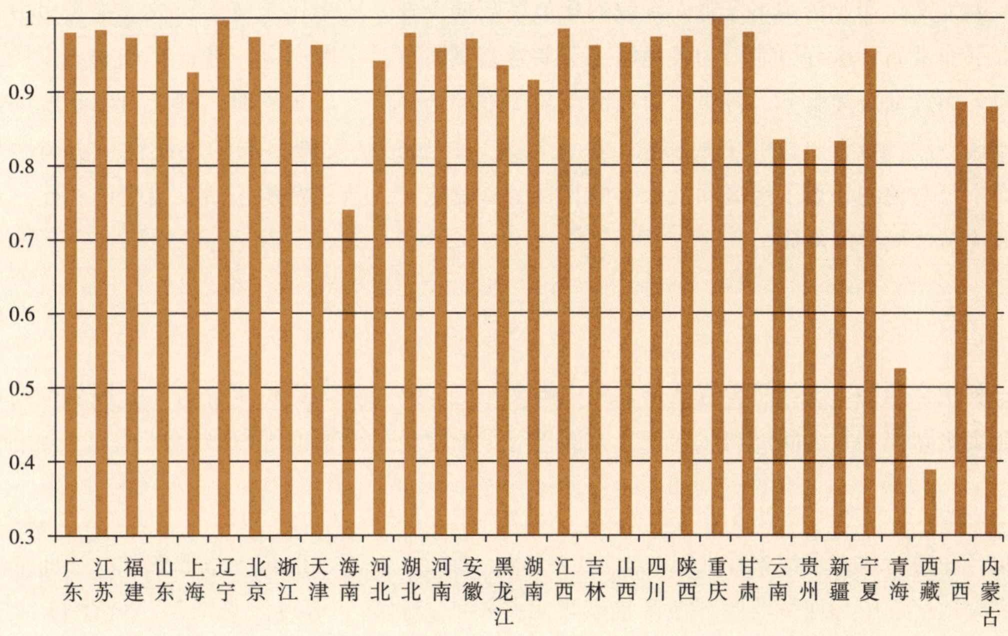

总体来看，各省区的产业结构相似系数呈现出东高西低的特点，这与中国整体的地区经济发展格局和文化产业发展格局基本一致。其中，产业结构相似系数高于 0.900 的有 23 个省区，包括东部除海南外的 10 个省区和中部地区的全部省区。产业结构相似系数高于 0.800 的有 28 个省区。而相似系数较低的地区（低于 0.800）只有海南、青海和西藏三个省。由此可见，中国的绝大多数地区都出现了较严重的同构现象。

这是因为地区间需求结构的同构现象导致的。随着经济的高速发展，人们生活水平的日益提高，在物质需求不断得到满足的同时，人们对于精神享受的需求不断增大。人们在吃饱穿暖的基础上，对于文化产业各行业，例如广播、电视、电影服务，文化艺术服务，网络文化服务，文化休闲娱乐服务等产生了极大地需求，这是不分地域的。正因为这种共同的对于文化产业的需求结构，迫使各地区不断充实、丰富、完善各地区的文化产业结构，加大力度发展文化产业，从而形成地区文化产业结构同构现象。文化产业的绝大多数行业都为服务业，它们的市场需求半径小，不可能进行省区间的传送，例如谁也不会专门去外省区看电影，所以要求各地区必须相应的发展这些需求结构相似的产品。所以，这种结构性的同构是经济的、合理的。

但是值得注意的是，文化产业各行业并不都是属于服务业，同时也包括某些制造业，例如文化用品、设备及相关文化产品的生产。而它们的市场需求半径比较大，如果进行专业化生产，进行较远距离的地区间输送，是可能经济合理的。因此，过大的产业结构相似系数，过高的地区间同构性，也并不是完全合理的。根据表4、表5和表6，中国文化产业结构相似系数最高的前2个地区分别为重庆和辽宁。它们的相似系数均高于0.990，达到了0.998。相似系数达到0.950以上的有19个省区，占全国31个省区的61.29%。如果除去西藏、青海、云南、贵州和新疆等经济不发达的边远地区，因为文化产业结构不完善而导致的相似系数偏低外，这个比重将会更大。绝大多数省区的相关系数都非常高，这有可能因为各地区违背要素禀赋而盲目发展高利产业，例如大力发展文化休闲娱乐服务而忽视新闻服务，各级政府在编制与实施社会经济发展规划时，缺乏科学系统的论证与必要的沟通交流，带有明显的主观随意性，无法发现国民经济发展格局的层次性、协调性与互补性，从而不可避免的导致了地区间低水平的盲目的重复建设，造成资源浪费，给全国文化产业结构调整与优化造成极大的障碍。

四、结论

本文利用全国第二次经济普查数据，对中国文化产业集聚状况进行了分析，分别从空间集聚状况、行业集聚状况和省区间同构状况三个方面进行了测度，主要结论可以概括如下：

（一）文化产业空间集聚格局已经形成，东部沿海经济发达地区成为文化产业的主要集聚地区

文化产业各行业大多集聚在北京、上海、广东、浙江、江苏、山东等东部省区，从而形成了区域性的集聚效应。中部地区及西部地区集聚现象并不明显。另外值得注意的是，只有11个省区出现在文化产业各行业规模最大的前六位省区表里，而未出现的省区达到了20个。这说明中国的文化产业的空间集聚十分显著。

（二）北京和广东是中国文化产业主要集聚地区的核心集聚地

本文的分析中，将文化产业归为8个行业，北京和广东文化产业所有行业的规模均排在全国的前六位，成为主要集聚地区中的核心聚集地。北京与广东的文化产业最为发达，无论是专业化、集聚化程度还是文化产业的结构，都优于全国其他省区。当然，北京和广东在文化产业的构成上还是有所差异的。8个行业中，北京排在第一位的有新闻服务、广播电视电影服务、文化艺术服务和网络文化服务4个行业，广东排在第一位的有出版发行和版权服务、文化休闲娱乐服务、其他文化服务和相关文化服务4个行业，由此可以看出，北京作为全国的文化中心，文化产业核心层的发展水平处于全国领先地位。而广东作为全国开放程度最高的省份，文化产业外围层和相关层的发展水平处于全国领先的地位。

（三）新闻服务行业成为文化产业唯一高集聚行业

由行业集中指数计算结果可知，新闻服务行业集中指数为5.511%，而集中程度排名第二的广播、电视电影服务行业的集中指数为3.619%，排名第三位的文化艺术服务行业的集中指数为3.604%，排名最后四位的其他文化服务、网络文化服务、相关文化服务、出版发行和版权服务行业的集中指数分别为0.821、0.648、0.447、0.342。由此可见，新闻服务行业集聚程度大大高于其他行业。另外值得注意的是，新闻服务行业是增加值占文化产业增加值最小的行业。这就说明新闻服务行业只在诸如北京、广东、湖南、四川等少数几个省区产生了明显的集聚效应，而在其他地区则发展十分缓慢，从而导致各地区该行业的发展差距十分巨大。

（四）省区间同构现象严重

其中，以东部各省区间的同构程度最为严重，其次是中部各省区，西部各省区间的同构程度最轻。东部地区作为文化产业最为发达的地区，显然随着文化产业的不断发展，文化产业各行业也必然朝着集聚化、专业化的方向发展，这必然使得同构现象加剧。这是不可避免的，同时也是文化产业发展相对发达的表现。但是过于严重的同构现象，也将带来资源的浪费，各省区自身特点不能得到发挥。所以各省区在大力发展文化产业的同时，也必须考虑自身的特点，大力发展优势行业，带动文化产业全面、均衡的发展。而西部地区因为文化产业发展相对滞后，文化产业体系不完整，直接导致了其结构同构程度偏低。所以西部地区应该加大对文化产业的重视程度和投入力度，把建立完整的文化产业体系、快速增加文化产业总量作为首要目标。

（东北财经大学）

2010 年国民经济和社会发展情况分析

2010 年，面对极为复杂的国内外经济环境和各种重大挑战，党中央、国务院审时度势、科学决策，不断加强和改善宏观调控，加快转变经济发展方式，不失时机地推进改革开放，有效巩固和扩大了应对国际金融危机冲击成果，国民经济运行态势总体良好。

一、2010 年国民经济和社会发展基本情况

初步测算，全年国内生产总值 397983 亿元，比上年增长 10.3%，增速比上年加快 1.1 个百分点。分产业看，第一产业增加值 40497 亿元，增长 4.3%，加快 0.1 个百分点；第二产业增加值 186481 亿元，增长 12.2%，加快 2.3 个百分点；第三产业增加值 171005 亿元，增长 9.5%，回落 0.1 个百分点。

（一）农业生产稳定增长

初步统计，全国粮食产量 54648 万吨，比上年增产 1566 万吨，增长 3%。其中，夏粮产量 12315 万吨，减少 0.3%；早稻产量 3134 万吨，减少 6%；秋粮产量 39199 万吨，增长 4.8%。初步统计，油料产量 3230 万吨，增长 2.4%；棉花产量 596 万吨，减少 6.5%；糖料产量 12009 万吨，减少 2.2%。初步统计，全年肉类总产量达到 7926 万吨，比上年增长 3.6%，其中，猪肉产量 5071 万吨，增长 3.7%。生猪年末存栏 4.6 亿头，减少 1.1%。禽蛋产量 2763 万吨，增长 0.8%。奶类产量 3748 万吨，增长 0.4%。

（二）工业增长趋于平稳

全年规模以上工业增加值比上年增长 15.7%，增速比上年加快 4.7 个百分点。其中，一季度增长 19.6%，二季度增长 15.9%，三季度增长 13.5%，四季度增长 13.3%。分经济类型看，国有及国有控股企业比上年增长 13.7%，集体企业增长 9.4%，股份制企业增长 16.8%，外商及港澳台投资企业增长 14.5%。分轻重工业看，重工业增长 16.5%，比上年加快 5.0 个百分点；轻工业增长 13.6%，加快 3.9 个百分点。

分行业看，39 个大类行业中，32 个行业同比增速比上年加快，5 个行业比上年回落，1 个行业与上年持平，1 个行业由增长转为下降。其中，通信设备、计算机及其他电子设备制造业比上年增长 16.9%，增速比上年加快 11.6 个百分点；通用设备制造业增长 21.7%，加快 10.7 个百分点；金属制品业增长 19.0%，加快 9.0 个百分点；煤炭开采和洗选业增长 17.2%，加快 8.9 个百分点；专用设备制造业增长 20.6%，加快 7.6 个百分点；电气机械及器材制造业增长 18.7%，加快 6.7 个百分点；电力、热力的生产和供应业增长 11.0%，加快 5.0 个百分点；石油加工、炼焦及核燃料加工业增长 9.6%，加快 4.4 个百分点；交通运输设备制造业增长 22.4%，加快 4.0 个百分点。石油和天然气开采业下降 0.2%，上年为增长 4.8%。

图1　工业增加值当月增长速度

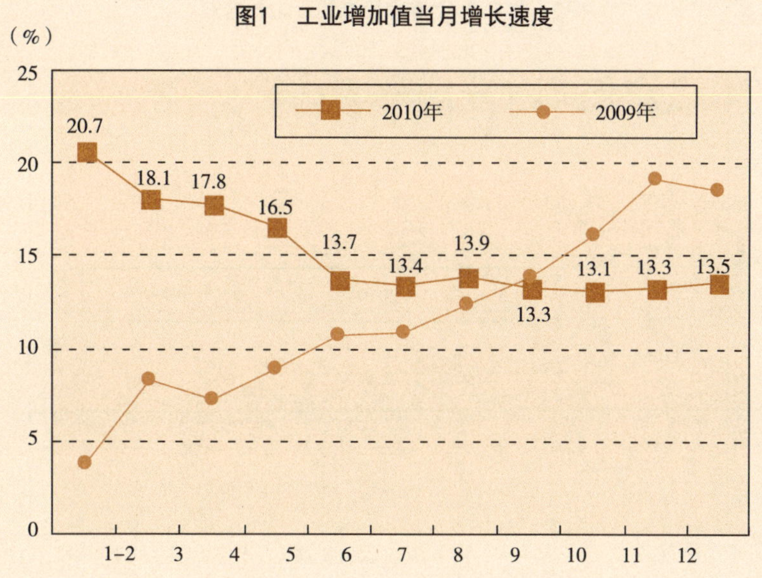

分地区看，东部地区规模以上工业增加值比上年增长 14.9%，增速比上年加快 5.2 个百分点；中部地区增长 18.4%，加快 6.3 个百分点；西部地区增长 15.5%，与上年持平。

全年规模以上工业出口交货值比上年增长 25.4%，上年为下降 10.1%。其中，一季度增长 25.2%，二季度增长 30.3%，三季度增长 25.3%，四季度增长 20.2%。其中，电气机械及器材制造业增长 33.7%，上年为下降 10.5%；金属制品业增长 33.5%，上年为下降 25.6%；化学原料及化学制品制造业增长 31.6%，上年为下降 17.7%；通信设备、计算机及其他电子设备制造业增长 25.2%，上年为下降 5.5%；交通运输设备制造业增长 24.7%，上年为下降 4.3%；纺织业增长 19.4%，上年为下降 6.2%；纺织服装、鞋、帽制造业增长 12.3%，比上年加快 9.5 个百分点。

1－11 月份，全国规模以上工业企业实现利润 38828 亿元，同比增长 49.4%，比上年同期加快 41.6 个百分点。39 个大类行业中，38 个行业利润同比增长，1 个行业利润下降。在增速较快的行业中，黑色金属矿采选业利润同比增长 1.1 倍，有色金属冶炼及压延加工业增长 82.1%，石油和天然气开采业增长 65.7%，交通运输设备制造业增长 59.4%，化学原料及化学制品制造业增长 59.2%，黑色金属冶炼及压延加工业增长 58.1%。

（三）投资保持较快增长

全年全社会固定资产投资 278140 亿元，比上年增长 23.8%，增速比上年回落 6.2 个百分点。其中，城镇固定资产投资 241415 亿元，增长 24.5%，回落 5.9 个百分点；农村固定资产投资 36725 亿元，增长 19.7%，回落 7.6 个百分点。城镇新开工项目计划总投资增长 25.6%，回落 41.6 个百分点。

城镇固定资产投资中，分隶属关系看，中央项目投资比上年增长 8.9%，增速比上年回落 9.5 个百分点；地方项目投资增长 26.3%，回落 5.7 个百分点。

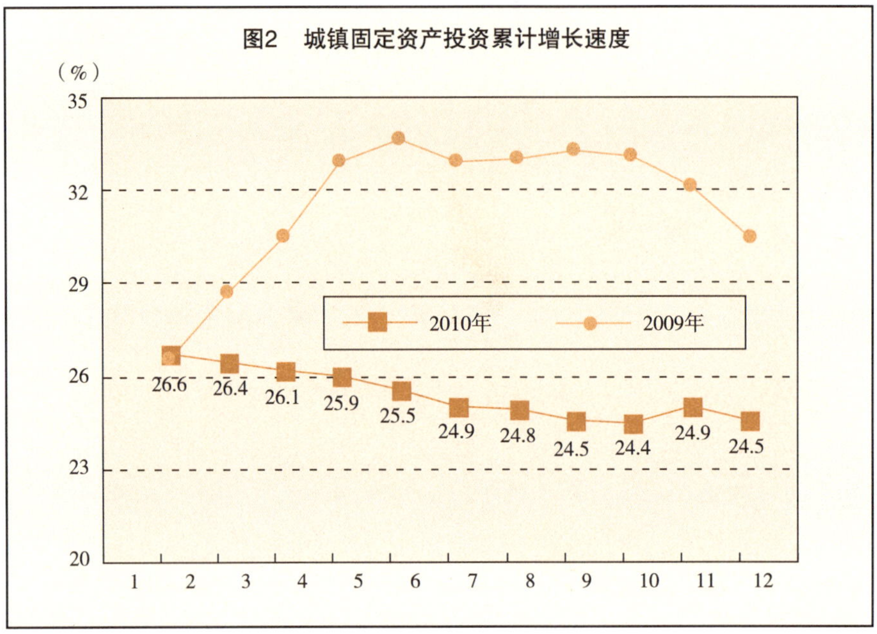

分经济类型看，国有及国有控股投资102130亿元，比上年增长18.0%，增速比上年回落17.2个百分点；有限责任公司投资65317亿元，增长30.9%，加快2.8个百分点；私营企业投资49911亿元，增长32.2%，回落2.8个百分点；集体企业投资6747亿元，增长17.3%，回落19.4个百分点；外商投资企业投资8195亿元，增长6.6%，上年为下降1.2%；港澳台商投资企业投资7638亿元，增长18.5%，加快18.2个百分点。

分产业看，第一产业投资3966亿元，比上年增长18.2%，增速比上年回落31.7个百分点。第二产业投资101048亿元，增长23.2%，回落3.6个百分点。其中制造业投资增长27.0%，加快0.2个百分点。第三产业投资136401亿元，增长25.6%，回落7.4个百分点。

分地区看，东部地区投资比上年增长22.8%，增速比上年回落1.1个百分点；中部地区增长26.9%，回落9.1个百分点；西部地区增长26.2%，回落8.8个百分点。其中，广西、甘肃、宁夏、黑龙江、海南、福建、天津、湖北、江西、辽宁增速在30%以上。

全年房地产开发投资48267亿元，比上年增长33.2%，增速比上年加快17.1个百分点（如果扣除土地购置费的影响，房地产开发投资比上年增长26.7%）。其中，26个地区房地产开发投资增速加快，4个地区增速回落，1个地区由转负。增速最快的5个地区分别是：海南增长62.5%，福建增长60.1%，宁夏增长56.3%，贵州增长49.9%，黑龙江增长49.5%。

全年商品房销售面积10.4亿平方米，比上年增长10.1%，增速比上年回落33.5个百分点。其中，商品住宅销售面积9.3亿平方米，增长8.0%，回落37.4个百分点。商品房销售额5.2万亿元，增长18.3%，回落58.6个百分点。其中，商品住宅销售额4.4万亿元，增长14.4%，回落66.9个百分点。

（四）消费平稳较快增长

全年社会消费品零售总额 154554 亿元，比上年增长 18.4%，增速比上年加快 2.9 个百分点（扣除价格因素，实际增长 14.8%，比上年回落 2.1 个百分点）。其中，一季度增长 17.9%，二季度增长 18.5%，三季度增长 18.4%，四季度增长 18.8%。按经营地分，城镇消费品零售额 133689 亿元，增长 18.8%；乡村消费品零售额 20865 亿元，增长 16.1%。按消费形态分，商品零售额 136918 亿元，增长 18.5%；餐饮收入额 17636 亿元，增长 18.0%。

图3　社会消费品零售总额当月增长速度

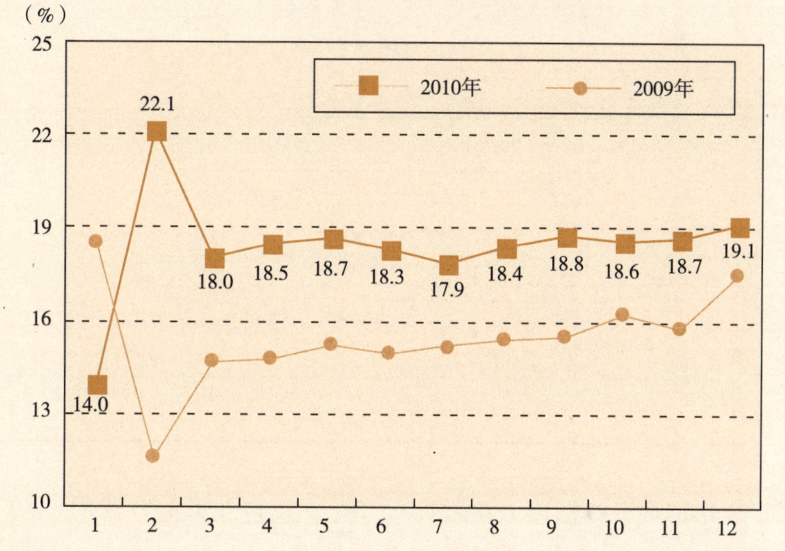

在限额以上企业商品零售额中，13 类商品增速比上年加快，1 类商品增速由负转正。其中，金银珠宝类比上年增长 46.0%，增速比上年加快 30.1 个百分点；石油及制品类增长 34.3%，加快 27.5 个百分点；粮油、食品、饮料、烟酒类增长 24.5%，加快 10.5 个百分点；家用电器和音像器材类增长 27.7%，加快 15.4 个百分点；服装鞋帽、针、纺织品类增长 24.8%，加快 6.0 个百分点；建筑及装潢材料类增长 32.3%，加快 5.7 个百分点；汽车类增长 34.8%，加快 2.5 个百分点；家具类增长 37.2%，加快 1.7 个百分点；通讯器材类增长 21.8%，上年为下降 1.3%。

（五）进出口创历史最高水平

全年进出口总额 29728 亿美元，比上年增长 34.7%，上年为下降 13.9%。其中，一季度增长 44.1%，二季度增长 42.5%，三季度增长 29.8%，四季度增长 26.9%。出口 15779 亿美元，增长 31.3%，上年为下降 16.0%。其中，一季度增长 28.7%，二季度增长 40.9%，三季度增长 32.1%，四季度增长 24.9%。分贸易方式看，一般贸易出口 7207 亿美元，增长 36.0%；加工贸易出口 7403 亿美元，增长 26.1%。进口 13948 亿美元，增长 38.7%，上年为下降 11.2%。其中，一季度增长 64.6%，二季度增长 44.2%，三季度增长 27.1%，四季度增长 29.3%。出口、进口及进出口总额均超过 2008 年最好水平，创历史新高。顺差 1831 亿美元，同比减少 130 亿美元。其中一般贸易逆差472亿美元，增加432亿美元；加工贸易顺差3229亿美元，增加583亿美元。

图4 出口总额当月增长速度

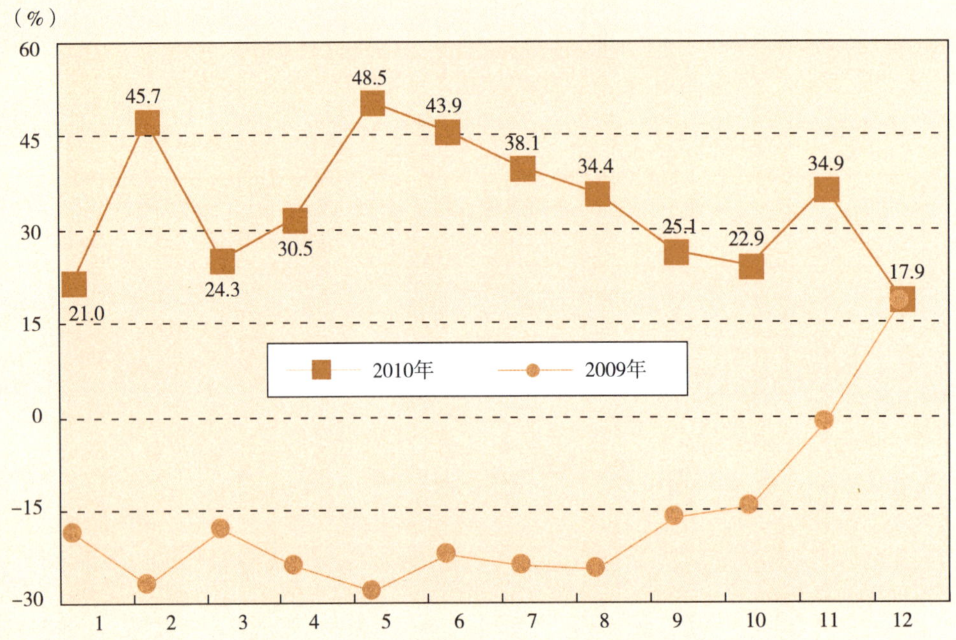

从出口产品看，全年钢材出口额比上年增长65.3%，箱包及类似容器增长40.8%，自动数据处理设备及其部件增长34.0%，灯具、照明装置及零件增长33.7%，家具及其零件增长30.3%，纺织纱线、织物及制品增长28.4%，鞋类增长27.1%，集成电路增长25.5%，手持无线电话机及其零件增长23.2%，服装及衣着附件增长20.9%。

从进口产品看，全年汽车和汽车底盘进口额比上年增长99.1%，铁矿砂及其精矿增长58.4%，原油增长51.4%，未锻造的铜及铜材增长44.4%，大豆增长33.5%，成品油增长31.3%，初级形状的塑料增长25.2%。

对传统贸易伙伴出口保持快速增长。全年对欧盟出口增长31.8%，上年为下降19.4%；对美国出口增长28.3%，上年为下降12.5%；对香港出口增长31.3%，上年为下降12.8%；对东盟出口增长30.1%，上年为下降7.0%；对日本出口增长23.7%，上年为下降15.7%；对台湾出口增长44.8%，上年为下降20.8%。对新兴国家和地区出口大幅增长。全年对巴西出口增长73.3%，上年为下降24.9%；对俄罗斯出口增长69.0%，上年为下降47.1%；对印度出口增长38.0%，上年为下降6.1%。

（六）市场价格涨幅有所上升

全年居民消费价格比上年上涨3.3%，上年为下降0.7%。动态看，一季度上涨2.2%，二季度上涨2.9%，三季度上涨3.5%，四季度上涨4.7%，其中11月份突破5%，达到5.1%。在3.3%

的涨幅中，新涨价因素影响居民消费价格上涨2.0个百分点，占居民消费价格涨幅的60.6%；翘尾因素为1.3个百分点，占39.4%。

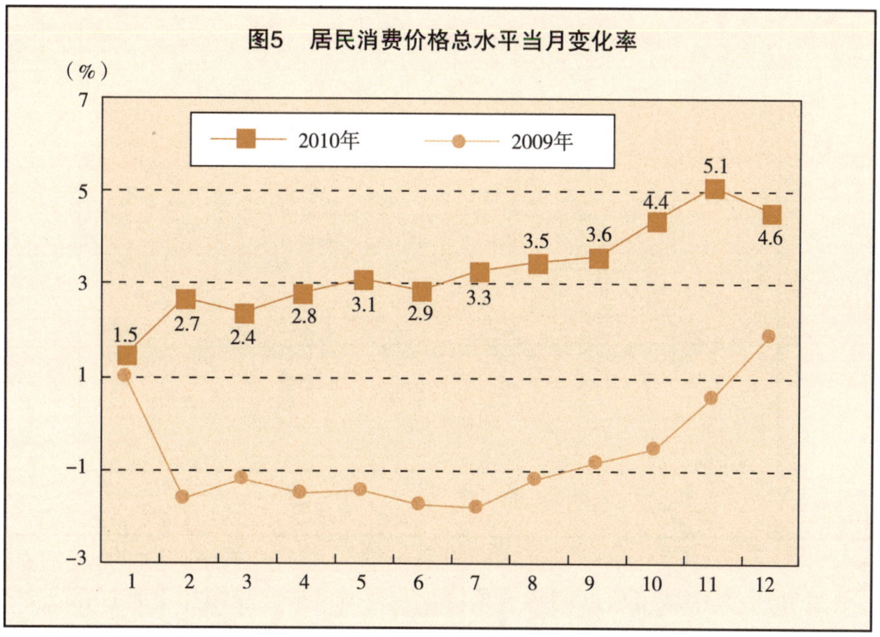

在新涨价因素中，食品价格上涨较多。全年食品价格比上年上涨7.2%，涨幅比上年扩大6.5个百分点，拉动价格总水平上涨2.3个百分点，占居民消费价格涨幅的69.7%。其中，粮食上涨11.8%，涨幅比上年扩大6.2个百分点，拉动总水平上涨0.4个百分点；肉禽及其制品上涨2.9%，上年为下降8.7%，拉动总水平上涨0.2个百分点；蛋上涨8.3%，扩大6.7个百分点，拉动总水平上涨0.1个百分点；水产品上涨8.1%，扩大5.6个百分点，拉动总水平上涨0.2个百分点；鲜菜上涨18.7%，扩大3.3个百分点，拉动总水平上涨0.5个百分点；鲜果上涨15.6%，扩大6.5个百分点，拉动总水平上涨0.3个百分点。

非食品价格有涨有落。全年非食品价格比上年上涨1.4%，上年为下降1.4%，拉动价格总水平上涨1.0个百分点，占居民消费价格涨幅的30.3%。居住价格比上年上涨4.5%，上年为下降3.6%；医疗保健和个人用品价格上涨3.2%，涨幅比上年扩大2.0个百分点；烟酒及用品价格上涨1.6%，扩大0.1个百分点；娱乐教育文化用品及服务价格上涨0.6%，上年为下降0.7%；衣着价格下降1.0%，降幅缩小1.0个百分点；交通和通信价格下降0.4%，缩小2.0个百分点；家庭设备用品及维修服务价格与上年持平，上年为上涨0.2%。

全年工业品出厂价格比上年上涨5.5%，上年为下降5.4%。其中，一季度上涨5.2%，二季度上涨6.8%，三季度上涨4.5%，四季度上涨5.7%。其中，12月份同比上涨5.9%，环比上涨0.7%。原材料、燃料、动力购进价格上涨9.6%，上年为下降7.9%。其中，一季度上涨9.9%，二季度上涨11.7%，三季度上涨7.7%，四季度上涨9.1%。其中，12月份同比上涨9.5%，环比上涨1.1%。

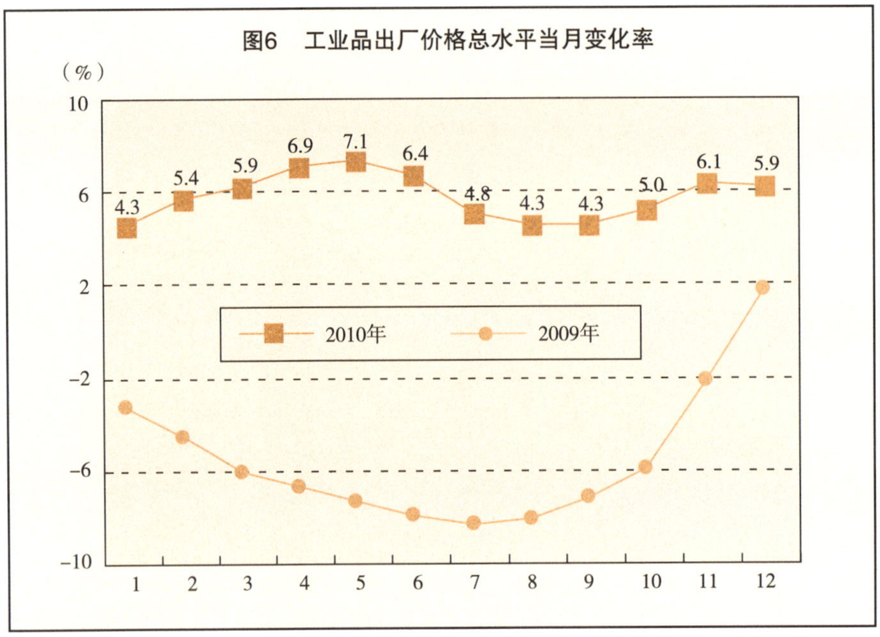

12 月份，全国70 个大中城市房屋销售价格同比上涨6.4%，涨幅比上月回落1.3 个百分点；环比上涨0.3%，涨幅与上月持平。新建住宅销售价格同比上涨7.6%，回落1.7 个百分点；环比上涨0.3%，回落0.1 个百分点。

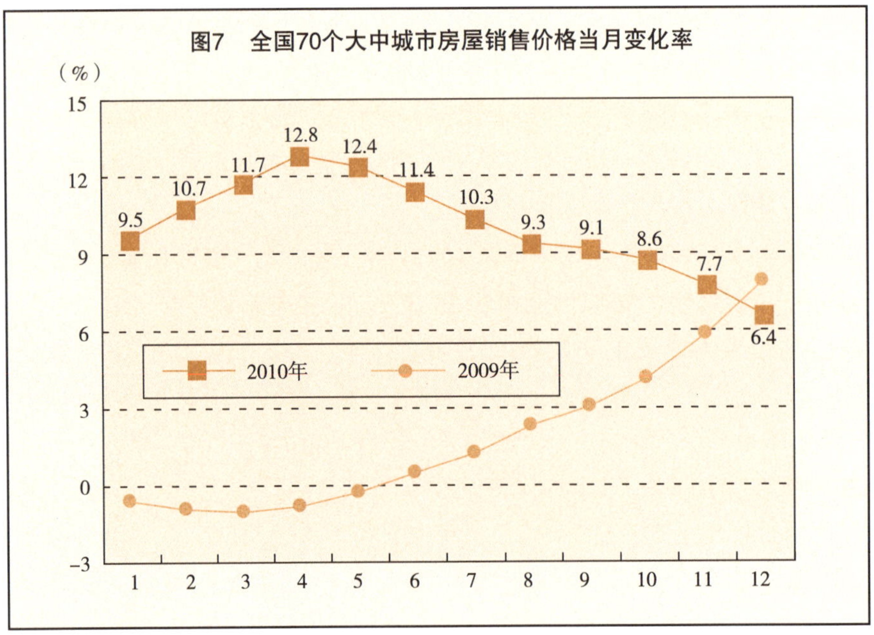

（七）财政收入增长较快

全年全国财政收入 83080 亿元，同比增长 21.3%。分税种看，车辆购置税增长 54.0%，关税增长 36.6%，进口货物增值税、消费税增长 35.7%，国内消费税增长 27.5%，营业税增长 23.8%，个人所得税增长 22.5%，国内增值税增长 14.1%，企业所得税增长 11.3%。

图8 财政收入当月增长速度

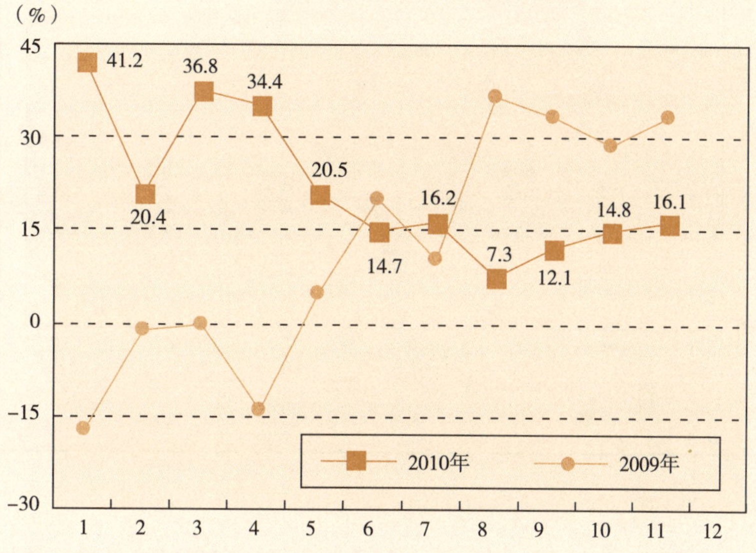

注：依统计制度，财政收支12月份无月报。

全年全国财政支出 89575 亿元，同比增长 17.4%。在财政支出中，住房保障支出增长 30.7%，环境保护支出增长 25.4%，农林水事务支出增长 19.8%，社会保障和就业支出增长 19.4%，教育支出增长 19.3%，医疗卫生支出增长 18.8%，交通运输支出增长 18.1%，科学技术支出增长 17.6%。财政收支相抵，支大于收 6495 亿元。

（八）货币供应量稳定增长

12 月末，广义货币（M2）72.6 万亿元，比上年末增长 19.7%，增速比上年末回落 8.0 个百分点；狭义货币（M1）26.7 万亿元，增长 21.2%，回落 11.2 个百分点；流通中现金（M0）44628 亿元，增长 16.7%，加快 4.9 个百分点。

12 月末，金融机构各项贷款余额 479196 亿元，比年初增加 79451 亿元，同比少增 16491 亿元。其中，短期贷款增加 24661 亿元，多增 3147 亿元；中长期贷款增加 61667 亿元，少增 5311 亿元；票据融资减少 9051 亿元，上年为增加 4563 亿元。各项存款余额 718233 亿元，比年初增加 120481 亿元，同比少增 10804 亿元。其中，企业存款增加 40000 亿元，少增 19676 亿元；财政存款增加 3045 亿元，少增 1322 亿元；居民储蓄存款增加 42549 亿元，少增 323 亿元。

图9 广义货币（M_2）增长速度

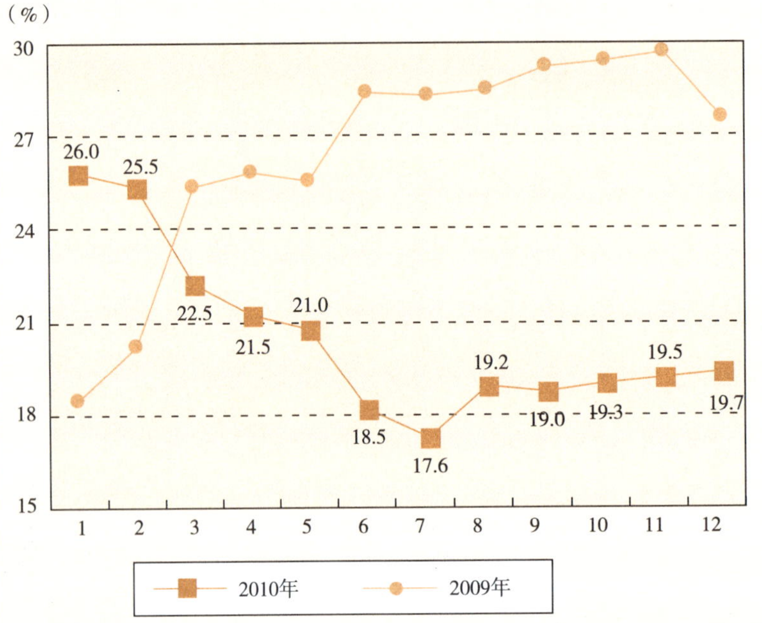

（九）科技创新步伐加快，各项社会事业取得新进步

2010 年，我国在有效巩固和扩大应对国际金融危机成果，实现经济平稳较快增长的同时，科教文卫等各项社会事业也取得新的进步。

在科技方面，中央财政加大了对公益性科研机构的支持力度，推动科研机构深化管理体制改革，支持重大科技专项的实施，推动建设各具特色和优势的区域创新体系。2010 年全年研究与试验发展（R&D）经费支出 6980 亿元，比上年增长 20.3%，占国内生产总值的 1.75%，其中基础研究经费 328 亿元。同时，全年受理境内外专利申请突破 100 万件，达到 122.2 万件，其中境内申请 108.4 万件，占 88.7%。全年共签订技术合同 23.0 万项，技术合同成交额 3906 亿元，比上年增长 28.5%。全年成功发射卫星 15 次，嫦娥二号卫星成功发射，使我国未来的探月工程又前进了一步。

在教育方面，研究生继续扩招，招生人数达到 53.8 万人，在学研究生 153.8 万人，增加 13.3 万人。普通高等教育本专科、各类中等职业教育和全国普通高中分别招生 661.8 万人、868.1 万人和 836.2 万人。

在医疗卫生方面，我国继续加快新型农村合作医疗制度建设步伐，支持开展城镇居民基本医疗保险试点，不断健全城乡医疗救助制度，继续完善社区卫生和农村卫生投入政策，支持突发公共卫生事件医疗救治等体系建设。截止 2010 年底，医疗服务机构继续快速增长，包括村卫生室在内的全国卫生机构总计达到 93.9 万个，其中医院、卫生院 6.0 万个，社区卫生服务中心（站）3.1 万个。与此同时，医疗服务人员也快速增长，执业医师和执业助理医师 237 万人，比上年增加 4.1 万人，注册护士 205 万人，比上年增加 19.5 万人。

在文化方面，大力推进文化体制改革步伐，文化事业在各方面都取得了显著进展。年末全国共

图10 2006-2010年普通高等教育、中等职业教育及普通高中招生人数

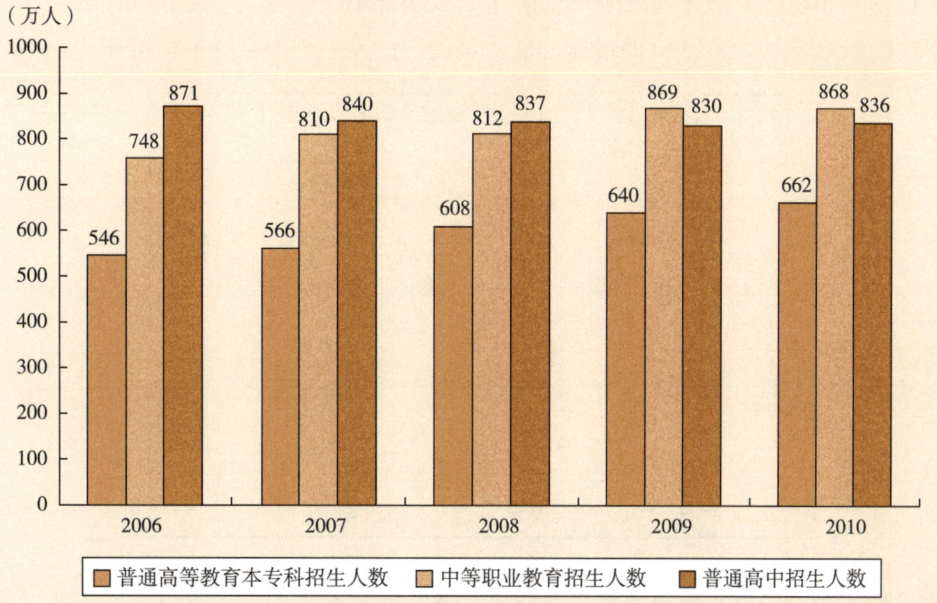

有艺术表演团体6864个，博物馆2435个，全国共有公共图书馆2884个，群众文化机构43382个。广播电台227座，电视台247座，广播电视台2120座，教育电视台44个。有线电视用户18730万户，有线数字电视用户8798万户。年末广播节目综合人口覆盖率为96.8%；电视节目综合人口覆盖率为97.6%。全年生产电视剧436部14685集，动画电视221456分钟。全年生产故事影片526部，科教、纪录、动画和特种影片95部。出版各类报纸448亿份，各类期刊32亿册，图书74亿册（张）。

在体育方面，我国继2008年成功举办奥运会后，成功举办了广州亚运会，再次展示了我国对于大型运动会的组织和协调能力。全年我国体育健儿在22个项目上获得108个世界冠军，8人5队15次创15项世界纪录。在第十六届广州亚运会上，我国体育代表团共获得金牌199枚、银牌119枚、铜牌98枚，金牌数和奖牌数蝉联第一名。

2010年，新中国第一次承办了世界博览会，创造了参观人数最多、单日参观人数最多、参展国家和组织最多、园区面积最大等多项世界纪录，累计参观者首次突破7000万人次。

二、应对国际金融危机冲击成果得到巩固和扩大

（一）经济增长逐步趋稳，运行态势总体良好

2010年，党中央、国务院不断丰富和完善应对危机的一揽子计划，有效地巩固和扩大了应对国际金融危机冲击成果，经济增长逐渐步入平稳运行轨道。分季度看，四个季度国内生产总值同比分别增长11.9%、10.3%、9.6%和9.8%，保持了较快增长；从季度增速比较看，二、三季度国内生

产总值同比增速分别较上季度回落 1.6 和 0.7 个百分点，四季度增速比三季度加快 0.2 个百分点，经济增长由回落趋于稳定。全年国内生产总值比上年增长 10.3%，增速比上年加快 1.1 个百分点，不仅快于 1979 - 2009 年年均 9.9% 的增速，也明显快于世界主要国家的平均增速。

图11　国内生产总值当季增长速度

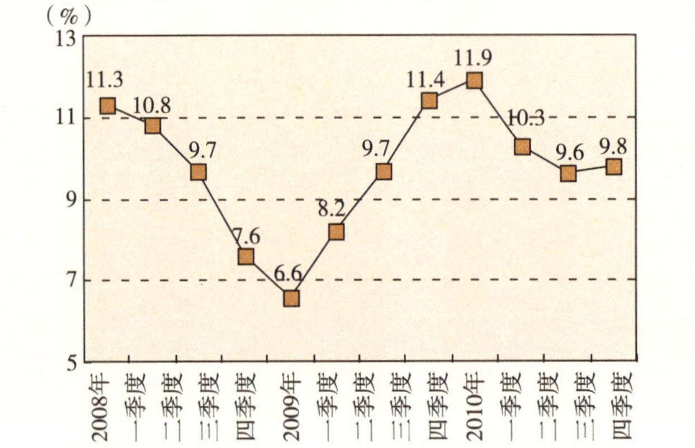

工业生产增长趋于平稳对国民经济平稳较快发展发挥了重要作用。规模以上工业增加值一季度同比增长 19.6%，二季度增长 15.9%，比一季度回落 3.7 个百分点；三季度增长 13.5%，比二季度回落 2.4 个百分点；四季度增长 13.3%，比三季度回落 0.2 个百分点。单月来看，6 月份以来，规模以上工业增加值月度同比增速持续稳定在 13% - 14% 之间。

图12　规模以上工业增加值当季增长速度

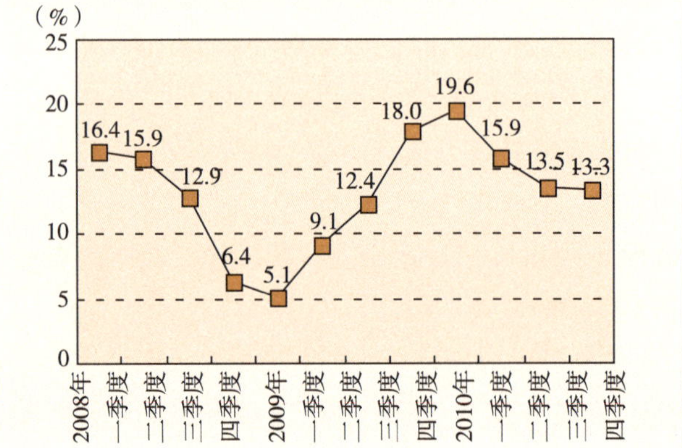

国内需求高位趋稳进一步巩固了国民经济发展的基础。下半年以来，城镇固定资产投资累计同比增速稳定在 25% 左右，社会消费品零售总额月度同比增速稳定在 18% 左右，波动幅度在 1 个百分点左右，经济增长趋稳的态势明显。

（二）需求结构协调性增强，外需贡献由负转正

2010 年，各地区各部门坚持扩大内需与稳定外需相结合，调整优化国内需求结构，需求对经济

图13 城镇固定资产投资和社会消费品零售总额增长速度

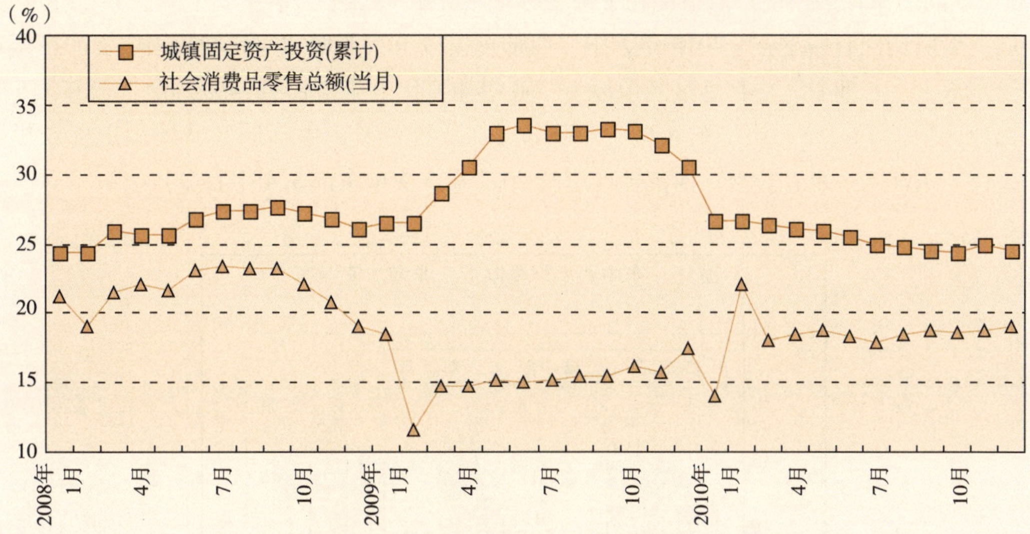

增长拉动协调性增强。2010 年，最终消费拉动 GDP 增长 3.9 个百分点，对 GDP 增长的贡献率为 37.3%；资本形成拉动 GDP 增长 5.6 个百分点，对 GDP 增长的贡献率为 54.8%；净出口扭转了上年对 GDP 增长负拉动的趋势，拉动 GDP 增长 0.8 个百分点，对 GDP 增长的贡献率为 7.9%。

图14 三大需求对国内生产总值增长的贡献率

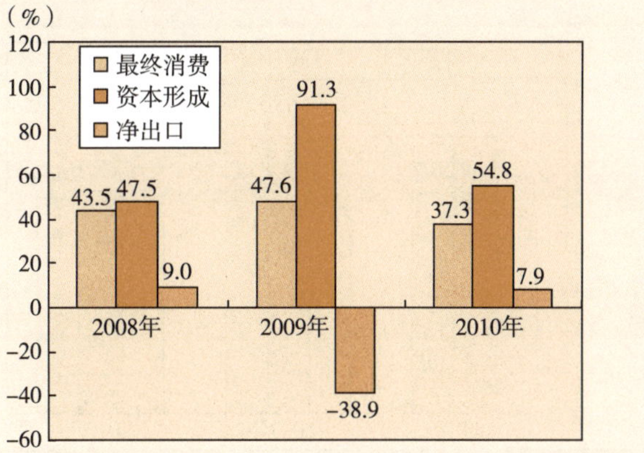

在扩大内需政策带动下，汽车、通讯、建材等热点消费持续较旺，民间投资增长加快，对保持经济平稳较快发展发挥了重要作用。2010 年，限额以上汽车类销售在上年增长 32.3% 的高基数基础上继续快速增长，全年增长 34.8%，加快 2.5 个百分点。民间投资比上年增长 32.5%，增速高于城镇固定资产投资增速 8.0 个百分点。

(三) 结构调整取得积极进展，节能降耗成效明显

节能降耗目标基本完成。随着国家和各地区节能降耗工作力度的不断加大，各项政策措施逐步

深入落实，节能降耗成效明显。万元国内生产总值能耗由一季度同比上升转为全年下降 4.01%。“十一五”期间，单位国内生产总值能耗下降目标基本完成。

区域发展协调性有所增强。2010 年，中、西部规模以上工业增加值和城镇固定资产投资增速均明显快于东部。从工业看，中部地区规模以上工业增加值比上年增长 18.4%，快于东部 3.5 个百分点；西部地区增长 15.5%，快于东部 0.6 个百分点。从投资看，中部地区城镇固定资产投资增长 26.9%，快于东部 4.1 个百分点；西部地区增长 26.2%，快于东部 3.4 个百分点。

图15　东中西部规模以上工业增加值增速

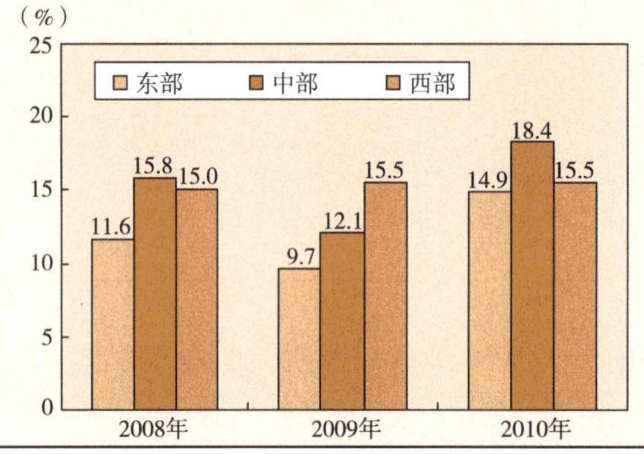

图16　东中西部城镇固定资产投资增速

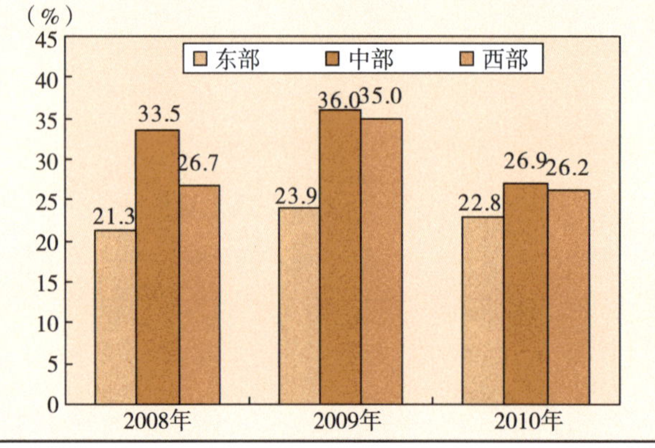

（四）积极就业政策效果突出，新增就业人数大幅增加

2010 年，积极就业政策的力度进一步加大，扩大就业的政策更加系统全面，就业形势明显好转。全国城镇新增就业 1168 万人，超额完成全年目标任务。我国的就业形势与世界主要国家普遍面临失业率居高难下的局面形成了鲜明对比。

（五）粮食综合生产能力稳步提高，粮食产量实现七连增

粮食生产经受住了部分地区罕见旱灾、低温寡照、特大水灾等自然灾害的严峻考验，实现了半

个世纪以来首次“七连增”，连续4年保持在1万亿斤以上，为经济平稳较快发展和保持价格稳定奠定了坚实的基础。全年粮食产量54648万吨，比上年增加1566万吨，增产3%。在夏粮和早稻均减产的情况下，秋粮丰收对于全年粮食丰收起到关键性作用。全年秋粮产量39199万吨，增产4.8%，增产幅度为近5年来第二高。

（六）民生显著改善，城乡居民收入稳定增长

2010年，政府加大改善民生的工作力度，出台了一系列增加收入、保障民生的政策措施。全年共有30个省市上调了企业用工最低工资标准，调整幅度都在10%以上，超过20个省市最低工资涨幅在20%以上。新型农村社会养老保险试点惠及6700多万人。国家中长期教育改革和发展规划纲要出台实施，普通高中家庭经济困难学生纳入国家资助体系，中职免费教育范围扩大到城市家庭经济困难学生。基层医疗卫生服务体系得到加强，全年安排中央投资重点支持1.38万所县乡村三级医疗卫生机构建设。全年全国各类保障性住房和棚户区改造住房开工590万套，超过年初确定的计划目标，基本建成370万套。

图17　2004–2010年粮食产量及其增长速度

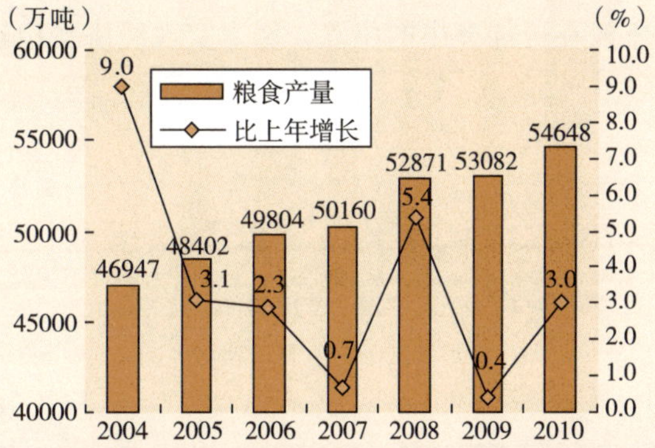

在继续提高最低工资标准、提高城乡低保对象、企业退休人员和优抚对象等群体的补助水平，增加对低收入群体的临时价格补贴以及农产品价格提高等的综合作用下，城乡居民收入保持较快增长。全年农村居民人均纯收入5919元，比上年增长14.9%，扣除价格因素，增长10.9%，比上年加快2.4个百分点，为1998年以来首次超过城镇居民收入增速。其中工资性收入名义增长17.9%，加快6.7个百分点。城镇居民人均可支配收入19109元，增长11.3%，扣除价格因素，增长7.8%，比上年回落2.0个百分点。在家庭总收入中，工资性收入名义增长10.7%，加快1.1个百分点。城乡居民收入比下降，城镇居民人均可支配收入与农村居民人均纯收入之比由2009年的3.33:1下降为2010年的3.23:1。

2011年是“十二五”规划实施的第一年，是继续巩固和扩大应对国际金融危机成果的关键年份，也是确保“十二五”规划开好局、起好步的重要一年，保持经济平稳较快发展、加快经济发展方式转变具有十分重要的意义。展望2011年，外部环境依然复杂严峻，世界经济不稳定不确定因素仍然较多，国内经济发展还面临一些矛盾和问题，特别是保持物价稳定仍然面临较大压力，节能

图18 城乡居民收入实际增速

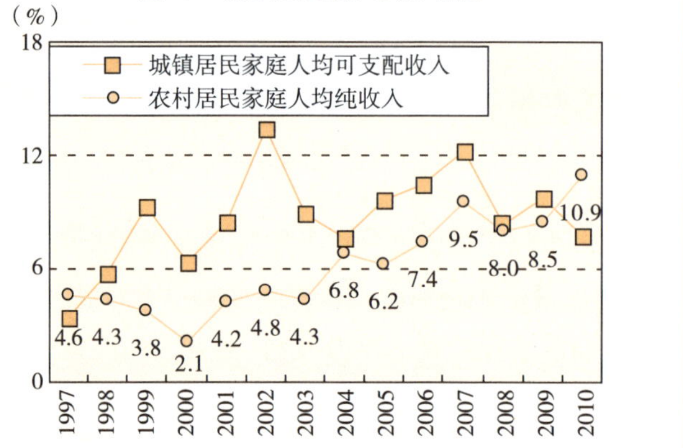

减排形势依然严峻。因此，要认真贯彻落实中央经济工作会议总体部署，以科学发展为主题，以加快转变经济发展方式为主线，更加积极稳妥地处理好保持经济平稳较快发展、调整经济结构、管理通胀预期的关系，下更大力气推进改革开放，下更大力气推进经济结构调整，下更大力气推进节能减排工作，把稳定价格总水平放在更加突出的位置，努力实现经济平稳较快发展。

（国家统计局综合司）

B

P.83-346

地区篇

北京市 2010 年文化发展情况分析

2010 年，北京市文化工作在市委、市政府的领导下，紧紧围绕“人文北京”建设行动，以推动首都文化大发展大繁荣为核心，整合资源，创新方式，不断完善公共文化服务体系，推动文化创意产业发展，促进舞台艺术生产，加强非物质文化遗产保护，活跃对外文化交流，圆满完成“十一五”规划文化建设任务收尾工作，为“十二五”时期北京文化快速发展奠定了坚实的基础。

一、机构、从业人员有所减少

截至 2010 年底，我市文化行业共有产业机构 2453 个，从业人员 28834 人。由于行业管理的需要，文化市场经营单位范围的不断调整，与“十五”末期相比，机构数量减少了 2000 余个。

二、政府加大投入

近年来，北京市加大了对文化事业的投入，文化事业得到进一步发展。2010 年，全市文化事业单位总收入为 24.7 亿元，其中文化事业费（财政拨款）16.1 亿元，比上年增长 18%。人均文化事业费 82.44 元，排名全国第一。

图1　2001-2010年人均文化事业费

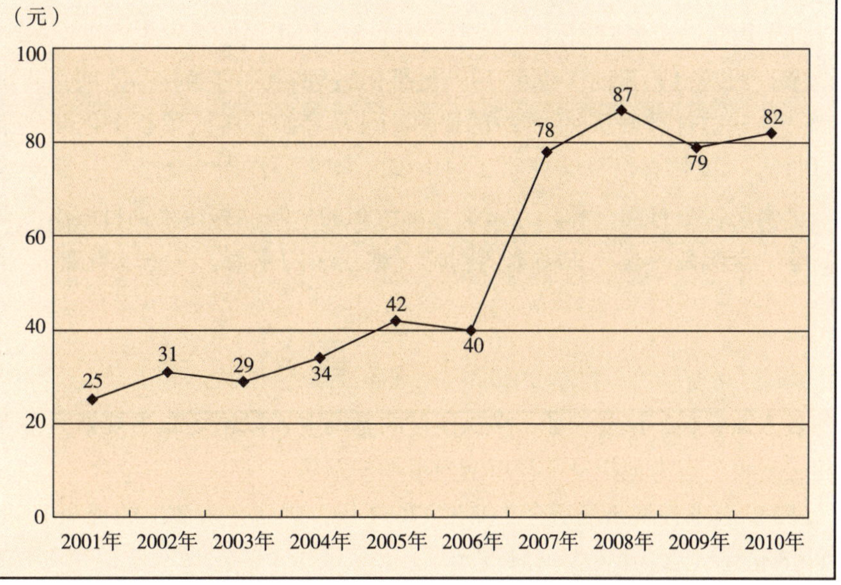

三、主要业务活动

（一）艺术表演团体活跃演出市场，社办团发展潜力巨大，企业盈利能力进一步提高

截至2010年底，全市共累计审批艺术表演团体376家，全年共演出20239场，国内观众1458万人，演出收入5亿元（含文化部、中央其他部委、市区属、社办团），分别比上年增长21%、26%、29%。其中，2010年市属11个专业院团共演出6403场，国内观众414万人，演出收入1.4亿元。

随着政府支持力度不断增加，全社会各种所有制文化机构积极参与北京文化建设，社会办团自身得到不断发展和壮大。统计数据显示：2010年社办团演出收入达到4669万元，比上年增长14%，企业盈利能力进一步提高。

表1　艺术表演团体对比情况

指标名称	单位	2010年	2009年	同比增减		"十一五"期间（2006－2010）	"十五"期间（2001－2005）	同比增减	
				数量	百分比			数量	百分比
艺术表演团体	个	376	341	35	10%	376	63	313	497%
国内外演出场次	场次	20239	16726	3513	21%	88649	51805	36844	71%
国内演出观众	万人次	1458	1158	300	26%	6200	2680	3520	131%
演出收入	万元	50055	38839	11216	29%	195502	46304	149198	322%

（二）艺术生产稳步推进

为迎接建党九十周年，市属院团以新编剧目为重点，切实抓好艺术生产工作。2010年市属院团新创并首演剧（节）目8台，新创作品52项，复排作品93项，移植作品3项。北京京剧院《下鲁城》荣获文化部"文华奖优秀剧目奖"；中国评剧院《马寡妇开店》荣获文化部"第七届中国评剧艺术节优秀剧目奖"，《模特自白》荣获第2届中国（常熟）江南文化节·沙家浜戏剧奖小戏小品大赛金奖；北京京剧院《三打陶三春》入选文化部组织的全国优秀传统剧目展演活动；北京交响乐团荣获行业最高奖"金唱片"奖；中国木偶剧院《猴王·闯东海》荣获文化部"首届全国戏剧文化奖"6项大奖。

（三）制定规划，完善政策，推动我市演出市场不断发展

在广泛调集各方面资料、反复论证、多次研讨的基础上，以剧场布局规划为重点，起草了支持演艺业发展的相关政策，有力地推动了我市演出市场的发展。

2010年全市86个营业性演出场所全年演出17674场，观看艺术演出的观众1009万人次，艺术演出分成收入11.8亿元（含场租收入1.1亿元）。

表 2　2010 年艺术表演场所基本情况

单位名称	剧场个数（个）	艺术演出场次（场）	艺术演出观众人次（万人次）	艺术演出收入		
				（万元）	报表数据（含场租收入）	摸底数据
合　计	86	17674	1009	118395	59639	58755
1、大型场馆小计	7	152	171	39344		39344
2、剧场小计	73	16941	814	79051	59639	19411
3、中央院团内部场所小计	6	581	24	——	——	——

与去年同期相比，演出场次、观众人次、演出收入分别增长了 24%、20%、49%。

表 3　艺术表演场所对比情况

指标名称	单位	2010 年	2009 年	同比增减	
				数量	百分比
剧场个数	个	86	82	——	——
艺术演出场次	场次	17674	14276	3398	24%
艺术演出观众	万人次	1009	843	166	20%
艺术演出收入	亿元	11.8	7.9	3.9	49%

（四）公共图书馆服务体系不断完善，图书信息服务能力逐渐提高

北京市以首都图书馆为龙头，利用网络先进通讯手段，通过“总馆－分馆制”，将北京公共图书馆整合在一起，形成公共图书馆服务体系，提高信息服务的规模效益。截至 2010 年底，北京市公共图书馆服务体系已经实现市、区县、街道/乡镇的全覆盖，社区/行政村图书馆（室）建设也在稳步推进。

2010 年，北京地区 25 个公共图书馆（含国家图书馆）总藏量 4613 万册，全年总流通人次 1308 万人。人均拥有藏书 2.35 册，人均购书经费 10.51 元。其中，北京市 24 个公共图书馆，总藏量 1715 万册，全年总流通人次 775 万人，为读者举办各种活动 2138 次，外借书刊 804 万册，新购藏量 125 万册。

表 4　2010 年北京地区公共图书馆基本情况（含中央）

项目	单位	合计	中央	北京	
			本期	本期	增长速度（%）
机构数	个	25	1	24	——
#少儿馆个数	个	4	——	4	——
从业人员	人	2737	1430	1307	——
总藏量	万册	4613	2898	1715	8
#图书	万册	2660	1133	1527	9

（续）

项目	单位	合计	中央	北京	
			本期	本期	增长速度（%）
总流通人次	万人次	1308	533	775	-6
#书刊外借人次	万人次	441	81	360	——
书刊外借册次	万册次	947	143	804	——
购书经费	万元	20607	16500	4107	——
房屋建筑面积	万平米	42	25	17	——
#阅览室	万平米	11	7	4	——
阅览室座席数	个	19729	6877	12852	——
#少儿座席数	个	3044	144	2900	——

“十一五”期间，全市公共图书馆服务内容不断扩大，服务水平不断提高。与“十五”末期相比，“十一五”末期公共图书馆的总藏量、总流通人次等主要指标均有较大提高，分别增长了53%、41%。

图2 北京市公共图书馆“十一五”与“十五”期间主要指标对比（不含国家图书馆）

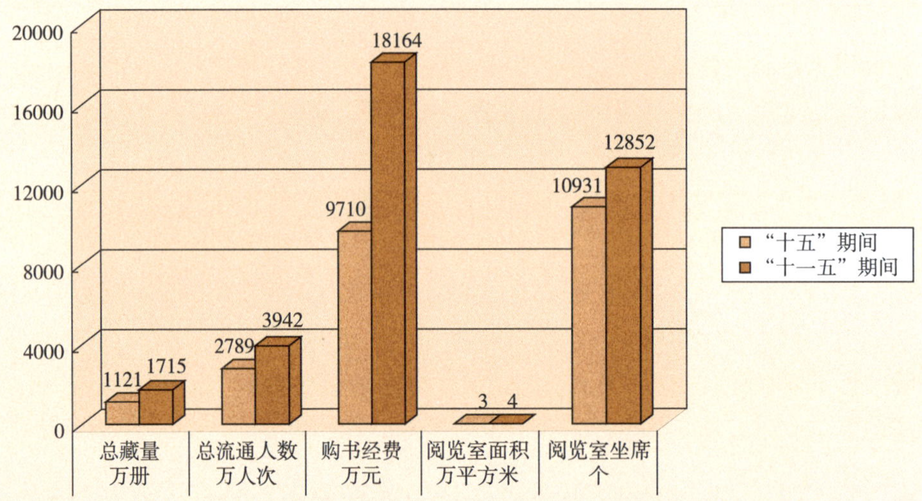

（五）公共文化服务建设成绩显著，群众文化事业蓬勃发展

“十一五”以来，全市基本形成了市文化艺术活动中心、区县文化馆、街道（乡镇）文化服务中心和社区（行政村）文化室（多媒体综合文化中心）四级公共文化设施服务体系和网络，基本实现了街道文化服务中心和行政村多媒体综合文化中心全覆盖的目标。截至2010年底，全市共有群众艺术馆1个，文化馆19个，文化站317个，共举办展览2135个，组织文艺活动24237次，举办训练班22836次，培训130万人次，组织各类研讨和讲座194次。

表 5　2010 年群众文化机构及活动基本情况

指标名称	单　位	合　计	群众艺术馆	文化馆	文化站
机构数	个	337	1	19	317
从业人员	人	2359	60	793	1506
举办展览个数	个	2135	3	245	1887
组织文艺活动次数	次	24237	51	3513	20673
举办训练班次数	次	22836	53	4327	18456
组织讲座次数	次	194	14	180	0

（六）非物质文化遗产保护成效显著

“十一五”以来，非物质文化遗产保护成效显著。建立了北京市非物质文化遗产联席会议制度，成立了北京非物质文化遗产保护中心，加强了非物质文化遗产保护工作力量。先后印发了《关于加强本市非物质文化遗产保护工作的意见》和有关非物质文化遗产项目代表性传承人认定与管理等有关非物质文化遗产保护与管理办法，逐步建立起非物质文化遗产保护制度。以普查、传承、文献三项工程为重点，形成了市、区（县）两级名录申报评审工作体系，非物质文化遗产保护力度得到加强。2010 年，京剧成功入选联合国教科文组织“人类非物质文化遗产代表作名录”。借助民族传统节日、文化遗产日、奥运会、建国 60 周年庆典等契机开展一系列非物质文化遗产展览、展示和展演等活动，非物质文化遗产保护宣传工作不断推进，在全社会逐步营造了非物质文化遗产保护的良好氛围。截至 2010 年底，北京市列入国家非物质文化遗产保护名录项目 74 个，列入北京市非物质文化遗产保护名录项目 216 个。

（七）文化市场秩序日益规范，文化产业发展环境更加健康

图3　2001-2010年北京市文化市场单位营业收入情况表

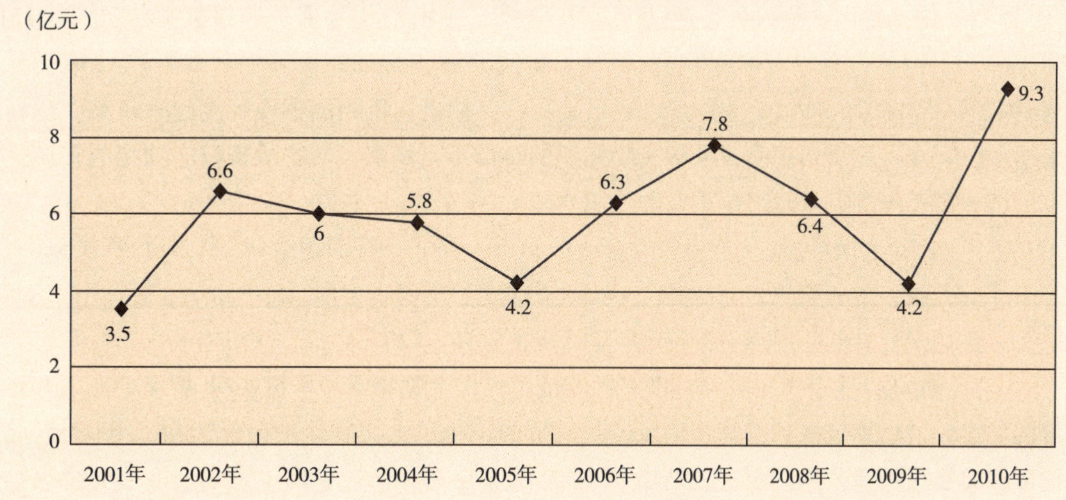

2010 年，下发了《北京市文化局关于推进网吧连锁化经营有关事宜的通知》和《北京市文化

局关于印发〈北京市网吧连锁企业认定管理办法实施意见〉的通知》；起草了《2010－2012年北京市游艺娱乐场所总量与布局规划（试行）》等相关文件，规范市场秩序，营造良好环境。

良好的市场环境，为文化市场继续保持较快发展创造了条件。2010年全市审批备案的文化市场经营单位3104个。统计报表数据显示，文化市场经营单位从业人员1.6万人，经营面积124万平方米，营业收入93025万元，利润总额16138万元（以上数据由1937个单位汇总所得）。与去年同期相比，营业收入和利润总额两项经营指标分别增长了122%和17%，规范市场秩序效果明显。

2010年，北京市建立了北京市扶持动漫产业发展联席会议制度，扶持和促进我市动漫产业发展，做好动漫企业认定工作，协助动漫企业享受各项优惠政策，完成了文化部“原创动漫扶持计划（2009）”扶持资金的拨付工作，我市共有15项作品和19个创作者（团队）荣获文化部“原创动漫扶持计划（2009）”509万元的资金支持；落实我市获扶持资金的拨付工作，有11个项目共获扶持资金100万元。

（八）对外文化交流成绩显著

春节及中瑞建交60周年、中意建交40周年期间，本市派出多个演出团体赴比利时、马耳他、德国、芬兰、法国、瑞典、意大利等国访问交流，展示了中华文化的浓郁魅力，受到了当地观众的热烈欢迎。

2010年度，全局受理对外交流文化项目202批，3724人次。其中引进国外及港澳台地区共44批1860人次；出访国外及港澳台地区158批1864人次。

四、文物保护成效显著

（一）历史文化名城保护与文物修缮工作进展顺利

2010年，北京市辖区文物点3550处，其中全国重点文物保护单位98处，市级文物保护单位224处。北京文博系统内文物保护管理机构共计24家，2010年文物保护管理机构参观人数1213万人，同比增长2.04%，总收入47449万元，比上年同期增长5.95%。其中财政拨款4258万元，比2009年增长了35.16%。从以上数据可以看出，文物保护机构得到的重视程度越来越高，逐渐吸引了越来越多的观众，民众参观学习了解文物知识的热情不断高涨，文物机构以它独特的资源优势在丰富市民精神文化中发挥着越来越重要的作用。

2010年，北京市文博系统共完成考古发掘项目24项，考古钻探面积达到899.22万平方米，发掘墓葬数1470个。开展了亦庄经济技术开发区、丽泽金融商务区等考古工作。其中丽泽金融商务区获得重要发现，发现了80米长、超过10米宽的较大型建筑基址57排，设有前后廊，初步分析为金代遗址。

“十一五”期间，北京市完成第七批、第八批市级以上文物保护单位共68项保护范围和建设控制地带的划定，使已划定保护范围和建设控制地带的市级以上文物保护单位达到了100%。北京市第八批市级文物保护单位遴选上报，新增38项全国重点文物保护单位。完成了第七批全国重点文物保护单位推荐名单及相关资料的整理和上报工作，完成了一至五批全国重点文物保护单位“四有”档案的建档工作。出台了促进工业遗产保护的指导意见和工作导则，公布了北京市第一批71

项优秀近现代建筑保护名录。

（二）博物馆展览水平不断提升，文化活动不断丰富

截至2010年底，北京地区注册博物馆数量为156座，其中中央属博物馆49座，市属博物馆41座，区县属博物馆40座，民办博物馆26座。注册博物馆数量比2009年增加了5座，"十一五"期间，注册博物馆数量由2006年的133座增长到2010年的156座。截至2010年底，北京市文博系统内博物馆共计41家。其余大部分博物馆分别隶属于中央各在京部委、大专院校、公安部队、科研院所、行业企业集团及市园林、宗教、民政、科委等部门，以及社会公民个人。

图4　2010年北京市注册博物馆分布情况

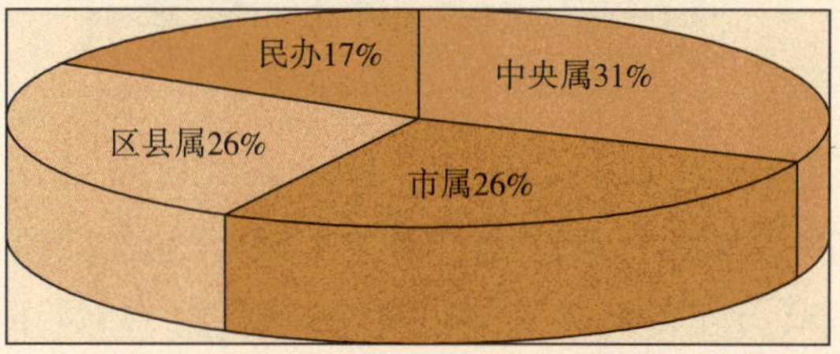

表6　2010年北京市注册博物馆分布情况（单位：座）

博物馆隶属关系	数量
中央属博物馆	49
市属博物馆	41
区县属博物馆	40
民办博物馆	26

图5　"十一五"期间北京地区注册博物馆数量

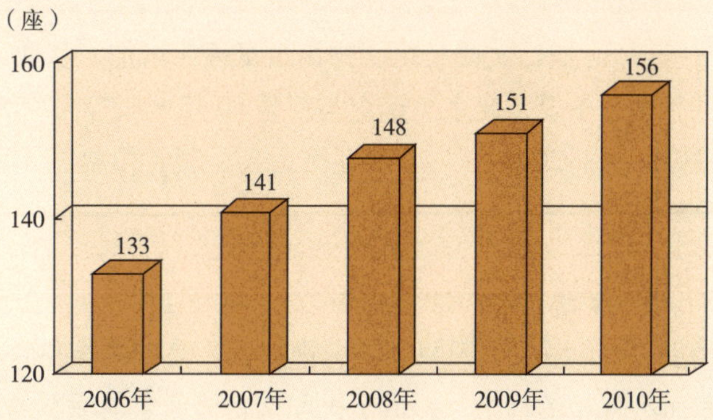

北京地区博物馆建设在保持数量、种类全国领先的基础上，更加注重质量建设，不断增强公共

文化服务功能，努力提升公共文化服务质量和水平。截至2010年底，北京地区免费开放的博物馆已达45座，比2008年增加了12座。

图6　2008-2010年度北京地区免费博物馆数量

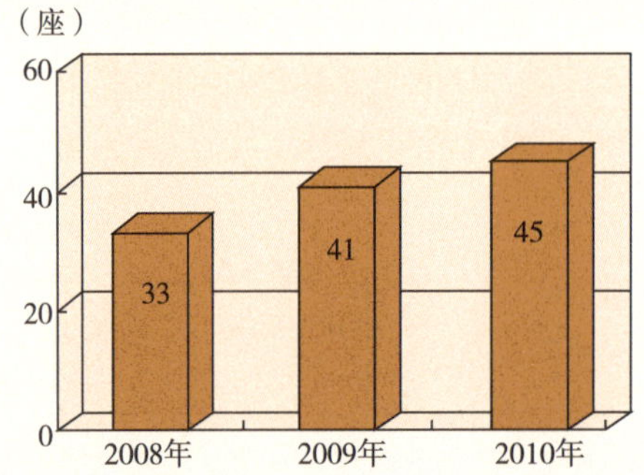

2010年，北京文博系统内博物馆举办展览129个。共接待参观人数499万人，同比增长8.71%。博物馆总收入27728万元，收入比去年增加4166万元，增幅为17.68%，其中财政拨款23194万元，比去年增加3390万元，增长了17.12%。藏品数1138476件，其中一级藏品454件，二级藏品4895件，三级藏品48793件。藏品总数比上年同期增加1870件。其中一级品增加3件，二级品增加7件，三级品增加820件。

表7　2006-2010年北京文博系统内博物馆基本情况表

年　份	文博系统内博物馆数量（座）	从业人员（人）	文物藏品（件/套）	财政拨款（万元）	参观人次（万人次）
2006	33	990	1133142	13686	282
2007	34	1128	1135372	15026	250
2008	37	1209	1137760	22303	381
2009	39	1200	1136606	19804	460
2010	41	1162	1138476	23194	499

通过分析得出，"十一五"时期，文博系统博物馆数量逐年增加，从业人员基本稳定，2008与2009年从业人员数量增加较多，主要是北京奥运会与祖国60年国庆等大型活动需要增加安保力量。财政拨款延续稳步增长态势，由于2008年北京举办奥运会，当年博物馆单位举办活动较多，财政拨款较2007年同比增长48.61%，增幅较大。

（三）繁荣文物流通市场，推动文化创意产业整体发展

文物艺术品市场的繁荣发展，激发了民间学习文物知识，爱护文物和收藏文物的热情，打破了文物收藏"秘而不宣、藏而不露"的传统，形成了民间文物流通空前活跃的良好局面，使民众文物知识得到普及，全民传统文化修养和文物保护意识显著增强。

2010年北京举办文物艺术品拍卖会共198场，上拍文物件数190450件/套，成交总额达360.43

亿元人民币，与2009年同类数据相比，同比增长分别为26.11%、35.99%、186.19%。

表8 “十一五”北京市文物拍卖标的及成交额情况

年份	拍卖场次（场）	拍卖标的（万件）	拍卖成交额（亿元）
2006	159	8.99	81.08
2007	183	11.76	104.40
2008	280	13.00	82.73
2009	157	14.01	125.94
2010	198	19.05	360.43

我市文物拍卖行业有以下特点：

1. 拍卖企业实力明显增强。2010年春拍中，嘉德、保利、翰海、匡时等4家拍卖企业单季成交额均超过10亿元人民币，其中，保利以33.09亿元人民币创世界单季成交额最高记录，拍卖总成交额创历史新高。此外，中国嘉德国际拍卖有限公司一举成为全球第五大拍卖公司，是中国唯一一个位居全球前五名的拍卖公司。中国嘉德、北京翰海等一批中国文物艺术品拍卖领军企业，已渐露国际性品牌端倪。

2. 高质量拍品比重不断提高。中国文物艺术品价格正走向应有价格水平。全年共有14件文物艺术品拍品成交价过亿，尤其是黄庭坚书法《砥柱铭》以4.368亿元的天价成交，一举超越2005年伦敦佳士得拍卖会《元青花鬼谷下山图罐》2.3亿元的纪录，创中国艺术品成交最高纪录。这体现了中国文物艺术品价格逐渐体现出其应有的历史价值与文化价值。

截至2010年底，北京市文物局共完成对北京市60家（另有2家外省文物拍卖企业）文物拍卖企业208场拍卖会194445件（套）标的的依法审核工作，确定国家一级珍贵文物60件，撤拍文物492件，保证了文物拍卖活动的有序进行。目前，北京市共有文物拍卖企业80家，其中，具有一类文物拍卖资质的拍卖企业达到31家，占全国总数的1/3。

（四）文物安全状况得到明显改善

2010年，北京市文物行政执法人员对国保单位开展执法巡查864次，安全检查955次，发现隐患33次，责令整改33次；对市保单位开展执法巡查752次，安全检查928次，发现隐患43次，责令整改43次。有效消除了一批火灾隐患，解决了太庙电路老化、丫髻山消防水系统不健全、都龙王庙无避雷设施和花市火神庙无防火报警器等24项安全隐患，共涉及东城区、西城区、宣武区、平谷区等9个区县中的20个文物保护单位30余处古建筑，其中世界文化遗产1处，全国重点文物单位9个，市级文物保护单位8个，区级重点文物保护单位3个。

“十一五”期间，市政府加大了文物安全基础建设投入。解决了景山寿皇殿、德胜门箭楼等文物保护单位安全消防隐患90余项。共安排安全消防项目110余个，解决了明十三陵、八达岭、孔庙等文物保护单位在消防水、避雷、消防报警、电路及其他方面存在的消防安全隐患，涉及全市18个区县的80余个文物保护单位。

图7 北京地区"十一五"安全技防投入经费情况

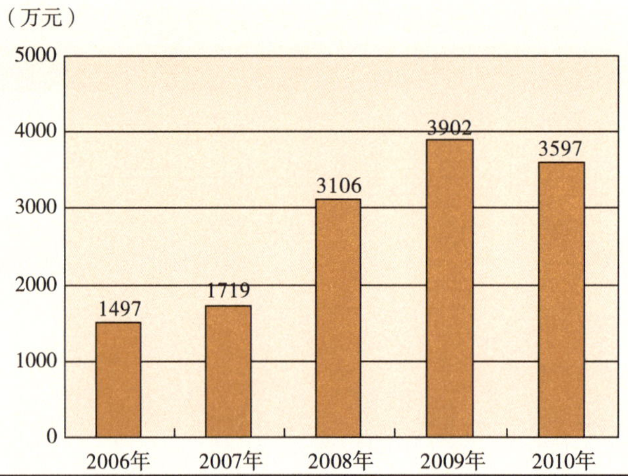

加大文物检查执法力度，市和各区县均组建了文物执法队伍，建立了立体式的防控网络。每年开展文物检查1万余次，加强案件查办力度，市文物执法队平均每年核实查处群众举报的文物违法违章案件80余起，各区县行政执法队查处400余起，有效遏制了文物违法违章行为，唤起了民众的文物安全意识，促进了文化遗产保护工作。

（北京市文化局　北京市文物局）

天津市2010年文化发展情况分析

2010年是实现“十一五”规划目标、打好文化大发展大繁荣攻坚战的关键一年。天津市文化系统按照市委、市政府的统一部署，坚持解放思想，迎难而上，开拓创新，奋力拼搏，圆满完成了攻坚战第一批重点项目和年初提出的100个工作项目，各项工作取得了新进展和新突破。

一、文化文物事业经费收支情况

2010年全市文化、文物和文化教育单位总收入130518万元，其中财政拨款85078万元，事业收入12450万元。总支出108270万元，其中基本支出83040万元。

2010年天津市文化事业总收入92289万元，其中财政拨款56348万元，事业收入7989万元。总支出87105万元，其中基本支出65120万元。

2010年天津市文物事业总收入29839万元，其中财政拨款22562万元，事业收入2653万元。总支出13670万元，其中基本支出11288万元。

二、文化文物事业获得长足发展

（一）艺术生产硕果累累

2010年全市36个艺术团体原创首演剧目12个，全年演出4550场，国内演出观众人次318万人。评剧《寄印传奇》获文华大奖，荣获2008－2009年度国家舞台艺术精品工程十大精品剧目；杂技《转毯》获第八届全国杂技（魔术）比赛文华创作金奖，杂技《三个和尚——顶花坛》荣获第九届中国武汉光谷国际杂技艺术节“黄鹤金奖”。木偶剧《七夕的传说》荣获第三届全国木偶皮影戏比赛最高奖“金狮奖”金奖；华夏未来少儿曲艺团获第四届全国少儿曲艺大赛一等奖；“和平杯”中国京剧票友邀请赛等3个项目和小品《打工妹的PARTY》等4个剧（节）目荣获全国第十五届“群星奖”；3名在群众文化工作中做出突出贡献的个人被授予“群文之星”称号，获奖作品和项目的数量、规格都实现了新的突破。艺术创作和演出繁荣活跃。创作排演了京剧《无旨钦差》、《香莲案》，话剧《灵魂的石头——曹禺和他的剧中人》、木偶剧《七夕的传说》等一批新剧节目。2010年，市文广局直属11个专业艺术院团累计演出3075场，观众人数约238万人，累计演出收入约1983万元。其中京评梆戏曲类演出881场，观众人数约58万人；曲艺杂技类演出1011场，观众人数约104.9万人；话剧儿童剧演出582场，观众人数约22.1万人；歌舞交响乐演出601场，观众人数约53万人。其中，市文广局直属11个专业艺术院团累计国外演出549场，观众人数约104万人。

（二）重要文化活动和重点项目取得突破

成功举办了“世博会天津周”文化活动、夏季达沃斯论坛新领军者年会文艺演出等系列演出活动，得到市领导的充分肯定。成功举办了全国非物质文化遗产展示会，吸引了全国25个省市的70多个国家级非遗项目参与，观众近4万人次，赢得社会各界的广泛赞誉。展会以丰富的内容和生动的形式勾勒出我国文化遗产的全景画卷，成功打造了一个非遗保护交流的平台，在全社会营造了参与非遗保护的良好氛围，促进了文化消费，拉动了商贸旅游业发展，提升了天津在全国的知名度，受到文化部领导的充分肯定。

（三）公共图书馆建设

天津市共有图书馆31个，其中省级2个，地市级25个，县市级有4个。总藏书量1258万册，总流通人次606万人，其中书刊文献外借人次253万人次，572万册次。为读者举办各种活动985次，参加人次334万人次。

（四）群众文化活动丰富多彩

2010年天津市群众艺术馆、文化馆（站）256个，从业人员1027人，举办展览1018个，组织文艺活动5067次，举办训练班4753次，结业26万人次，组织各类理论研讨和讲座397次。群众艺术馆和文化馆负责指导的文艺团体45个，馆办老年大学4个，群众业余文艺团队3626个。

2010年我市群文活动精彩纷呈。成功举办“天穆杯”全国第二届新农村小品展演等“国字号”文化活动，打响了品牌，扩大了影响。第六届农民艺术节、“好书伴我成长”中小学生读书系列活动等一系列文化活动，成功搭建了群众广泛参与的活动平台，初步形成了“一区一品”的群众文化活动品牌。

（五）公共文化设施建设成果丰硕

天津文化中心主体工程建设进展顺利。建成天津市非物质文化遗产馆、天津艺术职业学院等投入使用。完成了李叔同故居纪念馆建设、文庙博物馆的落架整修等项目。杨柳青木版年画馆竣工，56个行政村被命名为民间文化特色村。

（六）文物保护和博物馆工作取得新成果

天津市文物业机构（包括博物馆、文物保护管理机构、文物商店）27个，从业人员941人。拥有文物藏品96万件（其中一级品1004件）；举办基本陈列63个，举办展览68个，观众参观人次422万（其中未成年人参观人次150万）；门票销售总额1002万元。公共房屋建筑面积134380平方米。

经天津市文物局登记备案的不可移动文物为1300处，其中世界文化遗产1处，全国重点文物保护单位15处，省（直辖市）级文物保护单位113处，区县级文物保护单位155处。

表1　2010年与2005年天津市文物业相关数据比较

统计指标	计量单位	2010年	2005年	增长率
机构数	个	27	27	0
从业人员	人	941	911	3.29%

（续）

统计指标	计量单位	2010 年	2005 年	增长率
文物藏品	万（件、套）	96	60	60.00%
观众参观人次	万人次	422	116	263.79%
本年收入合计	万元	41120	17955	129.02%
其中：财政拨款	万元	22562	5318	324.26%
本年支出合计	万元	22931	13837	65.72%
公用房屋建筑面积	平方米	134380	94000	42.96%

2005 年和 2010 年分别为“十五”时期和“十一五”时期的最后一年，通过指标的对比分析可知，随着天津市经济的快速发展，市财政对文物业的经费投入有大幅度提高，除了加强博物馆场馆基础设施建设外，拨付的文物业经费也逐年提高，为促进天津市文物事业的发展，发挥文物资源的功能作用起到了积极的推动作用。

1. 文物保护工作扎实推进。第三次全国文物普查实地文物调查圆满完成，率先通过国家实地验收，受到国家文物局好评。编制完成《关于天津市文物保护项目及经费需求“十二五”规划的报告》、《天津市“十二五”期间长城保护总体工作计划》和《大运河（天津段）保护规划》，共计申请中央财政补助经费 62474 万元。

2. 博物馆事业取得新成就。完成周恩来邓颖超纪念馆基本陈列改造工程，天津博物馆、天津美术馆、天津自然博物馆的陈列设计及新馆迁建工作进展顺利。完成全市国有文物收藏单位珍贵文物数据采集工作、文物数据库和藏品信息化建设项目。市直属公共博物馆、纪念馆全年共举办《消失与复活——三星堆、金沙遗址出土文物精品展》等各类展览 61 场，吸引观众 240 万人次。天津自然博物馆被科技部、中宣部、中国科学技术协会授予“全国科普工作先进集体”荣誉称号，天津博物馆被中宣部授予“全国爱国主义教育基地示范单位”称号。

图1 “十一五”期间天津市文物业参观人次数据对比

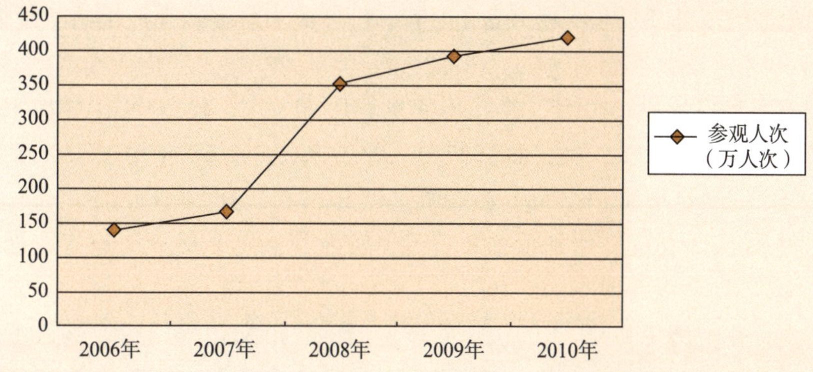

自 2007 年底天津市所属天津博物馆等 5 家博物馆率先免费开放外，近年来我市文博系统的天

津自然博物馆等共 9 家博物馆、纪念馆及爱国主义教育示范基地免费向社会开放。2008 年为免费开放第一年，其参观人次是 2007 年的 2.1 倍。截至 2010 年底，免费开放博物馆累计接待观众数达 1113 万人次，我市将继续搞好博物馆免费开放等文化惠民工程。

3. 第三次全国文物普查等工作继续扎实有效推进。天津市第三次全国文物普查工作完成了本阶段制定的各项任务和目标，取得了阶段性成果。

开展天津双青 500 千伏变电站工程等大型建设项目的考古发掘和文物保护工作，完成了利顺德饭庄旧址、宁河天尊阁、北疆博物院、福聚兴机器厂旧址、中法工商银行大楼等修缮工程。申报第七批全国重点文物保护单位 16 处。

委托天津大学建筑设计研究院编制《大运河（天津级）保护规划》，现已基本完成。

4. 积极开展第七批国保申报和第二届历史文化名街评选工作。天津市向国家文物局报送了 15 处第七批全国重点文物保护单位推荐材料，并对和平区五大道近代建筑群进行了补报和完善。五大道被评为第二届中国历史文化名街，蓟县渔阳镇西井峪村被公布为第五批“中国历史文化名村”。

（七）坚持管理和繁荣并举，文化市场进一步健康发展

1. 2010 年我市文化市场发展概况

据统计，2010 年全市共有纳入统计范围的各类文化市场经营单位 1481 家，比 2009 年增加 120 家；从业人员总数达 13824 人，比 2009 年增加 1338 人；创造营业总收入约 9 亿元，主营业务收入 8.5 亿元，增加值为 6.3 亿元，实现利润总额 2.6 亿元。

2. 各类文化市场统计数据分析

（1）网吧市场规范发展。根据 2010 年统计数据，全市共有 928 家网吧，从业人员 4953 人，有 104519 台计算机终端，实现年营业总收入 3.4 亿元，同比增长 10%；年增加值 2.6 亿元，同比增长 8%，营业利润 1.44 亿元，同比增长 3%。

通过分析可知，随着 2010 年经济社会的快速发展，网吧行业的收入和利润有所增加，但同时，随着互联网技术的快速发展，网吧市场的竞争也变得日趋激烈，加上宽带和 3G 技术的逐渐普及，网吧行业面临着前所未有的冲击，网吧业已进入微利时代。改变现有经营模式，大力推进网吧连锁化，探索开辟网吧增值服务项目和实现多元化经营，已经成为众多网吧业主甚至是整个网吧行业的迫切需求。

（2）娱乐市场平稳发展。2010 年，全市有娱乐场所 413 家，比 2009 年增加 76 家；从业人员 6495 人，比 2009 年增加 1278 人；经营面积 37.9 万平方米，比 2009 年增加 7.4 万平方米；包房包间数量 7729 间，比 2009 年增加 1398 间；游戏游艺机 1023 台，比 2009 年减少 464 台。全市娱乐场所实现年营业总收入 4.53 亿元，增加值 2.8 亿元，营业利润 1.2 亿元，经营数据基本和 2009 年持平。

我们可以看出，在经历了 2009 年的快速发展之后，我市文化娱乐行业进入了平稳发展阶段。娱乐市场经营业态的提升，使一些企业向规模化、品牌化方向发展：量贩式卡拉 OK 面向不同收入层次消费群体，参照购买频率最高的日常生活用品的营销手法按包间销售时段盈利，为社会大众所接受，正逐渐成为娱乐市场主流；夜总会、商务会所式歌舞娱乐场所面向高消费群体的商务、休闲

活动需求，已成为娱乐行业的形象代表。

（3）演出市场日益繁荣。2010 年，我市共举办各类演出约 5000 余场，36 个艺术团体演出 4550 场，涉外演出 500 余场。其中，引进涉外及涉港澳台演出 172 项，涉及外籍或港澳台人员 2256 人次。

审批大型涉外及涉港澳台演出 94 次，涉及人员 2900 人次；审批演出经纪机构申报的邀请外国表演团体或个人在津娱乐场所进行营业性演出的审批报件 78 件，涉及演员 350 人次。大型涉外及涉港澳台演出活动包括：台湾歌手张信哲、周杰伦、王力宏、蔡琴天津个人演唱会及香港歌手谭咏麟个人演唱会等。

从演出市场情况分析来看，2010 年我市演出市场继续保持繁荣活跃的发展态势，各类演出活动总量明显增多，演出形式异彩纷呈，既丰富了人民群众的文化需求，又活跃了天津的演出市场，极大地促进了我市文化市场的繁荣发展：一是国有演出单位在引导本市演出市场繁荣发展方面有效发挥了政府主导作用，其中包括“2010 中国·天津‘海河之春’国际音乐艺术节”、“2010 打开音乐之门”活动和我局直属专业院团举办的各类大型演出活动等；二是民营演出经纪机构在促进本市演出市场繁荣发展方面发挥了主力军的作用。这些民营演出经纪机构积极面向市场、精心运作，无论是国内的组台演出，还是引进的涉外及港澳台项目，为我市的演出市场带来了极大的活力，在满足不同层次文化需求方面发挥了重要作用，在社会上引起很大反响。

（八）文化产业发展步伐加快，动漫市场发展氛围浓厚

国家动漫产业综合示范园主体建设完工，建成了全国领先的公共技术服务平台。

截至 2010 年底，全市动漫企业及相关业务企业已发展到 108 家，其中核心动漫企业 50 余家。经国家认定的动漫企业 11 家，其中，重点动漫企业 1 家。华漫兄弟、读者集团等一批全国领军企业落户我市。组建了北方动漫集团，成为我市第一家拥有完整产业链条、基本覆盖全行业的集团化动漫企业。动漫创作年生产能力达 2 万分钟，较去年增长约 55%。3 部原创动漫作品和 1 支原创动漫团队入选 2009 年度国家原创动漫扶持计划。神界公司的 5 部原创产品通过国家重点动漫产品认定，创下了全国单个动漫企业认定作品数量最多的记录。成功举办“中国原创动漫推广计划暨天津动漫文化夏令营”活动。组团参加了第五届纽约国际动漫展和杭州动漫节。开展了全市动漫游戏产业专项调查统计。

参加 2010 年统计的动漫企业共有 26 家，这 26 家企业资产总额达 3.26 亿元；营业总收入达 4621 万元，其中自主开发动漫产品收入达 3116 万元；增加值 3741 万元；共有经营面积 1.5 万平方米；年生产原创漫画 1042 部，原创动画作品 25 部，自主知识产权动漫软件 26 套；网络动漫（含手机动漫）下载次数达到 1056 万次。另外，动漫产业结构涵盖了漫画设计与出版、手机游戏研发等领域；产品营销范围覆盖了大陆和港澳台地区以及欧洲等多个国家。

（天津市文化广播影视局）

河北省2010年文化发展情况分析

2010年，我省文化系统以邓小平理论和“三个代表”重要思想为指导，深入贯彻落实科学发展观，紧紧围绕“高举旗帜、围绕大局、服务人民、改革创新”的总要求，牢牢把握新形势下文化工作的特点和规律，积极推进公共文化服务体系建设、精品生产、遗产保护、产业发展、市场管理等各项工作，取得了明显成效。

一、我省文化发展总体情况

（一）文化机构和人员稳步增加

2010年，全省共有各类文化单位机构13030个，同比增长4.7%，从业人员74184人，同比增长2.5%。其中，文化部门机构数3316个，从业人员26902人。全省共有艺术表演团体284个，从业人员8302人；艺术表演场馆113个，从业人员1618人；群众文化机构2319个，从业人员6336人，其中文化馆（站）2142个，从业人员3892人；图书馆165个，从业人员1789人；文物机构236个，从业人员6530人；文化市场经营机构9498个，从业人员43193人。我省的文化事业网络体系逐步完善，文化市场体系不断健全，机构和人员队伍建设不断加强，优秀文化产品和公共文化服务能力有了显著增强，为丰富人民群众生活提供了坚实保障。

（二）全省文化事业财政投入不断加大

近年来，我省各级财政不断加大对文化事业发展的支持力度，文化事业费逐年递增。2010年全省财政投入文化文物事业费10.37亿元，比上年增加0.65亿元，同比增长6.7%。其中，文化事业费7.03亿元，比上年增加0.28亿元，同比增长4.1%，文化投入总量继续保持与财政支出同步增加的态势，但增幅较往年放缓。全省人均文化事业费9.78元，比上年增长1.9%。在文化事业费支出中，文化设施投入较大，文化活动、精品生产、人才培养、文化科研经费投入明显不足。虽然各级财政对文化事业的投入逐年递增，但与城乡居民日益增加的精神文化生活需求相比，投入总量仍显不足，城乡文化事业投入不平衡比较突出，人均文化事业费与全国平均水平差距拉大。

表1 “十一五”时期河北省人均文化事业费与全国比较（单位：元）

年份	2006	2007	2008	2009	2010
我省人均文化事业费	6.42	6.58	7.36	9.6	9.78
全国文化事业费平均值	11.91	15.06	18.68	21.9	24.11

（三）全省公共文化服务设施建设成绩显著

近年来，河北省紧紧抓住城镇面貌“三年大变样”的有利契机，着力推进公共文化服务设施和服务项目建设，公共文化服务体系进一步健全，涌现出霸州等公共文化服务建设先进县。由于措施得力、成效显著，中宣部、文化部在河北霸州召开了2010年全国县级公共文化服务体系建设现场经验交流会，总结推广霸州等县级公共文化服务体系建设的典型经验，深入研究统筹城乡文化发展，明确县级公共文化服务体系建设的思路和措施，进一步推动城乡基层公共文化服务体系建设。

2010年，我省乡镇综合文化站建设项目中已有927个竣工或基本竣工，基本完成322个乡镇综合文化站设备采购任务。流动舞台车工程配送力度加大，为基层文艺单位再配送20台流动舞台车。基本完成了我省文化信息资源共享工程建设工作，全省共建成各级中心（技术平台）和基层服务点近50000个，其中包括1个省级中心，11个市级支中心，172个县级支中心，700多个乡镇（街道）基层服务点，49000多个村（社区）基层服务点，形成了省、市、县、乡镇（街道）、村（社区）的服务网络架构。同时，整合、购买、自建数字化文化资源20TB，形成了包括图书期刊、舞台艺术等适合农民浏览的分布式文化信息资源库群。完成了我省第三批“全国古籍重点保护单位”和《国家珍贵古籍名录》的申报工作，经文化部审核评选，我省3个单位和43种古籍入选。新争取国家资金1338万元，用于39个社区文化中心和174个文化活动室的补贴建设。

从文化基建项目来看，全省共有369490平方米的建设项目，总投入达到17.9亿元，同比增长84%。省委省政府对文化工作的高度重视以及全省图书馆评估定级工作极大促进了公共图书馆建设和设施设备的购置进度。全省现有文化站在建项目546个，使公共文化服务网络逐步覆盖农村，县乡级公共文化服务体系进一步健全完善。

从文化设施拥有量看，2010年全省公共文化设施建筑面积总量稳步提高。全省群众艺术（文化）馆建筑面积757490平方米，每万人拥有群众文化设施面积105.4平方米，同比增长18%；全省文化站建筑面积534560平方米，同比增长30.4%。文化基础设施建设的逐年加强，为群众文化活动的活跃开展提供了基础保障。

表2　每万人拥有公共图书馆和群众文化设施面积情况

年　份	每万人拥有图书馆设施面积（平方米）	每万人拥有群众文化设施面积（平方米）
2005	20.4	30.6
2006	37.7	64.5
2007	25.9	71.9
2008	38.2	76.1
2009	36.5	89.3
2010	34.6	105.4

（四）文艺创作进一步繁荣，公共文化活动丰富多彩

1. 精品创作取得新突破。立足我省文化资源，加工修改了话剧《喊山》，谋划了河北梆子《柳树乡的故事》、儿童剧《下次开船港》、话剧《李大钊》、交响乐《太行颂》、大型综艺晚会《燕赵风韵》等重点剧目。京剧《响九霄》、《日出而作》、《女人九香》、《黄粱梦》四部作品入选第九届中国艺术节，入选数量位居全国第二位。在第十三届“文华奖”评选中，《响九霄》获文华大奖特

别奖；《日出而作》、《女人九香》获文华优秀剧目奖；裴艳玲荣获2010年度中国文化艺术政府奖——文华表演奖；一批同志获文华单项奖。承德、秦皇岛等市实行项目化管理、多元化融资、市场化运作，创排推出了“海上生明月”、“海誓·南戴河”、“山庄中秋”等实景演出项目，形成了代表地方文化形象的剧目品牌集群。

2. 群众文化活动日益丰富。各地群众文化活动丰富多彩、特色浓郁、红火热烈。组织开展了2010年度“激情广场欢乐河北”彩色周末暨假日文化工程，活动期间全省共组织各类广场文化活动9000余场次，参与演职员12万人次，惠及群众260余万人次；参加第十五届全国“群星奖”比赛取得优异成绩，4件文艺作品荣获“群星奖”，4个项目获得“群星奖”社会文化项目奖，3人获“群文之星”称号；精心组织上海世博会河北活动周文化艺术展示活动，举办形式多样、内容丰富的杂技晚会、巡游表演、非物质文化遗产展示、庆典广场演出、唐山皮影戏等各类文化艺术活动；举办了第八届中国·沧州国际武术节、第三届国际木偶皮影戏比赛；全省国有院团共演出24720场次，观众达2177万人。全省文化馆共举办展览5975个，组织文艺活动27408次，举办培训班13852个，组织各类研讨和讲座401次，极大地丰富了群众的文化生活，取得了明显的社会效益。

（五）文化市场繁荣有序发展

2010年，省文化厅认真贯彻落实省委、省政府“扩大夜消费、做旺夜经济”的总体要求，制定了《关于繁荣城市文化夜生活的指导意见》，明确了繁荣城市文化夜生活的思路措施，文化市场进一步繁荣发展。全省文化市场经营单位9498家，同比增长5%，从业人员43193人，增长2%；创造营业收入19.2亿元，利润7.1亿元，增长4.5%。

1. 艺术表演市场繁荣活跃。全省共有284个艺术表演团体。新创作并首演的剧目16个。演出49220场，同比增长6.8%，观众4948万人次，同比增长16.2%。其中，到农村演出29500次，占总演出场次的60%。

全省共有113个艺术表演场所，共演映15590场次，同比增加26.7%；观众人次达374万，同比增加5%。其中，文化部门75个表演场馆共演映11130场次，同比增加63%；观众214.2万人次，同比增加21.6%。

2. 娱乐、网吧市场平稳发展。2010年，全省有网吧7025家，计算机终端近48万台，营业收入10.1亿元。全省歌舞、游艺等娱乐场所达2396家，营业收入8亿元，规模不断扩大，营业利润不断增加。

3. 新兴文化市场发展迅速。按照文化部统计口径，我省现有14家动漫企业，但从事动漫相关企业已近90家，5家公司通过国家动漫企业资格认定，动漫企业实现利润总额300万元；互联网文化经营单位发展到8家，实现营业收入602万元，由于一些网络游戏公司产品处于刚上线或试运营阶段，多数企业尚未产生经济效益。

从近几年各类文化市场经营行业营业利润状况可知，在经历了2008年的低谷之后，我省娱乐行业迎来了2009年的快速发展，投资规模加大，经营业态提升，一些企业向规模化、品牌化方向发展，在我省加快发展文化夜经济的利好驱动下，娱乐场所营业利润继续攀升，同比增加21%，达到历史最高点。而网吧市场自2007年以来进入了行业调整期，步入微利时代，市场竞争日益激烈，网吧对增值服务项目和多元化经营的需求越来越迫切。从2008年严控总量等调整规范到2009年的单体网吧停止审批，再到2010年的大力推进网吧连锁化发展，网吧行业正逐步向规模化、连锁化、品牌化、专业化发展，经过新一轮的优胜劣汰，2008年开始，网吧行业利润稳步上扬。2009年以来，我省动漫、网络游戏等新兴文化市场发展势头强劲，虽所占市场份额不大，但代表了未来文化市场的发展方向，网络化、信息化企业正逐渐以其强大的生命力逐渐成为文化市场发展的强大引擎。

（六）文化产业持续快速发展

2010年，为加强对文化产业的宏观指导，培育壮大市场主体，制发了《河北省文化产业投资指导目录》。围绕环首都经济圈建设，启动了环首都14县文化产业发展规划制定工作。扎实推进承德鼎盛王朝文化产业园、唐山文化创意产业园、廊坊梦廊坊和曲阳雕刻等大型文化产业园区的建设。参加第六届文博会，签约总额228.55亿元，居全国第二位。大厂评剧歌舞团演艺有限公司等3家企业入选第四批国家文化产业示范基地，至此，我省已拥有4批7个国家文化产业示范基地。鼓励我省文化出口企业“走出去”，石家庄市举办了中国·石家庄第五届国际动漫博览交易会，有3家企业获2010年文化出口中央奖励资金共计125万元。成功举办第五届中国·石家庄国际动漫博览交易会，共有来自11个国家和地区以及国内的319家知名动漫企业、院校的3000余名客商参展参会，签约总额40.566亿元，比上届增长41%。建立了金融支持文化产业合作机制，扶持培育河北省重点文化企业，已有6个文化企业获得贷款总额达7680万元。

（七）文化遗产保护工作取得新成果

1. 文物业机构人员稳定发展，公共服务职能进一步增强。 2010年，全省文物业机构及人员数与去年基本持平，在236个机构中共有文物保管、藏品55.5万件（套）；共举办陈列展览388个，同比增长13.5%；参观人次2259.6万，同比增长37%。全省已有57个博物馆面向社会免费开放，占博物馆总数的87.7%，免费开放的博物馆共接待观众1246万人次，同比增长41.6%。

2. 文物事业经费稳步提高。 2010年河北省文博单位全年收入57842.6万元，同比增加20.7%，其中，财政拨款29313.7万元，同比增长12.3%，事业收入25625.5万元，同比增长41.3%。财政拨款占总收入的50.7%。

3. 非物质遗产保护工作有效推进。 开展第三次全国文物普查，新发现不可移动文物20202处，复查文物13226处，全省不可移动文物总数超过33000处。顺利完成河北省南水北调田野考古工作，发掘中小型墓葬2000多座，出土各类文物12000件。争取国家投资6亿元的承德避暑山庄及周围寺庙保护工程全面展开。定窑遗址考古发掘入选全国十大考古新发现。15个项目入选第三批国家级非物质文化遗产项目，3个单位、43种古籍入选全国古籍重点保护单位和国家珍贵古籍名录。

二、河北省文化发展存在的问题及对策建议

2010年，在全省各级文化部门的努力下，文化建设和发展取得显著成效，但与人民群众日益增长的精神文化需求相比，我们的公共文化服务能力还明显不足、文化市场体系尚不健全、文化建设

投入不足、基础设施建设落后、城乡与区域文化发展不平衡的状况还未有效改观。当前，文化建设正迎来千载难逢的发展黄金期，我省应抢抓机遇，推动文化产业快速发展，为实现我省由资源大省向文化强省跨越奠定坚实基础。

（一）加强政策保障，推进公共文化事业再上新台阶

近几年，河北省文化事业费不断增加，但文化事业费占财政的比重却逐年下降，与教育、科技、卫生等其他社会事业投入相比明显偏低。各级政府应以高度的文化自觉，为文化发展提供坚实的政策保障，要逐年加大文化事业的投入，文化事业费占财政收入的比例应逐年递增；要完善各级地方政府文化工作绩效考评体系，尽快将公共文化服务体系建设纳入其中，引导各级政府加大对文化建设的投入。要逐步建立保障机制，妥善解决公共文化事业发展的资金来源问题，特别是农村文化建设的经费问题；应借鉴先进地区经验，设立专项惠农资金，纳入本级财政预算，充分发挥文化乐民、文化育民、文化富民的作用。

（二）深化体制机制创新，激发文化事业发展的强大动力

在文化体制改革方面，应在前期基础上，积极探索创新国有文化资产经营管理体制机制，实施现代企业管理制度，进一步深化劳动人事、收入分配和社会保障制度改革，建立健全绩效考评体系，完善激励和约束机制，在面向市场、面向群众中增强活力、改进服务；在文化事业投入机制方面，逐步在我省建立群众文化事业发展专项资金，同时，在保障财政投入的基础上，广泛吸引民营社会资本进入公共文化服务领域；在乡镇文化站运行方面，应明确文化站工作人员的编制、落实待遇，以制度的形式保障经费的落实和专职文化干部的配备、使用和交流，保证基层文化工作的有效开展。文化产业发展方面，要积极拓展融资渠道，满足文化企业发展的合理资金需求。深化银企合作，积极支持发展前景好、科技含量较高的中小文化企业，抓住时机在中小企业板、创业板上市融资。引导符合条件的效益好、偿债能力强的骨干企业和企业集团，通过发行企业债、公司债等形式筹集发展所需资金。复合型文化人才培养方面，借鉴外省经验，每年从省直相关部门、企事业单位选派一定比例干部到县里挂职文化副县长，使他们重视文化，切身感受文化、研究文化，进而形成文化事业、文化产业发展的强大合力；完善文化产业人才激励机制，拓宽人才选拔途径，创造能够促使优秀人才脱颖而出的环境和发挥能量的平台。同时，每年拨出一定的资金，通过采取请进来、送出去等多种形式对我省的文化产业管理人才及部分文化企业的管理者进行培训，增强相关人员的产业发展意识、提高管理水平和综合能力。

（三）增强市场主体创新能力，构建统一开放竞争有序的文化市场体系

市场主体应适应当前社会文化需求的多元化、多样化特征和要求，从创作、生产、复制、流通等环节创新形式和载体以及营销组织模式。积极利用高新技术改进生产设备和硬件设施，提升产品附加值、服务质量和市场竞争力，如演出市场运用高科技含量的舞台灯光音响设备等演出器材来提高观赏性，电影院线的数字化改造，音像市场的电子商务销售模式等等；努力开拓当代信息技术与新时代文化娱乐需求相结合产生的新的文化市场领域。同时，要按照改革体制、转换机制、面向市

场、壮大实力的要求，推进文化体制改革，使经营性国有文化企业尽快完成角色转变，在市场机制的引导下增强活力、开拓市场，形成国有、民营资本公平竞争、互相促进的局面。

（四）加强品牌营销，以科技创新提升河北文化产业核心竞争力

核心竞争力的最重要要素是比较优势，文化资源优势、区位优势和产业基础的优势。各地发展文化产业应坚持错位发展，植根于当地民间、民族、历史和区域文化深厚积淀中，本着“人无我有，人有我特”的原则，深入挖掘历史、自然和传统民间艺术资源，将文化资源真正转化为特色文化产品和服务，进而依势打造特色文化品牌，充分展现文化的价值，最终提炼出文化的产业，形成产业的文化，真正将资源优势转化为产业优势、资本优势。要通过网络、报刊、电视以及机场、站台、建筑物广告全方位立体式广泛宣传河北文化产业特色品牌；要借助高新技术提升文化创作、生产和传播方式，充分开发文化品牌上游产品和后续配套产品与服务，提高品牌竞争力，实现资源的最大利用和投资的长期增值回报。要摸清区域资源禀赋，借助旅游城市优势资源，搭建适宜我省实际的民俗文化产业会展与推介平台，集聚各地特色文化产品，形成规模较大有影响力的文化品牌市场；要加强规划引导，以产业链经营的理念推进文化产业集群发展。充分考虑区域特色定位和产业布局，真正建立起产业链形态的产业集聚，有效整合原材料、人才、资本、技术、信息、供应链等要素资源，产生协同规模效应，降低文化企业的综合成本，形成园区内龙头企业带动，产业关联发展，融合互动、相辅相成、相互促进的良好发展局面。

（五）大力培育市场，积极引导文化消费

从平均每人文化娱乐消费性支出的指标看，2009 年我省是全国平均水平的 66.7%，在全国排在靠后的位置。因此，要重视提高城乡居民收入及文化服务水平，以活动和文化节日带动市场，引导文化消费，培育新的文化消费热点，激活城乡群众文化消费潜力。要重视培养城市居民现代文化消费习惯，精心培育引导乡村文化消费群，努力为全省城乡提供价格合理、丰富多样的文化产品和服务；适当引导地方文化产业向规模化、创意化、低价化的方向发展，鼓励适合大众文化与大众消费的传统工艺创新产品，提供适销对路的文化产品，建立门类齐全的文化产品市场和文化生产要素市场，促进文化消费结构升级换代。

（河北省文化厅）

山西省2010年文化发展情况分析

2010年，山西省广大文化工作者以科学发展观为指导，以繁荣社会主义先进文化、构建和谐社会为目标，紧紧围绕《国家“十一五”文化发展规划纲要》和《山西省“十一五”时期文化发展规划纲要》，积极深化文化体制改革，大力推进全省文化、文物事业和文化产业繁荣发展，各项工作取得积极进展。

一、主要指标稳定增长，文化发展环境优化

（一）机构人员稳中有升，文化产业规模进一步扩大

截至2010年末，全省共有文化产业机构8439个，比上年增加408个，增长5.1%；从业人员5.93万人，比上年增加0.57万人，增长10.6%，其中：文化部门产业机构2370个，从业人员2.56万人；文化市场经营机构5759个，从业人员2.8万人；文物部门产业机构310个，从业人员5698人。具体情况如表1：

表1　2010年山西省文化及相关产业机构和从业人员情况

单位	2010年		与上年增减变动	
	机构数	从业人员数	机构数	从业人员数
总　计	8439	59341	408	5694
一、文化及相关产业	8122	53455	388	5231
1. 艺术业	389	13785	44	283
其中：艺术表演团体	280	12247	14	4
文化部门艺术表演团体	167	9631	2	33
艺术表演场馆	103	1465	30	279
文化部门艺术表演场馆	87	1313	14	127
2. 图书馆	126	1575		-4
3. 群众文化服务	1533	4229	12	54
其中：群众艺术馆	12	428		-7
文化馆	119	1651		-1
文化站	1402	2150	12	62
其中：乡镇文化站	1197	1797	8	29
4. 艺术教育业	16	1401		10
5. 文化市场经营机构	5759	28026	321	4215
6. 文艺科研	16	228	1	9

（续）

单　位	2010 年		与上年增减变动	
	机构数	从业人员数	机构数	从业人员数
7. 文物业	310	5698	20	408
8. 其他文化及相关产业	283	4211	23	1042
二、非文化及相关产业	7	188	—	55

（二）文化投入稳步增长，产业结构进一步优化

1. 文化部门所属文化产业机构主要情况

2010 年，全省文化部门机构总收入 12.44 亿元，总支出 12.35 亿元，分别比上年增长 13.19% 和 12.68%，收支大体平衡，具体情况如表 2：

表 2　2010 年山西省文化部门收支情况

收入（亿元）	2010 年	占总收入比重（%）	与上年增减变动	
			绝对值	增长速度（%）
总收入	12.44	—	1.45	13.19
其中：财政拨款	77.82	62.86	0.59	8.16
事业收入	1.25	10.05	0.11	9.65
经营收入	0.10	0.8	-0.04	-28.57
其他收入	0.27	2.17	-0.11	-28.95

支出（亿元）	2010 年	占总支出比重（%）	与上年增减变动	
			绝对值	增长速度（%）
总支出	12.35	—	1.39	12.68
其中：基本支出	7.78	62.99	0.6	8.36
项目支出	3.78	30.61	0.62	19.62
经营支出	0.29	2.35	0.02	7.41
费用中：人员支出	5.26	42.59	0.66	14.35
其中：工资福利支出	4.15	33.60	0.49	13.39
对个人和家庭补助支出	1.11	8.99	0.17	18.09

从以上两表可以看出：财政拨款占总收入的 62.86%，说明公益文化的发展主要依靠各级政府推动。另外，事业收入、经营收入也保持了一定的增长，说明广大文化工作者积极开拓市场、适应市场发展规律，取得了一定的成绩，为文化的更快发展积累了财富、拓展了空间。人员支出占总支出和财政补助支出比重仍然偏高，说明财政投入的增加主要用于人员开支，对文化事业的投入还有待于进一步提高。

2. 文物部门所属机构主要情况

2010 年，全省文物事业费 7.50 亿元，占全省财政总支出的 0.38%，比上年增加 1.15 亿元，增

长18.1%。

图1 “十一五”以来山西省文物事业费投入情况

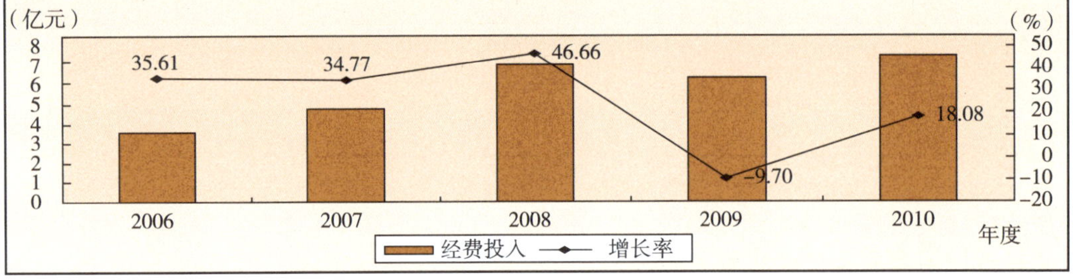

“十一五”期间，中央和省级财政共投入文物保护专项经费4.96亿元，博物馆、纪念馆免费开放专项经费0.73亿元，中央抢救性文物保护设施建设经费1.003亿元，省级配套0.266亿元；市县两级文物保护专项经费达到0.4亿余元；社会力量投入文物保护资金为1.5亿元。文物维修资金主要来源于中央和省级财政，市县两级文物保护专项经费明显偏少，社会力量投入文物保护的资金正在明显增长。

二、精品战略稳步推进，演出市场日益繁荣

2010年，在深入推进文化体制改革的同时，继续加大剧目建设力度，不断打造舞台艺术精品，文化艺术业得到进一步繁荣发展。

（一）科学规划、精心打造，文艺舞台进一步繁荣

2010年，各级剧团创作首演剧目60个。通过编制《2010－2015年艺术创作规划》，推出了《千手千眼》、《大红灯笼》、《武则天》、交响乐《太谷秧歌》等一批新创剧目。由我省艺术表演院团倾力打造的新编晋剧《傅山进京》获得政府大奖——“文华奖”，《农家乐》等16个剧节目获国家“群星奖”，取得了有史以来的最佳成绩。

（二）面向市场、面向基层，文艺表演院团经济效益进一步提高

我省文艺精品的创作和演出在丰富文艺舞台的同时，也收到了良好的社会效益和经济效益，全省各级剧团全年演出收入1.25亿元，比上年增加0.17亿元，增长15.7%。文化部门所属的专业剧团和民间职业剧团主动面向市场、面向基层开展演出，使自身实力不断发展壮大。

表3 2010年山西省剧团演出情况

项目	机构数	演出场次（万）	观众人次（亿）	平均每场（人次）	演出收入（亿元）	比上年增加		平均每场（元）
						绝对值（亿元）	比重	
文化部门剧团	167	3.08	0.38	1243	0.99	0.13	15%	3210
其中：到农村演出		2.56	0.33	1274				

（续）

项　目	机构数	演出场次（万）	观众人次（亿）	平均每场（人次）	演出收入（亿元）	比上年增加		平均每场（元）
						绝对值（亿元）	比重	
民间职业剧团	117	1.68	0.14	802	0.26	0.04	18%	1521
其中：到农村演出		1.36	0.09	687				

从上表可以看出：随着文化体制改革步伐加快，各级剧团适应市场的能力不断增强，经济效益明显提高；文化部门剧团作为艺术表演的主要力量，在规模、市场份额、效益各方面都占有绝对优势；民间职业剧团作为演艺市场的新兴力量逐步发展壮大，努力开拓以农村为主的演艺市场（农村演出率达81%）；与专业剧团相比，民间职业剧团虽然戏价低，但演出收入增速高，充分体现了民间职业剧团体制机制灵活的特点。

三、政府投入增加、支出结构优化，社会文化事业获得长足发展

（一）公共图书馆业发展情况

2010年，全省各级公共图书馆总收入1.05亿元，比上年增长4.49%，其中，财政拨款收入9838.1万元，比上年增长3.68%，占总收入的比重达到93.7%；购书专项经费达到1777.2万元，比上年增长49.45%；各级政府投入的稳步增长成为促进公共图书馆事业发展的主要动力。而与“十五”末期相比，全省各级公共图书馆的总收入、财政拨款收入分别实现翻番；公共图书馆购书经费实现了翻两番，公共图书馆业在“十一五”时期获得了长足进步。

2010年，各级公共图书馆累计支出1.079亿元，比上年增长8%，其中，基本支出占到66.69%，比上年下降0.76个百分点；项目支出占到26.27%，比上年增长3.58个百分点；经营支出占到2.45%，与上年基本持平。各项费用中：人员支出占到50.56%，比上年下降1.83个百分点；新增藏量购置费占到13.74%，比上年增加1.69个百分点，支出结构进一步优化。2010年，全省公共图书馆新购藏量达到44.5万册（件），比上年增加4.16万册，增长10.31%；总藏量达到1207.9万册（件），比上年增加31.5万册（件），增长2.68%。在总藏量中，图书藏量943.7万册，报刊藏量207.4万册，视听文献、微缩制品藏量13.2万件，其他藏品43.5万件，均比上年度有一定程度的增加。

在政府投入的支持下，各级公共图书馆充分利用自身条件，为广大群众提供优质服务，并不断更新服务方式，延伸服务范围，积极为群众举办各种活动，丰富了群众的精神文化生活，为构建和谐社会、促进文化大发展大繁荣营造了良好的环境。

（二）群众文化业发展情况

2010年，全省各级文化馆（群众艺术馆）、文化站总收入1.83亿元，其中，财政拨款1.69亿元，占总收入的92.35%；业务活动专项经费与上年相比，增幅达2.38倍，一方面说明政府投入明显提高，一方面也说明群众文化方面的业务活动专项经费基数过低，历史欠账过多。而与“十五”

末期相比，全省各级群众文化事业单位总收入、财政拨款收入都实现了翻两番，群众文化事业在“十一五”时期发展最快，而政府投入的稳步增长是推动这一发展的主要动力。

各级政府十分重视群众文化发展，普遍加大了扶持力度，与“十五”末期相比，增幅基本都超过了一倍，并且呈现出市、县、乡逐级提高的趋势，说明各级政府对基层，特别是对农村文化投入的力度明显加强。

在政府投入的支持引导下，全省群众文化活动开展活跃，2010 年上海世博会期间，组织了舞台艺术、文化遗产、民间工艺、民歌民舞等七个板块的 38 项绝活，全过程参加了文化演出和文化展示，在世博园内外掀起了持久的山西文化热潮，集中展示了改革开放取得的伟大成就，展示了近年来山西省转型发展和文化强省建设取得的巨大成果，进一步扩大了对外影响，全面提升了对外的良好形象。

四、文化设施建设掀起新高潮，各项文化惠民工程扎实推进

（一）政府投资、建设规模提升，文化设施建设增速明显

2010 年，全省各地积极规划和建设与城市相适应的文化设施，各级政府文化建设的主动性进一步增强。山西大剧院、山西省图书馆新馆两项省级重点工程基本完工；朔州市图书馆、朔州市文化艺术中心、朔州市博物馆、阳泉市博物馆等一批市级文化设施相继投入使用；通过扶持和引导，一批县级文化设施相继建成或得到改善；晋绥边区革命纪念馆、晋国博物馆等一批县级特色博物馆得到新建。

2010 年，全省文化基础设施建设项目 655 个，资金来源合计 6.27 亿元，其中国家预算内资金达到 3.45 亿元，与“十五”末期相比，投资规模明显提升。随着国家经济实力提高，中央、省、市、县各级都加大了对文化设施的投入力度，投资比重逐级提高，中央及省级对基层文化投入的倾斜政策在“十一五”时期十分明显。

（二）重点建设工程进展顺利，辐射带动作用明显

1. 乡镇综合文化站建设工程进展情况

“十一五”期间，为进一步改善农村文化基础设施条件，促进基层公共文化服务体系建设，中央启动了乡镇综合文化站建设工程，累计下达我省建设计划 1098 个，补助资金 1.722 亿元。

截至 2010 年底，累计安排乡镇综合文化站建设项目 1135 个，涉及 112 个县（区、市），占到乡镇区划总数的 94.9%，项目总建筑面积 40.77 万平方米，计划总投资 5.9 亿元，除中央投资外，省级配套 1.135 亿元，市级配套 1.135 亿元，项目开工率达到 83%，完工率达到 65%，累计完成投资 5.11 亿元，完工面积近 26.3 万平方米，建设规模、投资规模都超过了建国以来的历史总和。

2. 重点文物建设工程情况

“十一五”期间，中央财政投入我省南部工程的本体修缮资金为 1.73 亿元、环境整治资金为 0.84 亿元，105 处南部元以前国保古建筑中，完成本体维修的达到 28 处，占 26%，另有 28 处维修工程正在进行。

图2 山西省乡镇综合文化站实际完成投资情况

图3 山西省“十一五”时期南部工程中央投资情况

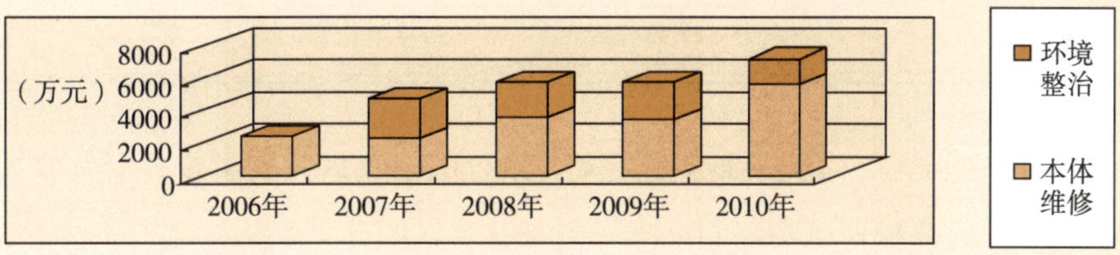

（三）文化惠民工程深入推进，基层文化生活进一步活跃

2010年作为“十一五”时期的收官之年，很多重大文化惠民工程都进入了最后的冲刺阶段，各级文化部门面向基层、面向群众，不断加大工程的监督检查力度，中央文化惠民政策得到进一步落实。由中央发起的“文化信息资源共享工程”全面推进，县级支中心、村级站点建设在我省实现了全覆盖；由省级牵头实施的“农村流动书库配送工程”、“农村文化活动器材配送工程”有序推开，在“两区”（晋西北太行山革命老区）行政村实现了全覆盖；送书下乡工程、流动舞台车配送工程进一步向广大基层延伸。通过上述文化惠民工程的开展，基层群众多层次、多方面、多样化的文化需求进一步满足、基层文化资源进一步丰富，全省公共文化服务能力迅速提高。

五、保护开发并重，非物质文化遗产保护工作取得新进展

2010年，完成了全省非物质文化遗产的普查工作，初步建起了非物质文化遗产数据库，完成了《山西省非物质文化遗产普查资源名录清单》的编辑。通过组织第三批国家级和省级非物质文化遗产保护名录项目申报工作，国家、省级保护项目达到500项，全省非物质文化遗产保护体系进一步完善，初步建立了国家、省、市、县四级非物质文化遗产保护名录体系和传承人保护体系。

六、文物保护事业获得长足发展，社会贡献率日益提升

截至2010年底，全省共有博物馆142个，其中，文博系统管理的博物馆、纪念馆89个，非文博系统的国有博物馆、纪念馆22个，非国有博物馆31个。在所有博物馆中，国家一级馆3个、二级馆12个、三级馆7个，免费开放博物馆数量达到了28个。

2010年，全省对外开放文博单位共计接待参观群众1亿多人次，比“十五”期末增长近5倍；门票

收入5.95亿元，比“十五”期末增加3.12亿元，增长1.1倍，整个“十一五”期间门票总收入达到16.7亿元，文物事业对经济社会发展的拉动力越来越大，在促进发展、惠及民生方面迈出了坚实的步伐。

图4 “十一五”期间山西省文博系统博物馆接待观众情况

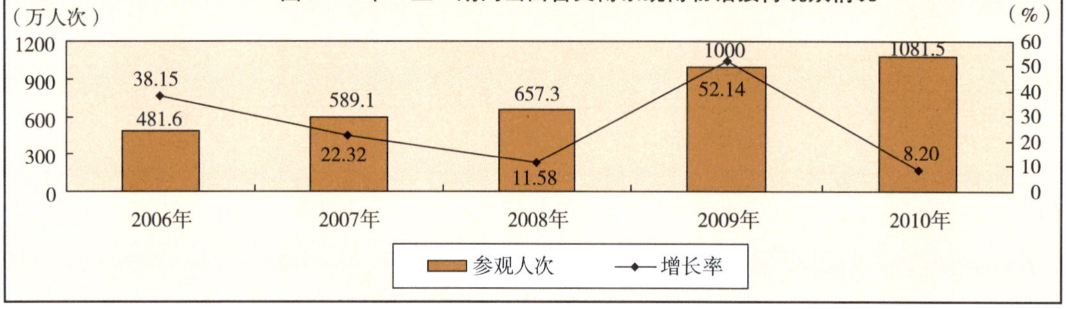

就门票收入的分布情况看，全省12家重点文物景点门票收入占到了全省门票收入的90%以上，其他文物景点发展旅游产业存在巨大空间。

七、夯实基础、锐意创新，艺术教育科研工作成效显著

2010年，以提升艺术教育层次为核心，大力实施“人才培养工程”，山西戏剧职业学院和山西艺术职业学院与中央戏剧学院、上海戏剧学院开展联合办学，高层次人才基地建设取得重要进展，高级人才培养规模达到300人，艺术创作、导演、管理、营销等奇缺人才的培养和引进迈出新步伐。截至2010年底，共有文化部门艺术教育机构16所，其中，高等艺术院校2所，中等艺术学校14所，全年各类院校共计招生3229人，在校生1.07万人，为国家培养各类艺术人才3271人。

全省艺术科研工作紧紧围绕建设文化强省这一主题，依托丰厚的文化资源，突出地域研究特色，对戏曲、音乐、舞蹈、曲艺进行了探索，取得了一批有重要学术价值与社会影响的艺术研究成果。坚持以课题为支撑，以成果应用为拓展，山西省艺术科学规划领导小组积极组织开展全省的艺术科学规划、课题管理、成果宣传、推广等工作，艺术科研管理工作逐步规范化。

八、加强文化市场监管，文化娱乐业健康发展

2010年，全省坚持一手抓繁荣、一手抓规范，在加强市场培育的同时，坚守依法管理、过程监管，积极营造公平竞争、内容健康、规范有序的发展环境。通过举办行政执法培训班，积极推进综合执法改革，文化市场执法力量得到加强，执法能力进一步提高。通过开展文化市场经营单位情况大调查、严厉查处网吧接纳未成年人上网、落实网吧“零点停业”规定等一系列加强文化市场监管的措施，文化市场环境得到净化，文化娱乐市场得到进一步健康有序发展。

文化市场经营机构随着经济社会的发展，经济效益普遍有所提高，在企业营业收入、利润总额增长的同时，其对社会的贡献率也不断提高，与“十五”期末相比，文化产业增加值都实现了翻番，实现了由数量增长型向规模效益型转变。另一方面，部分文化市场经营单位营业收入、利润总额与2009年相比有所减少，说明文化市场经营单位经营成本加大，一些歌舞娱乐场所为了提高经

营利润，纷纷改善经营环境，盲目投资和重复性建设较为严重，有的地区在没有进行充分的市场调查的情况下就盲目投资，导致规模过大，而激烈的市场竞争又使得投入资金难以迅速回收，经营状况较为波动。

九、文化发展的机遇与挑战并存，文化强省战略任重道远

（一）抢抓机遇、创新理念，科学设置文化考评体系

进入新时期，党中央对文化建设的重视程度进一步提高，山西省委、省政府把转型发展、跨越发展作为全省工作的主题和主线，把早日建成中部地区经济强省和文化强省作为“十二五”及未来一段时期的奋斗目标，在加快山西经济转型跨越发展的同时，也为山西文化的转型发展带来了重要的战略机遇。以开展地区经济社会发展考核评价为契机，创造性地提出“公共文化服务体系建设达标率”，对引导市、县各级政府进一步提高文化建设的主动性和自觉性，起到了积极的推动作用。

（二）深入分析、科学解读，把脉文化发展短板

在看到我省文化发展成绩的同时，我们更要清醒地看到制约文化发展的深层次矛盾依然没有得到根本解决，文化大发展、大繁荣的任务依然十分艰巨。

1. 文化发展的地区性差异明显，文化建设亟待制度化、法制化

图5　2007–2010年山西省各市“达标率”完成情况

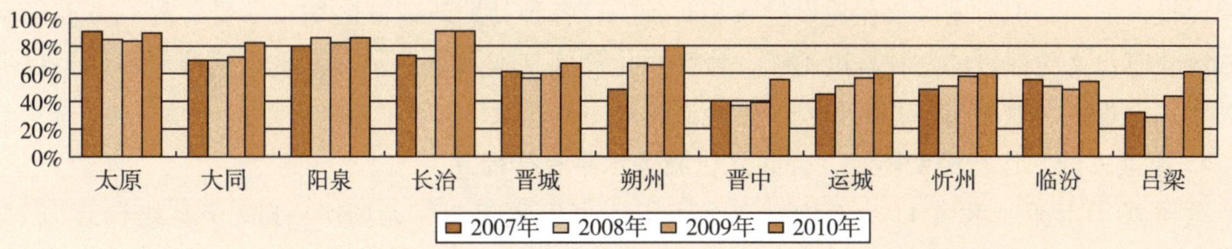

图6　2007–2010年山西省县（区、市）平均“达标率”完成情况

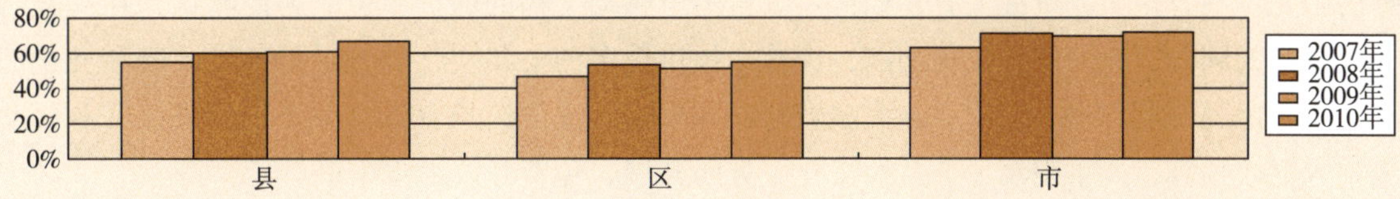

如以上两图所示：在所有被考评对象中，市级完成情况好于县级，文化发展的地区性差异十分明显，重经济建设、轻文化工作的现象在一些地区还很严重。

文化建设与当地经济发展水平有必然的联系，但并非是决定因素，这其中既有经济条件、自然环境的因素，但最主要的问题还是观念和对文化工作的态度问题，测评结果比较客观、公正地反映了这一实际情况。鉴于上述情况，我国亟需出台相关的政策法规，督促各地在经济发展的同时，加

强对社会文化事业的投入，避免一手硬、一手软现象的发生。

2. 市级文化发展情况不容乐观，对县级的示范作用有待加强

统计显示：2010 年，山西省市级平均“达标率”仅为 71.4%，市级文化建设遇到的突出问题是：基础设施不健全、文化事业费偏低等。截至 2010 年底，全省 11 个市中有 7 个市级图书馆无建制、无场所，8 个市级群众艺术馆无馆址或面积不达标。进入新时期，中央加大了对地方文化投入的资助力度，文化信息资源共享工程、乡镇综合文化站建设工程等稳步推进。省级针对中央的惠民政策陆续出台了配套措施，如省级煤炭可持续发展基金的设立，省级彩票公益金的引入等，既对中央补助资金进行了配套，也对市、县政府起到了引导和示范带动作用。但在市级政府中，只有长治市推出了“文化低保”工程，大同市的“公益项目推介会”也仅限于文化局的部门行为，其他市级政府还没有出台新的文化投入政策，对中央和省级文化创新工程也没有进行认真配套，导致当地建设工作整体推进缓慢。

3. 城区文化发展成瓶颈，政策支持需提质提速

统计显示：2010 年山西省 119 个县（区、市）中，达标率超过 60% 的有 82 个，占到区划总数的 68.9%，其中包括 63 个县、9 个县级市和 10 个城区，分别占到各自区划总数的 74.1%、82% 和 43.5%。

在县、区、市的对比中，县级市的完成情况最好，县次之，而城区公共文化服务体系建设水平还低于县城。城区文化建设遇到的困难集中表现在：基础设施常年得不到更新、文化事业费投入严重不足等方面，成为文化建设的一个最薄弱环节。究其原因：一方面，近年来中央和省级对农村文化建设投入增加，但对城区文化建设投入相对较少，各种补助政策城区均不享受；另一方面也反映了城区政府对文化建设的重视程度不够，城区文化设施基本为空白，投入也无从谈起，如果自身不能加大文化投入，城区与各县文化发展差距还将进一步拉大。

4. 覆盖率低、运行经费不足，公共文化服务水平有待提高

截至 2010 年底，我省 11 个市中有 7 个市级图书馆无建制、无场所；119 个县级行政区划中，设有公共博物馆的有 58 个，县级博物馆的覆盖率为 48%，而在这 58 个博物馆中，仍有一半以上的机构由于种种原因而不能正常对外开放，也就是说全省 70－80% 的县区未能享受到博物馆公共文化服务的阳光。我省是文物资源大省，如何将大量不可移动文物的保护单位辟为博物馆，在加强对文物有效保护的同时，充分发挥文物功能，为社会提供更多的公共文化服务，是各级政府和文化部门需要重点考虑的课题。另外，我省绝大多数公共图书馆、文化馆只有人员经费，业务经费和活动经费未列入财政预算，严重限制了公益性文化服务的开展，免费开放举步维艰。

（三）深入实践、总结经验，寻求体制机制创新

1. 社会资金参与文化设施建设的实践

作为中部经济欠发达省份，我省经济实力相对较弱，对文化特别是基层文化设施建设的投入相对不足，历史欠账较多。2008 年，在充分调研和论证的基础上，山西省财政厅、山西省文化厅联合印发了《县级文化基础设施省级彩票公益金资助项目管理指南》，利用社会资金资助建设文化设施工作正式启动。截至 2010 年底，我省共下达四批 4120 万元资助资金，全省 28 个县区的 16 个图书

馆和12个文化馆受益。由于制约措施严格，全省受资助项目的开工率达到100%，完工率达到71.4%，收到了良好的预期效果。

2. 社会力量参与文物保护的实践

截至2010年底，我省不可移动文物达5万余处，相比巨大的文物蕴藏量，各级财政投入我省省保以下文物维修资金不足3000万元，维修项目仅50余个，占文物总量的千分之一；省级财政安排的40个维修项目，每处文物保护单位投入约50万元，仅能对主体文物建筑进行保护维修。2010年，我省泽州县实施“煤企－文物”结合的政策，五家煤炭企业投入3500万元对夏村白泉寺（1500万元）、金村娲皇窟（300万元）、高都玉皇庙（700万元）、柳口二仙庙（500万元）、下麓汤帝庙（500万元）五处文物保护单位进行维修开发，为社会力量参与文物保护走出了一条实际可行的路子。

2010年，通过全省广大文化文物工作者的艰苦努力，全省文化工作取得了长足的发展，但同时也要看到，文化建设与全面建设小康社会目标的要求尚有差距，与政治、经济、社会建设协调发展还不完全相适应。各级政府要继续加大对文化事业的投入力度，为我省营造一个更加良好的发展环境。我们将按照中央关于文化建设的决策部署，在省委、省政府的领导下，坚持科学发展观，与时俱进，积极进取，为实现山西文化事业的全面繁荣而努力奋斗。

（山西省文化厅　山西省文物局）

内蒙古自治区2010年文化发展情况分析

“十一五”时期，文化工作紧紧围绕建设民族文化大区目标迈进，基层文化建设得到加强；文化艺术活动蓬勃开展；文化遗产保护工作得到了重视和加强；文化市场得到了进一步整顿和规范；对外文化交流日益扩大；文化产业不断发展壮大。广大人民群众的文化生活水平有了明显的提高，文化建设取得了显著的成绩，并且形成了较为完善的公共文化服务体系和文化产业体系。

一、2010年内蒙古文化发展基本现状

（一）从业人员和机构得以充实壮大

近年来，全区文化系统人员队伍建设有了较快发展，从业人员的总量和规模不断扩大，人员结构不断优化，人员素质不断提高。据统计，2010年底，全区共有文化、文物、文化市场经营单位9849个，从业人员44279人。其中文化部门1668个，从业人员17064人，全区共有艺术表演团体123个（属文化部门108个），从业人员5939人；艺术表演场所26个（属文化部门22个），从业人员492人；群众文化机构1017个，从业人员3872人；文物机构143个，从业人员1946人；艺术教育机4个，从业人员333人；文化科研机构9个，从业人员128人；文化市场经营单位8181个，从业人员27215人。主要包括：娱乐场所2559个，从业人员12039人；互联网上网服务营业场所（网吧）3141个，从业人员8668人；艺术品经营机构及其他经营机构2454个，从业人员5914人。全区已基本形成覆盖城乡、门类齐全、多种所有制并举的文化发展网络体系。

（二）文化投入显著增加，有力支持了文化建设

“十一五”以来文化（文物）事业费总量持续快速增长。全区文化（文物）财政拨款从2005年的3.69亿元增长至2010年的14.39亿元，“十一五”时期，年平均增长31.7%。文化事业费的持续增长，有力推动了内蒙古文化事业的繁荣和发展。其中，2010年全区文化事业费11.30亿元，比上年增加2.2亿元，增长24.4%；全区文物事业费2.9亿元，比上年增加0.93亿元，增长48.2%。

从全区各盟市对文化投入的绝对量来看，鄂尔多斯、呼伦贝尔、赤峰三个市的文化投入居全区前三位，分别达到27531万元、15502万元、7733万元。但从投入增速来看，增速最高的是巴彦淖尔、乌海、呼伦贝尔，分别比上年增长69.4%、62.5%、54.8%。

从对文化投入的结构来看，由于文化事业和文化产业发展的专项业务经费逐年增加，有力地促进了内蒙古文化事业和文化产业的发展。

图1 “十一五”时期全区文化事业财政拨款及增长速度

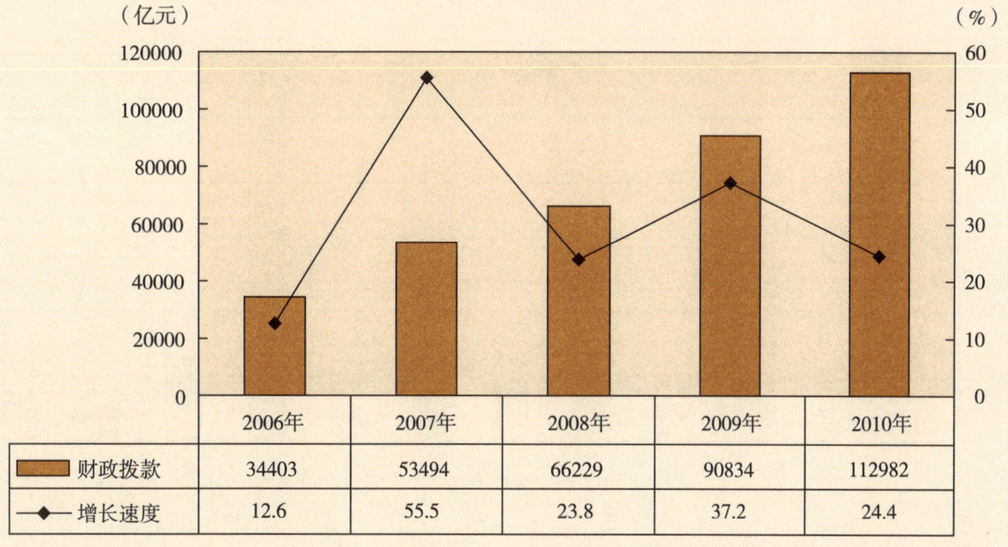

图2 “十一五”时期全区文物事业财政拨款及增长速度

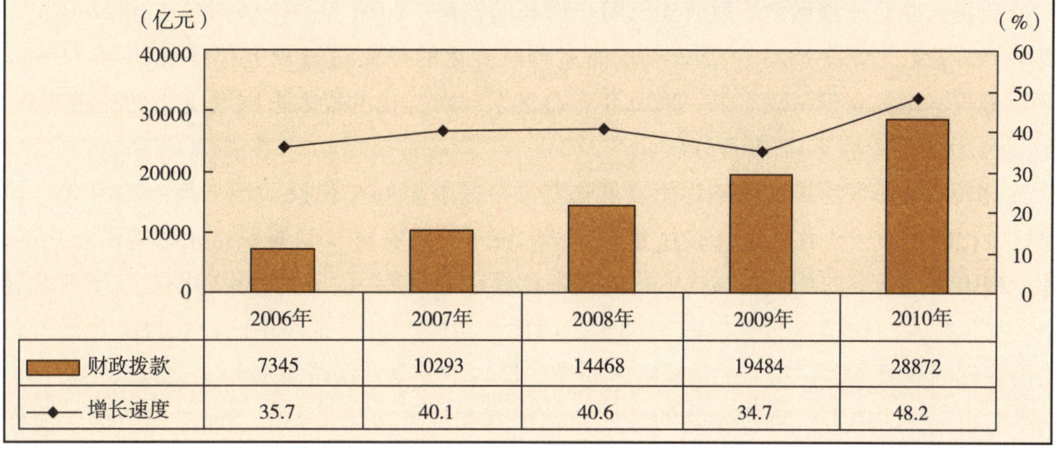

表1 2005－2010年财政对文化事业费历年投入（单位：万元）

年 份	艺术表演团体经费	艺术表演场所经费	图书馆经费	群众文化经费	其他文化经费	合计	增长速度（%）
2005	11796	508	5086	7068	6085	30543	－
2006	14502	550	5358	6979	7014	34403	12.6
2007	17070	691	7150	9795	18788	53494	55.5
2008	21136	902	9294	11877	23022	66229	23.8
2009	26212	1126	14221	18211	31064	90834	37.2
2010	32520	3245	17898	23539	35780	112982	24.4

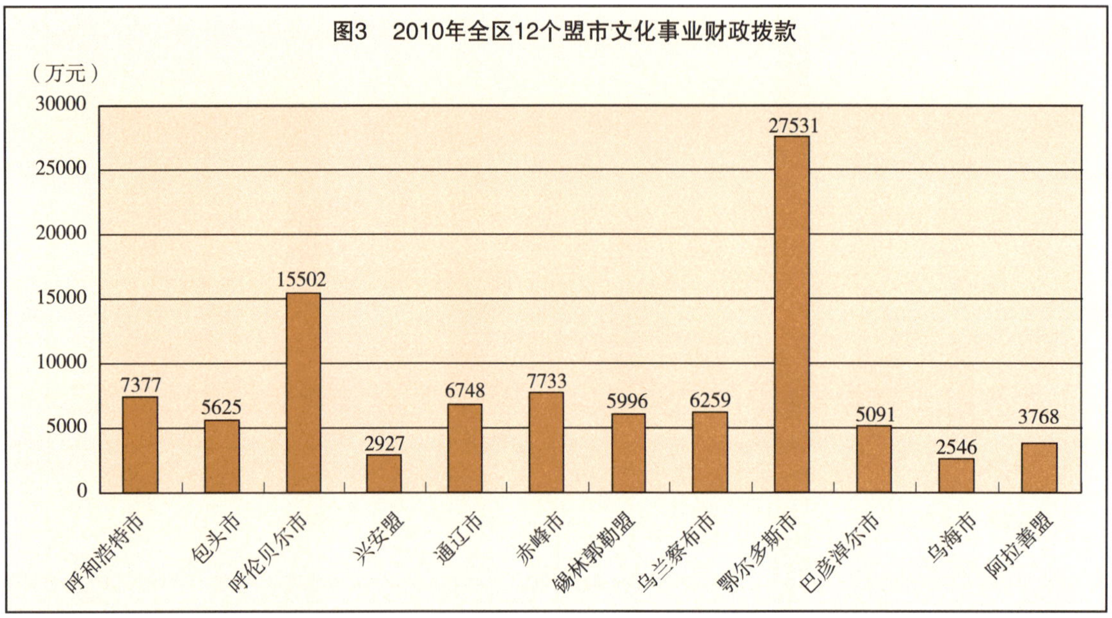

分析2010年全区各级财政对文化投入的总体情况，呈现以下几个特点：

1. 文化投入总量继续保持与财政支出同步增长的态势。2010年，全区财政支出2280亿元，较上年增加353亿元，增长18.3个百分点；而财政对文化的投入总量较上年增加3.26亿元，增长29.2个百分点，增幅高于财政支出。2010年，全区财政对文化的投入占财政支出的比重为0.63个百分点，比2009年上涨0.05个百分点。

2. 文化投入在不同区域间呈不均衡发展态势。一是城乡间文化投入不平衡。2010年，城市文化与农村文化的财政投入比仍维持较高水平，“重城市、轻农村”的城乡二元结构没有根本改善。据统计，2010年全区各级财政对城市文化的投入总量达7.31亿元，对农村文化投入3.99亿元，城市占全区文化投入的64.7%，农村占35.3%。因此，与城市文化投入相比，农村文化投入总量偏少，比例偏低的现象依然存在，二是地区之间文化投入不平衡，经济发展与文化投入不协调。从文化投入绝对量看，2010年，经济发达的金三角地区呼和浩特市、包头市、鄂尔多斯市（简称“呼包鄂”）经济总量为6969.74亿元，占全区经济总量11655亿元的59.8%；“呼包鄂”当年的财政收入为1022亿元，占全区财政收入1738亿元的58.85%；而“呼包鄂”当年财政对文化的投入为4.05亿元，占全区文化投入11.30亿元的35.9%；其中，呼和浩特市、包头市当年财政对文化的投入为0.74亿元和0.56亿元，排在12个盟市的第4位和第8位，“呼包鄂”快速发展的经济与财政对文化的投入极不相符。从文化投入占各地财政支出的比重看，各地区的比值极不均衡，差异明显。2010年，12个盟市中文化投入占财政支出的比重最高的地区为鄂尔多斯0.86%，最低的地区为包头0.27%

（三）全区公共文化设施建设掀起新高潮

“十一五”时期，各地认真贯彻执行党的十七大精神，按照《国家“十一五”文化发展规划纲

图4 2010年全区文化事业拨款占当地财政支出比重

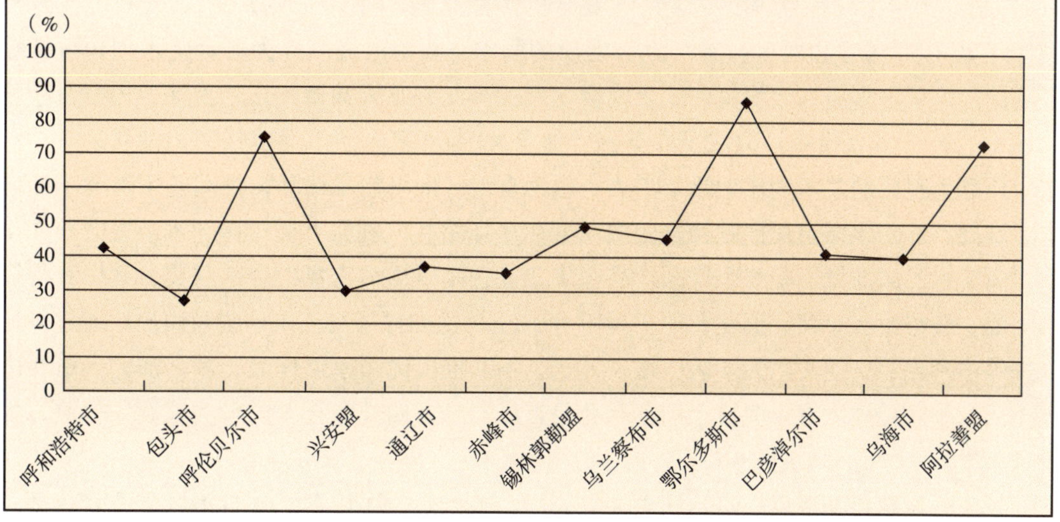

要》中对建设公共文化服务设施建设网络的要求，加大对公共文化服务设施建设的投入力度。全区文化设施建设成绩显著。2006 年至 2010 年，一批重大文化工程或项目得以实施，使我区文化建设步入了快速发展时期。以公共图书馆、博物馆、文化馆（文化中心）、乡镇综合文化站建设为重点的一大批重大文化工程和项目得以实施，有力地支持了公共文化服务体系建设。

“十一五”时期是我区文化设施建设投资最多，发展最快的时期。全区文化设施投资项目 715 个，比“十五”时期；增加 518 个。5 年完成投资 39.83 亿元。已建成项目 582 个，竣工面积 58.4 万平方米。2010 年，本年投资项目 277 个，其中艺术表演团体 2 个、艺术表演场馆 3 个、图书馆 11 个、文化站 232 个，其他项目 21 个、博物馆 7 个。本年完成投资 8.69 亿元，竣工项目 245 个，竣工面积 23.3 万平方米。乡镇苏木文化站建设呈现新高潮，特别是《全国“十一五”乡镇综合文化站建设规划》实施以来，全区共有 1027 个列入规划的乡镇文化站（合并建设 910 个）项目，截至 2010 年底，国家补助建设资金已全部拨付到位，计划建设总规模 347260 平方米。目前已有近 50% 的乡镇文化站建成投入使用，计划总投资 32877 万元，其中中央投资 18184 万元，自治区配套投资 2341 万元，地方配套 8430 万元。力争 2011 年底所有项目建成，将有力地改善我区文化基础设施落后的面貌。

（四）文艺创作日益繁荣，文化活动丰富多彩，涌现出一批优秀作品

“十一五”时期，内蒙古文艺创作硕果累累，一批优秀作品脱颖而出。其中近 60 个作品在国内外一些重大艺术活动、比赛中获得了 100 多个奖项。《满都海斯琴》、《鄂尔多斯婚礼》、《草原传奇》和《成吉思汗》等一大批优秀民族歌舞和影视作品享誉海内外。2008 年以来，全区新创 200 多个作品。《草原记忆》荣获全国“五个一工程奖”，《满都海》在全国地方戏优秀剧目展演中获奖，《东归兄弟》、《衲满祈勒》获得第 7 届中国舞蹈“荷花奖”表演金奖。舞台剧推出 20 余部重点剧目，大部分投向市场，社会和经济效益较好。根据《2008－2010 年全区重点剧节目创作规

划》，一批基础较好、为观众喜闻乐见的原创剧目走上了舞台，如舞剧《诺恩吉雅》、话剧《拓拔鲜卑》、晋剧《大学生村官》等受到了广大观众的热烈欢迎。此外，《冬雁》、《马可波罗与忽必烈》、《李子熟了》、《呼和西里》等一批有潜质的剧本正在修改提高，为舞台艺术创作可持续发展奠定了基础。内蒙古直属乌兰牧骑的综合晚会《马头琴与好莱坞共舞》成功上演，内蒙古杂技团编创的《花木兰》、《五人踢碗》完成了在英国、加拿大的60多个城市巡演任务，观众达74万人次。这些艺术作品为我区的艺术创作增添了活力，也为自治区推出艺术精品，推动艺术事业不断向前发展奠定了基础。鄂尔多斯市民族歌舞剧团的《鄂尔多斯婚礼》在第九届中国艺术节上荣获文华大奖特别奖，内蒙古民族歌舞剧院6个舞蹈作品在华北五省区市舞蹈比赛中全部获奖，其中获得表演创作金奖4项，获得银奖6项、铜奖2项。2010年，一批优秀青年文艺人才脱颖而出。通过发掘、培养、引进等多种途径，使文艺人才队伍增长才艺，不断推出优秀原创作品，多名演艺人员在国内外艺术评比活动中获佳绩。青年演员巴图苏和获得首届国际“哈扎布杯”长调大奖赛一等奖，为自治区争得了荣誉。

乌兰牧骑建设取得新成就。自治区党委办公厅、政府办公厅转发了《自治区党委宣传部、文化厅、财政厅、人社厅、编办关于加强新时期乌兰牧骑工作的意见》，明确将乌兰牧骑工作纳入全区基层公共文化服务体系，增加经费投入，建立长期稳定的投入机制。乌兰牧骑人才培训经费已列入自治区财政预算，着力抓好乌兰牧骑“一专多能”人才以及编导作曲人才、年轻尖子演员的培养与使用。起草了《内蒙古自治区乌兰牧骑评估管理办法》。乌兰牧骑农牧区巡回活动网络和长效服务机制逐步建立。一大批农牧民喜闻乐见的原创歌舞曲艺和小戏小品在农村牧区广泛演出，受到了基层群众的热烈欢迎。

2010年，全区123个艺术表演团体加大艺术创作力度，组织举办了一系列精彩的文艺演出，极大丰富了城乡群众的文化生活。根据统计，新创作并首演的剧目32个，全年共演出19770余场，其中赴农村演出7510余场，占演出场次总数的37.9%，服务观众人次达1623.2万人，其中农村观众690.7万人次，占观众人次总数的42.6%。全年演出收入3434万元，比上年增加223万元，增长6.9个百分点。全区文化部门管理的院团有108个，民营剧团15个。

表2 艺术表演团体主要业务活动情况

	财政补贴团数（个）	平均每团从业人员（人）	本团原创首演剧目（个）	平均每团演出场次（场）	其中每团农村演出（场）	平均每场国内观众人次（人次）	平均每场演出收入（元）
文化部门	108	50	28	161	64	817	839
其他部门	0	33	4	159	42	854	8268

统计显示：不同部门管理的艺术表演团体其经济效益和社会效益各有不同，文化部门管理的院团创作能力强，吸纳从业人员多，演出收入不高，演出成本高，国家补助多，承载的社会责任多。民营院团人员少，演出成本低，政府没有补助，经济效益好。

2010年，全区有26个艺术表演场所，其中文化部门管理的表演场所有22个，民营的表演场所有4个。全年共演（映）出9020场次，观众人次达195.8万人次。其中，文化部门22个表演场馆共演（映）出 7600 场次，观众人次 148.6 万人次。

表 3 艺术表演场所主要业务活动情况

	平均每个场所从业人员（人）	平均每个场所演出场次（次）	其中场所平均艺术演出（次）	平均每场国内观众人次（人次）	平均艺术演出观众（人次）	平均每场艺术演出收入（元）	平均每个场所政府补助（元）
文化部门	20	345	47	196	455	3288	1474909
其他部门	16	355	175	351	261	14643	0

从数据看，不同部门管理的艺术表演场所其演出状况和经济效益差别较大。文化部门管理的场馆演出收入低，政府补助高。民营场馆则相反，演出收入高，政府没有补助。但是文化部门场馆，政府补助大多用于设备和场馆修缮等，艺术演出多以大型传统的艺术形式为主，演出成本高，而其他部门场馆以现代歌舞娱乐演出为主，演出形式多样，演出成本较低。

（五）公共图书馆、文化馆（站）积极开展活动，公共文化服务水平进一步提高

2010 年全区 113 个公共图书馆，总藏量 940 万册（件），累计发放有效借书证 15 万个。总流通人次 312 万人次，其中，书刊文献外借人次 196 万人次，外借册次 312 万册次。组织各类讲座 410 次，参加人员 8 万人。为读者举办展览 134 个，12 万人参观。举办培训班 200 个，培训近 3 万人次；全区公共图书馆房屋建筑面积 22.3 万平方米，其中阅览室面积 5.8 万平方米，书库面积 4.3 万平方米；阅览室坐席数 16537 个，其中少儿阅览室坐席数 4398 个；财政拨款 17898 万元，比上年增长 25.9 个百分点，其中，购书专项经费 1915.9 万元，比上年增加 942.8 万元，增长 96 个百分点，总支出中藏量购置费支出比例依然偏低，盟市级馆平均 34.4 万元，旗县级馆平均 3.2 万元，41 个图书馆地方财政没有安排购书专项经费，全年没有购置新书。盟市以上的公共图书馆投入较多，城乡间发展不平衡的结构矛盾仍然突出。

各级公共图书馆全年新购图书 66.7 万册。全区人均藏量 0.38 册，仅比上年增加 0.02 册，人均藏量居全国 18 位，为全国平均水平的 82.6%。人均购书费 0.380 元，居全国 21 位，仅为全国平均水平的 45.8%。投入不足导致图书馆新书入藏少、难以吸引读者和满足群众阅读需求，是影响我区图书馆事业发展的重要因素。

全区文化馆（站）坚持“三贴近”原则，充分发挥群众文化主力军作用。加强文化建设，丰富和活跃群众文化生活，最直接的载体便是活动。群众文化活动的蓬勃开展，会促进广大城乡居民整体素质和文明程度的提高。而形式多样、健康向上的群众文化活动，更是能凝聚人心，陶冶情操，鼓舞斗志，提高人们的思想道德素质和科学文化水平。

2010 年，全区各地根据自身的特点和优势，开展了形式多样、丰富多彩的文化活动。东路二人台小戏《摘花椒》和《接站》入选文化部和中国文联主办的“大地情深”——全国城乡基层群众小戏小品展演活动暨第十五届“群星奖”戏剧类比赛展演。歌曲《家乡的古神树》等 5 项作品荣获全国群众文化最高奖——“群星奖”作品类奖，包头市鹿城文化艺术节等 3 项活动荣获“群星奖”项目类奖，全区有 3 名个人荣获“群文之星”称号，总获奖 11 项，在 5 个少数民族自治区中

排在第一位。举办了自治区首届“群星奖”评选活动，展出美术、书法、摄影作品400余件，90幅作品获奖；音乐、舞蹈、曲艺和戏剧类作品评出各类奖项42项，8个单位被评为优秀组织工作奖。漫瀚调《鄂尔多斯有个五家尧》和舞台剧《祝福阿拉善》两个节目荣获中国农民艺术节“精粹奖”，文化厅荣获优秀组织奖。呼麦演唱《天驹》荣获第八届中国西部民歌（花儿）歌会金奖，五人民歌组合《狼耳黑骏马》荣获银奖，双陶布秀尔弹唱《这样美丽的阿拉善》荣获铜奖。呼和浩特市群艺馆教师合唱团和包头市老干部艺术团合唱团参加“永远的辉煌”第十二届全国老年合唱节，并荣获红舵奖和红帆奖。赤峰市红山区地税局合唱团和包头市铁鑫集团合唱团参加重庆“中华红歌会”，并分别荣获“长江杯”和“黄河杯”。小品《换春联》，参加“天穆杯”全国第二届“新农村、新文化、新风貌”小品展演活动荣获“最佳组织奖”、“优秀剧目奖”、“个人组织奖”、“优秀演员奖”、“编剧奖”、“导演奖”六项大奖。主办了首届中国·呼和浩特民歌合唱汇演，来自北京等16个省市自治区和我区的共25支合唱团参加，参赛人数达到1500人左右，获得广泛好评。据统计，2010年，全区文化馆（站）1017个，举办展览2346个，组织文艺活动11127次，其中，老年人专场837次，未成年人专场429次。举办各种训练班4082次，培训人员22万次。利用流动舞台车演出38场，观众人次达11.3万人，演出覆盖了全区盟市和旗县（区市），并延伸到1000多个乡镇。

此外，社区文化、广场文化、老年文化、少儿文化、农村牧区文化等有组织和群众自办的文化活动遍及全区，群众性文艺创作、演出和展览活动蓬勃开展，呈现共建共享新格局。

但是与人民群众日益增长的文化需要相比，我区的群众文化还不能完全满足基本公共文化服务均等化的需要，自治区群艺馆、盟市群艺馆、县（区）文化馆、街道以及乡镇文化站、村文化室五级群众文化网络的建设还不够完善，尤其是农村、牧区文化建设依然存在发展不平衡、资源缺乏、设施落后等许多困难。

（六）文化产业进一步发展

“十一五”时期，自治区先后出台了关于加快文化产业发展的若干政策意见、文化产业发展纲要、关于促进非公有制文化企业发展的意见、贯彻落实国务院文化产业振兴规划实施意见等一系列重要政策和规划。鄂尔多斯、锡盟、赤峰、呼伦贝尔、乌海等地制定了扶持文化产业发展的指导意见、发展规划以及优惠政策，政策体系逐步完善，发展环境得到优化。2009年，开展了第二批自治区文化产业示范基地评选命名工作，命名了呼和浩特市玉泉区大召文化产业群落等11个企业和单位为自治区第二批文化产业示范基地。并向国家文化部推荐了第四批国家级文化产业示范基地和第三批国家级文化产业示范园区。通过多种渠道和手段支持和带动了一批文化产业项目的快速发展。

全区文化产业骨干企业和示范基地的带动作用日益显现。自治区级文化产业示范基地发展到21家，国家级文化产业示范基地发展到4家，全区文化产业园区和基地实现营业收入达到35.8亿元。文化会展业快速发展，国际草原文化节、昭君文化节、国际那达慕、红山文化节、胡杨生态旅游文化节等文化会展活动已经成为全国知名会展品牌。

打造民族品牌，扶持动漫产业发展。组织了国家第二批“动漫企业”和“重点动漫企业”的认定工作，向文化部推荐了内蒙古东联影视动漫科技有限责任公司等四家企业为“动漫企业”和

“重点动漫企业”，通过此项认定的企业将享受有关优惠和扶持政策。

加大金融支持文化产业力度。文化厅与自治区党委宣传部、政府金融办和中国人民银行呼和浩特中心支行共同举行了文化产业政银战略合作签约仪式。根据战略合作协议，未来五年，9 家银行将为内蒙古文化产业发展提供综合意向授信 340 亿元支持我区文化产业发展。我区文化部门文化产业也呈现出良好的发展势头。

（七）文化市场管理不断规范和加强

内蒙古文化市场综合执法改革取得重大进展，12 个盟市全部组建了文化市场综合执法机构，较好地解决了文化市场执法的体制性矛盾，执法力量得到加强，文化市场执法进入一个新阶段。据统计，2010 年全区文化市场执法机构 114 个，从业人员 880 人，机动执法车辆 83 辆。同时，开展了“平安世博”文化市场专项保障行动。全区共出动执法人员 25.3 万人（次），检查经营场所 22 万家（次），处罚违规经营场所 3285 家（次），收缴各类非法出版物 44.5 万件（册、盘），吊销《文化经营许可证》1 家，取缔无证经营场所 185 家，罚没款 547.84 万元。目前，全区已基本形成了较为完善的文化娱乐市场。2010 年，全区共有文化市场经营机构 8157 个，从业人员 26474 人，营业总收入 20.3 亿元，实现营业利润 11.8 亿元。其中，演出经纪机构 8 个，从业人员 46 人，营业总收入 203 万元，实现营业利润 121 万元；娱乐场所 2559 个，从业人员 12039 人，营业总收入 9.1 亿元，实现营业利润 5.6 亿元；互联网上网服务营业场所 3141 个，从业人员 8668 人，营业总收入 8.1 亿元，实现营业利润 4.8 亿元；艺术品经营机构 7 个，从业人员 19 人，营业总收入 97 万元，实现营业利润 65 万元。其他经营机构 2442 个，从业人员 5702 人，营业总收入 3 亿元，实现营业利润 1.4 亿元。

（八）文化遗产保护进一步加强

内蒙古历史悠久、文化灿烂，有着非常丰富的文化资源，各地政府也十分重视文化遗产保护工作。2010 年，全区已查明的不可移动文物古迹达 2.1 万处，国家级重点文物保护单位 79 处，自治区级的 316 处。圆满地完成了覆盖全区 118.3 万平方公里所有乡镇、苏木及行政村、嘎查的实地文物普查工作。共调查登记不可移动文物点 21000 余处，其中新发现 12000 余处，复查 9700 余处，

2010 年，全区有各类文博机构 143 个，从业人员 1946 人，文物藏品 46 万件，各文物开放单位共组织推出各类展览 303 个，接待观众超过 649 万人次，有效发挥了文博机构服务社会、服务公众的公益性功能。其中，文化保护管理机构 87 个，从业人员 666 人，文物藏品 3.8 万件，组织各类展览 79 个，接待观众超过 66 万人次；文物部门博物馆 54 个，从业人员 1214 人，文物藏品 40.8 万件，组织各类展览 224 个，接待观众超过 584 万人次。同时，内蒙古继续加大对民办博物馆的扶持力度，先后制定出台一些具体优惠政策，推进全区民办博物馆的建设和发展，一批各具特色的民办博物馆相继建成开放，有力地保障了文博单位服务社会的功能发挥。同时，2010 年，全区各文物单位共实施考古发掘项目 40 个，其中，抢救性发掘项目 22 个，完成考古钻探面积 0.32 万平方米，考古发掘面积 7879 万平方米，发掘墓葬 157 座。

2010 年元上都遗址申报世界文化遗产工作取得新突破。经国家文物局研究批准，元上都正式列

入2012年我国唯一一项向联合国申请世界文化遗产的名单中。投资3000万元、建筑面积4000平方米的元上都遗址博物馆开工建设。元上都遗址申遗文本的编制工作已完成，中英文的文本第一稿已排版印刷。为加强元上都遗址的保护和管理工作，顺利推进元上都申遗，自治区政府专门下发了《内蒙古自治区元上都遗址保护管理工作办法》。《办法》的公布实施，对元上都遗址保护管理以及申遗工作将起到了积极的推动作用。

非物质文化遗产保护工作成效显著。2010年，“中国蒙古族呼麦”申报“人类非物质文化遗产代表作”成功，这是继“长调”申遗成功之后的又一重大突破。我区基本健全五级名录体系，全区有2项世界级名录项目（名列全国前列）、63项国家级名录项目，366项自治区级名录项目，25位国家级名录项目代表性传承人。参加了“人类非物质文化遗产代表作名录——中国剪纸艺术展”，《凤戏牡丹》、《五哥放羊》两幅作品荣获一等奖，5项分获二三等奖。蒙古族马鞍具制作技艺等8个项目参加了中国首届非物质文化遗产博览会，6项获作品奖和优秀组织奖。开展了蒙古族服饰专项保护工作，深入11个盟市41个相关旗县，对蒙古族服饰进行了田野调查、研究论证和风格鉴定，确认了28个部落及蒙元时期的蒙古族服饰的典型样式，完成了106套蒙古族服饰和34套头饰的复原性制作。在自治区第6届、第7届、第8届草原文化节上进行了展示展演。专项保护行动廓清了多年来模糊不清的各部落服饰特点，展现了蒙古族服饰极高的历史、文化和艺术价值，为进一步保护、传承、宣传和推广蒙古族服饰文化奠定了坚实基础。

（九）对外文化交流成果显著

对外文化交流日益扩大。近年来，我区着力实施文化“走出去”战略，全区艺术演出、文物展览、书画展览、学术研讨、文化考察等项目共组团60余个，900多人次分赴世界各国进行交流活动。接待了10多个国家及台湾地区的文化团组800余人次。通过扩大对外文化交流，提高了草原文化在国际上的知名度和影响力，同时也向世界展示了内蒙古对外形象，推动了内蒙古的对外开放。

二、2010年内蒙古文化发展存在的主要问题

（一）城乡之间、地区之间发展不平衡

长期以来，内蒙古的文化建设虽然取得了长足的进步，但总体上还滞后于经济建设，区域之间、城乡之间的发展还很不平衡，贫困地区和农村、牧区文化建设相对薄弱。一些地方领导的文化自觉还不够，一些地方文化建设还处于边缘化境地。与城市相比，农村、牧区缺乏必需的文化基础设施和基本条件，财政投入明显滞后于城市，城乡差别很大。同时，不同地区的文化发展水平也不平衡，一些地区对文化的投入明显滞后于经济发展的速度。

（二）文化投入的总量偏少

目前，尽管全区各级财政对文化的投入逐年增加，但财政投入基数过小，用于文化事业发展的财政投入还仅仅是低水平的保障，文化事业建设经费投入不足的问题仍相当普遍。财政转移支付力度虽然呈逐年增加，但对贫困地区仍显不足。许多基层公共文化机构运转经费缺乏制度性保障。多

渠道投入政策还不完善，一些文化经济政策未能得到有效落实。特别是对文化的常规性投入严重不足，制约了公共文化服务单位功能和作用的发挥。公益性文化事业单位的业务经费紧缺，难以有效地发挥其应有的作用。对群艺馆、文化馆、文化站的业务经费、公用经费和设备购置费用，图书馆的购书经费，艺术单位的创作经费，乌兰牧骑的活动经费等经常性投入严重不足，使这些单位长期处于勉强维持生计的状态，制约了事业发展和职能作用的发挥。

（三）文化设施难以满足公共文化服务体系建设的要求

1. 公益性文化单位面积狭小、陈旧落后。由于受地方经济发展的制约和限制，我区文化基础设施的面貌仍显落后。按照国家对公共图书馆、群艺馆、文化馆的建设标准，我区内蒙古群艺馆不符合国家对省级馆的最低要求；有7个盟市级图书馆和10个盟市级群艺馆达不到国家最低标准，有34个旗县级图书馆和62个文化馆达不到国家800平方米和1500平方米的最低标准。分别占总数的30.08%和60.19%；另有4个公共图书馆和4个文化馆无馆舍。在这些公益性文化单位中，在2000年以前建成的公共图书馆有61个，群艺馆有9个，文化馆有55个，分别占总数的53.98%、69.23%、53.92%。

2. 设施简陋，内部设备短缺。近年来，中央和自治区加大了对文化基础设施的投入力度，我区文化基础设施面貌有了较大改变，但内部的设施设备却远远不相匹配，无法满足其功能需求。如内蒙古群众艺术馆设施陈旧，缺乏教学、辅导、服务的专业设备；大部分的盟市级图书馆、群艺馆设施设备也很简陋，服务条件差、服务水平低，更缺乏正常业务活动所需的灯光音响、器材器械、乐器等设备。全区艺术表演团体大多为财政差额拨款，受地区经济发展和演出市场的限制，创收十分艰难，大多仅能勉强维持，排练场所狭小陈旧，更无力更新舞台灯光音响、乐器、服装的专业设备。不少艺术院团多年无力新添设备。

3. 日常运行经费不足，难以有效地发挥其应有的作用。近几年，在国家和自治区的支持下，公共文化服务的“硬件”建设逐步加强，但是“软件”建设跟不上，日常活动经费、文化设施运营维护费用严重短缺，无法正常为群众服务。一是公共图书馆购书费短缺，制约了其服务功能的发挥。2010年，全区人均图书藏有量和人均购书费仅为0.38册和0.380元，分别为全国平均水平0.46册和0.829元的82.6%和45.8%。在5个少数民族地区分别排第4位和第5位。2010年全区113个图书馆中有41个无购书经费，这些图书馆多年未购一册新书。二是大多旗县文化馆（站）业务经费短缺。大多每年只能开展一次春节元宵文化活动。乡镇文化站年平均运转经费仅为2.4万元，基本活动难以开展，特别是冬季取暖都成问题。三是文化服务的成本高，许多旗县级剧团有名无实，无法正常演出。四是许多基层文化设施日常经费紧缺，到冬季交不起取暖费，到冬天只有关闭。

（四）公共文化服务水平有待提高

一些文化机构定位不明确，难以发挥应有作用，服务能力和服务水平不高，还不能满足广大人民群众日益增长的精神文化需求。一些地方基层文化事业机构、编制、经费等问题长期得不到解决，影响正常工作，农村群众还存在看书难、看电影难、看戏难的问题。

（五）文化产品创作生产机制尚不完善

近年来我区文化产品数量品种大大丰富，出现了不少的优秀作品，但能在社会上产生较大影响、广泛流传的精品力作还不多，在全国有影响的文化名人不多，素质全面的拔尖人才缺少，文艺创作尤其是精品创作后继乏人。艺术生产力有待进一步开发。

（六）文化市场和文化产业的总量规模依然偏小

全区文化产业增加值增幅仍低于 GDP 增幅，文化产业增加值占全区服务业的比重仍较低，产业集约化程度不高，文化产业单位还处于小规模分散化经营状态，有实力的文化企业数量不多。许多国有文化单位还没有成为自主经营、自负盈亏、自担风险、自主创新的市场主体。文化产业中科技含量低，科技创新能力较弱。产业政策还不完善。文化消费市场有待培育。

三、对策及建议

“十二五”时期，内蒙古文化当以“干在实处、走在前列”为要求，以加快文化创新、构建公共文化服务体系为主要任务，更加自觉、更加主动地推动内蒙古文化大发展大繁荣，兴起文化建设新高潮，提升文化软实力。

（一）进一步加大文化投入，形成多元文化投入机制

要努力增加投入，改进投入方式，形成稳定的经费保障机制，使文化建设的投入每年有较大增长。要综合运用多种投融资工具和财税优惠政策，强化财政投入引导，广泛吸引社会资本和产业资本进入公共文化服务领域。提倡和促进公办民助、利用社会设施发展社会文化、艺术团体挂靠企业和民办等多种形式兴办文化事业和文化产业，形成政府投入为主导，企业、民间等社会力量广泛参与的多元投入格局。同时，要改革公共文化服务的资金投入和运行方式，逐步从直接拨款向项目投资、购买服务方面转变，采用政府采购、委托生产、特许经营、公共文化项目外包等方式，以向公众提供的数量和质量确定财政补贴数额，逐步提高具有激励性质的资金投入比例，提高公共财政的投资效益。

（二）加强考核，强化文化建设的制度性保障

由于对文化建设的领导责任、保障机制、考核机制、队伍建设等往往缺乏刚性要求，文化建设是否真正被重视，在部分地区或一定程度上还取决于领导者的兴趣喜好和认识水平，所以出现了一些地方对文化建设重视不够，投入不足的情况。为此，建议完善各级地方政府文化工作绩效考核体系，督促各级政府把文化建设纳入重要议事日程，纳入经济和社会发展总体规划，纳入地方财政预算，纳入干部晋升考核指标，加强督促考核，使文化建设真正上升为各级政府的发展硬任务。

（三）深化文化体制改革，激发文化创新活力

一是通过继续深化公益性文化事业单位的改革，加大投入，转换机制，增强活力，改善服务。二是推动民营文化产业发展。加强对民营文化企业的扶持和指导，利用好我区民营资本雄厚的优

势，在政策制订、门槛准入、市场监管上加以引导和扶持，鼓励民资参与文化产业发展，扶持发展一批重点民营文化产业基地和特色民营文化企业，进一步凸显内蒙古文化产业的特色与优势。三是推动艺术院团转企改制，激发其创新能力，使其成为独立自立，自负盈亏的市场主体，为繁荣演出市场作出更大贡献。

（四）强化文化人才队伍建设

继续实施青年艺术人才的培养力度，打造一批有实效、有亮点、有影响的重点项目。加强艺术教育，充分依托各类艺术院校，推进文化人才培育工作。加强文化人才培养和学科体系建设，鼓励文化单位与高等院校通过联合办学、定向培养、在职进修、出国培训等多种途径培养文化急需人才。建立健全在职人员业务培训和继续教育制度，逐步建立多层次、多渠道的文化人才培训体系。完善文化人才选拔、流动机制，按照公开、平等、竞争、择优的要求，健全以业绩、品德、知识、能力等为主要内容的人才评价、选拔机制，继续推行人事代理制度，引导文化人才合理有序流动。

（五）加强文化法规体系建设

立足我区实际，借鉴区外有益经验，加快文化法规体系建设步伐，完善我区文化法规体系建设，基本形成与民族文化大区建设相配套的文化法规体系。加强对执法活动的监督，规范执法行为，切实把文化工作纳入法制化轨道。深入开展文化法制宣传教育，提高依法行政、守法经营和维护文化权益的自觉性，为不断完善公共文化服务体系、促进文化事业繁荣和文化产业发展创造良好的环境。

（内蒙古自治区文化厅）

辽宁省2010年文化发展情况分析

2010年是实施“十一五”规划的最后一年。在省委、省政府的领导下，全省文化系统深入贯彻落实科学发展观，继续按照“高举旗帜、围绕大局、服务人民、改革创新”的总要求，进一步树立新的文化发展理念，全面推进各项文化建设，在“专业艺术出精出彩；社会文化有波有浪；文博事业常安常新；民心工程实打实凿；文化市场管好管活；文化产业做大做强；文化体制改革加力加速”等方面取得了新的成绩，有力推动了全省文化大发展大繁荣。

一、我省文化事业发展现状

我省是文化大省。全省各级各类文化事业单位2200余个，从业人员1.9万余人。全省专业艺术院团52个，拥有中高级职称人才1342余人；专业艺术演出剧场42个；公共图书馆128个，拥有藏书2953万册；群众艺术馆（文化馆）122个，基本实现了市、县均有图书馆、文化馆的目标；乡镇和城市街道文化站1428个，乡镇文化站覆盖率达90%以上；社区文化室3473个和村文化室9134个；文化系统所属博物馆61个，省级以上文物保护单位349个，拥有文物藏品37万余件，一级品1275件；全省各级各类文化市场经营场所1.3万个，安排就业人员5万余人。

（一）文化活动丰富多彩，成果丰硕

2010年艺术表演团体共组织演出7542场，国内演出观众542万人次，其中到农村演出2073场。春节期间开展了送戏、送电影下乡“双送”活动。公共图书馆总流通人次1457万人次，书刊文献外借1455万册次。为读者举办各种活动1233次，参加者25万人次。群众艺术馆、文化馆（站）全年举办展览4070个，组织文艺活动26261次，培训47452万人次。

成功举办辽宁省第八届艺术节。历时一个月，先后举办了三大主题活动：一是开幕式和群众文化活动，全省各市县区举办各类群众文化演出活动280台（场）、1870项；二是《天辽地宁焕彩虹》辽宁省美术新作品展览，258幅作品参展；三是全省专业艺术优秀剧目展演，40台剧（节）目参演；在历届艺术节中历时最长、内容最丰富、规模最大。

开展专业艺术下乡下基层活动。继续组织了省文化厅“同心乐”文艺轻骑小分队下乡演出活动，全年下乡演出4次。组织了全省艺术院团送戏下乡、进校园、进军营、进社区等演出活动。

参加全国第十五届“群星奖”评奖，拉场戏《差钱了》、海城高跷《强劲的东北风》等8个节目、作品获作品类“群星奖”，辽宁省农民文化艺术节等4个活动获项目类“群星奖”，获奖数量位居全国各省前列，2人被授予“群文之星”称号。参加第七届全国“四进社区”文艺展演，2个节目均被评为优秀节目。开展了“红诗辽宁”群众性诗歌征集、咏诵活动。

（二）艺术精品创作取得新成绩

沈阳评剧院评剧《我那呼兰河》入选2008－2009年度国家舞台艺术精品工程重点资助剧目，

并获文华大奖。辽宁人民艺术剧院话剧《黑石岭的日子》获得“文华奖”特别奖和全国话剧优秀剧目展演一等奖，并入选 2009－2010 年度国家舞台艺术精品工程初选剧目。全省有 20 多幅（件）美术作品参加了第九届中国艺术节展览，入选数量居全国第一。

（三）文化市场有序发展

目前我省有各类文艺表演团体 464 家，其中民营艺术院团有 411 家，占全省院团总数的 88.6%；全省演出从业人员共有 1.1 万多人，其中民营艺术院团的演出人员有 6600 余人，占从业人员总数的 60%；全省各类文艺表演团体年平均演出 3 万余场，其中民营艺术院团演出达 2 万余场；全省共有大型演出娱乐场所 260 多家，其中民营的有 190 余家，占演出场所总数的 73%。民营表演团体的迅速发展，壮大了演出队伍，培养出了一批演艺人才，而且与国有艺术院团一起，极大地活跃了城乡群众的文化生活，推动我省演出市场走向均衡发展。

2010 年辽宁省民营文艺表演团体有了较快的发展，但良性循环的发展运行机制尚未真正形成，还不能满足广大群众日益增长的文化生活需求。原因主要有以下几点：

1. 民营演出市场总体规模小，整体竞争能力和抗风险能力比较差。目前，民营表演团体基本处于自发、分散、低水平、小规模的粗放状态。演出市场存在无序竞争。由于演出市场不景气，“僧多粥少”，致使演出团体低价演出，得不到合理报酬。

2. 民营文艺表演团体数量虽然不少，但普遍规模较小，且多是家族式管理，管理模式落后。民间艺术团体创办人大多是从事艺术领域多年或是演艺世家的传人，对文艺演出虽有浓厚情结，但演出市场的商业化运作和组织营销能力缺乏，导致演出市场不景气。加之投资少势必带来服装、道具、乐器低档，更重要的是留不住文艺表演人才，至于专业管理、市场营销、节目策划的人才更是匮乏，导致民间演出团体生存能力很差。

3. 演出秩序不规范，色情等非法演出活动仍然存在。民间职业剧团的演出，遍布城乡歌舞娱乐场所，其中格调低下的演出，在夜幕笼罩下的演出场所时有发生，严重污染了社会风气，社会反响强烈。对此，政府在稽查管理上不到位，没有长期系统的监管机制，只流于形式上的说教和处罚。因此，政府应下大力气，投入更多精力把好演出内容这一关。

4. 政府介入商演活动，扰乱了演出市场的经营秩序。演出交易是市场行为，但时常发生政府越位现象，有时政府成了在企业赞助、演员选择甚至场地布置、灯光音响等演出活动的各个环节当中演出市场的主角，扰乱了演出市场正常的秩序；使一些演艺企业不是在剧目创作、经营管理和市场运作方面下功夫，而是以获取稀缺性政策、垄断性地位为目标，以期从中获得更大的经济利益和更便捷的获利渠道，不利于市场规则的建立和市场体系的完善。

应采取的对策及有效措施：

1. 政府应重视扶持民营演出团体的发展。要以弘扬先进文化前进方向的高度，充分认识民营演出业对推动文化产业发展，繁荣演出市场的特殊作用。可采取组建行业协会机构、设立专家级评审组织、适时组织艺术类的分项赛事活动、增设艺术研发奖励基金等具体措施，使民间演出团体的社会地位逐渐提升。对具有地方特色、有发展前途的文艺团体，应从弘扬地方文化的角度，给予一定的贷款扶持。

2. 文化主管部门应多搞一些民营表演团体的比赛和表彰。提高他们的演出水平和质量，增加他们个人办团的信心和勇气；同时，应有计划地开展个体演艺人员培训，以加强民营表演团体的队伍建设。各级管理部门要多给民营表演团体一些方便，尽量减少相关审批手续和费用，使他们的演出活动能够比较容易地进入市场，活跃市场。

3. 规范演出公司的资质评估。政府对民间演出团体的管理应逐步走社会化管理的道路，演出业的资质评估管理是当前演出行业的一个重要问题。如何界定某团体的资质等级，应建立或依托公平、公正的演出业评估组织，以中介身份，对行业内部的企业进行质量和资质评估，既可促进民间演出团体的合理竞争，还可达到净化演出市场的目的。

4. 政府应着力解决演出产品进出口贸易的逆差问题。目前，民营演出缺乏对国际演艺市场的研究，缺乏和国际接轨的经营手段，也缺乏通晓外语及演出市场经营的高素质的演出经纪人。建议政府着手培养一支把国内优秀的民间艺术推销到国际演出市场的专门队伍，并建立一套演出市场进出口统一的管理机制，在市场运作的基础上开展国外商业演出活动，增强演艺企业与国际的竞争力。

5. 加强行业协会的建设和作用。新条例中明确写入行业协会的作用。演出行业组织在演出市场中发挥服务、沟通、公正、监督等方面大有可为。对于政府不能采用行政干预的问题，可以通过行业演出协会对演出的经营成本、演出质量加以核算、评估，向社会和业界公布动态。通过行业协会相互监督，规范其演出行为。

6. 加强对演出团体的管理。依据国务院今年修订颁布的《营业性演出管理条例》，加大执法力度。对一些违法违规、格调低俗的演出活动；一些演出团体在经营活动中假借募捐义演名义牟利等侵害观众权益，扰乱演出市场经营秩序的行为予以打击，取缔“黑团”，保证演出市场的健康、繁荣、有序，促进民营文艺演出市场的繁荣与发展。

（四）文博事业协调发展

1. 文物机构和文物藏品概况

2010 年我省共有文物机构 129 个，比上年增加了 1 个，从业人员 2160 人，比上年增加了 56 人。文物机构中文物科研机构 5 个，文物保护管理机构 59 个，博物馆 61 个，文物商店 3 个，其他文物机构 2 个。

文物藏品 2010 年 716082 件，比去年增加 8965 件，其中，一级品 1315 件，与去年持平；二级品 13661 件，比去年增加 85 件；三级品 126605 件，比去年减少 105 件。

2. 全省文物系统单位经费收支情况

2010 年全省文博单位全年收入 67484 万元，比上年增加 26200 万元，本年收入中财政拨款 38772 万元，比上年增加 7883 万元。

2010 年全省文博单位全年支出 50341 万元，比上年增加 10242 万元，本年支出中基本支出 20395 万元，比上年增加 351 万元。

表 1　2010 年文物系统单位经费收入情况表（单位：千元）

单位类型	本年收入				
	总计	财政拨款	事业收入	经营收入	其他收入
（总　计）	674835	387729	43490	4146	16855
文物科研机构	247350	16327	8144	0	264
文物保护管理机构	112860	91855	7822	4146	9037
博物馆	313093	278220	27319	0	7554
其他文物机构	1532	1327	205	0	0

表 2　2010 年文物系统单位经费支出情况表（单位：千元）

单位类型	本年收入				
	总计	基本支出	项目支出	经营支出	其他支出
（总　计）	503409	203951	184881	3588	110956
文物科研机构	34003	11452	15355	0	7196
文物保护管理机构	87790	28527	36990	3588	18685
博物馆	379406	162802	132174	0	84430
其他文物机构	2177	1170	362	0	645

3. 全省文物系统单位基本陈列、展览情况

2010 年全省文博机构共举办陈列、展览 214 个，参观 1244 万人次，比上年增加 179 万人次；全年实现门票收入 7668 万元，比去年增加 964 万元。

图1　2007-2010年参观人次对照表

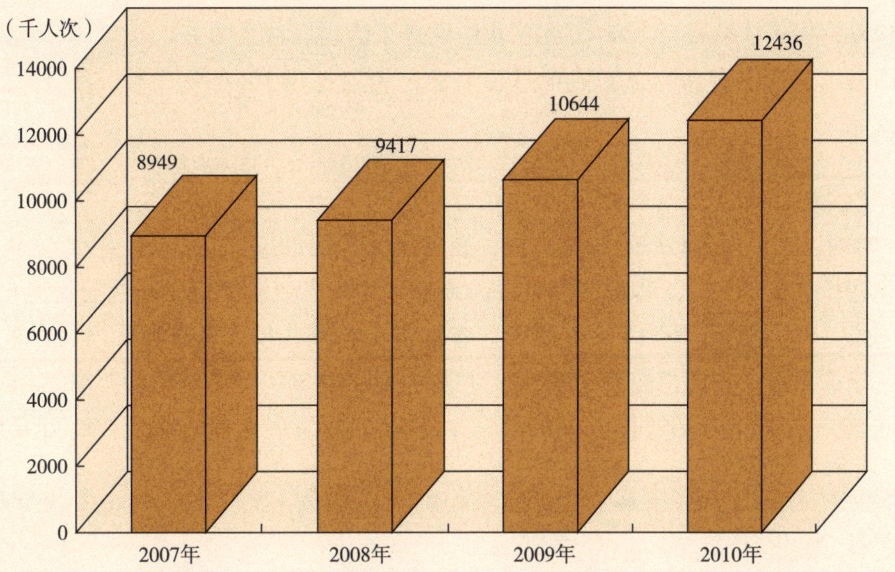

从统计数据看，2010 年，辽宁省文物博物馆事业继续保持稳定发展的良好势头。文物保护各项工作进展顺利，博物馆建设稳步推进，免费开放工作不断深化，社会效益进一步显现，文物事业经费投入逐年增加。在中央和省级财政对文物事业大力支持下，全省文物事业经费保障进一步改善。全年实现财政拨款 38772 万元，比去年增加 26%，较好地保障了各项工作的顺利进行。文博单位的全年收入和支出也比上年分别提高了 7883 万元和 351 万元，各项工作的开展比较活跃。

（五）文化产业保持良好发展势头

全省开展了文化产业“四个一”工程建设，即一个地级市要建设一个文化产业园区（基地）、培育一个优秀文化企业、打造一个优秀文化产品、搭建一个文化产业会展平台，以此引导、带动全省文化产业快速发展。推进基地建设，全省国家级文化产业示范园区和基地总数达到 13 个。扶持动漫产业，至 2010 年底，沈阳、大连两个国家级动漫基地和沈北新区入驻企业 323 家，年产值 93 亿元。

（六）文化惠民工程顺利实施，公共文化服务体系建设加快推进

全省已通有线电视的 226 万农户可以收看共享工程信息，全省已推广机顶盒点播用户 209 万户。进一步整合了本省的文化信息资源，在机顶盒和模拟频道中播出。在有关部门的积极参与下，共享工程平台开设了 11 个栏目；《人民日报》、《辽宁日报》电子版授权给辽宁文化共享工程使用。文化部全国文化信息资源建设管理中心在我省召开文化共享工程 2010 年度全国技术交流会，推介交流辽宁经验。

继续实施乡镇综合文化站建设工程。640 个纳入国家“十一五”规划的乡镇综合文化站建设项目已完成 302 个（2010 年建设项目 145 个）。其余 338 个项目，2011 年全部建完。开展了乡镇综合文化站设备和图书扶持工作，加强综合乡镇文化站业务建设。全省两年共扶持了 261 个乡镇综合文化站的业务建设，投入扶持资金 1200 万元，集中配送了活动设备及图书。

辽宁省图书馆、辽宁省博物馆新建项目已启动，规划各建 10 万平方米，目前，已完成选址、规划设计工作。

（七）文化投入不断增长

“十五”时期以来，在各级政府的努力下，在各有关部门的大力支持下，我省文化事业投入不断增长，文化建设需求得到一定程度的满足。2006 年，全省各级各类文化事业投入近 6.2 亿元，到 2010 年，增长到 14.8 亿元，增加了 8.6 亿元。省本级文化事业投入也有较大增长，重大文化发展项目得到了一定的保障。省图书馆购书费从“十五”期初的 300 万元增长为 2010 年的 1600 万元，省级文物保护经费从 200 万元增长为 2000 万元，艺术事业发展专项资金从 600 万元增长为 2000 万元。

二、文化事业投入存在的差距

党的十六大以来，公共文化服务体系建设已成为文化工作的一项重要任务，国家为此出台了一

系列政策，投入了大量资金，文化事业呈现了较快的发展态势。但我省在公共文化服务体系建设上缺乏政策支撑和资金保障，文化的投入严重不足，欠帐较多，落后全国的总体水平，与大部分省份也存在较大差距。以 2008 年为例，全省财政对文化投入（不含文物经费）仅占全省财政一般预算支出的 0.39%，低于全国平均水平，且位次不断下滑，甚至排在吉林、内蒙等省区之后，从 1995 年的第 15 位降至第 22 位。

表 3　全省文化事业投入基本情况（不含文物经费）

年份	文化事业费（万元）	地方财政支出（亿元）	比重（%）	位次	人均文化事业费（元）	位次
1995	17525	273.8	0.64	15	4.31	6
2000	26790	518.1	0.52	14	6.48	10
2005	47578	1204.4	0.39	25	11.27	12
2006	52538	1422	0.37	29	12.44	15
2007	60971	1764	0.35	16	14.60	15
2008	83156	2132	0.39	22	19.28	14
2009	103852	2651	0.39	—	24.05	13
2010	113429	3194.4	0.35	—	26.46	—

中办发［2007］21 号文要求“中央和省级财政每年对文化建设的投入增幅不低于同级财政经常性收入的增幅”。从我省情况看，2008 年、2009 年已达到国家的要求。2008 年，全省财政一般预算收入 1356 亿元，年增长幅度 25.3%，全省文化事业费 10.1 亿元（含文物经费），年增长幅度 39.7%，高于财政一般预算收入年增长幅度 14.4 个百分点。2009 年，全省财政一般预算收入 1591 亿元，年增长幅度 17.3%，全省文化事业费 10.4 亿元（含文物经费），年增长幅度 29.7%，高于财政一般预算收入年增长幅度 12.4 个百分点。

公共文化设施建设投入严重不足，公共文化服务体系缺少载体。“十五”时期，全省文化设施建设政府投入约 7 亿元，仅占同期全省基本建设投资的 1.27%。基层文化设施欠账较大，服务网络不健全。全省县区级图书馆、文化馆分别有 76 个、47 个未达到国家最低的三级馆标准（1500 平方米），分别占 59%、47%；博物馆体系不健全，盘锦市没有市级博物馆。全省专业艺术演出剧场仅有不足 20 个能够承担正常演出，且设备陈旧老化，演出功能落后，沈阳只有辽宁大剧院和改造后的中华剧场可以承担各类演出活动。全省大型标志性文化设施严重缺乏，规模较大、代表地区形象的剧院、博物馆、纪念馆、图书馆、文化馆、美术馆等屈指可数，只有辽宁大剧院、辽宁省博物馆、大连现代博物馆、抗美援朝纪念馆、辽沈战役纪念馆等“九五”时期启动建设的项目。湖北省承担国家第九届艺术节，投资 40 亿元建设了十几座现代化标准较高的剧场，我省与其他各省相比已大大落后。

三、影响文化事业投入的主要原因

从以上情况看，我省文化事业投入、建设水平已与文化大省地位不相适应，与全面振兴东北老工业基地的总体要求存在差距，不能满足广大人民群众日益增长的文化需求，主要是在思想认识、投入机制、政策体系、地区财力等方面存在较大的障碍和诸多问题。

（一）缺少考核评价机制。基层政府对公共文化建设的重要性缺乏应有的认识，没有把文化工作摆上重要议事日程，既不能充分贯彻国家和省的政策精神，更不能主动地研究解决文化建设中的问题和困难。

（二）缺少财政投入机制。我省地区经济发展不平衡，地方吃饭财政的现状束缚了文化投入的思维，存在着财力有余时才能投入文化事业的误区。

（三）缺少多渠道筹资机制。由于思想、观念上的落后和全省文化市场的不活跃，使社会力量投资文化事业的积极性不高，热心公益文化事业的企业和个人还较少；引导社会力量进入公共文化服务领域的政策还不健全，在准入、税费、信贷等方面还缺少实际的政策。

（辽宁省文化厅）

吉林省2010年文化发展情况分析

近年来，吉林文化在吉林省委、省政府的正确领导下，在文化部的有力支持下，各项文化事业全面发展，吉林文化步入良性发展轨道。

一、2010年全省文化发展现状

（一）公共文化服务体系进一步完善

1. 全省文化网络日益健全。文化部门直属机构1195个，从业人员13198人。有各级各类图书馆65个，文化馆（群艺馆）77个，博物馆57个，剧团68个，文化市场稽查队伍76个，乡镇文化站624个。吉林省文化具有民族和地域特色。吉林二人转、吉剧、黄龙戏、长白山采参习俗、查干淖尔冬捕、松花石砚为代表的长白山文化植根民间，吉林歌舞、吉林电视剧、吉林动漫、吉林期刊、文化大院、图书馆联盟作为“吉林现象”享誉全国。朝鲜族、满族、蒙古族文化彰显民族特点。集安高丽王城、王陵及贵族墓葬和中国朝鲜族农乐舞、长白山满族剪纸入选世界文化遗产名录。

2. 全省文化项目建设此起彼伏。投资10亿元的省科技文化中心博物馆、美术馆内部展陈施工基本完成；投资5亿元的省图书馆新馆开工建设；松原市博物馆、图书馆、文化馆，榆树市文化体育活动中心、图们朝鲜族非物质文化遗产馆等市、县级文化基础设施建设项目相继落成。据统计，自2007年以来，省市县共完工文化基础设施项目27项，在建项目25项，“十一五”建设项目是“十五”的4至5倍，呈现出县（市、区）重视并加大对文化基础设施投入力度，投资规模和建设水平逐年提高的特点。

3. 公共文化服务能力进一步增强。图书馆联盟成员增至34个，免费开放博物馆增至45家，社会服务功能不断拓展和深化；文化信息资源共享工程20个县级支中心、1658个村级服务点建设任务顺利完成，覆盖面进一步扩大。以新建135个乡镇综合文化站、1500个农村文化大院和“送戏下乡”演出3000场为主要内容的文化惠民受到广泛好评，广大农民群众的文化权益进一步得到保障。

（二）文艺创作和舞台艺术进一步繁荣

1. 国有文艺院团活力增强，开始出戏、出人才、出效益。吉歌集团成功包揽了中国艺术节开幕式演出，广州亚运会开、闭幕式演出等年度大型演出活动，已连续14次亮相央视春晚，展示长白山风景、风情、风韵，大型原创歌舞剧《长白神韵》填补了我省文化元素与旅游业紧密融合的一个历史空白；我省著名京剧表演艺术家倪茂才继去年摘取“梅花奖”后，又荣登“白玉兰主角奖”榜首；吉剧《大布苏》在首届全国戏剧“文化奖”评比中获9项大奖；京剧《牛子厚》成功入选国家舞台艺术精品工程，填补了国家舞台艺术精品工程设立以来我省在该项目上的空白；青年二人转演员赵丹丹成功摘得中国曲艺“牡丹奖”；评剧《宰相胡同》获“文华奖”，在全国“九艺节”

赢得了满堂彩。

2. 群众文化呈现活力。全省城市社区文艺展演周成功举办，7 天观众总数达 24 万人次；“松花江之夏”、“松花江金秋”广场文化周活动被评为全国特色广场文化活动；在全国农村文化建设座谈会上，我省榆树市新庄镇直立村党支部书记张敬甫作为村级代表作了典型发言；在全国“双服”先进集体评比中，我省有 8 家文化单位受到表彰。在全国“群星奖”评比中，我省共获 9 项大奖，数量之多、门类之全，为历届获奖之最。

3. 民族文艺特色鲜明。满族新城戏《洪皓》在中国少数民族戏剧汇演中获金奖；《长白山阿里郎》在国内的巡演获得好评，经济效益也较为明显。

4. 文化“走出去”反响很好。上海世博会“吉林活动周”文艺演出工作圆满成功，受到国内外各界的赞誉；东北风二人转艺术团在首届全国民营艺术院团优秀剧目进京汇演中脱颖而出，得到观众、新闻媒体和文化部领导的赞扬；省中外文化交流中心组织的综艺演出节目《长城魂》、《木兰传奇》常年在德国、英国演出，反响很好。

5. 文化引进好戏连台。引进国外的歌剧《红楼梦》、滑稽剧《丑角中国行》、舞蹈《大河之舞》，国内的芭蕾舞剧《红色娘子军》、音乐剧《茉莉花》、说唱舞剧《解放》等大型文艺演出节目，活跃了我省文艺演出的高端市场，与东北风、关东剧院以二人转为主体的民俗风格演出相映成趣，受到各界群众的广泛好评，收到了雅俗共赏的市场效果。

图1 2008-2010年全省文艺院团创作及演出主要指标统计

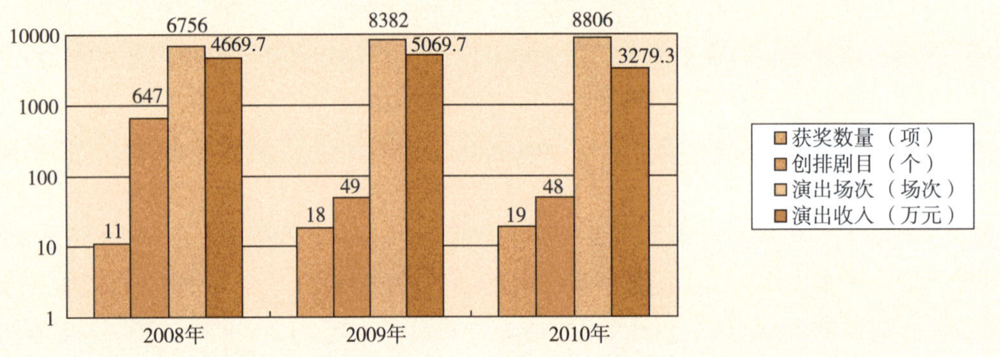

（三）文化产业发展势头强劲

1. 歌舞、动漫产业发展势头很好。在推动文化产业发展过程中，坚持价值取向引导、规划引导、政策引导、市场引导的原则。吉歌集团实现演出 300 场，演出收入 3570 万元，是 2006 年转企改制时的 15 倍；吉林动漫集团与珲春市政府合作建设的中国珲春东北亚文化创意产业园项目正式启动。吉林动漫集团公共技术服务平台一期建设顺利完成。大型动画片《少林海宝》等在央视少儿频道黄金档开播，被评为 2010 年度优秀国产动画片。

2. 文化产业园区建设步伐加快。东北亚文化创意科技园、长春 3D 动漫游戏产业园等一批大型文化产业项目陆续开工、启用；四平亿豪动漫基地已列入《吉林省服务业 100 个亿元以上重点项目规划》；东丰农民画馆、通化关东文化产品交易市场、白山松花砚文化产业基地等一批文化产业项目也相继启动；长春宇平工艺品公司、禹硕动漫网游公司被命名为国家文化产业示范基地。

3. 招商引资、文化经贸有所突破。据不完全统计：2010 年，我省 13 家重点文化企业达成的合资、合作意向总额达 30 亿元；我省文化企业参加全国各类大型展洽活动，签约总额达 2 亿多元；睿网公司业务拓展到 7 个省市自治区；宇平工艺品公司出口创汇 430 万美元，同比增长 35%；紫玉木兰工艺公司出口创汇 605 万美元，同比增长 48%；长春东北亚艺术中心入驻文化业主突破 200 户，首次设立并颁发“东北亚艺术大奖”600 万元，在东北亚区域内征集的书画、摄影等作品总值近亿元；吉林动画学院在法国安纳西国际动画电影节上，与三家法国公司签署了 2200 万欧元的合作协议，该学院董事长郑立国被《中国文化报》评选为“2010 文化产业年度人物”。

4. 文化创新项目有了历史性突破。《多功能全色电脑激光摇头灯》等 2 个项目被文化部确定为文化科技创新项目，填补了我省连续 13 年没有文化科研创新项目的空白。

（四）文化遗产保护工作取得新进展

目前吉林省境内已发现不可移动文物 9017 处。其中，高句丽王城、王陵及贵族墓葬被列入世界遗产名录，有 33 处全国重点文物保护单位，272 处省级文物保护单位，313 处市级文物保护单位，694 处县级文物保护单位。全省文物保护管理与科研机构 75 个，从事文物保护与博物馆工作的人员有 1225 人。全省有各级各类博物馆 73 个，其中文物行政部门管理的博物馆 53 家，其他行业管理的博物馆 19 家，民办博物馆 1 家；综合类博物馆 30 家，专业类博物馆 43 家。全省博物馆建筑面积达 30 万平方米，中心库房 11 个，面积 1.5 万平方米，馆藏文物 20 余万件。

1. 文物资源家底日渐清晰。2010 年，通过开展第三次全国文物普查和长城资源调查工作，共调查登记不可移动文物 9017 处，其中新发现不可移动文物 4261 处，复查不可移动文物 4756 处，消失不可移动文物 807 处。2010 年，我省境内长城资源调查，共确认长城遗迹 3 处，长度为 411 千米，长城段落 121 段，相关遗存 109 处，填补了我国长城资源年代和区域空白。

2. 文物保护基础性工作得到加强。文物保护基础性工作包括测绘和保护规划编制。2010 年，我省开展全国重点文物保护单位测绘 9 项，省级文物保护单位测绘 2 项，其中，全国重点文物保护单位测绘项目增长速度较快，其数量占我省全国重点文物保护单位的 27%。启动了 7 处全国重点文物保护单位规划编制，3 处省级文物保护单位规划编制，全国重点文物保护单位规划编制数量占总量的 21%。

3. 文物安全形势日趋好转。文物安全是文物的生命线。在中央财政下达的 2010 年吉林省国家重点文物保护专项和大遗址保护专项经费中，涉及保护围栏修建、抢救性堤坝和抢救性维修等文物安全类项目经费占经费总量的 43.5%。省级文物保护专项经费中，我们优先安排涉及文物安全类项目。2010 年，文物安全类项目占省级文物保护专项经费总量的 31.5%，比 2009 年提高 7 个百分点。2010 年，我省各级文物行政部门对文物保护单位安全检查 256 次，执法巡察 325 次，处置安全隐患 6 次。执法人员增加至 221 人，检查次数比上年增加 75%，各级文物保护单位安全得到了有效保障。

4. 文物保护科技作用日益显现。随着国家文物局对文化遗产科技保护的日益重视和经费投入的增加，科技对文物保护的支撑作用日益凸显。我省启动的集安高句丽壁画墓保护工程、好太王碑、将军坟变形监测及三维重建测绘工作，累计投入720万元，将逐步解决长期困扰高句丽王城、王陵及贵族墓葬世界文化遗产保护的部分技术难题。统计数字显示，我省2010年开展的文物保护项目中，文物保护科技项目6项，呈现大幅增长趋势。

5. 文物保护覆盖面扩大。2010年，吉林省国家重点文物保护专项补助经费和大遗址保护专项补助经费，涉及考古调查、勘探及发掘、保护规划编制、测绘、防洪堤坝工程、抢救性维修、本体维修、修建围栏、长城资源调查等众多类型，与上年相比，类型更加丰富；从遗址年代看，从原来单一的高句丽、渤海时期大遗址保护到旧石器时代遗址、辽金时期城址、墓葬以及明代城址等保护。统计显示，2010年中央财政下达我省的国家重点文物保护专项和大遗址保护专项补助经费中，高句丽和渤海项目的保护经费占经费总量的46.2%，比2009年下降8个百分点。

6. 服务社会能力进一步增强。2003年以来，我省陆续启动高句丽王城、王陵及贵族墓葬和渤海重点遗迹综合保护工程。高句丽项目累计投入4.5亿元，渤海项目累计投入1.12亿元。这种财政集中投入的模式，不仅极大地改善了遗址的保护状况和环境风貌，同时展示水平的提升，使文化遗产服务社会的能力得到极大地提升。高句丽王城、王陵及贵族墓葬在2009年被评为“吉林八景”之一，成为集安及周边区域旅游的核心组成部分。2010年10月，集安高句丽考古遗址公园被列入第一批国家考古遗址公园名单，和龙渤海中京考古遗址公园被列入立项名单。我省拥有国家考古遗址公园的数量占全国总量的5.7%，是东北三省拥有国家考古遗址公园最多的省份。

（五）文化体制改革工作稳步推进，重点文化体制改革任务全面完成

重点文艺院团改革进一步深化。吉歌集团改革进一步深化，所属子公司省歌舞团的转企改制工作顺利完成；长春市杂技团转企改制工作有了良好开端；全省文化市场综合执法改革任务全面完成。文化企业改革取得重大突破。省霓裳公司、省文化建筑工程公司等省直文化经营单位的转制和职工安置工作基本完成，卸掉了积累十几年的历史包袱。省京剧院等省直文艺院团的内部三项制度改革初见成效，内在活力逐步显现。

（六）文化投入呈现逐年加大趋势

“十一五”期间，全省财政累计投入文化事业费36.8亿元，年均增幅31%，其中省直文化事业费累计10.5亿元，年均增幅37%。特别是2008至2010年，全省文化事业经费投入增长率连续高于财政收入增长水平，省直文化事业财政累计投入81768万元，年平均增长速度38.18%。2010年全省财政支出1787亿元，全省文化事业费支出11.7亿元，占全省财政支出的0.65%。文化投入的逐年加大，有力地促进了文化事业和文化产业的发展繁荣。

表1　2008－2010年部分文化项目经费投入统计表（单位：万元）

年份	国家投入						省投入					
	合计	非遗	共享工程	惠民工程	乡镇文化站	流动舞台车	合计	非遗	共享工程	惠民工程	乡镇文化站	流动舞台车
2008	3327	100	1492	－	1400	335	1515	150	565	－	800	－
2009	3535	433	1122	－	1950	30	3219	150	599	1000	1290	180
2010	6499	814	1042	－	4582	61	6341	150	301	1250	3770	870

二、存在的主要问题

（一）公共文化基础设施硬件条件与文化建设的实际需求还不适应

尽管文化基础设施得到一定程度的改善，但对县级文化馆和图书馆调查显示，按照县级最低评估标准1500平方米衡量，达标率均不足50%；地市级两馆达标率不足30%，而且部分现有馆舍年久失修，形象勘忧。全省60个县（市、区）有博物馆的仅占43%。文化基础设施建设任务还十分艰巨。

（二）文化投入与文化建设大发展大繁荣的要求还不适应

文艺院团都是差额拨款单位，创作、排演经费短缺，演出市场多年没有培育起来，来源少，创收难，形成恶性循环；公益性事业单位财政仅拨人头费，缺少必要的活动经费，导致公益性服务积极性不高，服务能力和水平难以满足人民群众多元化、高品位的文化需求。系统内文化产业发育不成熟，规模小，形不成合力，严重缺乏扶持和引导资金，如果不能做大做强，就很难有市场竞争力。吉林省省级以上文物保护单位的数量近500处，按2010年的经费总量计算，平均每个重点不可移动文物文物保护专项经费仅有2.67万元，资金短缺现象十分明显。

（三）文化系统人才结构与文化事业、文化产业发展不相适应

由于多年的积贫积弱，全省文化系统人才队伍呈现出人才外流严重，青黄不接，人员老化，缺乏生气，创新能力不强等现象。艺术表演系列缺乏名角、名戏、台柱子、领军人物；文化产业缺乏经营管理人才，缺乏创新型、开拓性人才。全省共有文博干部1225人，比“十五”时期人才结构有所改变，素质有所提高。但就文物事业发展和队伍建设而言，专业对口的业务人员所占比例偏少，从业人员学历和素质还不能适应工作发展的需要，从事考古、文物保护、科研的人才相对匮乏。由于人才的短缺和匮乏，使得全省文物保护业务开展受到影响和制约。

三、促进文化事业和文化产业发展的几点建议

（一）加大对文化的管理力度

要紧紧抓住国家高度重视国有文艺院团改革的有利时机，加大文艺院团改革力度，用好用足政策，卸掉包袱，轻装上阵，进一步繁荣文艺创作，培育和开拓演出市场，争取社会和经济效益双丰

收；要充分利用好国家免费开放一系列政策措施，加强公益性单位内部三项制度改革，着力提高文化馆、图书馆、博物馆、美术馆、纪念馆、文化站免费开放能力和水平。充分发挥综合执法效能，进一步加强对文化市场的治理整顿，净化网络市场环境，提高文化市场管理水平。

（二）大力发展文化产业

坚持国有文化企业和民营文化企业并重，优化传统文化产业业态和培育新兴文化产业业态并重，文化产品“走出去”和“引进来”并重。培育、扶持和发展国家和省级文化产业示范基地（园区），扶持民营企业发展。要着力做好歌舞、动漫两大文化产业，培育新的经济增长点，培育各具特色的文化产业“小巨人”。

培育一批骨干文化企业。扶持文化产业园区建设。加快发展区域品牌和特色产业。积极扶持民营企业发展。培育新兴文化业态。大力发展会展业，培育艺术培训产业链。发展以研发设计、建筑设计、工艺美术设计、咨询策划、时尚设计为重点的文化设计产业，逐步形成具有吉林特色的文化创意产业。推进文化科技创新。

（三）加大对文化的投入力度

加大财政支持力度。建立和完善政府投资持续稳定增长机制，财政对文化的投入增幅不低于同级财政经常性收入的增长幅度。改善投入方式，在保持财政对文化事业总体投入稳步增长的基础上，财政对文化事业的投入逐步从对事业单位及从业人员的一般投入为主转变为以项目投入为主。建立和完善重大公共文化项目专项投入良性运营机制，加大对基层文化建设和农村文化建设的资金投入。

继续加大文物保护专项经费的投入和非物质文化遗产的保护投入。继续完善公共文化项目的立项、申报、评估及政府采购制度。同时，各地要安排一定数量的专项资金用于扶持发展文化产业。省文化产业专项资金在现有3000万元基础上逐年增加，到2015年至少达到5000万元。省文化产业投资引导资金在现有2000万元基础上，到2015年至少达到5000万元。

（四）加大对文化的人才培养和引进力度

加强文化人才培养、培训工作。把握文化工作的特点和规律，造就一批引领时代潮流的文化名人，形成一支结构合理、素质优良、实力雄厚的文化人才队伍。选拔培养一批理论、艺术方面的优秀人才，选拔培养一批高层次的文化专业人才和文化经营管理人才，使其成为我省文化领域的领军人物和学术带头人。鼓励高等院校采取多种形式，培养各类文化人才。充分发挥市场在文化人才配置中的基础性作用，吸引财经、金融等领域人才进入文化产业。加大农村文化人才资源开发。鼓励和支持高校毕业生到农村从事文化工作。

完善人才评价、选拔和激励机制。制定人才引进政策，面向社会招聘、引进急需人才，在全省范围内实现人才资源整合，量才用人，大胆提拔使用德才兼备的优秀人才。不断完善人才管理体制，按照公开、平等、竞争、择优的要求，健全以业绩为依据，由品德、知识、能力等要素构成的人才评价、选拔和激励保障机制，营造人才辈出、人尽其才的环境。

（吉林省文化厅）

黑龙江省2010年文化发展情况分析

2010年是实施“十一五”规划关键的一年，也是黑龙江省文化工作重要的建设年、发展年。全省文化系统认真贯彻文化部和省委、省政府决策部署，以发展为主题，以改革为主线，以基层为着力点，开拓创新，真抓实干，全力推进“十一五”规划目标的落实，各项工作均取得新进展新成效，重点工作成果显著。

一、文化事业投入不断加大，公共文化服务设施初具规模

2010年末，全省文化（文物）事业费投入总额达到8.9亿元，比“十五”期末增长了2.3倍，年平均增长18.56%；“十一五”期间，全省文化（文物）事业费投入总计超过33亿元，是“十五”总和的2.25倍。人均文化（文物）事业费达到23.5元。

从2006年起，全省累计完成基本公益文化设施建设投资9.4亿元，新竣工项目637个，竣工面积27万平方米，公共文化服务设施的服务功能进一步加强。截至2010年末，全省共有文化文物机构2338个，比2005年增长29.6%。其中艺术业138个（内含艺术表演团体82个、艺术表演场所44个），公共图书馆107个，各级各类文物单位179个（内含博物馆76个），群众文化服务单位1654个（内含文化馆146个、乡镇文化站900个），艺术教育业单位7个，文艺科研单位2个，其他文化及相关产业单位251个。按照部门划分，隶属文化部门2325个，其中国有经济单位2083个，集体经济单位2个，隶属其他部门单位13个；按照单位性质划分，事业单位2332个，占99.7%，其余为企业单位，共计6个，占0.3%。

表1　黑龙江省文化文物机构情况（单位：个）

年　份	总　计	艺术业	图书馆	群众文化服务	艺术教育业	文艺科研	文物业	其他文化及相关产业	非文化及相关产业
2005年	1408	141	96	1015	8	2	132	10	4
2010年	2338	138	107	1654	7	2	179	251	-

二、人员队伍不断扩大，综合素质不断提高

2010年全省文化文物机构从业人员16245人，比2005年增长29.2%；其中具有高级、中级职称的分别为2215人和4098人，分别增长40.2%和14.9%，具有高级职称的占从业人员的13.6%，比2005年上升1个百分点。其中艺术业5571人（内含艺术表演团体5109人、艺术表演场所371人），公共图书馆1846人，各级各类文物单位1703人，群众文化服务单位4324人（内含文化站2494人），艺术教育单位330人，文艺科研单位67人，其他文化及相关产业单位2404人；文化部

门从业人员为15915人，占98%，其他部门330人，占2%。事业单位共有从业人员16203人，占99.7%，企业42人，占0.3%。

三、两馆一站机构建设力度加大，百姓生活丰富多彩

2010年全省公共图书馆达到107个，从业人员达到1846人，分别比2005年增长11.5%和10.6%；总藏量达到1643.9万册，总流通人次达到621.9万人次，分别增长27.3%、23.1%。为广大人民群众接受普及科学文化知识提供了便利，自身也获得了经济收益。2010年全省群众艺术馆、文化馆（站）达到1654个，从业人员达到4324人，分别比2005年增长63%和46.7%；藏书302.7万册，举办展览2988个，组织文艺活动1.7万次，举办训练班6129次，培训学员32.5万人次，分别增长1.4倍、58.3%、1.2倍、72.8%和3倍；城市文化活动设施得到极大普及。全省街道文化站达到608个，从业人员1002人，分别增长6.4倍和11.2倍；藏书88.6万册，举办展览1057个，培训学员5.5万人次，分别增长8.7倍、7.8倍、5.3倍；组织文艺活动6139次，举办训练班1932次；充分满足了城市居民文化活动的需要。

在各级政府和有关部门的支持下，经过全省文化战线的共同努力，我省乡镇综合文化站建设取得显著成果。通过增设农村文化建设、专业艺术院团赴农村基层演出和奖励扶持农村品牌文化活动等专项资金，各级财政投入文化建设资金数额实现历史性突破，基本实现了“乡乡有文化站”的目标，使乡镇文化站在推动社会主义新农村建设，繁荣我省农村文化方面发挥了巨大作用。“十一五”期间全省投入31330万元，共新建851个乡镇综合文化站，占全省乡镇总数的94.6%，建设面积达到29.8万平方米。2010年全省乡镇综合文化站达到900个，比2005年增加111个，增长14.1%；从业人员1492人，增加473人，增长46.4%；固定资产原值2.3亿元，增长24.4倍；计算机配置从无到有，达到721台；藏书206.1万册，增长1.1倍；总收入达到3833.1万元。

2010年全省乡镇文化站共举办展览1416个，组织文艺活动4767次，举办训练班2344次，培训18.5万人次，比2005年分别增长19.8%、45.6%、1.1倍和3.6倍。我省充分利用“金色田野”、“城市之光”、“欢乐校园”、“北国之冬”等群众文化活动作为载体，开展丰富多彩的群众文化活动，吸引各界群众逾百万人参与；组织各级各类艺术表演团体，深入社区、村镇等基层单位，开展公益性演出活动，受到群众热烈欢迎。截至2010年，黑龙江省各地已形成群众文化活动品牌300余个，半数以上县（市）拥有本地群众艺术节，群众文艺向规模化、特色化方向发展。“哈尔滨之夏”音乐会向国际化品牌迈进，哈尔滨市被联合国授予“音乐之都”。全省形成各类群众文艺创作、活动群体近3000个，农村文化中心户（文化大院）10538个，涌现出一批群众文艺的精品剧（节）目。

表2　黑龙江省乡镇文化站情况

年　份	机构数量（个）	从业人员（人）	举办展览（个）	组织文艺活动（次）	藏书（万册）	举办训练班（次）	培训人次（万人次）
2005年	789	1019	1182	3212	96.1	1117	4
2010年	900	1492	1416	4767	206.1	2344	18.5

四、文化市场管理日趋规范，文艺演出日渐繁荣

为了确保文化市场的健康发展，我省成立了省、地、县三级文化市场管理工作领导小组，建立文化市场综合执法机构72个，其中省级综合执法机构（省文化市场综合执法总队）1个，地市级文化市场综合执法机构11个，县级市（县、区）文化市场综合执法机构60个，配备综合执法人员共计855人，统一开展全省文化市场管理、“扫黄打非”和综合执法工作。2010年，全省共组织8次集中整治行动，全年出动执法人员17.1万人次，检查场所12.7万家次，查办案件858件，责令整改139家，罚款289.8万元，停业整顿53家，整治互联网和手机媒体淫秽色情信息工作取得显著成效，有效地维护了文化市场秩序，为我省经济发展和社会稳定营造了良好的舆论氛围和文化环境。我省还建设完成全省网吧计算机经营管理系统，实现国家、省、市、县（区）四级监管平台联网运行，全省5425家网吧的334191台计算机终端全部在监管系统监控之下，覆盖率达到100%。

2010年我省演出市场演出形式和内容多样化，营业性演出逐渐成为市场主体等特征。截至2010年底，全省共有国有艺术表演团体82个，从业人员5109人，本团首创剧目17个，演出1.1万场，国内演出观众813.8万人次，其中农村观众370.1万人次，演出总收入达到1804万元。2010年全省有艺术表演场馆44个，从业人员371人，拥有坐席2.3万个，演（映）出场次0.3万场，观众人次达到172.9万人，收入共计329万元。2010年全省共审批设立演出经纪机构38家，个体演员102人，民营演出团体7家，全省文化市场经营机构8930个，其中演出经纪机构38个，娱乐场所3462个，网络文化经营机构2个，互联网上网服务营业场所（网吧）5425个，连锁经营机构3个；共有从业人员29455人，资产总计达到253164万元，经营面积为56.35万平方米，营业总收入163901万元，利润总额达到75649万元。

五、文化产业发展壮大，艺术创作成效显著

黑龙江动漫产业基地建立四年多来，始终坚持以动漫原创为主导，充分发挥黑龙江省的地域优势，打造动漫特色品牌，形成了以数字内容制作和传播为龙头，集动漫原创、生产制作、出版发行、外包加工和衍生产品研发、生产、销售等于一体的完整动漫产业链条，成为我国重要数字内容生产加工基地。2010年全省拥有动漫企业2个，从业人员104人，资产总计330万元，营业总收入134万元，利润总额48万元，原创漫画、动画作品共计21部，网络动漫下载11次。几年来基地生产的原创动漫片《帽儿山的鬼子兵》、《探索地球村》、《龙娃》、《雪娃》等7部原创动漫作品在中央电视台播出，其中4部作品入选全国少儿节目及动画节目精品，3部作品荣获国家优秀动画片奖；大型系列三维动画《探索地球村》和网络游戏《万国争霸》成功出口30多个国家和地区。基地先后被命名为国家文化产业示范基地、国家动漫出版产业基地、国家火炬计划新媒体特色产业基地、中国国际青少年动漫培训基地和国家动漫出版产业基地、国家影视网络动漫实验园。

全新创排的通俗歌剧《红雪花》、复排的评剧《半江清澈半江红》首演成功。原创歌舞《中华吟》和话剧《风刮卜奎》参加全国“九艺节”演出，双双荣获文华优秀剧目奖，并有8人分获音乐创作奖、优秀表演奖。龙江剧《鲜儿》成功入围文化部、财政部举办的国家舞台艺术精品工程扶

持剧目。评剧《青柳》获中国第七届评剧艺术节优秀演出奖。京剧剧本《血色城堡》被文化部评定为最具扶持价值的新创剧目。相声演员宗成滨获第六届中国曲艺最高奖“牡丹表演奖”。新创作了一组反映现代北大荒的歌曲，舞蹈《大荒英雄》登上全国农民春晚。成功承办国家重点京剧院团第五届高峰会。一批优秀作品，推动了艺术创作，加强了艺术创作评论和研究。

六、文化遗产保护得到加强，非物质文化遗产得以传承

2010 年，全省各级文物部门遵循科学发展的要求，着力解决文物事业面临的突出矛盾和问题，积极推进博物馆免费开放，全面推进各项工作，全省文物保护工作制度不断完善，文物保护状况逐步改善。

（一）文物机构总量保持稳定，从业人员数量有所增加。2010 年全省文物部门共有文物机构 166 个，比 2005 年增长 25.8%。其中，文物保护管理机构 92 个，比 2005 年增长 10.4%，占 55.4%；博物馆 63 个，增长 37%，占 38%；文物科研机构 2 个，与 2005 年持平，占 1.2%；其他文物机构 9 个，增长 8 倍，占 5.4%。

（二）文物藏品管理工作有序开展，文物藏品总量有所增加。2010 年全省文物系统文物藏品 202618 件/套，比 2005 年增加 33719 件/套，增长 20%。其中一级文物 396 件/套，增长 35.2%，占 0.2%；二级文物 1536 件/套，增长 21.8%，占 0.76%；三级文物 19520 件/套，占 9.63%。文物藏品主要集中于博物馆，共计占总藏品的 86.81%。

（三）陈列展览数量明显增加，参观人次同比递增。2010 年全省举办陈列展览 393 个。其中文物保护管理机构举办展览 46 个，博物馆举办展览 204 个，平均每个博物馆举办展览 3.24 个，与全国平均数量接近。2010 年，全省文物系统接待参观人次 546 万人次，比 2005 年增加 373.5 万人次，增长 2.2 倍，其中未成年人参观人次 238 万人次，比 2005 年增加 163.8 万人次，增长 2.2 倍。

（四）文物普查成果丰硕，社会效益显著增强。全省第三次全国文物普查共登记不可移动文物 10721 处，其中新发现 7051 处，复查 3670 处，登录消失文物 597 处，使我省不可移动文物数量在原有的基础上增加了一倍多。在恐龙之乡嘉荫县发现的一处旧石器遗址，更是填补了黑龙江省东北部没有发现旧石器遗址的空白。2010 末年，全省文物系统有 57 家博物馆被列入免费开放序列，免费开放接待观众 374 万人次，使博物馆在构建公共文化服务体系、弘扬社会主义精神文明中的作用日渐明显，更多的公众走进博物馆感受文化教育和历史启迪。黑龙江省博物馆以馆藏文物和已有的科研成果为依托，推出“每月一星馆藏珍品文物特展”，还利用地缘文物优势推出昂昂溪遗址陈列和江桥抗战历史陈列，赢得了公众的欢迎和好评。

2010 年全省非物质文化遗产保护机构 62 个，工作人员 309 人，非物质文化遗产名录数量共计 864 个，其中国家级 27 个，省级 130 个，市级 351 个，县级 356 个。拥有传习所 89 个，培训 6446 人；拥有代表传承人 209 人，其中国家级 19 人，省级 165 人，市级 258 人，县级 293 人。举办展览 168 个，参观人次 24.8 万人次；举办展演 365 场，观众 31.9 万人次；举办民俗活动 232 次，参与人次 14.3 万；举办竞技比赛 60 次，参与人次 2.7 万。在非物质文化遗产普查中共征集实物 4976 件，自制文本资料 899 册，制作录音资料 566 小时、录像资料 618 小时，撰写调查报告 131 篇，出

版成果86册，开列资源清单71册。拥有非物质文化遗产保护展览馆32个，收藏实物21194件；展示面积达到1万平方米，其中实物库房面积0.1万平方米。完成第三批省级名录初评工作，又有6个项目入选国家级名录，一批重要项目正得到有效保护。“赫哲族伊玛堪”作为今年我国唯一正式向联合国申报“急需保护非物质文化遗产名录”的项目。出台了《黑龙江省非物质文化遗产项目保护管理暂行办法》，命名一批省级文化生态保护区和非物质文化遗产传习基地，有效推进了非物质文化遗产的整体性保护。

虽然2010年是黑龙江省文化文物事业加快发展的一年，但与其他省份相比较仍存在一定差距。文化事业费投入虽逐年稳步增长，但各级财政投入总量偏少，比例偏低；全省人均文化事业费、文化事业费占财政支出的比重都低于全国平均水平。我省属于寒冷地区，文化设施建设和日常管理经费较高，有的文化设施建设规模还未达到国家标准，特别是乡镇综合文化站相继落成和投入使用后，受经费投入较低等因素影响，出现部分乡镇文化站利用率低，农村文化活动相对贫乏的现象，没能充分发挥文化站在农村公共文化服务体系中的作用。由于经济发展落后，我省文化遗产保护与经济发展的矛盾还相对突出，文物行政执法机构建设十分薄弱；乡镇级文物保护机构建设缺乏，基层人才队伍工作能力不强，文物保护技术和保护设施相对落后；特别是博物馆对社会的免费开放，各项费用支出明显增加，经费不足的问题已经影响到博物馆事业的健康和长远发展。这些问题有待在新时期通过我们的积极进取和不断努力，逐步加以解决，以便我省文化文物事业取得更大的发展和进步，在社会公益文化体系建设中发挥更加积极的作用，跻身全国先进行列。

（黑龙江省文化厅）

上海市2010年文化发展情况分析

2010年是上海世博会的举办年，是实现“十一五”规划目标的关键年，也是“十二五”规划的编制年。面对新形势、新任务和新挑战，在市委、市政府和市委宣传部的领导下，我局深入贯彻实践科学发展观，以深化文化体制改革为支撑，以改革创新和科技进步为动力，统筹推进迎博办博工作，精心编制“十二五”规划，持续改善文化民生，深入推进文化体制改革，着力推动文化产业发展，大力加强文化遗产保护工作，重大文艺创作和文化活动繁荣活跃。

文化文物类相关产业按性质可分为公益性文化、经营性文化和历史文化遗产（也即文物业）。公益性文化主要包括图书馆、群众文化服务、艺术教育业、文艺科研等373个；经营性文化单位主要包括艺术表演团体、艺术表演场馆、文化市场经营机构和其他文化及相关产业4878个，其中文化市场经营机构营业总收入为169亿元，主营业务收入为163.22亿元，占文化市场经营机构总收入的96.57%，历史文化遗产机构数35个，其中文物保护管理机构4个，博物馆27个，文物商店1个，其他文物机构1个。

2010年上海市文化文物类机构共计5286个，比上年增加542个，从业人员为82267人，比上年增加了8045人。本期机构数和从业人员增加较大，主要因为本期文化市场经营机构增加所致，机构数增加513个，从业人员增加6200人。

表1　2010年文化文物产业基本情况表

	机构数（个）	从业人员（人）
公益性文化	373	14479
艺术表演团体	30	5731
艺术表演场馆	52	1469
创作机构	2	13
图书馆	28	2180
群众文化服务	240	4702
艺术教育业	1	40
文艺科研	2	47
其他文化及相关产业	18	297
经营性文化	4878	66555
艺术表演团体	97	1035
艺术表演场馆	59	956
文化市场经营机构	4647	60358
其他文化及相关产业	121	4000
非文化及相关产业	6	206

（续）

	机构数（个）	从业人员（人）
历史文化遗产	35	1233
文物保护管理机构	4	77
博物馆	27	1009
文物商店	1	76
其他文物机构	3	71

一、公益文化事业繁荣发展

（一）图书馆窗口服务水平不断提升

截至2010年底共有区县级以上公共图书馆28个。其中，市级2个，区级25个，县级1个，其数量与上年相同。本市在2010年加大了图书馆书籍资料的征集，图书总藏量为6809万册（件），比上年增加216万册（件），其中上海图书馆增加了52万册（件）。图书总流通1853万人次，比上年增加393万人次，其中，上海图书馆增加285万人次。2010年总收入6.47亿元，比上年减少0.06亿元，下降0.91%，其中财政拨款5.63亿元，比上年增加0.04亿元，增长0.71%，财政拨款占总收入的87.05%。

表2　2006－2010年上海公共图书馆基本情况

年　份	总流通人数（万人）	书刊文献外借册次（次）	图书总藏量（万册）	总收入（万元）
2006	1342	1087	6062	40592
2007	1323	1225	6254	48850
2008	1370	1072	6394	51747
2009	1460	1453	6593	65286
2010	1853	1461	6809	64723

全市212个街镇图书馆签约加入“一卡通”体系，全面实现了中心图书馆街镇“一卡通”全覆盖。图书馆全行业每月设立一个主题，开展“窗口服务日”集中行动。设立“世博书架”，配备有关世博的图书和期刊；上海图书馆还在世博新闻中心辟出近150平方米的图书借阅区，共有中外文图书3000册，30个阅览座席，配备为读者上网服务的电脑4台，服务对象以中外记者为主，每天服务人次70人，每天借还图书20册次。

（二）群众文化活动日益丰富

截至2010年底，本市共有27个文化馆（市级1个、区级25个，县级1个）和213个文化站（其中乡镇文化站118个），比上年减少了2个文化馆。减少的原因主要是由于体制改革，原南汇区和浦东新区两区合并。从业人员4702人，比上年增加70人（其中乡镇文化站增加30人）。举办展览2403

个，举办训练班2.61万次，参与人次126.59万人次。群众文化2010年总收入为7.26亿元，比上年增加1.32亿元，增长22.22%，其中财政拨款5.6亿元，与上年持平，财政拨款占总收入的77.14%。

表3 2006－2010年上海市群众文化服务基本情况

年　份	举办展览（个）	培训人次（万人）	本年收入（万元）
2006	2256	56	41401
2007	2178	58	47106
2008	2306	86	52415
2009	2483	93	59475
2010	2403	126	72594

2010年全市各类群众文化活动紧紧围绕世博主题，依托中国上海国际艺术节、上海之春国际音乐节、上海国际电影节、上海电视节等平台，借助上海城市文化广场周周演活动、上海城市特色展览活动和上海城市文化体验活动等载体，统筹全市剧场、美术馆、博物馆、文化广场、文化馆、社区文化活动中心、创意园区等资源，组织开展了丰富多彩的园区外文化演艺和展览展示活动。开展了“文化共享世博行”、“魅力世博、精彩城市”2010元宵迎世博主题灯会、第三届“世博印象——上海市民数码摄影大赛”等一系列世博主题文化活动；“炫彩舞台·美好生活”第十二届中国上海国际艺术节等群文活动，组织开展了四大版块、724项、1575场次的群文活动，共吸引300多万市民参与；丰富多彩的品牌活动与世博园区外城市文化系列活动效应叠加，充分彰显了“城市，让生活更美好”的世博主题和文化理念。

各区县积极做好世博园区内专场文艺演出，世博会期间，全市各区县依次进入世博园区内的文艺现场为中外宾客带来精彩纷呈的艺术享受。同时，各区县以“融入世博，服务世博”的理念，紧紧围绕办博大局，整合资源，精心策划，在辖区内组织开展了一系列以世博为主题的文化活动。

（三）政府财政支持稳步增加

2010年上海市文化系统财政拨款19亿元，比上年增加0.77亿元，增长4.26%。其中，艺术表演场馆财政拨款0.57亿元，与上年同期相比增长14.90%；艺术表演团体财政拨款2.24亿元，与上年同期相比增长20.32%；图书馆财政拨款5.63亿元，与上年同期相比增长0.77%；群众文化活动经费拨款5.60亿元，与上年同期相比增长23.60%；其他文化事业经费拨款4.58亿元，与上年同期相比下降16.70%。

“十一五”以来，市政府对文化建设高度重视，加大了对文化事业发展的投入力度，文化事业费呈现快速增长的态势，文化事业费投入结构也得到一定程度的优化。

表4 2006－2010年上海市文化事业费历年总支出（单位：万元）

年　份	艺术表演团体经费	艺术表演场所经费	图书馆经费	群众文化经费	其他文化经费	合　计	增长速度（%）
2006	30724	24763	38589	36473	34938	165486	9.62

（续）

年　份	艺术表演团体经费	艺术表演场所经费	图书馆经费	群众文化经费	其他文化经费	合　计	增长速度（%）
2007	40845	31111	45537	47554	44304	209351	26.51
2008	46151	23795	52652	50094	76025	248717	18.80
2009	53472	21886	63238	56497	112521	307614	23.68
2010	57489	25769	63728	70650	119313	336949	9.54

二、文化市场发展繁荣有序

党的十七大以来，我国进入了文化大繁荣大发展的新阶段，文化市场积极营造公平竞争、内容健康、规范有序的发展环境。2010 年本市各类文化市场经营单位 4647 个，主营收入 163.20 亿元，其中演出业 7.92 亿元，娱乐业 34.42 亿元，网络文化 111.06 亿元，网吧业 4.98 亿元。与 2009 年同期相比，2010 年各类文化市场经营单位主营收入同比增长 12.61%。其中，收入增长幅度显著的有：演出经纪机构主营收入同比增长 115.50%，艺术品经营机构主营收入同比增长 197.11%，文化市场连锁经营机构主营收入同比增长 60.28%。

（一）演出市场

截至 2010 年底，上海演出市场共有经营单位 496 家，其中演出场所经营单位（剧场）97 家，书场 66 家，文艺表演团体 89 家，演出经纪公司 244 家。全年演出市场总收入 12.27 亿元，同比增长 63.6%，其中，剧场收入 2.21 亿元，书场收入 0.07 亿元，文艺表演团体收入 2.08 亿元，演出经纪机构收入 7.91 亿元。

2010 年本市演出市场全年营业性演出场次总计 33995 场，观众 830.2 万人次。其中，剧场演出 10895 场，观众 630.2 万人次，与上年同期相比，剧场演出数增加 2040 场，观众人次增加 104.2 万人；书场 23100 场，观众 200 万人次，同比减少 4430 场、增加 13 万人次。2010 年，本市剧场的营业性演出场次在前三年连续下降后首次实现增长，主要原因一是在世博会效应的带动下，许多境外及国内表演团队集中来沪演出，配合各国家馆日、省市活动周等活动；二是旅游演出市场逐渐红火，以杨浦大剧院“金海岸演艺大舞台”、欢乐谷大剧场杂技表演等为代表的旅游演出在 2010 年成为演出市场的重要组成部分。

2010 年，本市演出市场以世博会举办为契机，在推动重大文艺创作、举办重大节庆演出和加强中外艺术交流活动等方面取得了显著的成绩。2010“上海之春”国际音乐节、第十二届中国上海国际艺术节等重大活动，上海大剧院的“世博演出季”，东方艺术中心的“庆世博交响月”，现代戏剧谷“2010 年春夏演出季”，2010 上海国际当代戏剧季，两岸城市艺术节・台北文化周，以及首次举办的上海夏季音乐节等都取得了丰硕成果。全年境外来沪的商业和交流演出共 373 批次（不包括歌舞娱乐场所），俄罗斯克里姆林宫芭蕾舞剧院、英国 BBC 交响乐团、以色列爱乐乐团、维也纳童声合唱团，法国钢琴家理查德・克莱德曼、德国小提琴家索菲・穆特等名家名团相继来沪演出。

2010年，本市演出市场出现了一些从体制到运营机制的新变化，上海文广演艺集团整合所属演出公司、滑稽剧团、淮剧团等资源新组建了上海文广民族乐团；国家大剧院、上海大剧院和新落成的广州大剧院组成了强强联盟；由评弹、滑稽、相声、民乐等院团共同打造，乡音书苑成为综艺节目剧场“乡音860”。

2010年，上海演出市场继续向基层延伸，“文化下乡”、“高雅艺术进校园”等活动均取得了可喜的成绩；“长三角”演出市场区域合作进一步加强，全年本市国有文艺表演团体在农村地区演出场次超过2000场，“高雅艺术进校园”活动共有13家剧团在30多所高校、110多所中小学校举办300余场演出，20000多人次观摩。由市演出行业协会主办的“第八届上海优秀儿童剧展演”，共有来自全国7个省市的9台参演剧目、4台历届优秀剧目和7台祝贺剧目参加，先后在全市40余家剧场演出800多场，小观众达40余万人次。在“第十七届演出业务洽谈会暨第三届长三角地区国际演出项目交易会”上，上海的演出单位共签订演出合同100余份，合同演出场次共计1500余场。

（二）文化娱乐市场

2010年，上海文化娱乐市场全年实现营业收入34.41亿元人民币，与2009年同比减少1.11亿元，递减幅度3.13%；上缴各项税金4.7亿元，同比增加0.1亿元。

截至2010年底，本市持《文化经营许可证》的文化娱乐场所经营单位2724家，经营场所5916个，其中舞厅510个，卡拉OK包房1785个，卡拉OK厅709个，音乐茶座444个，音乐餐厅387个，游戏机房490个，游艺机房242个，小型游乐场67个，游乐场6个，台球室1178家，餐饮卡拉OK厅50个，餐饮卡拉OK包房48个。按城乡分布情况统计，城区1966家，城镇257家，乡镇501家，场所城乡分布比例约为7：3，浦东、闵行、松江的场所数量列全市前三名。按企业登记注册类型统计，本市文化娱乐场所经营单位内资企业2665家，港澳台投资企业23家，中外合资（作）经营企业36家，内资企业占经营单位总数的98%。

图1　文化娱乐市场经营机构分类比重

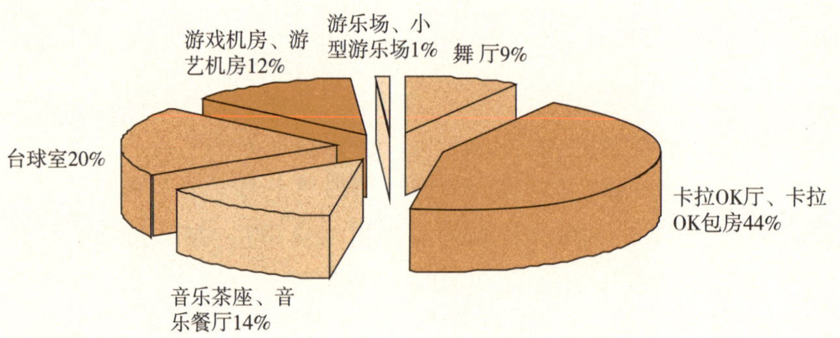

2010年，年营业收入排名前10位的企业均为适合大众休闲娱乐消费的文化娱乐场所。

表5 2010年文化娱乐场所营业收入前十名

单位名称	经营项目	营业收入（万元）
上海宝莱纳餐饮有限公司新天地餐厅	音乐餐厅	56236
上海华侨城投资发展有限公司	游乐场	49988
上海汤姆熊娱乐有限公司	游艺机	32724
上海璐娜餐厅有限公司	音乐餐厅	26105
上海钱源娱乐有限公司	卡拉OK包房	24029
上海尚格餐饮娱乐有限公司	卡拉OK包房	23483
上海汤姆熊娱乐有限公司浦东分公司	游艺机	20000
上海钱瑞娱乐有限公司	卡拉OK包房	18213
上海一代餐饮有限公司	音乐餐厅	18144
上海钱亿文化娱乐有限公司	卡拉OK包房	16711

根据《市政府关于公布本市第四批取消和调整行政审批事项的通知》，市文广影视局于2010年3月起将4个设立非涉外娱乐场所项目的审批权限下放至区县，为使交接工作顺利进行，重新梳理了申请材料，并与上海市消防局联合下发通知，明确规定了相关材料的填报规范。9月，市文广影视局会同市综治办、市公安局等部门在全市开展以“精彩世博·阳光娱乐·风采展示”为主题的文化娱乐场所宣传周活动，至此，上海圆满完成了由文化部统一部署的为期3年的“阳光工程”各项任务。市文广影视局还向社会公布了《赌博电子游戏机机型机种目录》，共收录5大类、962种赌博机，全年共向公安部门出具351份《游戏机内容审核意见书》，为公安部门打击赌博行为奠定了有力基础。

（三）网吧市场

2010年，上海共有1498家取得《网络文化经营许可证》的网吧，比2009年增加了13家，新增门店均为连锁企业直营门店。全市网吧电脑总台数约23万台，比2009年增加约4000台。全年行业总收入18.81亿元，比2009年下降5.9%，市场总体平稳健康有序，全年网吧接纳未成年人违规率仅0.3%，比2009年的1.14%下降78.7%，未成年人进入网吧的现象基本杜绝。全年全市各级工商部门共出动11542人次，取缔黑网吧1495户，没收电脑10784台。

2010年，本市网吧市场发展呈现以下特点：

1. 市场竞争激烈，行业利润进一步下降。据统计，2010年本市网吧每台电脑日均营业额22.4元，其中18.1元为上网费收入，4.3元为增值服务收入，比2009年下降7.18%。由于网吧行业上网收费标准多年来始终维持在2－3元/小时左右，而租金、人员开支等不断上涨导致经营成本上升，行业利润逐年下降。

2. 网吧向城乡结合部及新兴城区转移态势不减。2010年共有约40家网吧由中心城区搬迁至闵行、松江、奉贤、嘉定等城乡结合部及新兴城区，上述地区经营成本相对较低，并集中了大量外来务工人员，为网吧提供了稳定的消费人群。

3. 网吧连锁发展出现新的经营模式。2010 年，上海继续加大推动网吧连锁化力度，共批准设立 1 家网吧连锁企业，网吧连锁率为 37%。在鼓励连锁发展政策的激励下，上海网鱼网络文化发展有限公司的品牌——“网鱼网咖”已成为上海网吧行业的代表和标杆。2010 年起，该公司先后在多个区域核心商圈设立了 20 余家定位于中高端人群的“网鱼网咖”，盈利情况良好。“网鱼网咖”除了提供传统的上网服务，引进某知名咖啡品牌，提供现场制作咖啡、奶茶服务，提高了网吧的档次，还自行研发了“网管呼叫系统”、“会员一卡通”等一系列信息化管理服务系统，在优化服务、企业自律等方面进行了有益的探索。

（四）网络游戏产业

2010 年，上海网络游戏产业产值约为 120 亿，比 2009 年上升了 19.6%，占全国市场的 1/3 左右。全年产业发展呈现市场规模增速和用户规模普遍放缓的态势。截至年底，上海共有 149 家取得《网络文化经营许可证》的企业，其中 91 家企业正在从事网络游戏产品运营，其余则处于产品研发或项目谈判期。2010 年，上海网游运营企业产值排名前八的企业依次为盛大、网之易、巨人、邮通科技、完美世界、久游、绿岸、淘米，占据了上海网游市场 92% 的市场份额，形成了产业高度聚集的态势。2010 年，上海网络游戏海外出口收入约为 3400 余万美元，主要出口企业为盛大、久游、大承等，产品主要输出到韩国、日本、泰国、新加坡、越南、菲律宾、俄罗斯、中国台湾、中国香港等国家和地区。

2010 年，上海动漫产业产值 12.8 亿元人民币，其中漫画产业 3.55 亿元，动画产业 3.56 亿元，网络/手机动漫产业 307.5 万元，动漫舞台剧产业 718.5 万元，动漫软件开发产业 5182.1 万元，动漫衍生品研发设计产业 5.11 亿元。漫画产业、动画产业、动漫衍生品产业分别占总产值的 27.7%、27.8%、39.9%，成为上海动漫产业的三大支柱行业。2010 年，本市动漫企业原创能力进一步增强，共创作原创漫画作品 819 部，动画作品 1269 分钟，网络动漫（含手机动漫）下载 2.64 亿次，动漫舞台剧演出 249 场次，开发自主知识产权动漫软件 23 套。

2010 年，上海两大动漫会展品牌——“中国国际动漫游戏博览会”与“卡通总动员”首次实现两展合办，合办后的博览会共吸引参展商共计 256 家，观众 21.95 万人，促成现场交易额 8.48 亿元，项目合作意向签约额 7.72 亿元。2010 年，又有 16 家企业通过文化部动漫企业认定，1 家企业通过重点动漫企业认定，使上海共有 18 家动漫企业能够享受企业所得税、增值税、营业税等税收优惠。9 月，上海市文广局出台《上海动漫游戏产业发展扶持奖励办法》，设立 1000 万元资金，首次以资金扶持和奖励的形式鼓励和推动动漫产业发展。办法公布后，来自 55 家公司的 184 个动漫游戏项目提出申请，经过初审和专家小组终审，共有 34 家公司、63 个项目获得总计 980 万元的扶持资金。2010 年下半年，市文广影视局组织召开上海动漫产业发展局际联席会议第一次会议，市工商局、财政局、税务局等 10 家成员单位参会，会议讨论了《上海动漫游戏产业发展扶持奖励办法》及《文化部、上海市人民政府关于共同推动上海市动漫游戏产业发展的合作框架协议》。2010 年，全国首个动漫产业联盟——上海动漫产业促进会正式成立，共有来自动漫制作及衍生品设计、动漫技术应用、节目播出、投融资平台、教育培训、公共服务平台等六大领域的 104 家相关单位加入。全年共举办 17 项重大活动，充分发挥了信息共享、服务企业的作用。

三、文物保护工作取得新进展

2010年9月，上海市文物局正式挂牌成立，这是上海文物管理体制机制的一次重大改革，对进一步加强上海文化遗产保护、促进上海文博事业发展、推动上海文化大都市建设将产生深远的影响。

2010年上海市文博机构35个，其中文物保护管理机构4个，博物馆27个，文物商店1个，其他文物机构3个，比上年减少2个。从业人员1233人（其中高级职称112人），比上年增长9人。文物藏品145万件，其中一级文物1335件，占总数的0.09%。2010年修复藏品数为35件，本年举办陈列、展览194个，其中，参展人数642万人次，比上年增长28%。

表6　2006－2010年上海文博业基本情况表（单位：个、人、千件、个、千人次）

年份	机构数	从业人员	文物藏品	本年修复藏品数	举办陈列、展览	参观人次
2006	33	1249	308	178	211	4915
2007	37	1331	1451	61	170	3859
2008	37	1220	1448	110	176	4818
2009	37	1224	1445	80	210	4995
2010	35	1233	1444	35	194	6416

随着各级党委政府对文博事业的重视程度不断提高，对文博事业的投入持续增长，从2006－2010年上海文物收支情况可以看出，大部分收入来自财政收入，所占比例在57%－67%之间。

图2　2006-2010年上海文物收支情况图

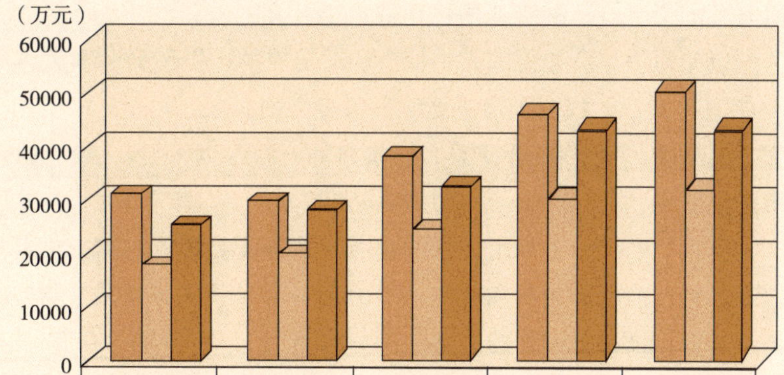

	2006年	2007年	2008年	2009年	20010年
本年收入	31430	30010	38574	46812	50948
财政拨款	18031	20049	24973	31348	32882
本年支出	25521	28382	33016	44514	44497

（一）博物馆工作取得新突破

2010年上海博物馆27个，比上年减少2个，藏品数327455件/套，较上年增长5120件/套，增幅1.59%，其中一级品1226件/套，较上年减少106件。2010年浦东新区和南汇区合并，原浦东新区文保署（张闻天故居）、浦东新区文保署（黄炎培故居），以及南汇博物馆合并成浦东新区文保所（现在为文物保护管理机构），以上博物馆的藏品全部转入浦东新区文保所。本年从有关部门接收文物数219件/套，基本成列59个，参观人次625万人，同比增长28.41%。

1. 全力配合世博会，维护窗口形象，举办精彩文物展览

世博会主运行期间，将上海市主要的二十余家博物馆纪念馆纳入信息报送范围，全市各成员单位的窗口服务组启动服务质量监测体系，认真开展窗口服务质量监测，认真执行服务质量监测日报、重大质量问题专报等制度。

在力保场馆安全有序的基础上，各主要博物馆、纪念馆推出精彩纷呈的文物展览，如在上海博物馆举办的“千年丹青——日本、中国藏唐宋元绘画珍品展”；中共“一大”会址纪念馆在世博期间展陈了“上海百年风云”展览；上海鲁迅纪念馆与上海市美术家协会共同举办了“迎世博——上海版画展”；上海市历史博物馆与闵行区博物馆合作举办了“上海近代城市风貌展”等，这些精彩的文物展览，以深厚的文化内涵与独特的艺术魅力与世博会互相呼应。向社会公众展示了上海与世博会的渊源以及上海城市近代史上中西方文化交融的历史轨迹，成功地发挥了博物馆的文化辐射力。

2. 积极筹备国际博物馆协会第22届大会的举办

国际博物馆协会第22届大会暨第25次全体会议于11月7日在世博中心开幕，会期6天。本次大会是国际博协发展历程中的一次重要会议，成为上海世博会闭幕后在世博园召开的首场盛会。经过近5年的筹备，来自全球五大洲122个国家、地区和国际组织的3200余名博物馆馆长、文化遗产专家、博物馆研究者汇聚申城，围绕“博物馆致力于社会和谐”的主题，通过多层次、多角度和多学科的探讨，共同研究博物馆事业促进人类社会和谐发展的历史使命和重大意义。

3. 加强博物馆基础建设，摸清上海主要馆藏珍贵文物

根据国家文物局部署，从2009年3月，正式启动上海等20个省、市、自治区的“文物调查及数据库管理系统建设项目”，至2010年10月初步完成。

根据项目实施范围的要求，上海市文物调查项目共涉及上海博物馆、中共一大会址纪念馆、上海鲁迅纪念馆三家。经过前期的调研和准备，2010年4月项目进入实质性推进阶段，完成了项目规划的编制和人员、经费、设备等方面的准备。2010年8月底基本完成了所有馆藏珍贵文物一、二、三级品的数据采集，其中一级文物完成了影像采集，二、三级文物部分完成影像采集。

4. 保持博物馆免费开放稳定格局，体现上海国际都市形象

目前，上海共有24家博物馆、纪念馆被列入中共中央宣传部、财政部、文化部、国家文物局联合下发的“免费开放博物馆、纪念馆名录”，（北京为17家，天津为9家，重庆为24家），另有40余家文化文物部门归口管理、企业行业高校归口管理的博物馆也已免费开放。此外，还有将近40多家博物馆、纪念馆、陈列馆等因为文物建筑保护、管理隶属关系等主要原因，虽然不在国家要求免费开放的范围内，未实行免费开放，但也都相应采取了特殊人群、特殊时间段免费，门票优惠等多种形式。

（二）文物保护工作扎实推进

2010年，上海市文物局深入挖掘利用好上海的文化遗产资源，注意发挥文化遗产的多方面综合效益，着力满足人民群众多层次、多样化的精神文化需求，为推动上海经济发展，特别是文化产业发展提供新的增长点。组织各区县做好中国文化遗产日宣传活动，包括文物建筑的免费开放、形式多样的宣传活动、名人故居挂牌、文物保护单位揭牌以及专家讲座、学术讨论等精彩纷呈的活动。

1. 普查工作圆满完成

圆满完成第三次全国文物普查的关键阶段——实地调查阶段工作，通过了国务院普查办对上海的实地调查阶段成果验收，初步摸清全市不可移动文物基本情况。全市共调查登记不可移动文物4432处，其中新发现1802处。认真做好徐家汇天主堂、嘉定孔庙、佘山天文台、提篮桥监狱、蔡元培故居、杨树浦水厂、中共二大会址等7处市级文物保护单位申报为第七批全国重点文物保护单位的申报工作。会同市建设交通委将南翔、高桥、练塘和张堰四古镇申报为第六批国家历史文化名镇。

2. 依法行政，切实提高服务水平

（1）积极参加本市土地招拍挂、大型建设项目行政审批中涉及文物保护内容的管理程序改革工作。经争取，文物行政部门已成为土地招拍挂审批的必询部门。

（2）完成和平饭店北楼及南楼、体育大厦、王伯群住宅、青年会宾馆、怡和洋行、东风饭店、徐汇中学崇思楼、国共合作时期国民党中央执行部旧址、汾阳路45号等十余处重要文物建筑的设计方案审核及施工指导和现场监督检查工作；完成数十处国家级及市级文物保护单位建设控制地带内的工程设计方案审核工作。

（3）加强松江区广富林及普陀区志丹苑古文化遗址考古发掘管理工作。广富林遗址发掘取得重要成果，发掘面积达6000平方米，崧泽文化晚期、良渚文化、广富林文化等遗迹现象丰富，包括墓葬、灰坑、水井等，其中各历史时期墓葬有100多座。

（4）严格执行文物保护法律规定，进一步规范管理，改进了文物拍卖标的和售前文物审核工作；会同工商行政管理部门对拍卖行业以及象牙制品进行专项整治工作，成绩显著。

（5）加强对文物拍卖标的的审核，严格禁止疑似出土文物上拍。审核文物艺术品拍卖场次141场，标的101800余件，发现疑似出土文物近30件，均作了撤拍处理。此外，文物商店的售前文物审核达5000余件。

（6）严格执行《文物保护法》，切实履行国家赋予的职责，把好文物进出境大门，共审核文物携带出境128人次，文物1709件；办理文物临时进境审核（至10月底）307人次，文物5844件；办理文物临时进境复出境96人次，文物1572件；审核文物复仿制品42件；审核国内外文物交流项目6个。此外，为上海海关及公安部门鉴定涉案文物7批254件。

3. 古籍保护工作实现新拓展

重点开展了第二批市级珍贵古籍名录申报和评审工作，确定《圣政记十二卷》（明抄本）等258种珍贵古籍列为第二批市级珍贵古籍名录，并于今年“文化遗产日”正式公布。目前，国务院

已公布了三批《国家珍贵古籍名录》，上海地区共有500多部珍贵古籍入选，居全国各省市之首。结合孔子诞辰日举办“儒家经典古籍善本展”，展示了上海古籍保护成果，弘扬了优秀民族文化遗产，提升了公众的古籍保护意识。

（三）非物质文化遗产保护工作取得显著成效

目前上海市共有非物质文化遗产名录35个，其中，国家级非遗项目9个，省市级26个。非物质文化遗产名录数量达到290项，其中国家级35项，上海市非物质文化遗产项目代表性传承人343名；上海市古籍重点保护单位，共8家，其中6家被国务院命名为全国古籍重点保护单位。2010年我局以传承保护为根本，以主题活动为提升，全面推进非物质文化遗产和古籍保护工作，取得了显著成效。

1. 保护工作实现突破

以落实国家专项资金为抓手，指导项目保护单位提高资金使用效益，加大项目保护力度。开展第二批130名市级非遗名录项目代表性传承人认定工作。推进本市国家级非遗名录项目丛书编辑出版和系列专题片摄制工作，《越剧》、《沪剧》等5册分卷率先面世；《上海港码头号子》、《评弹》等首批6部高清专题片作品摄制完成，两轮试播反响良好。启动上海非物质文化遗产网二期建设。

2. 主题活动创新提升

利用民博会和“文化遗产日”，加大非遗宣传普及，开展了以长三角为主的广场演出、以专业院团为主的剧场演出、以网络平台为主的互动参与、以各区县为主的基层活动，共4大类140余项活动，提升了非遗宣传的普及力度。多渠道、多方式加大保护和宣传力度，鼓励各区县做好非遗保护传承工作，各区县也通过加强宣传和制度建设等方式切实推进非遗保护工作。

世博期间，结合园区内非遗传习馆开馆契机在世博中心召开新闻发布会，编印了《上海非物质文化遗产名录画册》，整合梳理了相关信息，在新闻发布会上向中外媒体集中发布了近年来本市非物质文化遗产保护工作成果，提升了知晓率和影响力。

（上海市文化广播影视管理局）

江苏省 2010 年文化发展情况分析

一、文化及相关行业的分类构成新变化

江苏文化文物行政主管部门的统计数据反映：“十一五”期末，全省机构数总计 18447 个，从业人员数总计 128369 人。与“十五”期末同比，机构数减少 19.68%，从业人员数增加 31.76%。

“十一五”期末，全省机构和从业人员数按行业分：艺术业机构 564 个、12256 人，公共图书馆 111 个、2838 人，群众文化机构 1442 个、6457 人，艺术教育机构 17 个、828 人，文化市场经营企业 15410 个、78852 人，文艺科研机构 10 个、111 人，文物业机构 295 个、4884 人，其他文化及相关行业机构 583 个、20017 人，文化部门举办的非文化行业机构 15 个、2126 人。全省机构数按行业分，与“十五”期末同比的变动情况如下：

表 1　各行业机构数增长速度

	艺术业	图书馆	群众文化	艺术教育	文物业
与“十五”期末机构数同比增速（%）	95.5	7.77	-6	-	69.54
	文艺科研	文化市场经营	其他文化及相关行业		非文化行业
	25	-25.23	184.39		-44.44

部分行业机构数减少的主要原因：一是乡镇合并行政区划调整，文化站随之持续减少；二是 2009 年省级文化文物、广播电视、新闻出版主管部门的行政职能划分调整，文化部门管理的文化市场经营机构减少；三是文化部门举办的非文化行业机构，在市场竞争中因优胜劣汰而减少。

另有一部分行业的机构数增加原因：除了政府编办批准成立的新增机构因素，文化文物行政管理部门的统计人员克服种种困难，努力收集行业管理范围的文化及相关行业统计数据。对其他部门举办的博物馆、文化产业示范基地，以及经文化市场行政部门审批并领取相关许可证的民间职业剧团等加大统计力度。与“十五”期末同比，艺术业、文物业（其中博物馆数增加一倍多）、其他文化及相关行业的机构数增幅较大。

“十一五”期末，全省机构和从业人员数按单位性质分：企业 16112 个，从业人员 105123 人，分别占机构和从业人员总数的 87.34% 和 81.89%；全年营业总收入 1326995.6 万元，营业外收入 61732.6 万元，其中政府补贴 39951.3 万元，利润总额 310596.4 万元。行政和事业机构 2335 个，从业人员 23246 人，分别占机构和从业人员总数的 12.66% 和 18.11%；全年经费收入合计 343508.6 万元，其中财政拨款 267301.1 万元。

“十一五”期末全省文化文物机构和从业人员数按经济类型分，与“十五”期末同比的变动情况如下：

表 2 各经济类型机构和从业人员数增长速度

与"十五"期末同比	国有经济	集体经济	股份合作经济、联营经济	有限责任公司、股份有限公司	私营经济	其他经济
机构数增速（%）	1.59	-68.8	-19.31	70.18	42.96	-70.67
人员数增速（%）	21.36	-46.15	-43.61	133.53	90.05	-49.67

"十一五"时期，江苏积极推进非公益性文化事业机构转企改制；文化企业在市场竞争中优化升级。全省文化及相关行业的经济构成发生新的变化：规模小的集体、股份合作、联营以及其他经济类型的机构和从业人员数呈现负增长。具有一定规模的有限责任公司、股份有限公司以及私营企业增多，就业人数成倍增长。国有机构数基本持平，从业人员数增加1/5。

"十一五"时期，为促进江苏文化发展，由省政府设立的引导资金累计拨付51265.4万元，资助了全省文化文物、广播电视、新闻出版等文化及相关行业的352个发展项目。

二、文化文物事业的财政拨款逐年增长

"十一五"时期，全省文化部门文化文物事业费收入合计数累计1316720.3万元（不含基本建设投资），其中财政拨款累计908190.3万元，分别比"十五"时期累计增长127.05%和134.19%；年均增速分别为19.78%、18.06%，与"十五"时期同比分别提高9.46和2.33个百分点。剔除财政拨款和上级补助因素，文化文物事业机构总体的经济创收能力有所增强，其年均增速高于财政拨款同比增幅。

"十一五"时期，省级、苏南、苏中、苏北的文化文物事业费财政拨款累计数分别为171264.9万元、460385.2万元、124111.6万元、152428.6万元；年均增速，省级、苏南、苏中、苏北分别为18.4%、19.12%、17.99%、14.89%。"十一五"时期累计增速的变动情况如下：

图1 "十一五"时期各区域文化文物事业费财政拨款累计增长速度

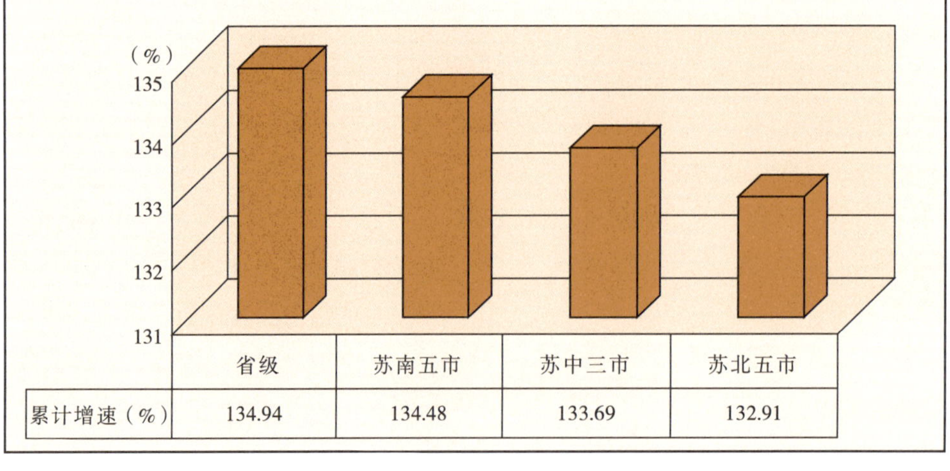

以“十一五”期末常住人口计算，全省文化文物事业的财政拨款人均值为29.14元；苏南（不含省级）、苏中、苏北分别为36.93元、20.02元、13.07元；与“十五”期末同比，分别增长67.67%、141.72%、118.58%。

统计数据表明：苏南人口比苏中多98.94%，比苏北多9.41%，公共财政对文化文物事业的经费投入亦明显高于其他区域。苏南经济与文化的发展稳中求升，改革创新意识强，长期在全国名列前茅。苏中文化文物事业费投入与苏南相比，存在明显落差。苏北基数低、人均值少，公共财政扶持力度逐步加大，文化文物事业费至今仍显不足。

“十一五”时期，全省文化文物事业费财政拨款年均增幅，低于地方一般预算支出年均增速5.63个百分点；与全省财政总收入、其中地方一般预算收入年均增速同比，分别低12.25和7.21个百分点。

财政拨款体现了各级政府对文化文物事业的资金投入，是反映文化发展的核心指标之一。公共财政的经费投入逐渐增长、投资方式进一步优化，但是经费投入比例不足，经费短缺依然制约着文化文物事业的发展。

三、公共文化服务体系建设进一步推进

“十一五”期末，全省公共文化机构合计1879个，建筑面积489.22万平方米；与“十五”期末同比，公共文化机构数增加2.57%，建筑面积扩大近一倍，增幅为89.6%。全省平均每万人拥有公共文化设施建筑面积621.94平方米。

公共文化基础设施状况进一步改善。随着信息技术的广泛应用，文化设施的信息化装备水平不断提升。按照“十一五”期末江苏行政区划比对：南京、无锡、苏州、镇江、南通、淮安、宿迁的公共图书馆，以及南京、无锡、常州、苏州、南通、连云港、淮安、盐城、扬州、镇江、泰州、宿迁的文化馆，均达到市、县、区100%覆盖率。南京、徐州、常州、苏州、南通、淮安、盐城、扬州、镇江、宿迁的文化站，均达到乡镇和街道100%覆盖率（以上覆盖率，未含由各地设立但未列入行政区划的高新技术开发区、经济开发区、工业园区，一些新设区域的公共文化设施尚待配套建立）。

（一）“十一五”期末，全省艺术表演场馆101个，建筑面积74.77万平方米，坐席数8.95万个；比“十五”期末分别增长12.09%、128.01%和28.02%。有一部分艺术表演场馆建筑面积扩大，坐席排列更加宽敞舒适。从业人员3006人、其中获高级职称21人，分别比“十五”期末增长44.17%和61.54%；中级职称人数未变，为181人。

“十一五”时期，政府补贴累计19910.9万元，年均增长157.33%。演（映）出场次累计59.27万场，其中艺术演出累计2.2万场，观众人次累计5745万人次，其中艺术演出观众累计1128.5万人次，艺术演出收入累计22021.8万元；与“十五”时期同比，分别累计增长100.29%、-9.42%、54.42%、-21.05%、109.52%。

“十一五”时期，全省艺术表演场馆总体业绩，电影放映好于艺术演出情况。艺术演出观众人数持续下滑，艺术演出收入逐年增长；戏票价高，是影响艺术演出上座率的因素之一。

苏州科技文化艺术中心，建筑面积15.61万平方米（其中95%是科普和其他场馆面积），演（映）出业务用房是0.75万平方米。2010年财政补贴5342.3万元（该中心财务统一核算，难以分账统计；含有不可比因素）。其建筑面积和财政补贴数，分别占当年全省艺术表演场馆同比值的1/5和近2/3，拉高了全省艺术表演场馆同比水平。

该中心投入使用三年里，演（映）出场次、艺术演出场次，演（映）出观众人次、艺术演出观众人次，艺术演出收入分别年均增长23.35%、140.64%、34.08%、20.6%、22.4%。该中心采取增加艺术演出场次和降低票价等方式，艺术演出的上座情况优于其他的艺术表演场馆。

（二）"十一五"期末，全省公共图书馆111个，从业人员2838人，其中高级职称328人、中级职称895人，比"十五"期末分别增长7.77%、20.1%、34.98%、14.74%。建筑面积65.37万平方米，电子阅览室终端数0.42万台，阅览室坐席数3.89万个，其中儿童坐席1.09万个，比"十五"期末分别增长51.11%、29.36%、53.31%、30.84%。

"十一五"期末，总藏量4369.97万册（件），书架单层总长度211.11万米，开架书刊1766.53万册，累计发放借书证206.73万个，比"十五"期末分别增长37.48%、137.63%、142.74%和179.44%。公共图书馆的藏量利用率倍增，读者需求量的上升明显高于总藏量增幅。

总藏量中，书刊4148.99万册、视听文献和缩微制品97.36万册（件）、其他类藏量123.62万册（件），分别占总藏量的94.94%、2.23%和2.83%，比"十五"期末分别增长34.11%、415.63%、87.38%。馆藏量的现代科技含量提高，视听文献和缩微制品的增速明显高于纸质读物增幅。

"十一五"时期，财政拨款累计154195.5万元，各种设备购置费累计32140.3万元，其中新增藏量购置费累计33804.5万元、新购藏量累计980.93万册件；与"十五"时期同比，分别累计增长143.74%、49.78%、91.33%、88.8%。价格上涨使得新购藏量的增幅，低于新增藏量购置费增速。

"十一五"时期，总流通人次累计11844.3万人次，其中书刊文献外借人次累计6654.7%、外借册次累计10481.4万册，为读者举办各种活动累计2.03万次，参加者累计1223.3万人次，分别比"十五"时期累计增长52.62%、51.91%、58.93%、72.02%、53.2%。

"十一五"期末，全省有331个图书馆分馆，藏书借阅人次470.63万、借阅册次526.15万。流动图书馆车的书刊借阅人次85.3万、借阅册次96.58万。

（三）"十一五"期末，全省文化馆118个，建筑面积43.33万平方米，比"十五"期末分别增长0.85%、59.88%。从业人员1955人，其中获高级职称253人，中级职称781人；与"十五"期末同比，人员总数未变，获高、中级职称人数分别增长23.41%、17.4%。

"十一五"时期，财政拨款累计78447.3万元，各种设备购置费累计2767.5万元，年均增速分别为13.33%、12.55%；与"十五"时期同比，分别累计增长106.62%、28.46%。

文化馆以其独特优势举办器乐、舞蹈、绘画等各种艺术培训活动，受到群众青睐，到馆参加培训的人数明显增多。"十一五"时期，组织文艺活动累计2878.5万次，举办展览累计0.42万个，举办培训班累计2.34万个，结业人次累计98.89万人次；与"十五"时期同比，分别累计增长

67.11%、6.61%、88.43%、146.79%。

"十一五"期末，全省有10辆文化馆流动舞台车，全年演出0.071万场、观众91万人次。馆办文艺团体190个，演出0.39万场次。馆办老年大学37个。文化馆指导的群众业余文艺宣传队2926个。

（四）"十一五"期末，全省文化站1324个，从业人员4502人，建筑面积194.83万平方米，比"十五"期末分别增长-6.56%、25.51%、79.7%。

"十一五"时期，财政拨款累计109230.6万元，各种设备购置费累计7901.7万元，年均增速分别为28.89%、22.63%；与"十五"时期同比，分别累计增长272.77%、238.06%。

文化站的各种培训活动，同样激发了群众的参与热情。"十一五"时期，组织文艺活动累计11.72万次，举办展览累计3.03万个，举办培训班累计5.18万个，结业人次累计358.32万；与"十五"时期同比，分别累计增长63.06%、3.72%、141.82%、354.87%。

"十一五"期末，全省文化站指导的群众业余文艺团队1.15万个。社区文化活动室0.68万个，村文化室1.44万个。

（五）"十一五"期末，全省博物馆213个，从业人员4190人，其中获高级职称346人、中级职称757人，比"十五"期末分别增长115.15%、125.03%、88.04%、72.83%。建筑面积105.62万平方米，藏品数152.75万件/套、其中一级品0.2612万件/套，比"十五"期末分别增长141.65%、66.76%、39.08%。

"十一五"时期，财政拨款累计169843.7万元，各种设备购置费累计6082.1万元，年均增速分别为30.34%、34.97%；与"十五"时期同比，分别累计增长225.93%、111.2%。

"十一五"时期，举办展览累计0.43万个、参观者累计14086.5万人次，年均增速分别为16.14%、44.4%；与"十五"时期同比，分别累计增长89.42%、373.55%。随着人们精神文化需求的增长、旅游业的兴旺和博物馆服务功能的提升，以及大部分的博物馆实施免费开放，进博物馆的参观人次明显增多。

（六）"十一五"期末，全省事业性质艺术展览馆12个（其中美术馆8个：省级1个、苏南6个、苏北1个），从业人员178人，其中获高级职称58人、中级职称82人，比"十五"期末分别增长33.33%、5.33%、70.59%、54.72%。建筑面积5.3万平方米，比"十五"期末增长92.73%。

"十一五"时期，江苏省美术馆累计举办展览303个，参观人次累计76.7万、其中外宾累计0.12万人次。2010年6月省美术馆新馆建成对公众开放，建筑面积扩大三倍多，新老馆舍合计3.17万平方米；当年参观人次增至23.52万人次，其中外宾0.045万人次，分别比上年增加近一倍和近三倍。

四、从统计分析数据看发展

（一）发展中的变化

"十一五"时期，江苏积极推进文化大省建设。文化及相关行业的经济构成，在市场竞争中调整优化。民营文化正在崛起，成为一支不容忽视的重要力量；许多文化市场经营企业、动漫企业、博物馆是依托民营资本建立的，已是文化发展的重要资金来源。

公共文化服务的从业人员中，获高、中级职称人数逐年上升，整体素质提高；挑选引进具有影响力和潜力的中青年文化艺术人才已成共识，体现了人才在文化建设中的重要作用。

公共文化设施条件进一步改善，省级图书馆和美术馆的新馆、苏州科技文化艺术中心、连云港市文化艺术中心、无锡鸿山遗址博物馆、扬州博物馆新馆、基层文化站等一批公共文化设施，陆续建成向公众开放。

公共文化服务功能不断提升，在以传统方式举办文化活动的基础上，随着文化信息资源共享工程的拓展、电子读物与电子阅览室等文化科技的应用，流动舞台车、流动图书馆车等现代设备的使用，馆办老年大学的建立，图书馆分馆、社区文化活动室、村文化室、村图书室等公共文化服务的延伸，政府采购公益性文化惠民活动的举办，公共文化设施与大部分博物馆实施免费开放，显著提升了江苏公共文化服务的社会效益。

（二）发展中的制约

江苏文化发展还存在城乡差距、区域差距、文化与经济发展水平不平衡现象；基层文化设施落后、经费短缺，文化站的人员编制问题仍未全部解决；公共文化设施建成后的经费保障机制不健全，管理水平、使用效率有待提高；越来越多交钥匙工程文化设施建成后，产权归属不明晰、固定资产账目缺失；差钱现象，困扰着许多艺术表演场馆；事业机构转企改制后的经营管理能力待提升；文化文物统计队伍人员不稳定；文化部门管理人员里，专业技术人才匮乏；文化产业示范基地，尚缺能起示范和引领作用的优存劣汰机制；诸类情况均需有关部门和领导予以足够重视。体制问题带来的制约因素日益凸显，亟需加快理顺文化行政管理体制。

（江苏省文化厅）

浙江省2010年文化发展情况分析

2010年，浙江省文化文物工作以科学发展观为指导，以加快文化大省建设为目标，围绕浙江经济社会转型升级、生态文明建设等中心工作，抓重点、攻难点、出亮点，不断增强文化自觉，推动文化创新，落实文化惠民，提升文化产业，进一步创造浙江文化发展新优势，各项文化活动高潮迭起，公共文化服务持续改善，文化产业发展步伐进一步加快，文化体制改革实现重要突破，文化创作成果丰硕，文化遗产保护工作成效显著。浙江省“十一五”文化建设的重要目标与任务如期完成，文化发展主要指标和文化综合实力迈上了新台阶，为“十二五”文化发展奠定了坚实的基础。

一、文化发展现状

（一）人才队伍

2010年，浙江省继续大力建设一支结构合理、梯次清晰、门类齐全的高素质文化人才队伍，为建设文化大省提供强有力的支撑。

截至2010年底（以下简称本期末），全省文化部门成立和管理的文化产业机构13751个、从业人员124803人，其中归属文化部门的机构2294个，从业人员22902人。全省共有艺术表演团体471个（属文化部门70个），从业人员15279人；艺术表演场所242个（属文化部门69个），从业人员3682人；群众文化机构1612个，从业人员5881人；文物机构211个，从业人员4559人；非遗机构94个，从业人员336人；艺术教育机构5个，从业人员658人；文化科研机构12个，从业人员283人；文化市场经营单位10832个，从业人员86147人。

本期末，全省归属文化部门的机构和文化产业机构的比例为1：6，人员比例为2：11；属文化部门的演出团体、艺术表演场所和全省演出团体、艺术表演场所的比例分别为2：13和2：7；科研教育类机构占文化部门归属机构的比例为0.74%。

从上述数据可以看到：

1. 全省归属文化部门的机构和文化产业机构的比例逐年变化。随着国家新一轮文化体制改革的深入，归属文化部门的艺术表演团体将大幅减少，事业、企业类比例构成将发生根本性的变化。根据中共中央宣传部、文化部《关于加快国有文艺院团体制改革的通知》（文政法发〔2011〕22号），全省国有文艺院团仅保留4家，艺术表演团体构成格局将出现重大变化。

2. 全省文化教育科技机构和人员的比例偏低。文化发展是有政治性、创新性的事业，教育科研是文化发展的“助推器”，文化教育科研队伍有待加强。

（二）财政对文化的投入

2010年，浙江省各级政府积极将文化发展规划纳入当地国民经济和社会发展总体规划中，统筹规划，合理安排，加大政府公益性投入，进一步发挥政府公共财政的主导作用，不断满足人民群众日益增长的文化需求。

本期末，全省各级财政对文化的投入总量（含文化事业费、文物事业费、艺术教育事业费，不含基本建设投入，以下同）达37.25亿元，占全省财政支出的比重1.16个百分点，比上年增加5.02亿元，增长15.6%，比上年回落4.6个百分点。

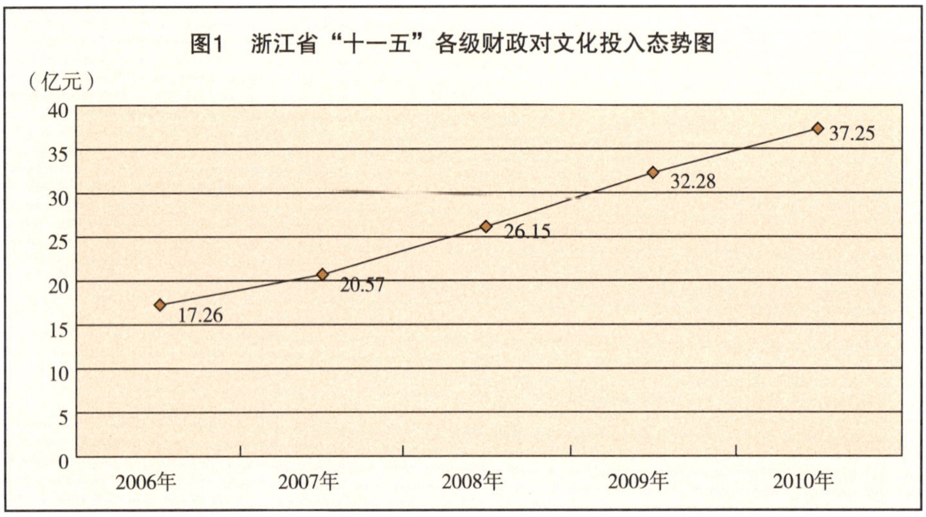

本期末，全省文化事业费24.20亿元，比上年增加3.18亿元，增长15.1%；文化事业费占财政总支出的比重为0.75%，比重比上年回落0.03个百分点。文化事业费总量居全国第二，位居广东省26.99亿元之后。按2010年人口普查数据计算（以下口径同），人均文化投入68.44元/人。其中，人均文化事业费44.46元/人，人均文化事业费44.56元，比上年增加3.88元，增长9.5%，居全国第六位，列北京（82.44元/人）、上海（80.92元/人）、青海（73.07元/人）、西藏（70.12元/人）、内蒙古（45.73元/人）之后。浙江省人均文化事业费虽然排名靠前，但与第一集团70－80元/人差距明显。

本期末，全省文物事业费12.16亿元，比上年增加1.72亿元，增长16.5%；文物事业费占财政总支出的比重为0.38%，比上年回落0.01个百分点。人均文物事业费22.34元，比上年增加2.19元，增长10.9%。

同期，全省财政收入增幅21.7%，财政支出增幅20.9%，文化事业费、文物事业费增幅分别低于财政收入增幅6.6、5.2个百分点，分别低于财政支出增幅5.8、4.4个百分点。

本期末，全省各设区市文化投入差距依然大，投入最大的杭州市为16.46亿元，投入最小的衢州市为0.78亿元，两者比例为21∶1。

从上述数据可以看到：

1. 全省对文化投入是逐年增加的，但尚落后于财政收支的增长水平。

2. 全省各级财政对文化投入存在不平衡性，制度化、常态化亟待加强。

图2 2010年浙江省各设区市文化投入对比图

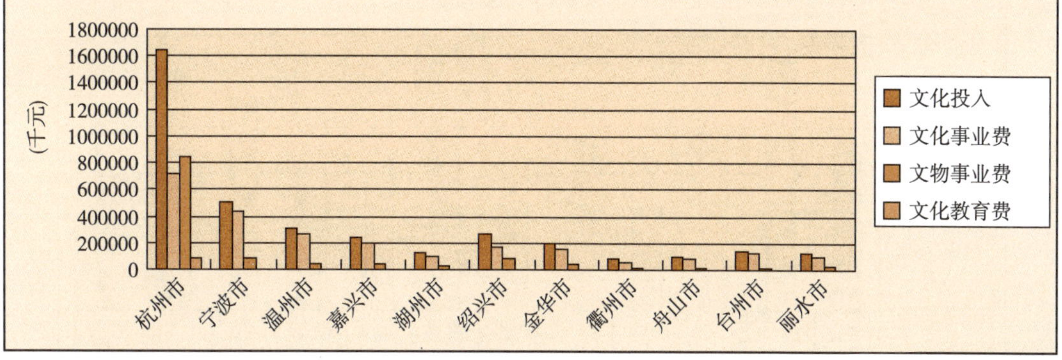

（三）设施建设

2010年，浙江省各级政府将文化设施建设纳入城镇发展规划，统筹安排，合理配置，覆盖城乡的文化设施网络基本形成。

本期末，全省共有全国文化先进县27个，省级文化先进县42个，“浙江东海文化明珠”乡镇545个，省级文化示范村（社区）431个；县级图书馆、县级文化馆、乡镇综合文化站基本实现全覆盖，村级文化活动室的覆盖率达到85%，平均面积分别达到4420、3222、1365、206平方米，比“十五”末分别增加1339、829、541、37平方米；文化信息资源共享工程基本覆盖城乡，基层服务站点达4万余个，其中乡镇覆盖率达100%，村覆盖率98.5%。一批重点文化设施建设加快推进，杭州西湖文化广场新远国际影城、金华市文化艺术中心、景宁畲族文化中心等建成投入使用。杭州西湖文化广场“两馆一团”基本完成装修。舟山普陀大剧院、宁波市水下考古基地、台州市博物馆等正式开工建设。同时，加强文化设施管理和利用，充分发挥城市大型公共文化设施服务示范作用。浙江自然博物馆新馆自2009年7月底开馆至本期末，参观人数达150余万。浙江美术馆自2009年8月初开馆至本期末，先后举办了各种类型展览70多个，参观人数达70余万。

本期末，浙江省共实施文化设施建设项目301个，计划总投资额30.7亿元，计划建设设施面积76.6万平方米，完成投资项目144个，竣工项目建设面积23.2万平方米。

本期末，浙江省文化设施面积数共计403.9万平方米，平均每万人拥有文化设施面积数742.1平方米，分别较2006年增加119.4万平方米和127.5平方米，增幅分别为42.0个百分点和20.7个百分点。其中全省群艺馆建筑总面积77540平方米，平均每馆6462平方米；全省文化站建筑总面积2047610平方米，平均每站1365平方米；全省文化馆建筑总面积229120平方米，平均每馆2574平方米，建筑面积在1000平方米以下的县级文化馆有3个；全省公共图书馆建筑总面积580790平方米，平均每馆5988平方米，建筑面积在1000平方米以下的县（区）图书馆6个，无图书馆无场馆的县（区）2个；全省博物馆建筑总面积495230平方米，平均每馆4952平方米，88%的博物馆实现免费开放。

本期末，全省各设区市每万人文化设施面积数排位依次为：杭州市、舟山市、嘉兴市、丽水市、绍兴市、宁波市、湖州市、衢州市、金华市、台州市、温州市。

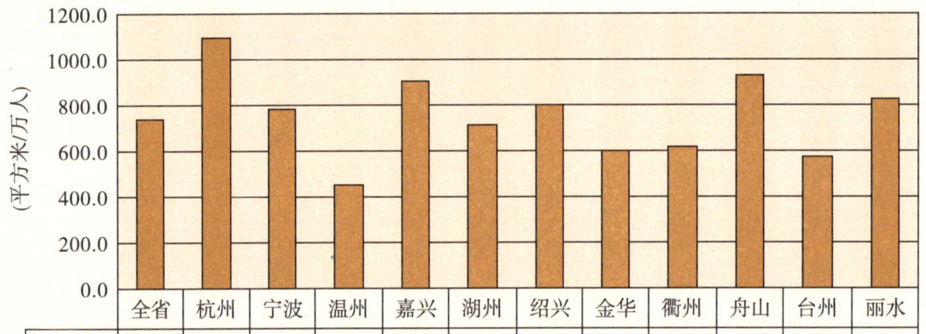

图3 2010年浙江省各设区市每万人文化设施面积情况

	全省	杭州	宁波	温州	嘉兴	湖州	绍兴	金华	衢州	舟山	台州	丽水
2010	742	1094	784	451	905	709	796	599	621	929	572	829

前六个设区市每万人文化设施面积数指标高于全省平均水平。

全省各设区市文化设施建设情况基本呈现稳定发展的态势，但各地区发展存在一定的不平衡。与2006年比较，2010年全省各设区市文化设施面积数增长量最大的是杭州市，为26万平方米，增长率最大的是金华市，为60.2%；每万人文化设施面积数增长量和增长率最大是丽水市，分别为350.4平方米、73.2个百分点。

（四）文化产业

2010年，浙江省认真贯彻落实国务院《文化产业振兴规划》，及时制定《浙江省文化产业发展规划（2010－2015）》，以加快推进文化产业服务平台建设，优化文化产业发展环境，进一步壮大全省文化产业实力，提升文化产业对公共服务和经济发展的贡献率。

从狭义文化口径（小文化概念，统计范围为文化系统内以及文化市场管理范围内的所有从事文化行业的单位，以下同）看，文化部门管理的文化产业呈现出良好的发展势头。2010年全省文化部门管理的文化产业经济总量达136.6亿元，贡献前三位的是文化市场经营机构、艺术业、文物业。

2010年，浙江省分别与中行浙江省分行、建行浙江省分行签订《支持文化产业战略合作协议》，同时，推动金融机构与近40家文化企业签署了战略合作协议。义乌文博会、杭州国际动漫节成为浙江文化产业发展的两大平台，对文化产业发展的带动作用日益显现。义乌文博会从2010年起成为文化部重点支持的全国四个文博会之一。2010义乌文博会共实现经贸成交额28.07亿元，比去年增长51.8%，其中外贸成交额16.90亿元，同比增长55.05%，占总成交额的60.20%，创历史新高。2010年第六届中国国际动漫节共签约项目近200个，涉及金额83亿元，现场成交额23亿元，总金额达到106亿元。

本期末，全省共得到中央财政和文化部各项文化产业扶持资金4935万元，实现突破性增长。“宋城千古情”、“西湖之夜”两大项目入选“国家文化旅游重点项目名录——旅游演出类”，神采飞扬有限公司、音王集团有限公司和衢州醉根艺品有限公司三家企业成为新的国家文化产业示范基地。宋城股份、杭州顺网科技成功上市，分别成为旅游文化业和网络文化业的领头雁。浙商文化促进会已拥有团体会员289家，引导浙商投资文化产业达189亿元。

从上述数据可以看到：

1. 全省文化产业发展的热点众多。

2. 全省重点发展的艺术业、文物业发展态势良好。

（五）艺术创作

2010年，浙江省坚持面向群众，面向市场，精心组织优秀文艺作品的创作生产，创新重大文化活动的举办机制，努力打造一批品牌文化产品和品牌文化活动，更好地满足人民群众的精神文化需求。

2010年，全省一批文艺精品和优秀文艺人才在重大文艺赛事中频获大奖。浙江小百花越剧团的《藏书之家》和浙江省京剧团、青海省戏剧艺术剧院合作的《藏羚羊》成功入选2009－2010年度“国家舞台艺术精品工程”资助剧目，《藏羚羊》还获第二届全国少数民族戏剧会演金奖（最高奖）。在第九届中国艺术节上，浙江越剧团《九斤姑娘》、浙江婺剧团《梦断婺江》、杭州越剧院《女人街》获第13届文华优秀剧目奖；浙江小百花越剧团茅威涛、浙江昆剧团林为林获首批中国文化艺术政府奖（文华表演奖）；浙江越剧团王滨梅，浙江婺剧团陈美兰、朱元昊，杭州越剧院周妤俊获第九届中国艺术节表演奖；有14个作品、5个项目获第十五届“群星奖”，5人获“群文之星”称号，“群星奖”获奖总数为全国第二，仅次于东道主广东省。在文化部主办的第八届全国杂技比赛中，浙江曲艺杂技总团有限公司青年魔术师蒋亚平的魔术《牌影》获得文华魔术节目金奖（第一名）、杂技《墨荷－蹬伞》获得文华杂技节目银奖（第一名），杭州杂技总团魔术师李洁的黑光魔术获文华魔术节目银奖。在第二届中国越剧艺术节上，全省有6个剧目获金奖、6个剧目获银奖、7个剧目获铜奖、8人获“十佳演员”、10人获“十佳新秀”。绍兴县小百花艺术中心的《李慧娘》获2010年度中国戏曲学会奖。浙江歌舞剧院民族乐团获2010香港国际江南丝竹团体展演邀请赛第一名。

从上述数据可以看到：全省文艺创作成果丰硕，社会效益明显。

（六）公共文化

2010年，浙江省公共文化服务供给不断丰富和发展。为全面改善基层公共文化服务，召开了全省农村文化建设现场会、全省城市社区文化建设工作会议和全省乡镇综合文化站建设推进会。继续组织大规模的送文化下乡活动，据统计，2010年全省送戏下乡2万场，送书下乡165万册。深入实施农村文化队伍素质提升工程，全省培训人数达6.5万余人次。积极扶持农村“种文化”活动，全省文化部门举办市县级和乡镇级群众性文化活动分别达128场和2064场。持续推进博物馆免费开放工作，全省博物馆本年度新推出展陈项目800多个，年参观人次超过1700万。加强未成年人文化服务，举办第六届浙江省未成年人读书节，全省举办的各类未成年人读书活动总计达600余场次。改善残疾人文化服务，举办了浙江历史上规模最大、社会反响最为热烈的一届盲人节庆祝活动，浙江图书馆盲人图书馆共接待盲人读者5000余人次。

2010 年，全省公共文化服务运行机制持续创新。率先研究制订的，涵盖政府投入、设施建设、队伍规模、公共服务、社会参与、文化惠民创新等 7 个方面 23 项指标的浙江省农村公共文化服务评价指标体系不断完善、提高。在宁波市鄞州区召开浙江省公共文化服务体系建设制度设计研究工作会议，积极推进文化部委托的国家公共文化服务体系制度设计综合研究任务。推进城乡平等共享的网络图书馆建设，浙江网络图书馆自 2009 年开通至本期末，点击量已达到 697 万余次，电子图书全文下载 9.7 万余册次，电子文献传递 13.6 余万次，电子期刊论文下载 847 万余篇，成员馆上传书目记录 355 万余条。积极开展公共电子阅览室建设，浙江省被文化部列为全国试点省份。各地通过政府采购、项目补贴、定向资助等形式，提高公共文化服务与产品的质量。持续开展基层公共文化服务“创新奖”评选活动，台州市“百分之一文化计划”、嘉兴市公共图书馆城乡一体化服务体系等文化创新实践在全国产生良好影响。

从上述数据可以看到：

1. 公共文化服务供给面基本覆盖城乡，面向大众的文化产品逐渐丰富。

2. 公共文化产品和服务向基层传播的力度逐步加大。

3. 全省公共文化服务体系制度研究和实践已取得初步成效。

（七）文化市场

2010 年，浙江省坚持“一手抓管理，一手抓繁荣”的文化市场管理方针，积极探索文化市场综合执法体制的有效运行，提高执法水平，进一步规范文化市场秩序。

本期末，浙江省共有文化市场经营机构 10832 个，从业人员 86147 人，营业总收入 80.83 亿元，实现营业利润 25.657 亿元。其中，演出经纪机构 69 个，从业人员 757 人，营业总收入 1.76 亿元，实现营业利润 0.3 亿元；娱乐场所 4034 个，从业人员 56644 人，营业总收入 51.66 亿元，实现营业利润 15.35 亿元；互联网上网服务营业 27.13 亿元，实现营业利润 9.9 亿元；艺术品经营机构 41 个，从业人员 124 人，营业总收入 0.21 亿元，实现营业利润 0.05 亿元。

2010 年，全省各级文化部门各专业艺术表演团体深入实施文化精品工程，面向市场，面向群众，精心组织文艺生产创作。省属文艺院团陆续推出了一批优秀作品，如浙江话剧团的《幸福·COM》、《画皮》、《心灵游戏》，浙江京剧团的《王者俄狄》，浙江昆剧团的《临川梦影》，浙江小百花越剧团的《牡丹亭》，浙江越剧团的《月华如水》等。市县剧团的一批舞台艺术新作也接踵亮相，如余杭小百花越剧团的《洪升》、永嘉昆剧团的《荆钗记》、浙江绍剧团的《八戒别传》、浙江婺剧团的《穆桂英》等，为全省的艺术舞台增添了新的亮色。据统计，全年共演出 13430 场，演出观众人次达 1430.6 万，实现演出收入 13078 万元，取得了较好的经济效益和社会效益。同时，为加快民营文化的发展，省政府及时出台《关于加快发展民营文艺表演团体的意见》，推出十项举措加快发展民营文艺表演团体，成为全国第一个出台扶持政策推动民营文艺表演团体发展的省份。据不完全统计，本期末全省有各类民营剧团 332 个，从业人员 9529 人，演出场次共计 8.7 万场，其中：农村演出 6.3 万场；演出观众人次共计 8421.5 万，其中农村演出观众人次 5330 万；实现演出收入 45510 万元。

从上述数据可以看到：

1. 全省文化市场发展已经比较成熟、完善，为丰富城乡居民文化生活做出了重要贡献。

2. 坚持先进文化发展方向，面向基层，农村的文化市场发展理念已经确立，执行效果良好。

（八）文化遗产保护

浙江素有“文化之邦”的美誉，有着非常丰富的文化资源。2010 年，全省加强文化遗产保护，使优秀传统文化得以有效继承和弘扬。

本期末，全省现有全国重点文物保护单位 132 处，居全国第 5 位；省级文物保护单位 380 处，市县级文物保护单位 4199 处，文物保护点 2 万余处，并有杭州、绍兴、宁波、临海、衢州、金华等国家级历史文化名城 6 座，中国历史文化名镇、名村总数达到 30 个，省级历史文化名城 13 座，省级历史文化街区、村镇 79 个。联合国世界遗产中心对杭州西湖文化景观的实地评估验收工作顺利完成。大运河（浙江段）的申遗工作在资源调查、规划编制等方面获得了阶段性成果。良渚遗址成为首批国家考古遗址公园。

本期末，全省有各类文博机构 211 个，从业人员 4559 人，文物藏品 90 万件，各文物开放单位共组织推出各类展览（陈列）1186 个，接待观众超过 3361 万人次，有效发挥了文博机构服务社会、服务公众的公益性功能。其中：文化保护管理机构 94 个，从业人员 1397 人，文物藏品 6.9 万件，组织各类展览（陈列）123 个，接待观众超过 1333.9 万人次；文物部门博物馆 100 个，从业人员 2887 人，文物藏品 67.6 万件，组织各类展览（陈列）1063 个，接待观众超过 1957.2 万人次。全省共调查登录不可移动文物总数 76804 处，占全国 8% 以上，其中新发现 64054 处，占全国的近 10%，普查成果位居全国前列。制定出台了《加强馆际展览合作促进文物资源共享实施方案》，正式启动实施馆际资源合作。成立浙江省古籍保护中心，全省 707 部古籍入选国家珍贵古籍名录，9 家单位入选全国古籍重点保护单位，数量位居全国前列。

2010 年，全省各文物单位共实施考古发掘项目 78 个，其中抢救性发掘项目 30 个，主动性发掘项目 4 个。完成考古钻探面积 143.1 万平方米，考古发掘面积 15.6 万平方米，发掘墓葬 705 座。完成衢州南宗孔庙、杭州飞来峰造像（一期）本体保护实施阶段，正在实施诸暨斯宅古建筑群、绍兴大禹陵、兰溪诸葛长乐村古建筑群的保护工程，审查批准了浦江上山遗址、杭州飞来峰造像（二期）保护设计方案。完成泰顺文兴桥、庆元卢福神庙、安吉安城城墙等一大批省级以上文物保护单位的保护修缮工作。2010 年，全省各文物单位共实施文物保护维修项目 219 个，维修面积达 45.5 万平方米。

本期末，全省共有非物质文化遗产保护机构 94 个，工作人员 336 人，综合性或专题性非遗馆 376 个，非遗传习所 880 个，10640 个非物质文化遗产代表性传承人。浙江瑞安市的“中国活字印刷术”新入选联合国教科文组织“急需保护的非物质文化遗产名录”，全省累计共有 8 个项目入选联合国教科文组织非物质文化遗产名录，入选数位列全国榜首。象山海洋渔文化生态区成功入围国家级文化生态保护实验区。新建立了普陀观音文化、龙泉青瓷文化两个省级文化生态保护实验区，全省共建立了 9 个文化生态保护实验区，命名了 62 所省非遗传承教学基地，推进非物质文化遗产进课堂、进教材、进校园。加强非物质文化遗产资源的合理利用，公布 22 个省级非遗旅游经典景区（景点），开创了全国先例。重点培育 120 个传统表演艺术精品项目。在国家非物质文化遗产保护中心的支持下，在省城杭州设立了中国非遗保护浙江培训基地。在全省开展第五个“服务传承人月”和文化遗产日系列活动，成功举办了第二届中国（浙江）非遗博览会。在文化部公布的第三批国家级非物质文化遗产名录中，全省 58 个项目上榜，第三次位列全国第一。

从上述数据可以看到：全省文化遗产保护力度大、成效好，许多方面的工作走在全国前列。文化遗产利用层次高，发展空间广阔。

二、文化发展的建议

（一）均衡建设和发展文化文物人才队伍，达到“不拘一格出人才”的效果

文化机构是文化人才的“载体”，文化发展的“保障实体”。应针对各级文化发展的目标，科学配置文化事业机构，科学引导文化产业机构的发展方向。比如，及时设置新型文化科研和教育机构，以求文化创新的“源头活水”。应在条件允许的前提下，配合文化部“国家文化科技提升计划”，发展和充实现有全省各类文化科研部门，以适应文化建设的全面进步。同样，文物科研机构的充实和发展不仅必须而且必要，浙江是文物大省，不仅陆地上文化遗存众多，近海大陆架上也是“文物富矿”，文物科研队伍建设和壮大迫在眉睫。再比如，随着文化体制改革的深入，2010 年省属 3 家院团成功完成转企改制后，其余全省国办艺术院团都将启动转制，省文化部门管理的艺术表演团体的机构构成将发生重大变化。省政府相关职能部门应针对变化提前在财政扶持政策方面进行科学设计，既要重点保障保留事业性质院团的建设和发展，又要对改制企业给予政策、资金等方面的支持。保留事业性质的院团，应科学管理、创新机制、增强活力、拓展市场，在出人、出戏、出效果上更上一层楼。对改制企业既要给加强引导、加大扶持，又要贴近观众、面向市场，打造现代企业，使其成为真正的市场主体。

“十二五”期间，九争加大对“新松计划”的经费几篇，面向全省专门用于青年艺术创作、表演人才的艺术创作和表演实践，争取在“十二五”期间推出 50 名左右优秀青年创作、表演人才。在“新松计划”现有的举办个人艺术专场、开办高级研修班等形式的基础上，探索“名师带人”、“作品出人”、“市场育人”等新的培养青年艺术人才的好形式、好机制，逐渐形成有浙江特色的人才培养机制。扩大视野，加强激励，引入竞争，积极吸纳包括更大范畴的艺术从业人员享受“新松计划”的扶持和资助，并将之作为吸引省外优秀青年艺术人才的一项举措。设计亮点，加强宣传，扩大影响，谋划举行“新松计划”青年艺术之星大赛，出版“新松计划”青年艺术人才作品集，组织“新松计划”青年艺术人才参加“钱江浪花”文艺直通车下基层演出活动，全方位的推出和宣传“新松计划”培养和推出的优秀青年艺术人才，扩大“新松计划”活动在全社会的影响力。

（二）积极促进财政投入制度化，实现对文化投入的聚增效应

浙江省“十一五”期间各级财政对文化的投入总体上保持了与财政支出同步增长的态势，这是可喜的一面。但在结构增速上，文化事业费持续低增长，走势趋疲软，人均文化事业费与广东、上海等省市的差距还比较大，北京人均文化事业费为 82.44 元/人，上海人均文化事业费为 80.92 元/

人，我省人均文化事业费仅为 44.46 元/人，分别仅为北京、上海的 54%、55%，差距明显。应考虑以更加刚性的要求规范全省各级财政对文化投入的比例，建立各级财政对文化投入的绩效考评标准，规避文化建设因资金保障因素而出现的不平衡现象，实现文化持续、有效、科学发展。

“如何用好财政投入的钱”是浙江省文化系统近年来重点探索和实践的问题。针对目前各级各类文化投入专项资金品种多、金额小、结构待完善的现状，省文化厅正在对现有 22 类专项资金进行全面核理、科学整合，有些实现省级文化投入“1 + 1 > 2”的聚增效应。

具体建议：

1. 将现有农村文化建设“八项工程”建设涉及的农村基层文化设施建设专项资金、文化活动繁荣工程专项资金、文化低保专项资金、文化信息资源共享工程专项资金、送书下乡专项资金、送戏下乡专项资金、村级文化活动室器材补助专项资金、农村文化队伍素质提升工程专项资金、农村文化建设先进奖励专项资金等 9 个专项资金，科学整合为浙江省农村公共文化服务建设专项资金，并争取财政配套增加投入，争取“十二五”期间，“浙江省农村公共文化服务建设专项资金”每年投入总额达到 15000 万元。

2. 将现有省级文物保护专项资金、文物征集专项经费等 2 个专项共计 4300 万元，科学整合为浙江省省级文物保护与征集专项资金，争取“十二五”期间浙江省省级文物保护与征集专项资金每年投入总额争取达到 6500 万元。

3. 将现有非物质文化遗产保护工程专项资金、浙江省昆曲艺术专项资金、古籍保护专项资金等 3 个项目，科学整合为浙江省非物质文化遗产保护专项资金，争取“十二五”期间，浙江省非物质文化遗产保护专项资金每年投入总额取达到 3000 万元。

4. 将现有省属院团艺术投资及奖励专项经费、演出设备更新专项经费、送戏下乡演出专项经费、浙江省儿童艺术发展专项资金、浙江省舞台艺术人才保护专项资金、文化人才廉租公寓专项资金等 6 个专项，科学整合为浙江省舞台艺术繁荣发展专项资金，整合后的专项资金用于促进全省文艺创作和演艺事业的进一步繁荣发展，争取“十二五”期间，浙江省舞台艺术繁荣发展专项资金每年投入总额达到 5000 万元。

5. 在现有每年对台文化交流专项经费 300 万元的基础上，设立浙江省文化交流专项资金，用于对台、对港澳和对外文化交流活动，要求省财政新增配套投入。争取“十二五”期间，浙江省文化交流专项资金每年投入总额达到 1000 万元。

（三）统筹城乡文化建设和发展，促进公共文化惠及面的最大化

随着改革开放、市场经济的发展，浙江广大基层群众普遍富裕起来，对精神文化生活的需求越来越迫切，如何统筹城乡，加强社区、农村文化建设已成为客观的、迫切的需要。

全省各级政府应积极采取有效手段实施引导，切实加强社区、农村文化建设。具体建议：

1. 应大力完善现有的公共文化网络体系，实现对社区、农村文化建设高质量的全覆盖。

2. 强化省、设区市两级财政对基层文化建设转移性支付的力度和方式。

3. 加大基层政府的示范性引导、舆论的宣传力度，引导鼓励民间和社会力量参与到社区、农村文化建设中来，形成多方力量共同参与、社会各界协力并举的良好发展格局。

4. 全省各设区市在基础设施建设逐步完善的同时，要关注配套建设、软件建设，逐步实现城市“十五分钟文化圈”、农村“三十分钟文化圈”的目标。

5. 切实关心、关注外来务工人员的文化权益，实现文化的普惠。浙江省是外来务工人员的输入大省，在保障本地居民文化需求的同时，也要兼顾外来务工人员的文化权益，从而保障整个社会的全面协调发展。

（四）持续推进文化创新

浙江文化应秉承丰厚的历史文化资源和市场经济先发优势，促进文化创新理念的迸发，加大创新力量兼容并蓄的力度，形成长三角文化原创的高地，实现浙江文化与经济发展在全国同样“领先一步”、实现“比翼双飞”。具体建议：

1. 创新发展理念。借鉴国内外文化发展成功经验，更加自觉地树立科学的文化发展观，以全省文化发展“十二五”规划为蓝图，做大做强文化事业和文化产业，从更高的起点、以更开阔的视界和更长远的眼光谋划和布局文化建设。

2. 创新发展机制。首先，要形成全省各级政府重视的推动机制。适时适情设立专门奖项，对文化创新中做出突出贡献的公民、组织等进行奖励，激发全社会文化创新的热情。要把提升浙江文化创新能力作为繁荣浙江文艺、建设文化大省的核心问题，开展专题研究。其次，要形成原创自觉的执行队伍。在解决文化民生问题的同时，建设广大城乡文化创新的生力军，构建群体互动的浙江原创力阵容。进一步发展群众性文艺评论、文艺竞赛等丰富多彩的活动，培育国内领先的文艺现象、文艺形式、文艺流派和文化业态。

3. 创新发展内容。浙江文化创新要在继承传统的基础上，进一步弘扬新时期浙江人文精神，让文化软实力成为服务于发展的硬道理，为浙江“创业富民、创新强省”构筑广泛的思想共识，提供足够的精神动力；同时紧扣浙江经济转型升级、发展方式转变的时代要求，不断增强浙江经济发展的科技和人文含量，提升产业竞争力，扩展文化影响力，促进文化发展方式转变。

4. 创新发展环境。要重视并全力以赴推出浙江原创、浙江主创以及拥有自主知识产权的文艺作品。进一步增强各文艺门类“工作室”建设，推出文化名人品牌；扶持文化数字信息、演艺、文化资讯等若干主业突出、核心竞争力强的文化公司上市，以品牌带动打造一批优势文化企业。鼓励有条件的高等学校与文化企业、园区、社区、农村合作建立文化创意产业人才培养基地，开展传统工艺美术、新剧目、新传媒的研发，注册知识产权和商业专利，推进文化原创力成为文化发展的生命。

（五）尽快设立省级文化产业投资基金，撬动文化产业发展

应尽快设立省级文化产业投资基金或者组建国有文化产业投资公司。浙江作为沿海经济发达省份之一，具有充裕的资本优势，必须以发展及战略的眼光，组建以政府为主导的省级文化产业投资基金或者国有文化产业投资公司。此一方面可作为全省文化产业发展的强大后盾，在做大、做强本土文化企业的同时做大自己；另一方面要大力实现资本、科技与产业的结合，通过市场来配置各类文化资源。据了解，江苏、河南、陕西等省都组建了注册资本在20亿以上的文化产业投资公司或

产业发展基金，建议浙江省设立初始规模约 20 亿元的省级文化产业投资基金或组建投资规模为 10 个亿的省级文化产业投资公司，以推动文化产业的发展。

（六）在高水平、高起点上全面推进文化遗产保护

文化遗产是滋润现代科学、教育、文化和民族自尊心的源泉，任何对文化遗产的破坏和丢弃，都将导致民族精神的贫乏和历史记忆的缺失。保护好“有形”和“无形”的文化遗产意义重大。

1. 正确处理保护与建设、保护与发展的关系

对物质文化遗产保护，要贯彻“保护为主，抢救第一，合理利用，加强管理”的方针，全省各级政府是文化遗产保护的第一责任人，必须在保护的基础上，将科学规划放在首位，统筹发展，依法承担建设职能。对非物质文化遗产，全省各级政府要贯彻“保护为主，抢救第一，合理利用，传承发展”的方针，通过全社会的努力，逐步建立起比较完备的、有浙江特色的非物质文化遗产保护制度，使珍贵、濒危并具有历史、文化和科学价值的非物质文化遗产得到有效保护，并得以传承和发扬。文化遗产保护要从青少年开始抓起，把文化遗产教育引入学校教学体系中，推进文化遗产融入社会、融入群众、融入生活，推进文化遗产保护成为全省公民的共识。要充分发挥雕版资金的效用，用好公共财政专项资金。

2. 努力化解历史文化遗产保护和经济建设的矛盾

全省各级文化文物部门应积极与城建、规划部门协调，着力避免“只重视眼前开发，不重视长远保护；只重视经济效益，不重视文化内涵”等明显的短期行为和一些违规行为，实现社会发展、经济建设和保护历史环境及文化遗产三者之间的最佳平衡，促进文化遗产保护与经济社会的均衡发展。

（浙江省文化厅）

安徽省 2010 年文化发展情况分析

2010 年，在省委、省政府的坚强领导下，全省文化战线紧紧围绕中心工作，以加快安徽文化事业科学发展为主题，以建设文化强省、服务安徽崛起为主线，抢抓机遇，改革创新，服务发展，服务群众，为安徽经济社会又好又快发展提供了精神动力和文化条件，文化建设步入全面提速、跨越发展的快车道。

一、文化机构和人员规模

截至 2010 年底，全省共有各类文化单位 13399 个，从业人员 84140 人。主要分类为：艺术业 1338 个，人员 18687 人，其中艺术表演团体 1255 个、人员 17579 人，艺术表演场所 60 个、人员 999 人。公共图书馆 88 个，人员 1239 人。群众文化服务业 1509 个，人员 5295 人，其中文化馆 120 个、人员 1496 人，文化站 1389 个、人员 3799 人。文化市场经营单位 9979 个，人员 51244 人。文物业 212 个，人员 2434 人，其中博物馆 120 个、人员 1548 人。艺术教育和文艺科研机构 17 个，人员 625 人。其他产业 256 个，人员 4616 人。

表 1　2010 年度全省文化部门机构数、从业人员数总表

类　型	机构数（个）	从业人员数（人）	
			高级职称
总　计	13399	84140	1162
一、文化及相关产业	13395	84127	1161
1. 艺术业	1338	18687	594
其中：艺术表演团体	1255	17579	531
艺术表演场馆	60	999	44
2. 图书馆	88	1239	82
3. 群众文化服务	1509	5295	226
其中：文化馆	120	1496	79
文化站	1389	3799	147
4. 艺术教育业	6	528	66
5. 文化市场经营机构	9979	51244	–
6. 文艺科研	11	97	27
7. 文物业	212	2434	136
8. 其他文化及相关产业	252	4603	30
二、非文化及相关产业	4	13	1

与2009年相比，全省文化单位机构减少350个，人员增加6399人。机构和人员变化的原因主要是：按照职能调整，2010年文化部门不再统计“文化市场经营机构”中的音像制品经营机构，减少机构459家；娱乐场所和互联网上网服务营业场所快速发展，从业人员增加4600人；新增艺术品经营机构、动漫企业等15家，人员2000余人；新增各类博物馆纪念馆52家，人员500人。其他机构和人员规模相对保持稳定。

二、文化事业经费投入

2010年，全省文化事业费（财政拨款中用于发展社会文化事业的经费支出，不包括文化基本设施建设和文物保护、文化教育等支出。下同）达到7.68亿元，比上年增加0.88亿元，增长12.9%；文化事业费占同年全省财政支出的0.31%，比上年减少0.01个百分点。全省人均文化事业费12.94元，比上年增长16.4%。

图1 “十一五”时期安徽省文化事业费增长情况示意图

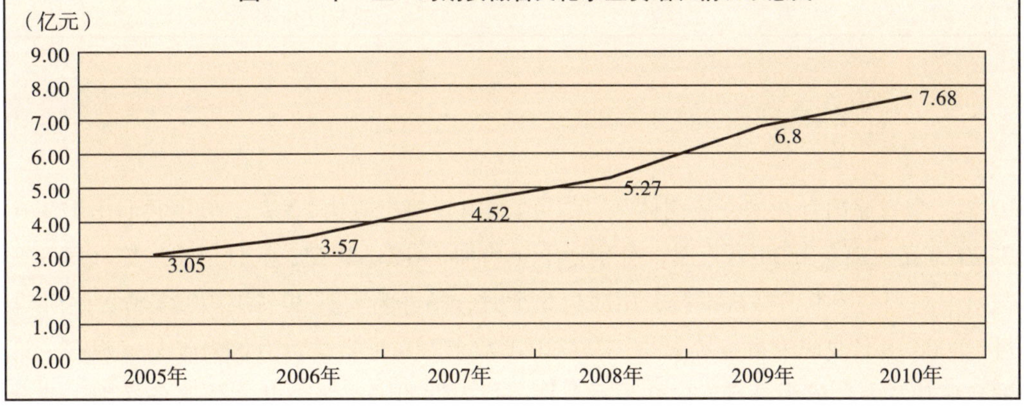

2010年，省级财政安排（预算、追加）1.93亿元，其中，投入文化信息资源共享工程204万元，乡镇综合文化站建设工程4586万元，非物质文化遗产保护和徽州文化生态保护区建设1622万元；实施县级图书馆文化馆维修改造达标工程，国家和省级投入共计2540万元；设立省级农村文化建设专项资金2000万元；安排乡镇综合文化站建内部设施配套经费等1137万元。

三、文化基础设施建设

2010年，实施文化基础设施建设项目391个，总投资12.97亿元，总计建筑面积157.8万平方米，当年完成投资6.5亿元。省“861”项目省文博园计划投入7亿元，当年完成投资9000万元；全省实施公共图书馆建设项目27个，文化馆建设项目40个，乡镇综合文化站建设项目904个。安徽艺术职业学院新校区二期工程完成投入1.6亿元，当年建成投入使用。全省45个县级图书馆、文化馆维修改造达标工程共计投入2540万元。亳州市博物馆、宿州市博物馆、泾县新四军军部军史陈列馆、芜湖市徽商博物馆相继建成对外开放；六安皖西博物馆建成，池州市博物馆和含山县博物馆进入展陈设计阶段；绩溪县博物馆正在抓紧建设；全省325个纳入省政府民生工程的乡镇综合文化站建设项目全部建成，实际完成投资 1.59 亿元，超过计划投资 16.17%。

图2　2010年安徽省文化设施建设资金投入情况示意图

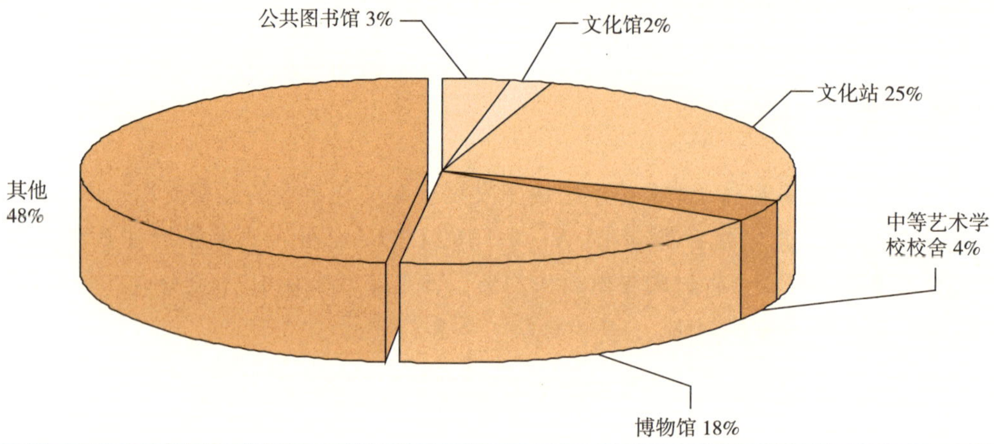

四、文艺创作和演出

2010 年，全省原国有艺术表演团体 93 家，改制组建演出机构 52 家。全年共演出 18470 场，演出收入 3770 万元，观众 1530 万人次，分别比上年增加 8.6%、9.5% 和 11.4%。第九届安徽省艺术节与马鞍山中国李白诗歌节联袂举行，历时近 3 个月，举办 8 大类 30 余项 70 多场文化活动，15 台新创剧目，8000 多名演职人员直接参与，马鞍山市数十万、全省数百万群众参与、观赏。第三届中国农民歌会成功举办，成为具有导向性、示范性、代表性的国家级公共文化服务品牌，获全国社会文化政府奖——第 15 届“群星奖”。以“盛世徽韵”为主题的上海世博会安徽活动周精彩纷呈，受到省政府表彰；省歌舞剧院民族管弦乐团赴欧非 4 国巡演，创造了安徽对外文化交流的多项第一。

全省登记 1200 家民营文艺表演团体，演出 38 万场，演出场次比上年增加 35.7%；演出收入 6 亿余元，收入比上年增长 37.8%。

五、公共文化服务体系建设

2010 年，全省有公共图书馆 88 个，人员 1239 人；全省公共图书馆总藏量 1235.8 万册（件），比上年增加 8.7%；当年购买报刊种类 2.8 万种，新购藏量 61.2 万册，比上年增加 12.1%、6.3%；读者总流通人次 759.9 万人次，比上年增加 13.3%；书刊外借 683.2 万册次，比上年增加 18.3%。

2010 年，全省有群众文化服务机构 1509 个，人员 5295 人。其中文化馆 120 个、人员 1496 人；文化站 1389 个、人员 3799 人。全年各级文化馆共组织文艺活动 3516 次，举办培训班 2234 班次，分别比上年增长 6.4%、2.3%；举办展览 615 个，组织各类理论研讨和讲座 213 个，有馆办文艺团体 188 个，演出 1630 场次。

乡镇综合文化站作为基层主要文化阵地，全年举办展览 3123 次，组织文艺活动 8421 次；举办各类培训 7427 次，培训 36.4 万人次。

六、文化产业和文化市场管理

（一）文化产业

2010 年，全省共有文化企业机构 11222 个，从业人员 68579 人。其中，市场经营单位 9979 个，人员 51244 人；文艺表演团体 1200 家，人员 15096 人；动漫企业 13 家，人员 1740 人。全省文化市场由 9 个方面构成，其中网吧 5688 家，占 50%；娱乐场所 3690 家，占 33%；文艺创作与表演机构 1200 家，占 11%。

图3　2010年安徽省文化市场经营机构构成情况图

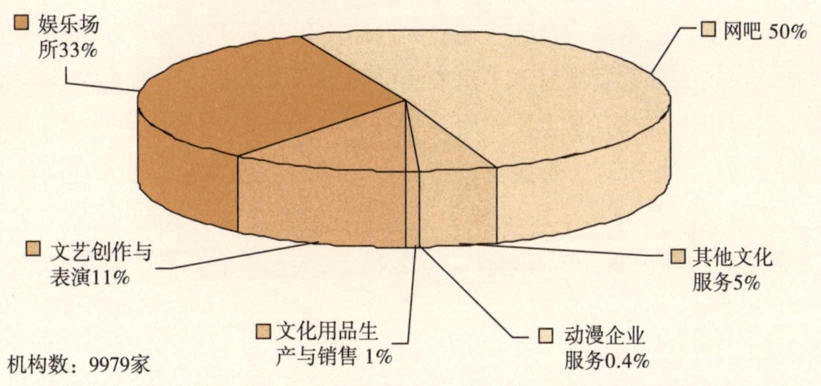

2010 年，全省文化市场经营单位资产总值 66.2 亿元，当年营业总收入 57.6 亿元，利润总额 32.7 亿元。有 20 家省级文化产业示范基地，7 家国家级文化产业示范基地。合肥、芜湖、马鞍山、淮南等动漫产业基地逐步做大，入驻企业 300 余家。合肥金诺数码科技有限公司等 8 家企业通过国家动漫企业认定。

（二）文化市场

1. 位次

“十一五”时期，文化市场加速发展，截至 2010 年，文化市场经营单位数位居全国第九、中部地区第三位；从业人员数位居全国第 13 位、中部第四位；资产总值位居全国第 11 位、中部第三位；利润总位居全国第七位、中部第一位；登记各类文艺表演团体 1255 家，位居全国第一。

2. 结构变化

全省文化市场体系建设不断完善，文化市场规模不断壮大，龙头企业进一步发展，品牌效应初步显现，自主经营、自我发展、自我约束、自负盈亏的多种所有制文化企业已成为文化市场供给的

图4　2010年中部六省文化市场经营机构数比较

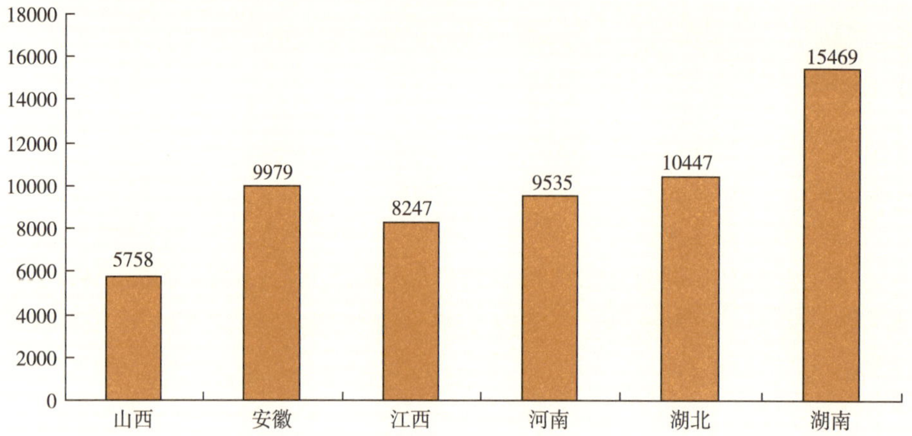

主体。演出、娱乐、网吧、艺术品以及新兴动漫和网络文化产品等，构成了种类丰富、形式多样的文化市场体系。文化市场的繁荣发展对于丰富人民群众精神文化生活，加强社会主义文化建设，拉动经济发展，增加就业机会等起到了重要作用。

同期，全省加强文化市场管理，形成省、市、县（区）三级文化行政管理网络，共有文化市场管理机构 200 个，从业人员 1200 人。2010 年，文化市场监管共出动 36.6 万余人次，检查各类文化经营单位 36.7 万余家次，办理案件 1 万余件，收缴物品 24 万余个，罚款 469 万元。

七、文化遗产保护

（一）文物保护

安徽是著名的文化资源大省。全省共有各类文物遗存 2.6 万余处，国有文物收藏单位收藏可移动文物 55 万余件（省博物馆收藏 23 万件），其中一级品 1533 件；全国重点文物保护单位 56 处、合并国保项目 2 处，省级文物保护单位 454 处，市县级文物保护单位 2000 余处。第三次文物普查调查登记文物点 6084 处，新发现文物点 3093 处。

2010 年，全省文博事业快速发展，各类文物单位和管理机构 212 个，从业人员 2432 人，省、市、县三级文物机构网络已经形成。全省博物馆机构数增至 120 家，其中文化文物系统 85 家，教育、国土等部门 23 家，民办博物馆 12 家。当年纳入行业管理博物馆纪念馆 52 家，比上年增加 76.4%；新增文化文物系统博物馆机构 13 个，比上年增加 18%；新增民办博物馆 5 个，比上年增加 71%。全省纳入国家免费开放的博物馆、纪念馆、爱国主义教育基地 71 个，占总数的 59%。文化系统博物馆免费开放 65 个，占系统内博物馆近 92%。

全省共有文物藏品 822095 件/套，其中馆藏文物 503247 件/套。馆藏文物中一级品 1746 件/套、二级品 4111 件/套、三级品 38467 件/套。各级各类博物馆、纪念馆有基本陈列 426 个，全年举办展

图5 “十一五”时期安徽省博物馆、纪念馆机构增长情况示意图

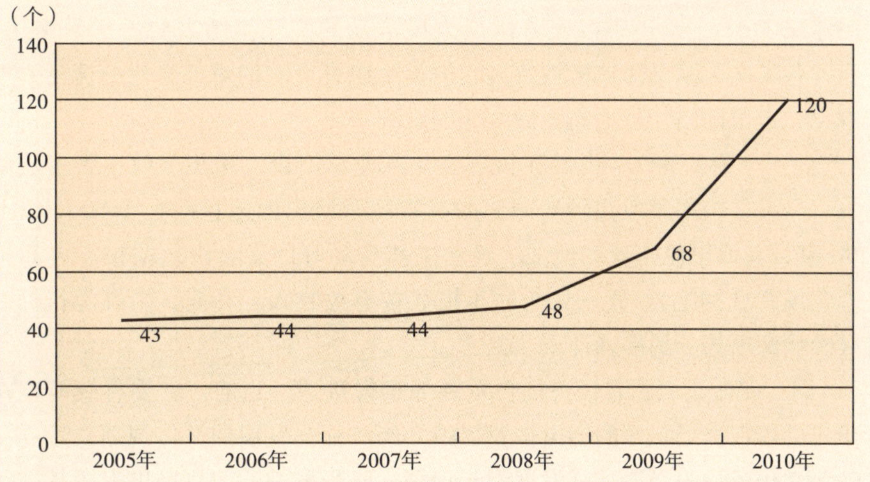

览433个，接待观众1205万人次，分别比上年增长30%、34%和39%。全年进行文物保护维修项目145个，维修面积222.6万平方米。

2010年，全省文物机构总收入大幅增加，财政对文物事业投入力度加大。当年，全省文物部门本年收入合计36781.4万元，比上年增加18082.5万元，增幅达96.7%。其中财政拨款27220万元，占资金总额的74%，比上年增加15968.5万元，增幅142%。事业收入3293.8万元，比上年增加2581.1万，增幅达362.15%；经营性收入196.9万，比上年增加176.7万，增幅达874.75%；全省财政拨款人均金额为4.45，比上年增加0.41元，增幅10.15%。

（二）非物质文化遗产保护

安徽文化底蕴深厚。现有联合国教科文组织人类非物质文化遗产代表作名录2项，国家级非物质文化遗产名录60项，省级名录273项，市级名录641项，县级名录1728项；公布国家级非物质文化遗产传承人53人、省级传承人333人、县级传承人2900余人；徽州文化生态保护实验区建设扎实推进。

八、存在问题

（一）投入不足，多项发展指标落后。统计显示，我省部分指标虽然有较大增幅，但是由于基数小，人口多，在各地纷纷加大投入的前提下，总量不足、均量落后的局面没有得到明显改观。2010年，全国文化事业费323.1亿元，我省为7.68亿元，位居全国第20位、中部地区第5位；人均文化事业费为24.11元，我省仅12.94元，位居全国第29位，中部地区第5位。

（二）文化事业发展短板亟待加强。一是公共文化服务体系建设不全。全省4个市缺图书馆，3个市缺文化馆，2个市缺综合性博物馆；全省44个市区中有33个区缺机构，区图书馆覆盖率仅25%；芜湖市三山区、滁州市南谯区为全省两个未建设文化馆的县区。二是公共文化机构作用发挥

不够充分。2010 年全省公共图书馆、文化馆虽有较大发展，但是在发挥公共文化服务职能上还有不足。如公共图书馆全年举办展览、举办培训班次分别减少 23 次、16 次；文化馆举办展览减少 24 次，馆办文艺团体减少 31 个，还难以充分满足人民群众的文化生活需要。三是文化交流规模小、层次低。虽然我省各类文艺演出团体机构较多，但是组织有影响的对外文化交流活动非常少，文艺院团亟待走出本土、走出国门，以提高安徽文化的影响力。

（三）文化产业统计面临困难。尤其在核算文化产业总产出、增加值时，大多数基层单位不能如实填报，漏报、少报、拒报现象比较普遍。如我省民营演出团体目前在 1600 家以上，但是能及时取数的仅 1200 家，其他单位因流动性强、经营主体变动等因素会出现漏报。再如数以千计的互联网上网服务营业场所（网吧）、娱乐场所的年报数在有关收入、利润、工资等指标时，少报问题比较突出，直接影响两项指标的准确性。

“十二五”时期，安徽正面临着经济社会发展的难得机遇，当前，省委省政府正在实施文化强省战略，将文化建设摆在全局工作的突出位置，纳入经济社会发展的总体规划，建立一整套发展考核评价体系，确保文化建设与经济社会发展同步规划、同步推进，加快推进安徽从文化资源大省向文化强省的跨越。

（安徽省文化厅）

福建省2010年文化发展情况分析

2010年是全面谋划福建“十二五”文化规划的重要一年。我省的文化工作坚持以科学发展观为统领，全面贯彻落实中央和省委关于文化建设和文化体制改革的一系列重要方针，牢牢把握社会主义先进文化的前进方向，深入实施海西文化强省战略，坚持“服务海西、文化强省、项目（品牌）带动、改革创新、加强管理”的总体思路，一年来，我省舞台艺术精品不断涌现，公共文化投入不断增加，文化设施和服务网络日趋完善，文化市场健康有序，文化体制改革初见成效，文化产业经济总量持续增加，产业结构进一步优化。

一、福建省文化发展情况

（一）投入情况

2010年全年全省投入文化文物事业费13.04亿元，较上年增加了1.32亿元，全省人均文化文物事业费为35.36元，同比增长11.27%，其中，文化事业费10.18亿元，较上年增加了1.22亿元，全省人均文化事业费为27.61元，同比增长13.72%，我省文化事业费高于全国3.5元，列居全国第12位。全省文化投入占当年全省财政一般预算支出的比重为0.601%，比上年回落0.037个百分点。

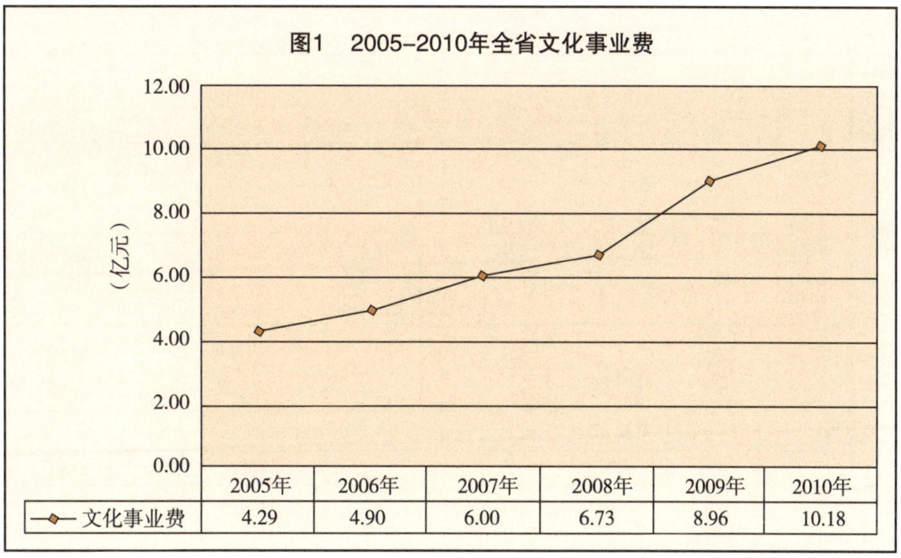

图1 2005-2010年全省文化事业费

我省大部分地市的人均文化事业费都低于全省人均文化事业费，有些地市还很低。数据分析：一是地区发展不平衡，我省中央苏区和革命老区以及贫困山区等地区经济还欠发达，增长幅度还不够高；二是多数地市还没有建立文化财政投入与财政预算支出的自然增长机制。

（二）人员机构情况

近年来，全省文化系统队伍建设有了较快发展，从业人员的总量和规模不断扩大，人员结构不断优化，人员素质不断提高。2010 年全省文化产业机构数 8068 个，从业人员 78313 人；其中文化及相关产业机构数为 8065 个，从业人员 78305 人，其中艺术业机构 507 个，从业人员 15562 人，图书馆机构 86 个，从业人员 1190 人，群众文化服务机构 1190 个，从业人员 2655 人，艺术教育机构 12 个，从业人员 495 人，文化市场经营机构 5836 个，从业人员 52862 人，文艺科研机构 10 个，从业人员 111 人，文物业机构 155 个，从业人员 1528 人，其他文化及相关产业机构 269 个，从业人员 3902 人。全省已基本形成覆盖城乡、门类齐全、多种所有制并举的文化事业网络体系。

（三）艺术表演业

2010 年，全省国有艺术表演院团 93 家，从业人员 4468 人，与上年相比，本年上演剧目较上年的 108 个下降到 68 个，减少了 40 个，同比下降了 37.04%；演出了 16.3 千场次，增加了 1.44 千场次，同比增长了 9.69%；国内演出观众由上年的 13992 下降到 13042 千人次，略减了 950 千人次，下降了 6.79%；财政拨款和演出收入分别是 304853 千元、70239 千元，较上年增加了 62226 千元和 21307 千元，增长了 25.65%、43.03%。全省共有流动舞台车 24 辆，利用流动舞台车演出了 460 场，观众达 50 万人次，全年政府采购的公益演出活动 1280 场，观众 100 万人次，政府采购公益性演出补贴为 10896 千元，较上年增加了 715 千元，增长了 7.02%。公用房屋建筑面积 18.85 万平方米；较上年增长 26.17%。

图2　2010年福建省各地市文艺表演团队演出收入一览表

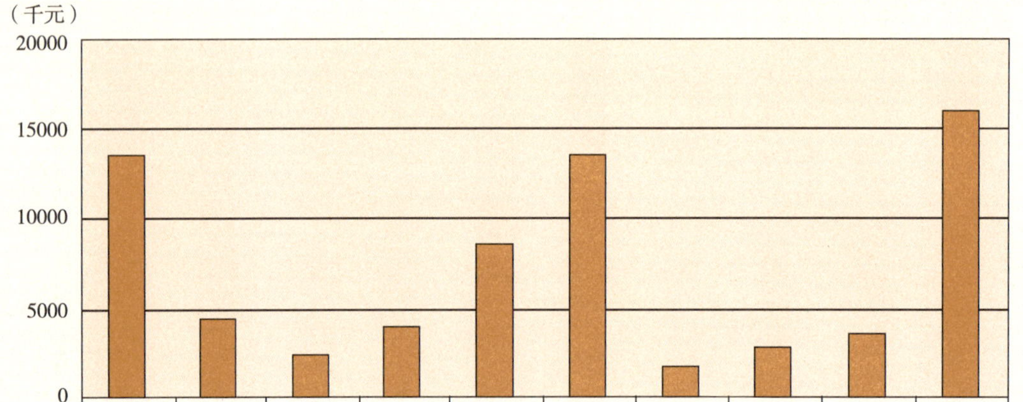

	福州市	厦门市	莆田市	三明市	泉州市	漳州市	南平市	龙岩市	宁德市	省本级
演出收入	13562	4431	2389	3839	8650	13529	1680	2768	3507	15884

从上图可知。全省演出收入分列前三名的地市是：省本级 15884 千元、福州 13562 千元和漳州市 13529 千元，分别较上年增长了 6.62%、42.69% 和 141.54%。演出场次排列前三名的地市是福州市 4080 场、漳州市 2870 场和泉州市 2020 场，分别较上年增长了 6.72%、8.71% 和 6.31%；

2010 年我省艺术创作和展演水平大幅提升。舞台艺术精品不断呈现，先后有歌仔戏《蝴蝶之恋》、《邵江海》、《北风紧》、《王茂生进酒》等19部精典剧目，荣获各类国家级大奖，闽剧《贬官记》、梨园戏《董生与李氏》等多部剧目获国家舞台艺术精品工程并有多位选手在全国获奖；我省还成功举办了上海世博会福建周、泛珠论坛、第五届全国特奥会、第十二届全国科协年会等有关文艺演出活动。2010年上海世博会福建宣传周文艺演出活动在宝钢大、小舞台和巡游区共有四十多场文艺演出，仅宝钢大舞台展演区的观众达到2.6万人，创下各省区活动周演出的新高；第五届全国特殊奥林匹克运动会开幕式演出为迄今为止我省成功举办的一次规模最大、影响最广、艺术水准最高的大型户外文艺演出活动；首届闽台音乐周成功举办5场研讨会、3场现代音乐会和一场歌曲音乐会，中国音乐家协会和龙岩市共同主办首届海峡客家歌曲创作演唱大赛，此外，我省还积极完成省委省政府部署安排的近30场重要演出任务以及与其他部门联办的“海西农村文化行”、“三下乡”等演出活动。

2010年，我省院团改革试点工作正逐步推进。省杂技团的转企改制也于12月21日正式挂牌。省文艺音像出版社也按要求转企改制，向省工商局办理企业法人登记注册，领取工商营业执照，举行了挂牌仪式，正在注销事业法人和核销事业编制；福州市歌舞剧院、厦门歌舞剧院及小白鹭民间舞团等城市为转企改制试点单位，工作正在全面展开。同时对全省65个县级国有文艺院团进行逐一摸底，将确定一批县级院团进行转企改制。全省九个设区市除福州（文化、出版合一）外已全部实现文化、广电、新闻出版三局合一，相应的文化市场综合执法也进行了整合。

2010年我省共有57家艺术表演场馆，从业人员990人，坐席数29448个，演（映）出32680场（艺术表演3400场），观众263万人次，资产原值17287万元。去年我省有2家演出场馆，移交给广电部门，在这种形势下，为进一步深化文化体制改革，财政对艺术表演场馆加大投入，达到15419千元，扣除移交因素，与上年基本持平。艺术演出收入还创历史新高，全省达到了11093千元，较上年增长了146千元，增长了1.33%。此外，各级政府还加大了对文化场馆的建设改造力度，文化部门现有的演出场馆，有了较大的提升，演出场馆公用房屋建筑面积达到366.19千平方米，较上年增加了160.3千平方米，一大批新馆建成投入使用。

图3 福建省各地市2010年演出场馆坐席数

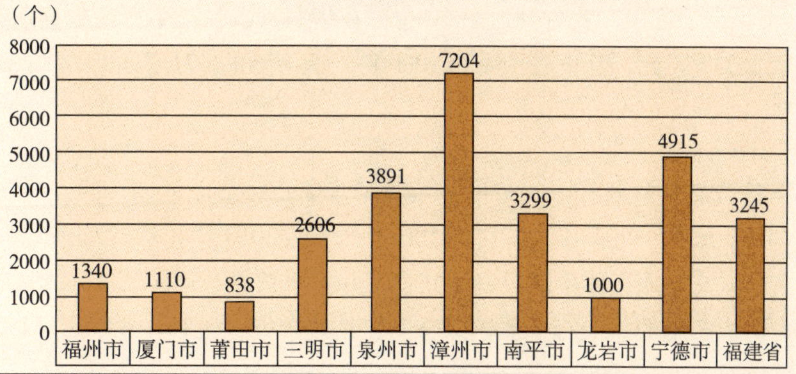

（四）图书馆业

2010 年，我省公共图书馆总藏量 16816 千册，较上年增加 1393.09 千册、增长 9.03%；图书藏量 13173 千册，增加了 1176.33 千册，增长 9.81%，累计发放有效借书证 471750 个，增加 57696 个，增长 13.93%；当年总流通人次 11933.4 千人次，较上年增加了 113.87 千人次，增长 0.96%，全年购书经费 26313 千元，增加 10719 千元，增长 68.74%，而与之相对应的新购藏量只较上年增加了 78.23 千件册，增长率达 8.19%。厦门、省图和福州分列我省前三位：分别是 3349 千册、2972 千册和 2625 千册，比上年增长了 12.12%、9.67% 和 15.38%。

图4　2010年福建省各地市图书馆总藏量一览图

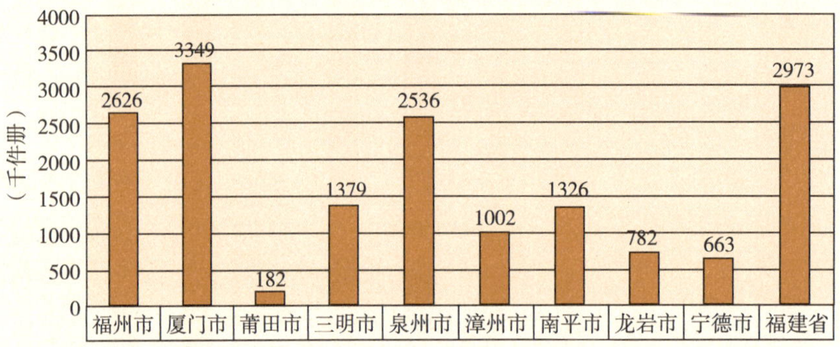

从数据可知，我省流通人数增长幅度较大，说明群众到图书馆借阅图书较多，反映出读者的学习热忱和群众更新知识结构的愿望，体现公益性图书馆在当今经济大潮中的作用日益显现。另一方面说明，现在图书成本增加，价格上涨，同样的资金，购买力下降，要求政府还要加大投入，将当地人均图书拥有量列入年度绩效考核指标，推进各地加大对图书馆建设的投入，建设更加人性化的阅读平台和新购藏品机制，增加专项购书经费势在必行，最大程度来满足群众日益增长的物质文化发展需求。

2010 年全国人均购书经费 0.829 元。我省人均购书经费为 0.759 元，低于全国平均数 0.07 元。在全国 31 个省、市、自治区中，我省列居第 10 位。在华东六省一市中，我省列居第 4 位。2010 年我省购书专项经费 26313 千元，其中省图书馆 10000 千元、泉州 3471 千元、厦门 3128 千元。

（五）群众文化业

据统计，2010 年我省群众艺术馆、文化馆（站）共举办展览 2930 个展览，组织文艺活动 9691 次，举办训练班 11096 班次，组织研讨、讲座 196 次。可见 2010 年我省“三馆”（站）建设取得了可喜的进步，全省公共文化服务体系建设趋于完善，并呈增长的态势。

近年来，我省组织实施的“年百个乡镇综合文化站改造完善工程”，共投入 1.68 亿元安排 599 个建设项目，2011 年省政府还继续投入 4500 万元，投资建设 150 个乡镇文化站，至此，全省 947 个乡镇文化站，政府就投入建设了 749 个，有效解决了基层文化设施不足的现状；2010 年底，全省公共文化馆（站）面积达到了 888780 平方米，比上年增加 233030 平方米，增长 35.54%。

全省图书馆、艺术（文化）馆，坚持公益性原则，利用阵地举办讲座、展览、“全民读书月”等多种形式的活动，最大程度地让馆藏文化资源为全体公民共享。文化信息资源共享工程建设取得阶段性成果。基本完成省级中心平台建设，有效推进县级支中心和村居基层服务网点建设。有针对性地组织开展村级文化协管员的调研工作和第二轮培训工作。全省已建成29T可供使用的数据资源，完成了《闽南文化》等一批专题数据库建设。福建艺术扶贫工程、村级文化协管员建设、福建省图书馆“东南周末讲坛”，福州“激情广场大家唱”和“春雨工程”赋予我省的援藏任务等公共文化服务项目成为我省公益文化事业的知名品牌。

（六）艺术教育业

2010年我省文化部门艺术教育机构12个，各设区市均有以省艺术学院分校挂牌的独立艺术培训学校。目前，从业人员495人，招生数666人，毕业生576人和在校生3592人，财政收支分别达68917千元和68252千元。现阶段财政还要继续加大对文化艺术教育的投入，拓展艺术教育培训渠道，引进高级教职人员，发展省际院校交流途径，建立有效的财政投入增长机制，形成跨跃式发展。

图5 2010年福建省艺术学院在校生一览图

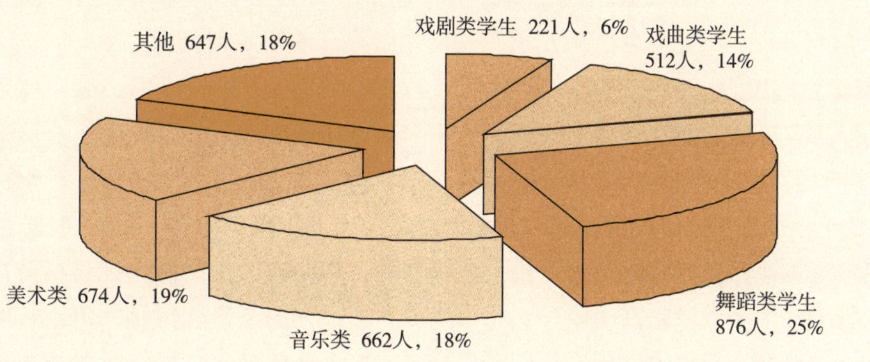

（七）文化市场

2010年，我省共有各类文化市场经营单位6330家，较上年减少80家；从业人员65758人，较上年增加5788人；资产总计760413万元，较上年增加77476万元；营业收入560203万元，较上年增加25923万元；利润总额143389万元，较上年增加22498万元。今年，我省积极主动整合各类文化经营场所，通过减少数量，扩大规模，提升品质，各类文化经营场所的资产总额、营业收入及利润总额均有所增长，文化市场整体呈现出良好的发展态势。

1. 网吧市场：2010年，全省共有网吧3327家，较上年减少64家；从业人员15117人，较上年减少575人；资产总计153164万元，较上年增加4138万元；营业收入110434万元，较上年增加7852万元；利润总额32615万元，较上年减少883.8万元；营业总面积由2009年的82.42万平方米变为现有的82.28万平方米，计算机终端数由303762台增加到304051台，上网人次达到36587

万人次。平均每家网吧年上网 11 万人次。截至 2010 年底，我省约每 1.1 万人有一家网吧，网吧计算机终端人均占有量约为每 115 人 1 台。

统计数据表明：2010 年我省网吧市场按照布局合理、结构优化的原则，开展网吧专项整治行动，有力打击网吧违法违规经营行为，坚决取缔黑网吧，正规网吧上网人次显著增加，并逐步推进网吧连锁工作，促进网吧市场整合，经营管理水平进一步提高，虽然网吧数量减少，但网吧规模逐步扩大，档次明显提升，全省网吧呈现出有序经营的良好态势，营业收入大幅增长，受通货膨胀影响，网吧的场租、水电费、物业管理费、人工费大幅上涨，经营成本加大，利润总额相对减少。

2. 娱乐场所：2010 年，全省共有歌舞、电子游戏等娱乐场所 2362 家，较上年减少 29 家；从业人员 32866 人，较上年增加 2566 人；资产总计 401909 万元，较上年减少 18984 万元；营业收入 273915 万元，较上年减少 31491 万元；利润总额 80214 万元，较上年减少 3795 万元；娱乐场所总经营面积从 2009 年的 160 万平方米增加到 174 万平方米，较上年增加 14 万平方米；包厢数 33908 个，比上年增加 2911 个；电子游戏机台数 17261 台，比上年增加 1559 台。

统计数据表明：2010 年我省娱乐场所经营数量、营业收入及利润总额均有所下降，经营效益不是很好。但是文化主管部门通过加强娱乐场所管理，通过在全市娱乐场所实施“阳光工程”、开展娱乐场所专项整治等活动，进一步改善娱乐行业形象，提升娱乐产业层次，场所规模有所扩大，品质有所提升，经营管理水平有较大提高，积极引导业主支持健康有益文化消费，抵制腐朽低俗文化，形成了“阳光管理、阳光经营、阳光消费、阳光服务”的娱乐新氛围。

3. 演出市场：2010 年，我省有演出经纪机构 72 家，比上年增加 15 家，其中城市增加 12 家，占 80%；从业人员 726 人，比上年增加 174 人；资产总值 17499.5 万元，比上年增长 46.5%；经纪或举办演出 2266 场，比上年减少 17.87%；观众 269.7 万人次，比上年减少 45.37%；营业总收入 13269 万元，比上年增加 74%；利润总额 1172.5 万元，比上年减少 16%。统计数据表明，2010 年我省演出市场发展迅速，营业收入、资产投入大幅增加，举办或经纪的演出的规格升高。去年，我省成功引进大批境外知名歌星来闽巡演，文化市场得到了很大的丰富。但是，由于长期受到计划经济体制的影响、政府扶持规划力度的不足；消费群体文化素养的差异、经济承受能力不同；演出渗透力不强、演出单位缺乏懂艺术又懂经营管理的人才；演出环境不够规范；票价相对比较高等问题的影响，制约了我省演出市场的发展。

艺术表演团体（企业）方面，2010 年，我省有艺术表演团体（企业）356 个，比上年增加 73 个；从业人员 10120 人，比上年增加 1226 人；演出 8.3 万场次，比上年增加 1.25 万场次（其中农村演出 7.21 万场次，比上年增加 0.62 万场次）；观众 2800 万人次，比上年增加 265 万人次（其中农村观众 2559.9 万人次，比上年增加 223.1 万人次）；营业收入 22212 万元，比上年增加 6375 万元；利润总额 2584 万元，比上年增加 146 万元。利润增加的主要原因：一是我省加大整治力度，进一步规范了演出市场秩序；二是艺术表演团体在降低演出成本方面取得明显成效；三是政府的扶持，2010 年投入财政补助 237 万元。

4. 动漫市场：2010 年，全省申报数据的动漫企业共有 42 家（其中通过文化部认定的 2 家），比上年增加了 4 家，基本上都集中在福州、厦门两市；从业人员 1923 人，比上年增加 447 人；经营面积从 2009 年的 30808 平方米增加为 46430 平方米，资产总值 49664 万元，比上年增加 18239 万元；营业总收入 25099 万元，比上年增长 101%；利润总额 3377 万元，比上年增长 4475%；原创漫画作品 1331 部，比上年增加 1276 部；原创动画作品 150 部，比上年增加 91 部；动漫舞台剧演出 2 场次，自主知识产权动漫软件 33 套，网络动漫（含手机动漫下载）下载次数达到 8510 万次。目前，我省动漫企业已经形成了一批发展前景良好的优势企业、优质品牌和领军人才，部分动漫游戏企业已进入出成果、出精品的快速发展阶段。如福州网龙（中国）公司，已发展成为中国民族网络游戏的领跑者和海外市场拓展的先行者。

总体而言，2010 年，我省文化市场各门类的发展情况良好，文化市场经营单位继续朝着规模化、连锁化、规范化的方向发展，经营管理服务水平和经济效益进一步提高，在满足老百姓精神文化需求的同时，也为增加城乡就业，促进社会和谐发挥了积极作用。

（八）文物管理业

2010 年我省文物业机构数 155 个，从业人员 1528 人。经过重新鉴定分类，2010 年我省共有文物藏品达到 445866 件套，其中：一级品 964 件，增加了 46 件、二级品 2200 件，增加了 119 件、三级品 85349 件，下降了 1093 件。本年征集 6168 件，考古发掘了 18 个项目，钻探面积达 101. 1 千平方米，较上年增长 345. 37%，考古发掘面积达 26. 23 千平方米，较上年增长 65. 8%。通过考古发掘出土文物，征集各类文物，接收涉案的查没、追缴文物等途径，增加文物藏品。全省共有 94 座公共博物馆（纪念馆），已全部对社会免费开放，在各馆固定陈列基础上，全年共举办了 6118 个陈列展览；免费开放参观人数达 17000 千人次，较上年增长 66. 10%，其中未成年参观人数达 4371 千人次，较上年增长 37. 84%，有效发挥了文博机构服务社会、服务公众的公益性功能。

表 1　2010 年福建省文物总藏品一览图表（件/套）

单位名称	文物藏品（件/套）	一级品	二级品	三级品
全　省	445866	964	2200	85349
福州市	21404	22	68	5136
厦门市	60686	16	200	6028
莆田市	9204	6	95	1830
三明市	13480	4	135	6462
泉州市	38333	162	155	5432
漳州市	23984	67	294	4814
南平市	20829	21	188	7543
龙岩市	45849	105	593	9484
宁德市	8705	2	20	1330
省本级	203392	559	452	37290

此外，我省还新增中国历史文化名镇 1 座、中国历史文化名村 6 座、省级历史文化名镇 8 座、省级历史文化名村 18 座。三坊七巷等 3 条历史文化街区入选中国十大历史文化名街，新增全国重

点文物保护单位40处，省级文物保护单位增加203处，形成国家、省和市、县（区）三级文物保护的有效管理体系。

第三次全国文物普查工作成绩斐然，全省共登记不可移动文物33612处，其中新发现23199处，占登记总数的69.5%；复查10413处。占登记总数的30.5%；涉台文物、工业遗产、乡土建筑、世纪遗产、文化景观等一批重要新发现文物丰富了我省文化遗产类型。我省“大田土堡群”等8项普查重要新发现，被列入《2009年第三次全国文物普查重要新发现》一书。全省登记的涉台不可移动文物1076处，占全国涉台文物总数的80%。

（九）非物质文化遗产保护

2010年我省非物质文化遗产保护机构有89个，从业人员751人，非遗名录总量2786个，其中国家级229个、省级650个、市级905个、县级1002个，分别占全省的8.21%、23.33%、32.48%和35.97%；非遗传习所336个，代表性传承人达1878人，较上年增加了889人，增长89.89%；学徒人数35971人，增加16498名，增长84.72%；普查征集资料23162件套、篇（册、小时）。我省申报的“中国水密隔舱福船制造技艺”被列入联合国教科文组织2010年“急需保护的非物质文化遗产名录”。目前，我省已有4个单位列入全国古籍保护重点单位，85部古籍文献列入《国家珍贵古籍名录》名单。非遗进社区、进校园、进课堂，福州市文化部门与市教育工委、市教育局联手，在82所中小学建立了非遗教学、传习示范点。龙岩、三明两地相继编制了《福建客家文化生态保护规划纲要》，一年来我省非遗普查工作有较大的进展，实物和资料的征集质量都有了飞跃性的提升，成果喜人。

2010年我省举办民俗活动4359次，增加了2381次，较上年增加了120.37%。各级非遗中心对民俗活动十分重视，民俗活动在民间也深入人心，如每年端午节的龙舟和中秋节的博饼，以及许多地方性民俗活动，都能够引起全民沸腾。

2010年共有64个非遗保护展览馆，收藏实物66346件/套，较上年增加了11207件/套，增长20.32%。在非遗保护的专项经费投入中，2010年非遗专项财政拨款7909千元，社会资助149千元；随着非遗保护的专项经费投入和社会资助不断扩大，非遗保护的社会意识逐步上升，给我省非遗保护工作带来了新的契机。

目前，全省共有省级非物质文化遗产项目289项（其中85项列入国家级非物质文化遗产名录项目），232名省级非物质文化遗产项目代表性传承人（其中国家级传承人88名）。在闽南文化生态保护实验区设立50个示范点（示范园区）。2009－2010年，全省基本完成首次非物质文化遗产普查工作，全省文化系统共投入10122人，培训41427人，发动社会参与人员65939人，获取普查线索近20万条，组织县级以上专业人员对17个门类90303个项目进行了调查，形成了5742万字的原始调查记录、70000多幅照片、700多小时录音和854小时录像等原始资料。在这个基础上，各地对普查资料进行了全面的梳理和编辑。目前，全省乡镇以上单位已基本完成资料汇编工作，共结集1614册、音像资料1355盒，电子文档1123.4G，通过这次普查，初步摸清了全省非物质文化遗产的现状。

二、福建文化发展存在的主要问题

2010 年，福建省文化发展成绩斐然，但总体上与福建地处沿海开放经济带的区位优势还不相适应，也与人民群众迅速增长的精神文化需求不相适应，主要表现在：

（一）文化投入的总量还是偏少。从几年的统计数据看，尽管全省各级财政对文化的投入逐年增加，但财政投入基数过小，用于文化发展的财政投入还处于一个较低的水平，远不及教育、卫生和科技，所占财政总支出也只 0.6% 左右。文化投入在不同区域间分布不尽均衡，表现在城市和农村间、发达地区和欠发达地区间的失衡，且这种失衡有不断加剧的倾向，尚缺乏一种科学的、长效的财政投入保障机制。许多基层公共文化机构运转经费缺乏制度性保障，多渠道投入政策还不完善，一些文化经济政策未能得到有效落实。

（二）城乡之间、地区之间发展不平衡。长期以来，福建省的文化建设虽然取得了长足的进步，但总体上还滞后于经济建设，区域之间、城乡之间的发展还很不平衡，历史上对文化欠帐较多，欠发达地区和农村文化建设相对薄弱。一些地方领导存在重经济、轻文化的意识，文化建设的自觉还不够，一些地方文化建设还处于边缘化境地。与城市相比，农村缺乏必需的文化基础设施和基本条件，财政投入明显滞后于城市，城乡差别很大。同时，不同地区的文化发展水平也不平衡，闽西北地区明显滞后于闽东南沿海经济发达地区。

（三）公共文化信息共享服务网络还不够健全。尽管省里近年来对乡镇文化站建设，投入了 1.7 多亿，但与广大农村文化的需要相比，现有的财力投入还难以实现。一些文化机构定位不明确，文化产品不够丰富，服务能力和服务水平不高，还不能满足广大人民群众日益增长的精神文化需求。一些地方基层文化事业机构、编制等问题长期得不到解决，不能正常发挥功能；农村群众还存在看书难、看电影难、看戏难的问题。

（四）文化艺术产品创作和生产机制尚不完善。近年来我省文化产品数量品种大大丰富，出现了不少的优秀作品，但能在社会上产生较大影响、广泛流传的精品力作还不多，贴近生活、反映大众生活的剧目还比较少，而且部分舞台艺术创作中存在“三脱离”现象，文化宣传，打造品牌的宣传还不够，在全国有影响的文化名人、艺术精品还不多，素质全面的拔尖人才缺少，文艺创作尤其是精品缺少创作激励机制，艺术生产力有待进一步开发。

（五）文化队伍参差不齐，专业培训经费得不到保障。一些地方基层文化事业机构、编制、经费等问题长期得不到解决，一些欠发达地区文化工作在一定程度上，还没引起当地领导的足够重视，影响正常工作的开展。乡镇综合文化站双重管理模式的作用未能有效发挥，农村阵地建设不能很好地发挥，面向广大农村文化协管员老化严重，大多数村文化活动室多为棋牌室所取代，实际开展健康的文化活动不多，多数管理人员，由村干部或其他村民兼职，缺乏专职文化管理人员的现象还比较严重。

（六）公共文化资源利用率有待提高。一些重大文化设施多以城市、部门为单位进行规划，缺乏共享机制。很多已建成的乡镇文化站，运转设施还很欠缺，一些地方文化资源布局还不尽合理，设施利用率不高，影响当地进一步投入的积极性和民间资金的注入积极性。部分文化设施，特别是乡镇文化站缺乏设施设备和日常运作经费，功能发挥不理想。大多数村文化活动室无专职管理人员，导致不少村级文化设施和文化资源利用率不高。

（七）文化市场和文化产业的总量规模依然偏小。全省文化产业增加值增幅仍低于GDP增幅，文化产业增加值占全省服务业的比重仍较低，规模化、产业化、集约化程度不高，文化产业单位还处于小规模分散化经营状态，有实力的文化产业基地数量不多。许多国有文化单位还没有成为自主经营、自负盈亏、自担风险、自主创新的市场主体。文化产业中科技含量低，科技创新能力较弱，产业政策还不完善，社会办文化事业的舆论宣传氛围还不浓郁，文化消费市场有待培育。

三、对策及建议

今后，福建文化当以“海西跨越、文化发展”为要求，以加快文化创新、构建公共文化服务体系为主要任务，更加自觉、更加主动地推动福建文化大发展大繁荣，兴起海西跨越、文化发展的建设新高潮，积极提升文化软实力，加大政府投入、政策保障、地方配套、民间注资的文化建设。

（一）进一步加大文化投入，形成多元文化投入机制。要努力增加投入，改进投入方式，形成稳定的财政经费保障机制，使文化建设的投入所占财政总支出比重，每年都有较大增长幅度。要建立与财政支出保持同步增长机制，综合运用多种投融资工具和财税优惠政策，强化财政投入引导，广泛吸引社会资本和产业资本进入公共文化服务领域。提倡和促进公办民助、利用社会设施发展社会文化、艺术团体挂靠企业和民办等多种形式兴办文化事业和文化产业，形成政府投入为主导，企业、民间等社会力量广泛参与的多元投入格局。同时，要改革公共文化服务的资金投入和运行方式，逐步从直接拨款向项目投资、购买服务方面转变，采用政府采购、委托生产、特许经营、公共文化项目外包等方式，以向公众提供的数量和质量确定财政补贴数额，逐步提高具有激励性质的资金投入比例，提高公共财政投资效益。

（二）加强对各地文化责任考核，强化文化建设的制度性保障。由于对文化建设的领导责任、保障机制、考核机制、队伍建设等往往缺乏刚性要求，文化建设在一些市（县、区）是否真正被重视，部分地区或一定程度上还取决于领导者的兴趣喜好和认识水平，必然出现一些地方对文化建设重视不够，投入不足的情况。为此，建议完善各级地方政府对文化工作绩效考核体系，督促各级政府把文化建设纳入重要议事日程，纳入经济和社会发展总体规划，纳入地方财政预算，纳入干部晋升考核指标，加强督促考核，使文化建设真正上升为各级政府的发展硬任务。

（三）深化文化体制改革，激发文化创新活力。通过继续深化公益性文化事业单位的改革，加大投入，转换机制，增强活力，改善服务。推动民营文化产业发展，加强对民营文化企业的扶持和指导，利用好我省民营资本雄厚的优势，在政策制订、门槛准入、市场监管上加以引导和扶持，鼓励民资参与文化产业发展，扶持发展一批重点民营文化产业基地和特色民营文化企业，进一步凸显福建文化产业的特色与区位优势，积极发展对台文化，打造品牌旅游的对台产业，发展闽都文化产业、闽南文化和客家文化产业等等。

（四）强化文化人才队伍建设。继续实施青年艺术人才培养战略，加大闽剧、京剧、越剧、舞蹈、音乐、杂技人才的培养力度，打造一批有实效、有亮点、有影响的重点项目。加强艺术教育，充分依托各类艺术院校，推进文化人才培育工作。加强文化人才培养和学科体系建设，鼓励文化单位与高等院校通过联合办学、定向培养、在职进修、出国培训等多种途径培养文化急需人才。建立健全在职人员业务培训和继续教育制度，逐步建立多层次、多渠道的文化人才培训体系。完善文化人才选拔、流动机制，按照公开、平等、竞争、择优的要求，健全以业绩、品德、知识、能力等为主要内容的人才评价、选拔机制，继续推行人事管理制度，引导文化人才合理有序流动。

（五）加强文化市场综合执法建设。当前文化市场管辖范围大，管辖的娱乐场所不断增加，给文化执法带来新的要求，人员缺少，装备落后等诸多因素成为影响当前文化执法的瓶颈。各级政府要把文化市场管理工作纳入重要议事日程，进一步推进文化市场综合执法改革，加大政府对文化执法的投入，提升执法人员素质，配备应有的执法装备，让文化市场综合执法机构更好地服务文化市场，科学监管，依法监管，优化文化市场环境，切实维护文化市场平安稳定。

（福建省文化厅）

江西省2010年文化发展情况分析

2010年，在江西省委、省政府的坚强领导下，我省文化系统以重大项目和工程建设为抓手，努力繁荣艺术创作，全面推进文化惠民，科学保护文化遗产，大力发展文化产业，形成了文化事业和文化产业双轮驱动，文化建设整体推进的良好态势。

一、文化机构和人员情况

“十一五”期间，随着文化体制改革的深入，我省文化机构总数呈现缓慢下降趋势，其组成部分公益性文化机构数呈逐步上升趋势和经营性文化机构数呈缓慢下降趋势结构性变化。文化机构总数由2006年的12175个减到2010年的10923个，净减1252个，减幅为10.3%。其中，文化市场经营单位机构数由2006年的10203个锐减至2010年的8247个，净减1956个，减幅达19.2%。群众文化服务机构数由2006年的1393个增加到2010年的1923个，净增530个，增幅38%，年均增速9.5%。文物业由2006年的163个增加到2010年的205个，净增42个，增幅25.8%，年均增速6.5%。

以上数据表明，我省重视公益性文化机构，并以较快增速逐年增加其机构数；不断整合优化经营性文化机构，并逐年减少其机构数。公益性文化机构增加幅度大于经营性文化机构减少幅度，但文化机构总数呈下降趋势。

“十一五”期间，文化从业人员中高素质人才不断增加。文化从业人员拥有高级、中级职称人员数由2006年的671人、2167人增加到2010年的807人、2618人，分别增加136人、451人，增幅20.3%、20.8%。

图1　江西省“十一五”文化从业人员中高级、中级职称人数

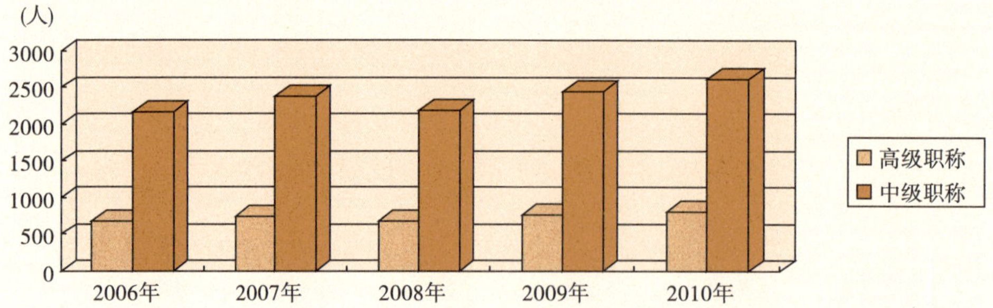

数据表明，我省文化从业人员中高级、中级职称高素质人才不断增加。其中，公共文化服务高级职称人数大幅攀升，中级职称人数增幅明显。文化服务水平将得到进一步提升，文化服务质量将进一步提高，文化服务创新能力将得以进一步加强。

二、对文化的投入逐年大幅增加

随着经济的发展，社会变迁，国家对文化的进一步重视，“十一五”期间，我省对文化部门机构的经费投入逐年加强，文化部门机构经费支出也大幅提高。文化部门机构经费支出由2006年的47128.2万元猛增到2010年的121141.5万元，净增74013.3万元，增幅达157%。文化部门机构财政拨款由2006年的34554.6万元飞增到2010年的97553.9万元，净增62999.3万元，增幅达182.3%。

表1 江西省“十一五”文化部门机构经费支出和财政拨款情况

年 份	经费支出（万元）	同比增长（%）	财政拨款（万元）	同比增长（%）
2006	47128.2	21.1	34554.6	19.9
2007	67591.5	43.4	42571.7	23.2
2008	60330.6	-10.7	43137	1.3
2009	108438.7	79.7	83841.3	94.4
2010	121141.5	11.7	97553.9	16.3

数据表明，我省人民对文化的需求越来越迫切，政府对文化的重视程度也日益加强，对文化投入亦愈来愈多，但我省对文化部门机构财政拨款已远远不能满足文化部门机构经费支出。

三、公共文化设施基本建设投资规模增幅显著

“十一五”期间，我省公共文化设施基本建设投资规模大幅增加，民生工程投入力度不断加强。建设项目数2010年是2006年的44.6倍，2009、2010年建设项目数增幅巨大，分别较2008、2009年净增265个、603个，增幅为1100%、210%。建设计划总投资2010年是2006年的29.4倍，2010年增幅最大，较2009年净增1092745千元，增幅为60%。建设面积2010年是2006年的11倍。从图书馆、文化馆、博物馆建设投资项目数曲线看，三馆的建设规模逐年呈上升趋势，2010年较2006年分别增长14倍、3.5倍、4.25倍。乡镇综合文化站建设从2007年开始，当年投入30个，投资额787万元；2008年投入338个，投资额9049万元；2009年投入286个，投资额7685万元；2010年投入641个，投资额17564万元。通过数据显示，我省文化阵地不断延伸，重点趋向农村。

表2 江西省“十一五”公共文化设施基本建设情况

年 份	项目个数（个）	净增（个）	计划总投资（千元）	净增（千元）	增幅（%）	建筑面积（千平方米）	净增（千平方米）	增幅（%）
2006	20	-1	103299	-472626	-82.1	67	-79	-54.1
2007	20	0	820256	716957	6.9	228	161	2.4
2008	24	4	1557704	737448	0.9	335	107	0.5
2009	289	265	1944002	386298	0.2	649	314	0.9
2010	892	603	3036747	1092745	0.6	740	91	0.1

四、图书馆、文化馆服务质量、能力进一步提升

图书馆、文化馆都是公益性事业单位，文化服务覆盖面广，从中受益群众面大。随着国家公共文化服务力度进一步加大，“十一五”期间，我省图书馆、文化馆服务能力进一步提高，服务质量不断提升。

（一）图书馆

图书馆图书总藏量由2006年的13090千册增至2010年的15201.21千册，净增2111.21千册，增长16.1%。2010年总支出104319千元，比增加53575千元，增幅达105.6%。建筑面积从2006年的215千平方米增至2010年的272.4千平方米，净增57.4千平方米，增长26.7%。图书馆总流通人数2010年是2006年的1.4倍，计算机台数2010年是2006年的2.9倍，电子阅览室终端数2010年是2006年的7倍，图书馆增加值2010年是2006年的1.6倍。

表3 江西省“十一五”图书馆发展情况

年份	总藏量（千册）	总支出（千元）	建筑面积（千平方米）	总流通人数（千人）	为读者举办活动（次）	计算机（台）	电子阅览室终端数（个）
2006	13090	50744	215	4602	1576	1670	451
2007	13242	69622	209	5311	1020	1773	941
2008	12968	78009	201	4950	8073	1786	904
2009	14737	94010	292	5958	1304	4524	2939
2010	15201	104319	272	6389	1841	4848	3176

以上数据表明，图书馆读者越来越多，获取知识的途径由传统的纸质文本逐步在向现代电子文档转变；图书馆的服务投入力度加大，服务能力、质量都得到显著提高。

（二）文化馆

文化馆机构数由2006年的1393个增至2010年的1923个，净增530个，增幅达38%。从业人员中高级职称人数2010年是2006年的1.9倍，中级职称人数2010年是2006年的1.5倍。增加值2010年是2006年的2.4倍。公用房屋建筑面积2010年是2006年的1.8倍。文化馆组织文艺活动次数由2006年8394次增加到2010年11756次，净增3362次。举办训练班次2010年是2006年的3.2倍。培训人次2010年是2006年的3.4倍。组织各类理论研讨和讲座次数2010年是2006年的5.4倍。由文化馆指导的群众业余文艺团队个数2010年是2006年的4.2倍。

表4 江西省“十一五”文化馆发展情况（一）

年份	机构数（个）	从业人员（人）			公用房屋建筑面积（千平方米）
			高级职称	中级职称	
2006	1393	3496	81	368	319

（续）

年 份	机构数（个）	从业人员（人）			公用房屋建筑面积（千平方米）
			高级职称	中级职称	
2007	1881	4030	121	548	308
2008	1830	3649	140	459	305
2009	1834	3960	139	546	492
2010	1923	4343	157	548	582

表 5 江西省“十一五”文化馆发展情况（二）

年 份	组织文艺活动次数（次）	举办训练班班次（次）	培训人次（千人次）	组织各类理论研讨和讲座次数（次）	由本馆指导的单位	
					馆办文艺团体（个）	群众业余文艺团队（个）
2006	8394	2551	77	124	97	1318
2007	10576	3929	247	149	107	1026
2008	120330	8676	235	5104	105	1160
2009	11838	5234	242	170	137	4089
2010	11756	8212	259	672	138	5526

综上所述，我省文化馆人才数量增长较快，机构数、经费投入、场地亦增加明显，培训人数、活动次数、指导单位数等都大幅度增加，服务能力、服务数量和质量都显著提高。

五、艺术事业得到长足发展

“十一五”期间，我省艺术事业发展逐步翻开新的篇章。艺术表演从业人员由 2006 年的 3503 人增加到 2010 年的 4253 人，净增 750 人；其中 2010 年高级职称人员数占从业人员数 7%，较 2006 年增加 28 人，2010 年中级职称人员数占从业人员数的 26%，较 2006 年增加 146 人。演出收入、支出分别由 2006 年的 13750 千元、51024 千元增加到 2010 年的 28618 千元、129795 千元，分别增长 108.1%、154.4%。

图2 江西省2010年艺术表演团体从业人员情况

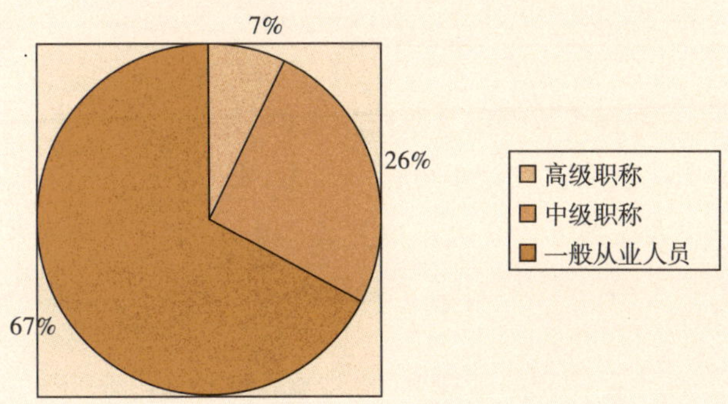

表6　江西省"十一五"艺术表演团体演出及收支情况

年份	从业人员（人）			本团原创首演剧目（个）	演出场次（千场次）		国内演出观众人次（千人次）		收入情况（千元）	支出情况（千元）	公用房屋建筑面积（千平方米）
		高级职称	中级职称			农村演出场次		农村观众人次	演出收入	人员支出	
2006	3503	276	947	132	10.0	7.0	11126	7483	13750	51024	109
2007	4225	262	985	168	17.22	13.29	17043	13248	21835	71920	77
2008	3992	238	913	166	13.03	9.17	103102	100587	17434	71860	97
2009	4082	269	1029	108	17.91	12.39	19961	16996	27467	115643	113
2010	4253	304	1093	133	18.95	12.10	15609	11650	28618	129795	78

由此可见，政府对艺术事业非常重视，大幅增加投入；我省演职人员高素质人才比重大，演出整体水平无形中提高；演出支出比收入多且增率快，原创剧目没有起色，将对艺术事业的发展极为不利。

六、文化遗产事业保持强劲发展势头

在文化部、国家文物局的大力支持下，"十一五"时期，我省文物各项事业保持了强劲的发展势头。机构数逐年增加，文物藏品、公用房屋建筑面积 2010 年分别是 2006 年的 1.8 倍、1.7 倍，考古发掘项目、基本陈列和举办展览、参观人数都大幅增加，财政拨款、总支出 2010 年分别是 2006 年的 3.9 倍、2.8 倍。

表7　江西省"十一五"文物业基本情况

年份	机构数（个）	从业人员（人）	文物藏品（件/套）	考古发掘项目（个）	基本陈列（个）	举办展览（个）	参观人次（千人次）	财政拨款（千元）	总支出（千元）	公用房屋建筑面积（千平方米）
2006	163	2350	365436	-	-	231	3292	62210	96568	235
2007	170	2316	502924	29	-	262	8313	76748	121237	213
2008	166	11046	582887	46	-	301	29163	161739	257077	229
2009	177	9361	372085	53	19	34	16309	172892	202514	349
2010	180	3187	643335	51	924	509	21189	244287	271713	409

（一）我省第三次全国文物普查取得重大阶段性成果

截至 2010 年 10 月 16 日，我省共登记不可移动文物 34611 处，为普查前的 6 倍多，其中新发现 29935 处，复查 4676 处，很大一部分为红色革命文物。2010 年，我省顺利通过国家文物局"三普办"的数据和整体验收。

（二）我省文物保护整体水平得到显著提升

2010 年，我省有 127 处不可移动文物通过国家文物局全国重点文物保护单位专家组评审，排全国第10位，是前6批总数量的2.4倍。景德镇御窑厂遗址首个被国家文物局公布为第一批国家考古遗址公园立项名单。有国家级历史文化名村镇20个，在全国名列前茅。同时，“十一五”期间，新增文物保护工程施工一级资质单位1家、二级资质单位2家、三级资质单位6家。御窑厂遗址、吴城遗址、湖田窑遗址3处大遗址列入国家大遗址保护名单，获国家专项经费支持。

（三）我省博物馆事业蓬勃发展

2010年，机构数、安全保卫人员较2006年分别增21个、165人；藏品数是2006年1.5倍，其中一级品增加103件；基本陈列2010年比2009年增加344个，举办展览、参观人数是2006年的2.5倍、7.5倍；财政拨款、总支出、公用房屋建设面积分别是2006年的4倍、3倍、2.3倍。我省的博物馆、纪念馆率先免费开放在全国产生积极影响，截至2010年底，全省免费开放90余家博物馆、纪念馆。

表8　江西省“十一五”博物馆基本情况

年份	机构数（个）	安全保卫人员（人）	藏品数（件/套）		基本陈列（个）	举办展览（个）	参观人次（千人次）	财政拨款（千元）	总支出（千元）	公用房屋建筑面积（千平方米）
				一级品						
2006	87	272	293380	1216	–	198	2780	52396	72661	162
2007	97	279	292876	1922	–	228	5843	56361	87678	183
2008	93	315	361991	2883	–	261	24265	130697	218047	197
2009	103	406	356678	1985	264	280	16129	146627	167433	303
2010	108	437	425788	1319	608	485	20730	208231	212128	366

七、文化市场进一步规范繁荣

为创建繁荣昌盛、规范有序、科学发展的文化市场，“十一五”时期，我省在继续巩固业已形成的由网吧市场、娱乐市场、演出市场等组成的传统文化市场的同时，积极引导互联网文化经营单位等新兴市场，文化市场逐步资源互补、配置优化、有效整合，得到长足发展。

（一）文化市场呈现良好发展态势

我省文化市场机构数逐年精简，从业人员相对减少，实现资产总值和市场产值逐年增长。文化市场机构数由2006年的10203个减少至2010年的8247个，净减1956个，减幅19.2%。2010年，文化市场从业人员（除去艺术场馆）4.5万余人，较2006年下降13%。文化市场资产总值2010年41亿元，同比增长10.3%，较2006年增长59.1%。文化市场产值2010年29.14亿元，同比增长13.7%，是2006年的1.6倍。

数据表明，我省重新审核登记、严把行政准入门槛、大力发展连锁化、规模化发展等措施取得初步成效。

（二）网吧市场平稳运行，健康发展

我省网吧从业人员数减少，市场资产、市场产值及利润增长明显。2010年，我省网吧从业人员

18859 人，同比降低 1.4%；网吧市场资产 199182 万元，同比增长 4.8%；网吧市场产值 130131 万元，同比增长 11.8%，其中利润 59129 万元，同比利润增长 1.4%，利润率高达 45.4%。

以上证明，我省开展文化市场重新审核登记，大力推进全省网吧连锁，提高准入门槛，提升经营档次，打击口袋证，优化、净化网吧市场环境等工作取得实效。我省网吧市场在

稳步发展，并朝着合法化、品牌化、规模化、特色化方向迈进。

（三）娱乐业呈现繁荣景象

2010 年，娱乐场所从业人员 22531 人，同比增长 13.8%；资产总计 203004 万元，同比增长 13.1%；营业总收入 157709 万元，同比增长 25.9%；营业总成本 88597 万元，同比增长 27%；整个市场实现利润 57540 万元，同比增长 3.2%，利润率高达 36.5%。

八、文化产业迅速发展

2010 年，我省以大力培育大型骨干文化企业为抓手，积极实施重大文化产业项目带动战略，文化产业项目、品牌、重点企业和特色园区的培育和建设工作扎实推进，新兴业态逐渐形成、传统文化产业结构逐步优化，产业规模不断扩大，文化产业发展进入了一个新阶段。

2010 年，我省文化产业主营业务收入为 844 亿元（2010 年统计数据为文化产业及相关产业法人单位调查数据，不包括个体户等），同比增长 30.5%；增加值 224.2 亿元，同比增长 30.3%，比地区生产总值增速高 16.3%。我省文化系统内投资规模上千万以上、已开工或规划在建的文化产业项目 115 个，其中超亿元的 61 个，全省文化系统文化产业招商引资达 295.67 亿人民币。以上数据表明，我省文化产业呈现出快速的发展势头，成为江西经济发展中最具活力、最具发展潜力的重要产业之一。

（江西省文化厅）

山东省2010年文化发展情况分析

2010年是“十一五”最后一年。一年来，全省文化系统认真贯彻落实中央和省委、省政府的决策部署，自觉围绕建设经济文化强省这一中心，服务大局，锐意进取，奋发有为，各项文化工作取得新的成绩。

一、2010年山东文化发展情况

（一）全省文化机构和人员稳中有升

截至2010年底，全省共有文化、文物、文化市场经营单位20217个，比上年增加123个；从业人员110737人，比上年增加1707人。其中文化部门直属各类机构2990个，从业人员29622人；文化部门管理的文化市场经营单位17120家，从业人员78839人，主要包括娱乐场所2889个，从业人员27890人；互联网上网服务营业场所（网吧）12497个，从业人员44584人；艺术品经营机构及其他经营机构1734个，从业人员6365人。

公共文化服务机构建设方面，全省按照“设区的市有图书馆、群众艺术馆、博物馆；县（市、区）有图书馆、文化馆；乡镇（街道）有综合文化站；村（社区）有文化大院或文化活动室”的目标，不断加强机构和人员建设，基本形成了省、市、县、乡、村（社区）五级公共文化服务网络。

表1　2010年全省文化机构和从业人员情况

单位类型	机构数（个）			从业人员数（个）		
	2010年	2009年	增减	2010年	2009年	增减
总　计	20217	20094	123	110737	109030	1707
一、文化及相关产业	20213	20090	123	110679	108960	1719
1. 艺术业	253	248	5	8443	8244	199
其中：艺术表演团体	119	118	1	6268	6279	-11
艺术表演场馆	91	82	9	1904	1640	264
2. 图书馆	149	149	0	2680	2650	30
3. 群众文化服务	2013	2024	-11	7598	7668	-70
其中：文化（艺术）馆	158	157	1	3055	3075	-20
文化站	1855	1867	-12	4543	4593	-50
4. 艺术教育业	5	5	0	411	408	3
5. 文化市场经营机构	17120	17000	120	78839	77113	1726
6. 文艺科研	7	7	0	104	101	3

（续）

单位类型	机构数（个）			从业人员数（个）		
	2010 年	2009 年	增减	2010 年	2009 年	增减
7. 文物业	231	228	3	5162	4911	251
其中：文物保护管理机构	101	101	0	2179	2062	117
博物馆、纪念馆	114	111	3	2456	2307	149
8. 其他文化及相关产业	435	429	6	7442	7865	-423
二、非文化及相关产业	4	4	0	58	70	-12

（二）文化投入不断增长，文化基础设施进一步改善

1. 文化文物经费投入

2010 年全省文化文物事业费（不含基本建设投资，下同）达到 18.89 亿元，比上年增长 12.2 个百分点。其中文化事业费 13.89 亿元，比上年增长 9 个百分点；文物事业费 4.9 亿元，比上年增长 23 个百分点。“十一五”全省文化文物事业费 70.8 亿元，比“十五”增加 42.6 亿元，增长 151%。

（1）文化事业费不断增长。“十一五”全省文化事业费 55.6 亿元，比“十五”增加 32 亿元，是“十五”投入的 2.4 倍，“九五”的 4.1 倍。

图1　“十一五”全省文化事业费总量及增长速度

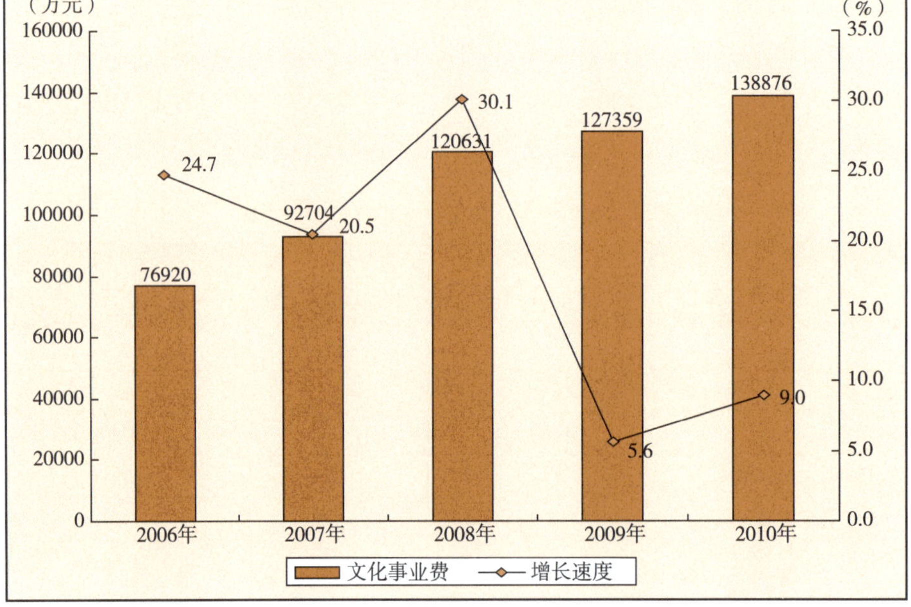

分地区看，2010 年全省青岛、济南、烟台三市文化事业费均超亿元，分别达到 1.8 亿元、1.5 亿元、1.1 亿元。济南、潍坊、泰安、日照、德州、聊城、菏泽 7 市增长幅度超过全省平均水平（9%）。

（2）文物事业费快速增长。“十一五”期间，随着各级政府对文物工作的重视以及第三次全国文物普查和 2008 年开始的博物馆纪念馆免费开放政策的落实，文物事业投入大幅度增长。“十一五”全省文物事业费总量达到 14.6 亿元，比“十五”增加 10.5 亿元，是“十五”的 3.6 倍，“九

五”的6.8倍。

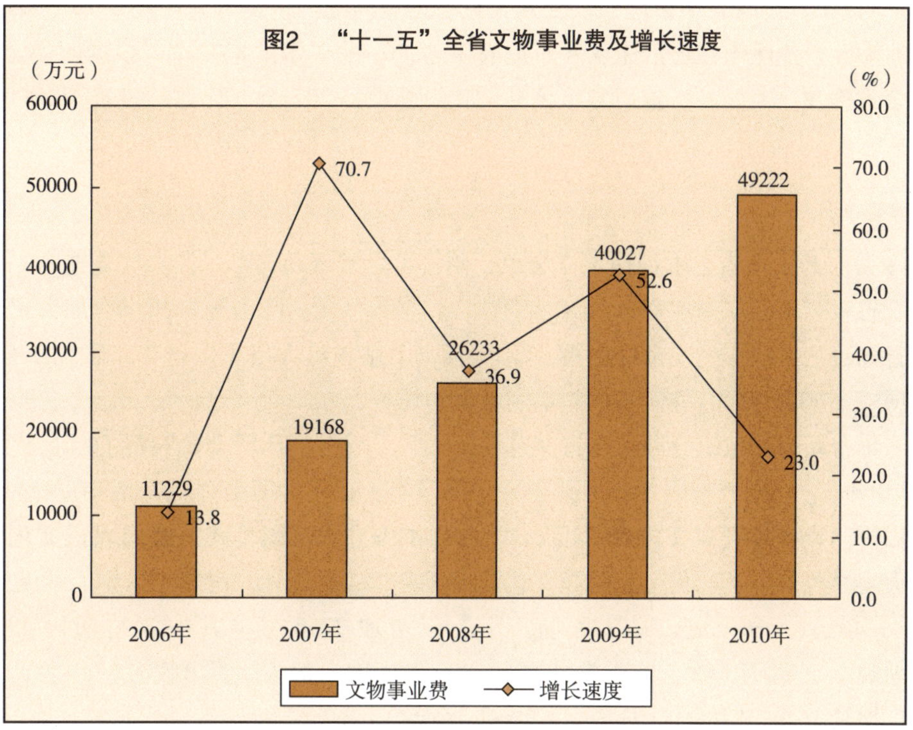

（3）人均文化事业费不断提高。伴随着文化事业费总量的不断增加，全省人均文化事业费不断提高，2010年全省人均文化事业费14.5元，比上年增长7.8%。

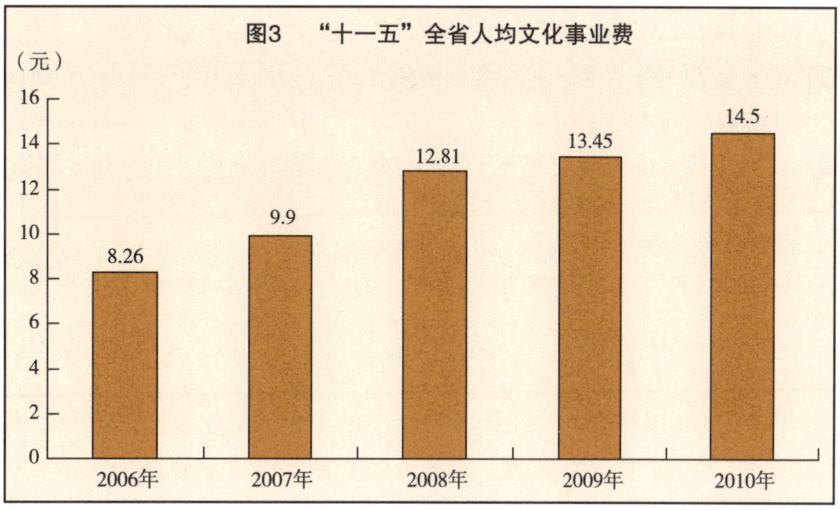

分地区看，2010年全省有6个市人均文化事业费超全省平均水平，分别是东营市（29.55元）、济南市（22.14元）、青岛市（20.98元）、淄博市（19.37元）、威海市（17.52元）、烟台市（15.93元）。

2. 公共文化设施建设掀起新高潮

“十一五”以来，全省各地掀起建设公共文化设施新高潮，特别是为迎接2013年第十届中国艺术节在我省的举办，各地均在场馆建设方面提前谋划，一批文化设施在建。根据不完全统计，“十一五”以来全省新建、改建、扩建市县级公共文化设施项目207个，计划总投资近230亿元，建筑面积380万平方米。

（三）筹备“十艺节”，艺术创作和演出日益繁荣

2010年8月召开了全省艺术创作工作会议，制订了全省舞台艺术、社会文化艺术、美术创作三个专项规划。省级艺术创作专项资金2010年增加到1500万元，济南等一些市也加大了艺术创作投入力度，全省舞台艺术创作呈现良好势头。2010年，山东省重大历史题材美术创作工程正式启动，省财政列专项资金1350万元，将于2012年完成创作任务。

城乡文艺舞台繁荣。组织开展了全省文艺院团元旦、春节演出活动、“相约文博会”文艺演出、“假日省城演出季”、京剧进校园、法国孔子文化周演出、上海世博会“山东活动周”演出、“2010（香港）山东周”、“齐鲁经贸文化台湾行”、第九届中国艺术节闭幕式、澳门妈祖文化旅游节、世界农村公路大会、鲁台经贸文化交流周等文艺演出任务。根据统计，全省119个专业院团，2010年新排上演剧目46个，全年演出22289场，比上年增加2766场，其中农村演出13104场，占58.8%。国内观众2538万人次，其中农村观众1809万人次。营业性演出收入6740万元，比上年增加910万元，增长15.6个百分点。

精品创作取得新成绩。省吕剧院《大唐黜官记》和聊城豫剧院《大明贤后》获九艺节文华优秀剧目奖，2人分获文华表演奖和艺术节表演奖，5件作品、5个项目荣获“群星奖”，3人荣获“群文之星”称号，7件作品入选全国优秀美术作品展。省吕剧院《苦菜花》参加了首届全国优秀保留剧目巡演，《画龙点睛》入选国家舞台艺术精品工程资助剧目；淄博鲁艺吕剧团《姊妹易嫁》参加首届全国民营艺术院团优秀剧目展演；刘桂成创作的《大明贤后》荣获第三届中国戏剧奖·曹禺剧本奖，济南市罗晓静获第六届中国牡丹奖“表演奖”，省柳子剧团尹春丽荣获第五届“中国戏曲红梅荟萃”最高奖“中国戏曲红梅之星”，我省另有三名演员荣获“中国戏曲红梅金花”称号。

（四）公共文化服务有效开展

全省共有公共图书馆149个，总藏量3636万册（件），累计发放有效借书证128万个。总流通人次1717万人次，其中，书刊文献外借915万人次，外借1514万册次。组织各类讲座2010次，参加人员45万人。举办展览570个，77万人参观。举办培训班1144个，培训近8万人次。财政拨款22996万元，比上年增长9.4个百分点。依托全省图书馆，数字文化建设工程稳步推进，文化共享工程资源总量达到38TB，我省被列为全国公共电子阅览室建设“试点省”，试点工作取得积极进展，进一步巩固了我省文化信息资源共享工程建设在全国的“示范省”地位。

全省文化馆（站）2013个，举办展览9949个，组织文艺活动41194次，其中老年人专场1188次，未成年人专场957次。举办各种训练班21787次，培训142万人次。财政拨款40821万元，比上年减少1424万元。其中业务活动专项经费4305万元，与上年基本持平。2010年启动了基层文化

队伍培训工程，省级每年列 150 万元，用三年的时间对全省乡镇文化站站长轮训一遍，2010 年在中央文化干部培训学院举办 4 期文化站长培训班，培训近 400 人，被文化部确定为“全国基层文化骨干培训示范班”，基层文化队伍的素质进一步提高。

（五）文化遗产保护成效明显

文物保护工作扎实推进。全省有世界文化遗产 3 处（“三孔”、泰山、齐长城），国家级历史文化名城 8 座，省级历史文化名城 11 座，省级优秀历史建筑 373 处，全国重点文物保护单位 101 处，省级重点文物保护单位 687 处，市县级文物保护单位 6834 处。全省文物考古科研机构 5 个，从业人员 80 人；文物保护管理机构 101 个，从业人员 2179 人；博物馆（纪念馆）114 个，比上年增加 3 个；文物藏品 144.8 万件，其中博物馆藏品 692829 件；文物保护管理机构和博物馆参观人次 2288.2 万，其中未成年人 704 万人次；1384 万人次走进博物馆，其中未成年人 440 万人次。第三次文物普查全省调查登记不可移动文物近 4 万处。完成了馆藏珍贵文物调查并建立了数据库。大遗址保护曲阜片区、大运河山东段、齐长城、沿海明清海防设施及近现代建筑，被国家文物局列入“十二五”重点项目。大汶口遗址等三处大遗址被列为国家考古遗址公园建设项目。配合重点基建工程勘探发掘 1256 万平方米，发掘墓葬 697 个，济南大辛庄商代遗址被评为“2010 年度全国十大考古新发现”。

博物馆免费开放取得新成果，全省博物馆在基础设施与综合管理、藏品管理与科学研究、展示教育与社会服务方面均取得良好进展。各地文物保护管理机构和文物建筑及遗址类博物馆依托文物古迹开展文化旅游，不断提高文化遗产对经济社会的贡献力。2010 年门票收入 28767 万元，比上年增长 7.4 个百分点。曲阜“三孔”、蓬莱阁、长清区灵岩寺、烟台山领事建筑群、聊城市光岳楼、山陕会馆、青岛迎宾馆（总督府）、岱庙门票收入居全省前列。

非物质文化遗产和古籍保护成效明显。形成了我省非物质文化遗产国家、省、市、县四级名录体系。目前国家级名录有 153 项、省级名录 357 项、国家级传承人 50 人，省级传承人 200 人。潍水文化生态保护实验区被评为“国家级文化生态保护实验区”，评选公布 3 个省级文化生态保护实验区。我省古琴艺术、中国剪纸项目入选联合国教科文组织非物质文化遗产名录。2010 年成功举办首届中国非物质文化遗产博览会，期间举办了博览展示、项目展演、交易签约、高层论坛、非遗进校园等系列活动。签约金额达 432 亿元，65 万人次参观博览和观看演出，扩大了全社会对非物质文化遗产的认知度和关注度。古籍保护取得新成果，我省有 249 部古籍和 4 家单位分别入选第三批“国家珍贵古籍名录”和“全国重点古籍保护单位”。

（六）文化市场繁荣有序，文化产业快速发展

全省文化市场管理进入新阶段，坚持一手抓体制改革，一手抓机制创新，一手抓管理规范，一手抓繁荣发展。根据市场处统计，全省文化市场执法机构 122 个，从业人员 1406 人，机动执法车辆 163 辆。2010 年审批举办涉外、涉港澳台演出活动 133 场，涉及近 15 个国家和地区，全省演艺业有了明显起色，实施阳光娱乐工程取得明显成效。据统计，2010 年文化部门管理的文化市场经营单位 17120 家，从业人员 78839 人，主要包括娱乐场所 2889 个，从业人员 27890 人；互联网上网服

务营业场所（网吧）12497 个，从业人员 44584 人；艺术品经营机构及其他经营机构 1734 个，从业人员 6365 人。全部单位营业收入 44.4 亿元，利润 21 亿元。

2010 年 7 月省委、省政府召开了全省文化体制改革和文化产业振兴大会，出台了《关于促进文化产业振兴的意见》，提出着力打造文化体制、文化惠民、文化创意、文化品牌、文化贸易“五个新优势”，力争用 5 年的时间，文化产业增加值翻两番，逐步成为支柱产业的奋斗目标。全省文化产业呈现良好发展势头，2010 年文化产业增加值 1230 亿元，比上年增长 18.2%，占生产总值的比重为 3.12%。2010 年周村古商城旅游发展有限公司、威海刘公岛实业发展有限公司、潍坊杨家埠民俗艺术有限公司等三家单位，被文化部命名为第四批“国家级文化产业示范基地”。至此全省国家级文化产业示范基地发展到 9 个，国家级文化产业示范园区 1 个，国家动漫产业基地 3 个，省级文化产业示范基地 71 个。

二、山东文化发展存在的主要问题、制约因素及相关建议

（一）山东文化发展存在的主要问题、制约因素

1. 投入不足

虽然近几年各级政府对文化的投入不断增加，但与我省经济发展水平相比、与科技教育卫生等社会事业相比，与人民群众的精神文化需求相比，投入不足仍将是当前和今后一个时期制约文化发展的因素之一。

（1）与先进省市相比，在投入方面存在明显差距。与广东、浙江、上海、江苏、北京相比，山东文化事业费总量居全国第 7 位，但人均文化事业费却最低，只有 14.5 元，列全国第 27 位，比全国平均水平低 9.61 元。在华东六省一市中，山东的人均文化事业费居倒数第 2 位，只比安徽多 1.59 元。

表 2　2010 年山东与部分省市文化事业费情况比较表

地　区	文化事业费（万元）	全国位次	人均文化事业费（元）	全国位次
北　京	161693	5	82.44	1
天　津	56348	26	43.55	7
广　东	269940	1	25.88	18
上　海	186266	3	80.92	2
江　苏	163123	4	20.74	19
浙　江	242002	2	44.46	6
安　徽	76813	20	12.91	29
福　建	101855	11	27.61	12
江　西	73401	22	16.47	25
山　东	138876	7	14.50	27
全　国	3230646	—	24.11	—

（2）山东对文化的投入增长速度低于地方财政收入的增长速度，占地方财政支出的比重不断下

降。中共十四届六中全会《决议》指出“中央和地方财政对宣传文化事业的投入，要随着经济的发展逐年增加，增加幅度不低于财政收入的增长幅度。”从落实中央“不低于”投入政策来考察，“十一五”期间山东地方财政收入增长速度分别为26.4%、23.5%、16.8%、12.3%、25.1%；而同期文化事业费的增长速度分别为24.7%、20.5%、30.1%、5.6%、9%。除2008年文化事业费增速高于地方财政收入的增长速度外，其他年份分别低于财政收入增长速度1.7、3.0、6.7、16.1个百分点。再从山东省文化事业费占地方财政支出的比重分析，2010年为0.34（即财政每支出100元用于文化的有0.34元），比上年降低0.05个百分点，呈逐年下降趋势。

图4 “十一五”全省文化事业费增速与财政收入增速比较

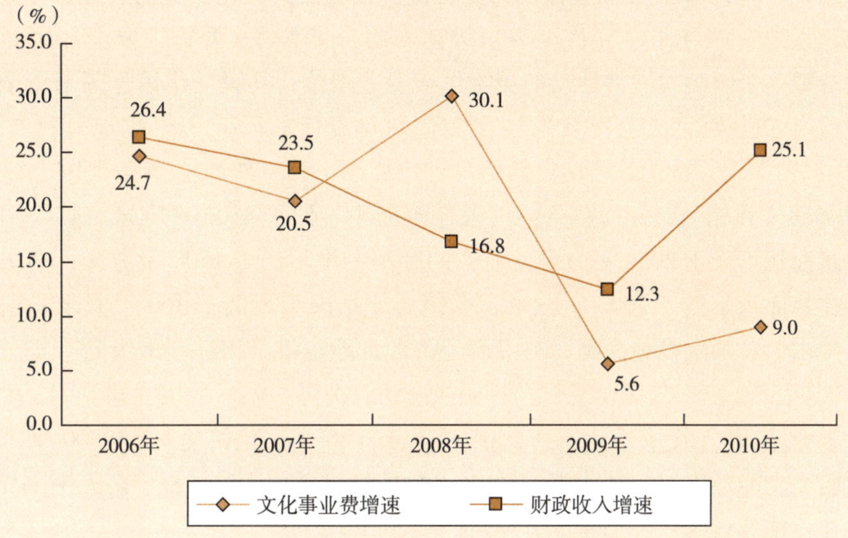

图5 山东文化事业费占地方财政支出的比重

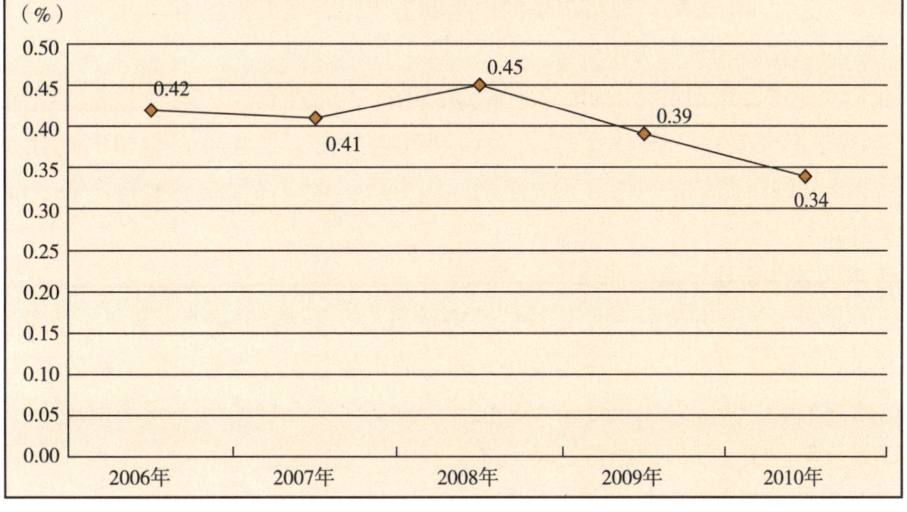

（3）公共文化服务单位的业务专项经费偏低。以图书馆购书费为例，2010 年全省 149 个图书馆购书费支出 4000 万元（其中省图书馆 1100 万元），人均购书经费 0.42 元，排全国第 15 位，比全国平均水平（0.83 元）低 0.41 元。全省 32 个图书馆无购书经费，占全部图书馆的 21.5%。再如文化馆和文化站的开展群众文化活动专项经费，全省人均 0.45 元，排全国第 18 位，比全国平均水平（0.95 元）低 0.5 元。

2. 公共文化设施达标工程任务艰巨

2013 年，第十届中国艺术节将在山东举办，姜大明省长在"十艺节"第一次筹委会全体会议上讲话指出："统筹改善公共文化设施，把艺术节场馆建设改造与省市县乡村五级公共文化服务设施建设同步推进，使十艺节的筹办过程成为完善提升全省公共文化设施的过程，各地要进一步加大公共文化设施建设力度，到 2012 年底全省市级艺术馆、图书馆、博物馆要全部达到国家一级馆标准，并建设适合举办全国美术展评活动的美术馆或专业展馆；县级文化馆、图书馆全部达到国家二级馆标准；2010 年要全面完成全省乡镇综合文化站建设任务；2013 年实现村村有文化大院的目标。"根据文化部图书馆，文化馆评估定级标准：市级图书馆一级馆必备条件馆舍建筑面积不低于 8000 平方米；市级文化馆一级馆必备条件馆舍建筑面积不低于 4500 平方米。县级图书馆二级馆必备条件馆舍建筑面积不低于 2000 平方米、城市的区图书馆不低于 1500 平方米；县级文化馆二级馆必备条件馆舍建筑面积不低于 2000 平方米。乡镇文化站面积不低于 300 平方米。据此标准，我省省级艺术馆、美术馆、画院设施简陋，与沿海经济大省地位很不相称；市级尚有 6 个图书馆达不到 8000 平方米（威海、淄博、聊城、德州、日照、潍坊；菏泽、临沂二市在建），11 个艺术馆达不到 4500 平方米；县级有 57 个图书馆达不到 2000 平方米，80 个文化馆达不到 2000 平方米；相当数量的乡镇文化站服务功能还不够完善；近三分之一的村没有文化大院；8 个区无图书馆，4 个区无文化馆，公共文化设施建设的任务仍然十分艰巨。

3. 在全国有影响力的文艺精品和品牌不够多

我省的文艺作品只见群山，不见高峰，缺乏在全国有较高知名度和影响力的演艺品牌。国有文艺院团体制机制不活，面向市场、开拓市场的内生动力不足，演出市场不够活跃。

4. 文化产业整体实力和竞争力不够强

2009 年我省文化产业增加值占 GDP 的比重为 3.07%，而北京、广东、上海、湖南、云南分别为 12.6%、6.4%、5.63%、5.8%、5.9%。2010 年我省文化产业增加值占 GDP 的比重为 3.12%，距成为国民经济支柱性产业的要求还有较大差距。规模化、集约化程度不够高，缺乏带动力强的龙头企业和产业集群。

5. 文化艺术人才队伍建设亟待加强

艺术领域人才不足是全方位的，尤其缺乏在全国有较大影响的编剧、导演、演员，缺少灯光、舞美、音响方面的高水平专业人才，演艺后备人才、演出经营人才也普遍缺乏；公共文化服务领域缺乏高层次的研究人员，基层文化单位缺乏文化骨干；文化产业领域缺乏高端创意人才、资本运作人才、项目策划管理人才、外向型经营管理人才。

6. 影响文化发展的体制机制性障碍尚未根除

体制不理顺，管理机制不活的问题比较突出，某些领域长期受计划经济体制的影响，游离于市场经济体制之外。文化行政管理体制、文化市场管理体制有待理顺，文化单位用人机制、分配机制，绩效考核机制不完善，影响了服务效能的发挥。

（二）相关建议

当前，山东文化发展面临难得的战略机遇期，第十届中国艺术节将于2013年在我省举办，中国艺术节是我国规格最高，规模最大，最具影响力的全国性文化盛会，承办艺术节对于促进我省文化事业和文化产业大发展大繁荣具有重要的意义。

1. 落实中央和省委、省政府决策部署，加大对文化的投入力度，实现山东文化跨越式发展

中央和省委、省政府对文化建设高度重视，做出一系列决策部署，现在关键是抓好落实。加快构建公共文化服务体系，按照体现公益性、基本性、均等性、便利性的要求，以政府主导，以公共财政为支撑，以全民为服务对象，以基层特别是农村为重点，加大投入力度，创新服务方式，推进重点文化惠民工程，加强公共文化基础设施建设，构建覆盖城乡的公共文化服务体系，促进基本公共文化服务均等化。

以筹办第十届中国艺术节为契机，运用经营城市、土地置换、整合资源的思路多渠道筹集资金，加强公共文化服务设施建设。对政府兴办的公益性文化单位，包括图书馆、艺术馆、文化馆、美术馆、展览馆、书画院、博物馆、乡镇（街道）综合文化站等要给予重点支持，确保人员经费和业务活动经费，增加专项投入，不断提高服务水平和服务质量，切实保障人民群众的基本文化权益，保障文化民生。

2. 多渠道筹集资金，拓宽文化发展投融资渠道

放宽文化产业市场准入条件，支持和鼓励文化企业按规定吸收民间资本、社会资本和境外资本，吸引社会力量参与文化设施建设、文化技术装备更新以及文化产业的经营管理，形成政府投入与社会投入相结合的文化投融资机制。在国家政策范围内，允许跨地区、跨部门、跨所有制的收购兼并等资产运作，鼓励有条件的优势文化企业上市融资。鼓励金融机构加大对文化企业的信贷支持，对新办文化产业项目发放优惠利率贷款或与财政资金相配套的贴息贷款。目前我省各级财政保民生政策，保科技教育法定增长，保政权建设，保运转保稳定的任务非常艰巨，建议用发行文化彩票的办法筹集社会资金，用于文化建设。

3. 改革目前对各级党委政府的文化考核评价指标

目前对政府文化方面的考核评价指标多采用的是定性指标而非定量指标，造成“软实力”无“硬指标”。建议设立一些可核查的定量指标。如人均文化经费及增长率、文化财政拨款占地方财政支出的比重、人均购书费、文化馆（站）人均业务活动经费、公共文化服务设施达标率等。

4. 实施人才兴文战略，加大文化艺术人才培养与引进力度

各级政府和文化管理部门要有计划、有步骤地实施文化艺术人才培养工程，多渠道培养和引进高素质的文化艺术人才，以优惠政策吸引人才，以良好机制激励人才。在人才培养上，要发挥高等艺术院校的优势，培养高学历、高层次文化专门人才，同时加强对文化单位经营管理人员和文化专业技术人员的岗位培训，培养复合型人才，为山东文化可持续发展积蓄人力资本。

5. 深化文化体制改革，解放文化生产力

文化体制机制的大改革、大创新是增强文化发展的强大动力。文化体制机制不健全、不完善，文化发展就没有出路。只有不断改革创新才能为多元的文化大发展创造条件。推进体制机制创新，关键是要按照创新体制、转换机制、面向市场、增强活力的要求，解放思想，大胆创新，加快经营性文化单位转企改制，稳步推进公益性文化事业单位改革，加快推进文化管理体制改革，把政府职能真正由主要办文化转到加强文化管理和提供公共服务上来，尽快使我省的文化管理体制更加符合社会主义精神文明建设的特点和规律，更加适应社会主义市场经济发展要求，更加有利于文化事业和文化产业协调发展。

（山东省文化厅）

河南省2010年文化发展情况分析

2010年是“十一五”的收官之年，也是省委、省政府建设中原经济区战略部署的开局之年，河南文化工作抓住机遇促发展，以构建公共文化服务体系、加强艺术创作生产、加快文化产业发展、强化文化市场监管、加强文化遗产保护、深化文化体制改革等工作为重点，努力推动河南文化强省建设，为我省文化大发展大繁荣做出了积极贡献。

一、河南文化发展基本情况

（一）全省文化机构和人员数量稳定

截至2010年底，全省共有文化文物机构13325个，比2009年增加了5个，从业人员106273人，比2009年增加了2944人。从机构类型看，大部分文化行业机构数和从业人员数与上年持平，企业类艺术表演团体和艺术表演场所数量有所减少，原因是市场竞争情况下，一些规模小、家庭作坊式的团体和场所被淘汰。

表1　2010年全省文化机构和从业人员情况

单　位	机构数（个）		从业人员（人）	
	2009年	2010年	2009年	2010年
总　计	13320	13325	103329	106273
一、文化及相关产业	13316	13321	103279	106210
1. 艺术业	574	523	20982	20842
其中：艺术表演团体	413	371	16619	16751
艺术表演场馆	161	150	4363	4064
2. 图书馆	142	142	2756	2762
3. 群众文化服务	2466	2466	10643	10500
其中：文化站	2264	2264	6975	6870
4. 艺术教育业	16	12	1037	798
5. 文化市场经营机构	9474	9535	52375	55421
6. 文艺科研	21	20	181	199
7. 文物业	257	260	8438	7994
8. 其他文化及相关产业	366	363	6867	7694
二、非文化及相关产业	4	4	50	63

（二）文化投入有所增长

2010年，省委书记卢展工同志多次深入调研，极大带动了各级党委政府对文化工作的高度重视，也吸引了社会资本对文化事业的支持，文化投入明显增长（捐赠收入用于文化事业发展，但计入其他收入，不计入财政拨款，故未能在文化事业费中反映）。

2010年，全省文化事业费9.51亿元，比上年增加0.35亿元，增长3.8%。全省人均文化事业费为10.12元，比上年提高0.46元。全国人均文化事业费为24.11元，我省人均文化事业费在全国排在第三十位。

（三）公共文化服务体系逐步完善

1. 公共图书馆业稳步前进

2010年，全省公共图书馆142个，从业人员2762人。总藏量1837.2万册（件），其中全年新购藏量95.4万册，比上年增加26.5万册，增幅38.7%。全年总收入13105.2万元，比上年增加138.4万元。

表2　全省公共图书馆主要业务指标

年　份	机构数（个）	总藏量（万册）	总流通人次（万人）	书刊外借册次（万册）	本年新购图书（万册）	公共用房建筑面积（万平方米）
2006	136	1470.3	780.4	696.6	30.8	27.1
2007	138	1508.6	854.7	779.2	43.4	28.4
2008	142	1632.6	805.0	734.3	53.0	29.6
2009	142	1724.5	1010.9	952.3	31.8	31.8
2010	142	1837.2	1025.7	914.7	32.5	32.5

图书购置费增长速度缓慢。2010年，全年新增藏量购置费1448.7万元，比上年增加208.3万元，增幅16.8%。购书专项经费1367万元，比上年增加20.7万元，增幅仅为1.5%。全省人均购书经费0.154元，比上年增加0.023元。

保证每年有一定数量的新购图书是公共图书馆生存的重要因素。据统计，2010年，全省142个图书馆中购置费较高的有：省图书馆（330万）、郑州市图书馆（115万）、安阳市图书馆（100万），有52个图书馆全年无图书购置费，占36.6%。

2. 群众文化活动进一步活跃

2010年，全省群众艺术馆19个，从业人员550人；文化馆183个，从业人员3080人；文化站2264个，从业人员6870人，其中：乡镇文化站1915个，从业人员6105人。全年共举办展览7970个，组织文艺活动35713次，举办训练班11837个，组织各类理论研讨活动和讲座445次。

图1 近几年全省图书购置费情况

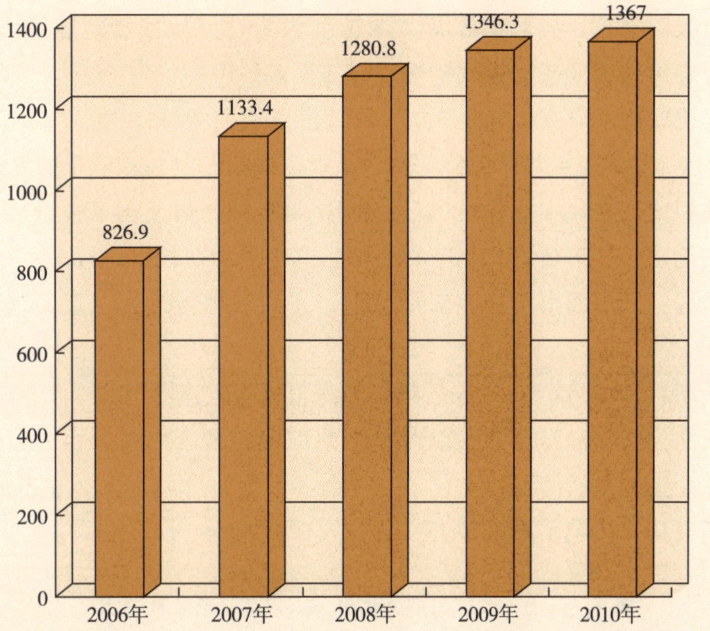

表 3 "十一五"期间近几年群众文化服务基本情况

年 份	机构数（个）	从业人员（人）	举办展览（个）	组织文艺活动（次）	举办训练班（次）	公共房屋建筑面积（万平方米）
2006	2373	8344	5641	13997	6639	51.5
2007	2358	10193	5143	22854	10968	48.5
2008	2364	10215	6139	23681	14068	50.7
2009	2466	10643	6915	34261	10677	67.8
2010	2466	10500	7970	35713	11837	89.1

努力打造公益文化品牌活动。2010 年，"春满中原" 春节文化活动历时一个月，全省共开展县级及县级以上规模的文艺调（展）演和赛事、文艺专题展览、元宵灯展等群众文化活动 2400 多场（次），乡村级群众文体活动 31000 多场次，各类文化下乡活动 400 余场（次），举办具有地方特色的庙会活动近 200 场次。"欢乐中原" 广场文化活动期间，组织开展全省各类广场文化活动 20113 场次，参与人员 23116 人次，观众达数千万。

3. 文化惠民工程进展顺利

文化信息资源共享工程：2010 年，文化信息资源共享工程全年共新建 51 个县级支中心、598 个乡镇服务点、18590 个村级服务点。全年共完成 308 个街道和社区文化室的共享工程设备招标。

"舞台艺术送农民"、"高雅艺术进校园" 活动：全年分别演出 2107 场、40 场。自 2008 年，"舞台艺术送农民" 活动补助资金由省、市、县三级进行配套，每年省财政安排此活动专项资金

341 万元。

省辖市“两馆”建设：《河南省人民代表大会常务委员会关于加强基层文化设施建设的决议》要求，省辖市没有市级图书馆、群艺馆或者“两馆”没有达到国家规定建设标准的，2010 年底前必须按照国家规定建设标准建成或完成改扩建工程并投入使用。

县级“两馆”建设项目：2010 年完成 2009－2012 年未达标县级“两馆”维修改造规划。截至年底，全省新建成设施达标县级“两馆”9 个，20 个县级“两馆”通过政府采购形式完成了设备购置。

乡镇综合文化站和城市文化中心建设项目：2010 年组织开展了国家发改委下达的 1241 个文化站项目建设工作和文化站、城市街道文化中心和社区文化活动室设备购置。

省级重点文化工程：开展河南博物院二期工程、省图书馆新馆和省直文艺院团剧场建设规划、立项等前期准备工作。

大型社会文化活动：2010 年，我省先后举办上海世博会河南活动周、“春满中原”春节系列文化活动等，各地群众文化活动向经常化、品牌化方向发展，黄帝故里拜祖大典、洛阳牡丹文化节、开封菊花文化节、南阳张仲景医药科技文化节、河南（淮阳）非物质文化遗产展演等重大节会圆满成功，活动形式不断创新，内容不断丰富。

表 4 “十一五”时期文化惠民工程财政资金补助情况

年 份	财政拨款（万元）				
		中央财政	省财政	市财政	县财政
2006 年	3112	1553	1274	286	–
2007 年	16993	7448	5435	1124	2986
2008 年	28729	14686	7122	1489	5432
2009 年	33975	19060	6278	1871	6765
2010 年	29528	18611	9259	559	1099
总 计	112337	61358	29368	5330	16282

注：包含文化信息资源共享工程、乡镇综合文化站建设和设备购置、城市街道文化中心（文化活动室）设备购置、流动舞台车工程、非物质文化遗产保护工程、“舞台艺术送农民”活动、县级“两馆”建设、农村电影放映工程。

（四）艺术业

1. 舞台艺术生产迈上新台阶

2010 年，各级文艺院团的基础条件和队伍建设等都有了较大突破，艺术创作生产积极性显著提高。省直 8 个院团实现人员工资财政全额供给，并接受社会捐赠资金，全年共新排剧（节）目 8 台，加工复排剧（节）目 23 台，全年演出 1194 场，实现演出收入 2609 万元，同比增长 21.3%。全省国有院团共演出 38321 场，收入 6772 万元。出台了《关于促进民营文艺表演团体繁荣发展的实施意见》，全省民营艺术院团 50 台剧目、60 多个节目参加了河南省首届民营艺术院团文艺汇演。河南小皇后豫剧团《铡刀下的红梅》圆满完成了文化部“全国民营院团优秀剧目展演”开幕式演出。

精品剧目成果丰硕，重大赛事成绩显著。舞剧《水月洛神》、豫剧《苏武牧羊》排演成功，舞台剧《太极》，豫剧《焦裕禄》、《马青霞》完成初创。在第九届中国艺术节上，新编历史剧越调《老子》获得文华大奖；现代豫剧《村官李天成》获文化部文华优秀剧目奖第一名。豫剧《香魂女》入选2010年度国家舞台艺术精品工程十大精品。《常香玉》被评为国家舞台艺术精品重点扶持剧目。

2. 演出市场日益繁荣

2010年，全省演出市场日益繁荣活跃，给广大人民群众提供了日益丰富的文化生活，共演出98660场，观众人次达到8406万人次。截至2010年底，全省共有各类演出市场经营单位561家，其中演出经济机构40家，艺术表演团体371家，艺术表演场馆50家；演出市场总收入25998.9万元，其中演出经济机构9872.8万元，艺术表演团体14112.5万元，艺术表演场馆2013.6万元。

图2 2010年我省演出市场经营单位收入比重

2010年，全省共有艺术表演团体371家，从业人员16751人，共完成国内外演出98660场，其中农村演出场次57470场，占总场次的58.3%。按艺术表演团体性质区分，200家事业性质艺术表演团体演出43710场，占总场次的44.3%，171家企业性质艺术表演团体演出54950场，占总场次的55.7%。两种体制的艺术表演团体主要指标对比如下：

表5 企、事业艺术表演团体主要指标对比

	机构数	从业人员	财政补贴团数	原创首演剧目	演出场次	农村演出场次	观众人次（万人）	演出收入（万元）
事业	200	10180	186	43	43710	36040	6325.6	8463.6
企业	171	6571	4	7	54950	21430	2080.2	5648.9

从表中看出，两种体制下的艺术表演团体其经济效益和社会效益各有所长。事业性质的艺术表演团体创作能力强，吸纳的各种专业人才多，国家财政补贴多，演出成本高，演出收入高，演出影响力广，社会效益显著。而企业性质的艺术表演团体从业人员少，演出成本低，政府补助少，演出收入少，市场化程度高，承受力强，在激烈的市场竞争中易于存活。

2010年，全省艺术表演场所150个，从业人员4064人，演出场次2.42万场，观众人次361.3万，公共房屋建筑面积39.9万平方米。其中文化部门138个，其他部门12个。全年艺术表演场所总收入9520.6万元，其中演出收入2013.6万元。与上年相比，总收入增加162.7万元。

（五）文物业

截至2010年底，全省共有文物机构260个（其中文物保护管理机构125个，博物馆111个，文物商店4个，文物科研机构12个，其他文物保护管理机构8个），从业人员7994人。文物藏品1833281件/套，其中：一级品2278件/套，二级品16123件/套，三级品221736件/套。不可移动文物7万余处，其中3处世界文化遗产（洛阳龙门石窟、安阳殷墟、登封“天地之中”历史建筑群），189处全国重点文物保护单位，1047处省级文物保护单位。全省文物事业总收入89867万元，其中门票收入20435万元。文物事业总支出80388万元。共完成基建投资5370万元。全省共计维修文物保护单位145处，其中全国重点文物保护单位47处，省级文物保护单位86处，维修经费18305万元。

1. 加强机构和人员队伍建设，为文物保护事业提供人力和机构保障

近几年，省委、省政府高度重视文物保护工作，尤其是在机构改革过程中普遍压缩机构和人员的情况下，增加了文物行政管理机构和人员。到2010年底，全省共有各级文物行政主管部门49个，比2006年和改革前（2009年）分别增加了172%和96%。

表6 全省文物行政机构数量（单位：个）

类　别	2006年	2009年	2010年
省　级	1	1	1
地市级	8	7	17
县区级	9	17	31

随着文物事业的发展和机构的增加，文物从业人员迅速增加，全省文物从业人员由“十一五”期初的6727人增加到7994人，增加了1267人，增长19%。其中文物行政主管部门增加1196人，文物科研机构增加85人，文物保护管理机构减少了760人，博物馆增加756人，文物商店减少了7人，其他文物保护管理机构减少了3人。

图3 “十一五”期初和期末文物事业单位人员数量比较

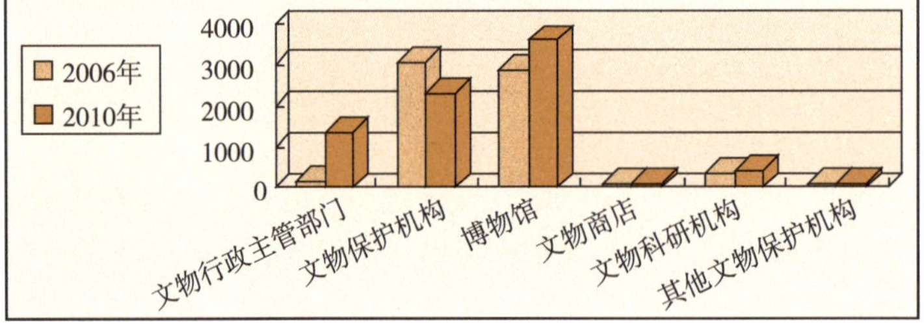

为了提高人员素质，加强文物保护工作能力，我省把队伍建设纳入全省干部教育培训计划，举办了全省分管文物工作县（市、区）长培训班。与高校合作，有针对性地举办了全省市级文博干部暨全国重点文物保护单位负责人培训班、文物保护工程勘察设计培训班和两期全省文物行政执法培训班，培训文物管理和各类专业技术人员近5000人次，将全省分管文物工作县（市、区）长，省辖市文物局长，国保单位保护管理机构负责人、讲解员、保管员、普查队员等培训一遍。选派业务骨干参加了美国梅隆基金会博物馆管理培训班、中日韩“丝绸之路”文物保护培训班等。探索文化遗产培训的新模式，2009 年、2010 年，经国家外国专家局批准，成功举办了两期文化遗产保护境外培训班，先后有 39 名专业科技人员赴意大利进行了培训，取得了良好效果，被省外国专家局授予“河南省引进国外智力工作先进集体”称号。

2. 财政投入增加显著，文物保护事业成绩斐然

2010 年全省文物机构收入合计 89867 万元，比上年减少了 5288 万元，降低了 5.6%。其中，财政补助收入 50496 万元，比上年增加 3140 万元，增长了 6.6%；事业收入 27375 万元，比上年增加 933 万元，增长了 3.5%；经营收入 806 万元，比上年增加 168 万元，增长了 26.3%；其他收入 2315 万元，比上年减少了 7772 万元，降低了 77%。

图4　2010年文物业各项收入所占比重

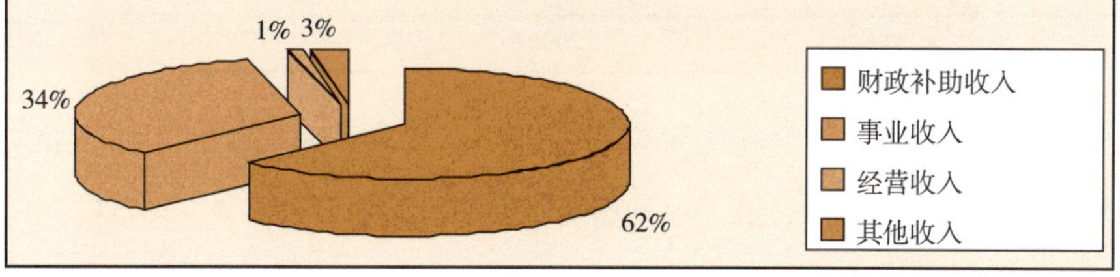

从以上各项收入在总收入所占比例可以看出，总收入增长，主要财政投入增加，而经营性收入和其他收入所占比例较低。这说明：目前文物保护资金来源主要依赖于财政拨款，而文物单位自身造血功能偏低。

由于各级政府加大了对文物的投入，致使全省文物保护事业成绩取得了较大的成绩：世界文化遗产申报取得突出成绩。2006 年、2010 年我省安阳殷墟和登封“天地之中”历史建筑群先后被列入世界文化遗产名录，占“十一五”时期国家入选世界文化遗产总数的 2/5。2006 年，省文物局被省政府记集体一等功。我省世界文化遗产达到 3 处，位居全国前列。

3. 博物馆网络体系逐步健全，展览和社会服务功能全面提升

2010 年，全省文物系统积极贯彻落实国家文物局和省委、省政府关于推进博物馆免费开放的部署，进一步提升陈列展示水平、完善基础设施、提高服务质量，目前全省 111 个博物馆已免费开放 104 座，全年共举办陈列展览 663 个，比上年增加 157 个；参观人数达到 1794 万人次，比上年增加 284 万人次，增长了 19%。

从上图可以看出，博物馆参观人次 2010 年比 2009 年显著增长，原因是 2010 年国家加大了对博物馆的投入并实行免费对外开放，进一步拉近了公众与博物馆的距离，丰富了广大群众的精神文化生活。

4. 非物质文化遗产保护全面加强

2010 年，全省市、县级非物质文化遗产名录项目分别增加了 427 项和 951 项。截至 2010 年底，全省共有国家级名录项目 82 项、省级名录项目 295 项、市级名录项目 1050 项、县级名录项目 3569 项，国家级传承人 66 名、省级 452 人、市县级 1826 人，四级名录保护体系基本形成，实现了全省非物质文化遗产项目及其代表性传承人的分级保护。“河南省非物质文化遗产研究基地”、“河南省

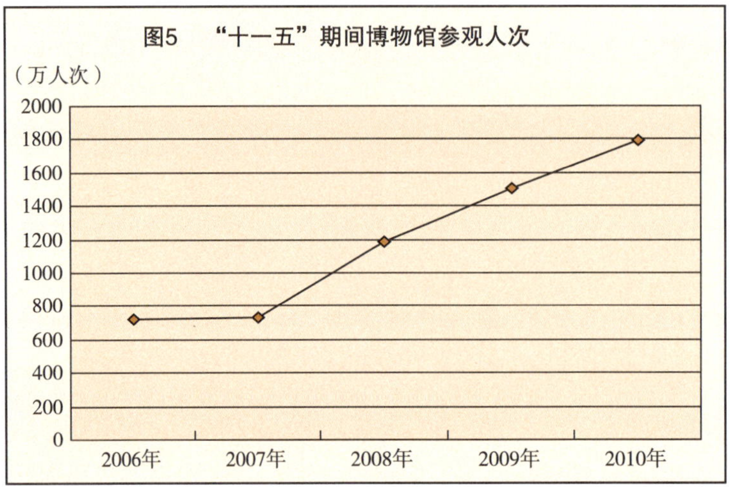

非物质文化遗产社会传承基地"在保护非物质文化遗产中发挥了积极的作用。全年有32个非物质文化遗产项目被列入国家重点保护名单，得到中央财政专项资金扶持。

（六）文化产业快速发展

1. 促进动漫产业发展。《关于促进动漫产业发展的意见》即将出台，这是我省促进动漫产业发展的纲领性文件。《河南省动漫产业发展规划（2011－2015年）》正在抓紧制定。积极指导国家动漫产业发展基地（河南基地）、郑州动漫产业基地建设，支持其尽快建成并发挥作用。截至2010年底，全省动漫企业发展到63家，已完成和正在创作、制作动漫作品33部、漫画作品22部；开发网络游戏2款，创作手机动漫20多个系列。

2. 加强文化产业园区、基地建设。命名开封宋都古城文化产业园区等6个"河南省文化产业示范园区"，并争取中央及省专项资金2360万元。推荐的开封清明上河园股份有限公司等3家公司，被文化部命名为第四批"国家文化产业示范基地"（全国共70家）。

3. 多渠道推介宣传文化项目文化产品，争取资金扶持政策。分别组织企业参加义乌文博会、深圳文博会、厦门海峡两岸文博会、日本东京电玩展。协助中央电视台、河南电视台对我省演艺、动漫、产业园区等进行宣传。与中国人民银行河南省分行会签了河南省金融支持文化产业发展的文件。2010年，大型舞剧《风·情·河之南》获得中央文化产业发展专项资金500万元、省级专项资金100万元；郑州小樱桃公司申报获中央文化产业发展专项资金500万元。全年在示范园区项目补助、专项资金申报、出口补贴动漫奖励几方面，为企业争取资金2370万元。

4. 重视农村文化产业发展。针对农业大省实际，积极发展具有文化底蕴、资源特色、产业基础，融合文化和艺术元素的文化产业镇（乡）、村、历史街区和创意农庄。命名第二批"河南省文化产业特色镇（乡）、村"。

（七）文化市场健康有序发展

2010年，全省共有文化市场经营单位9749个，从业人员63214人，营业总收入31.5亿元，实现营业利润 11.9 亿元。与 2009 年比较，文化市场经营单位增加 45 家，从业人员增加 3701 人，营业总收入减少 2.97 亿元，营业利润减少 2.54 亿元。

表 7　2009 年和 2010 年我省文化市场情况对比

分　类	机构数		从业人员		营业收入（万元）		营业利润（万元）	
	2009 年	2010 年	2009 年	2010 年	2009 年	2010 年	2009 年	2010 年
合　计	9704	9749	59513	63214	344959	315189	144789	119421
演出经纪机构	25	40	546	723	10422	9873	-1731	-274
娱乐场所	1490	1604	15721	17348	82075	92358	32356	39837
网吧	7597	7652	34678	35230	207937	170471	97086	76327
经营性互联网文化单位	2	3	10	947	21	26950	6	1528
文化市场其他经营机构	343	220	788	517	6972	2625	1636	1115
艺术表演团体（企业）	213	171	6503	6571	28928	7770	19790	3353
艺术表演场馆（企业）	14	12	272	349	1489	1374	563	529
动漫企业	20	47	995	1529	7115	3768	-4917	-2994

从结构看，网吧和娱乐场所仍是文化市场的主体。2010 年，其机构数分别占文化市场总数的 78.5% 和 16.5%；从业人员数分别占 55.7% 和 27.4%；营业收入分别占 54.1% 和 29.3；营业利润分别占 63.9% 和 33.4%。

图6　2010年我省文化市场营业收入比重

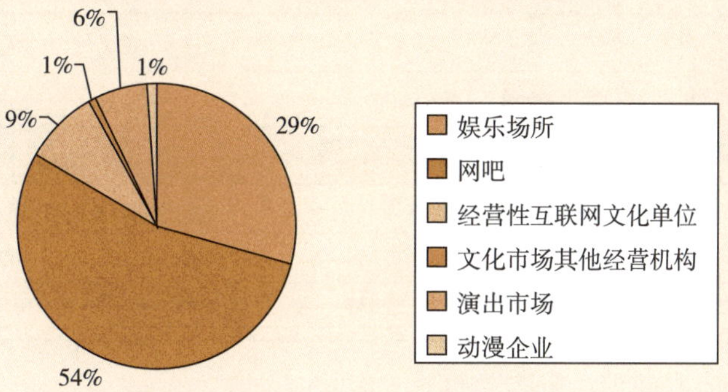

1. 网吧市场进一步规范，连锁网吧占有率逐步提升

截至 2010 年底，全省共有 7652 家网吧，计算机终端约 65 万台，网吧行业营业收入约 17 亿元，从业人员 35230 人。并呈现以下两个特点：一是市场竞争导致利润下降。2010 年全省网吧的机构数、计算机终端数及上网人次分别比 2009 年增加 0.7%、4.5%、25.8%，而营业收入、营业利润分别比 2009 年下降 18%、21.4%。这说明我省网吧行业竞争激烈，经营成本有所增加，行业利润率下降，网吧行业将逐步进入调整期。二是连锁网吧占有率逐步提升。按照文化部和省里的有关规定，我们稳步推进我省的网吧连锁工作，截至 2010 年底，全省共有网吧连锁企业 16 家，连锁经营门店（包括直营店和加盟店）376 家，占总量的 5%，网吧行业逐步向规模化、连锁化、品牌化方向发展。

表 8　2009 年和 2010 年我省网吧市场情况对比

	2009 年	2010 年	增长速度（%）
机构数（个）	7597	7652	0.7
从业人员（人）	34678	35230	1.6
营业收入（万元）	207937	170471	－18
营业利润（万元）	97086	76327	－21.4
计算机终端数（台）	619387	647016	4.5
上网人次（万人次）	106672	134160	25.8
连锁门店（个）	187	376	101.0

2. 娱乐市场发展平稳，市场规模逐渐增大

随着社会整体经济形势的好转，娱乐场所经营管理水平的提升，我省娱乐场所规模逐渐增大，向着规模化、品牌化发展。2010 年，全省共有各类娱乐场所 1604 家，资产总计 14.8 亿元，营业收入约 9.2 亿元，营业利润约 4 亿元，从业人员 17348 人。资产总计、营业收入、营业利润、上缴税金和增加值与 2009 年同期相比，分别增加 31.9%、12.5%、23.1%、11.8% 和 20.9%。

图7　2009年和2010年我省娱乐市场主要指标对比

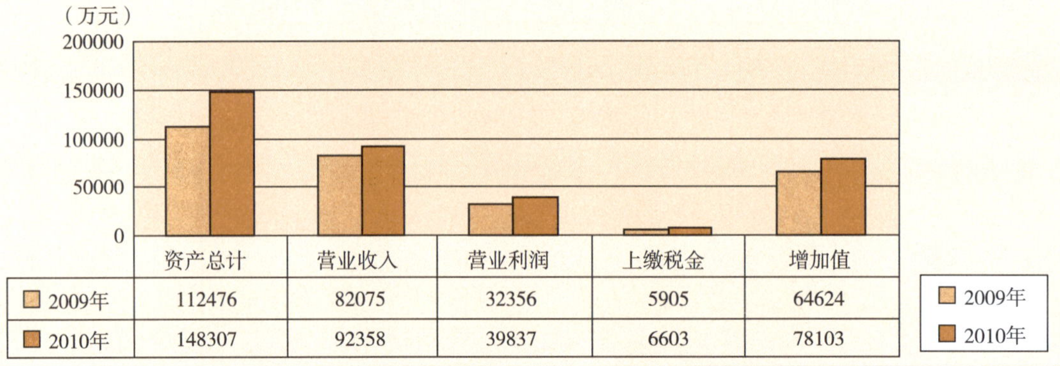

二、河南文化发展中存在的问题

（一）文化事业投入不足

尽管各级财政尽了最大努力投入文化建设，但与全国平均水平、与先进地区相比差距明显。目前，用于文化建设的财政投入还是低水平的保障，基层公共文化单位工作经费、运转经费保障不足，如何引导多渠道资本投入文化领域还需要进一步研究。

1. 文化事业费持续增长，总量偏低

2010 年，全省文化事业费 9.51 亿元，比上年增加 0.35 亿元，增长 3.8%。从全国各地情况看，

2010 年，文化事业费超过 10 亿元的地区有 11 个，前三位分别是广东（26.99 亿）、浙江（24.2 亿）、上海（18.63 亿）。周边省份文化事业费较高的有：山东（13.89 亿）、湖北（11.44 亿）。我省作为全国人口大省，文化事业费总量在全国位居第 12 位，总量偏低。由图 9 可以看出，近五年来我省文化事业费在总量持续增长的同时，增长幅度呈下降趋势。

图8　近五年我省文化事业费情况

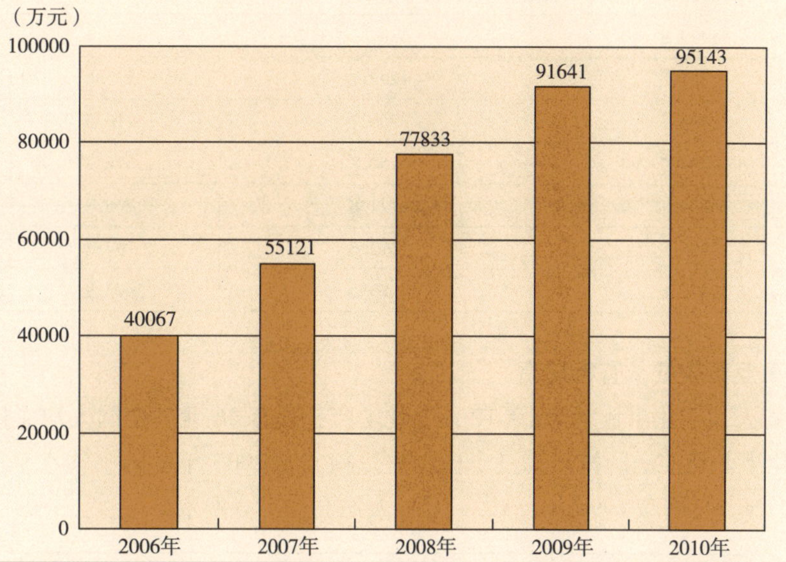

分地区看，全省各地文化事业费分布不平衡。2010 年，文化事业费超过 5000 万元的地市仅有：郑州（13735.1 万元）、洛阳（6137.3 万元）、安阳（6661.2 万元）、南阳（6887.2 万元）、周口（5150.7 万元）。18 个省辖市中文化事业费增幅最大的是安阳市（31.1%），有 6 个地区文化事业费比上年有所减少。

表 9　全省各地文化事业费投入情况

地　区	2009 年文化事业费（万元）	2010 年文化事业费（万元）	增减额（万元）	增减速度（%）
全　省	91641.2	95142.8	3501.6	3.8
郑州市	17513.2	13735.1	-3778.1	-21.6
开封市	2858.8	2538.3	-320.5	-11.2
洛阳市	7320.9	6137.3	-1183.6	-16.2
平顶山市	4625.3	4910.6	285.3	6.2
安阳市	5081.1	6661.2	1580.1	31.1
鹤壁市	2010.5	1241.0	-769.5	-38.3
新乡市	2679.1	2442.7	-236.4	-8.8
焦作市	2967.6	3072.5	104.9	3.5

（续）

地　区	2009 年文化事业费（万元）	2010 年文化事业费（万元）	增减额（万元）	增减速度（%）
濮阳市	2535. 3	2834. 2	298. 9	11. 8
许昌市	2964. 4	3077. 4	113	3. 8
漯河市	3664. 1	4465. 0	800. 9	21. 9
三门峡市	3023. 3	3160. 9	137. 6	4. 6
南阳市	5473. 8	6887. 2	1413. 4	25. 8
商丘市	3754. 5	4292. 1	537. 6	14. 3
信阳市	3744. 2	3960. 7	216. 5	5. 8
周口市	4534. 5	5150. 7	616. 2	13. 6
驻马店市	3071. 1	3777. 8	706. 7	23. 0
济源市	1406. 9	1312. 6	-94. 3	-6. 7
省本级	12412. 6	15485. 5	3072. 9	24. 8

2. 人均文化事业费较低，有待提高

2010 年，全省人均文化事业费为 10. 12 元，比上年提高 0. 46 元。全国人均文化事业费为 24. 11 元，我省人均文化事业费在全国排在第三十位，大致相当于 2005 年全国平均水平（10. 23 元），新疆 2003 年（10. 42 元）、西藏 1996 年（12. 4 元）人均文化事业费水平。

图9　近几年全省人均文化事业费情况

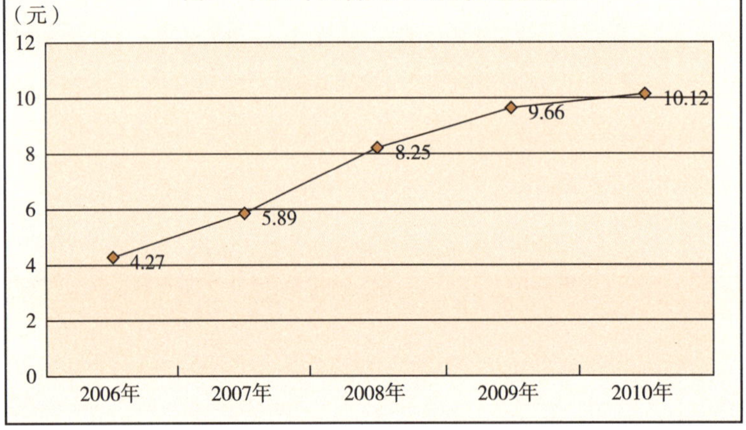

从增长速度看，全国人均文化事业费同比增长 10. 1%，中部省份中，除湖南有所下降外，其他几省增长速度均高于我省，安徽排名在我省前一位，人均文化事业费高出我省 2. 79 元，同比增长速度也是我省的近 4 倍。由此可见，我省的财政投入增长还需加大力度，逐步提升文化事业费在财政支出中的比重，才能有效提高全省文化事业费的位次。

表 10　中部六省人均文化事业费情况

	2009 年人均文化事业费（元）	2010 年人均文化事业费（元）	增长速度（%）	全国位次
山　西	20.11	21.84	8.6	17
湖　北	17.11	19.98	16.8	20
安　徽	11.09	12.91	16.4	29
湖　南	13.73	13.11	-4.5	28
江　西	15.07	16.47	9.3	25
河　南	9.66	10.12	4.8	30

（二）各级公共文化服务及设施仍不完善

近年来，中央和全省各级政府加大投资建设，各级文化设施建设呈快速发展趋势，但总体看来，城市社区和乡村公共文化基础设施覆盖率偏低，与居民“就近、方便、有选择”参与文化活动的要求还有较大差距。省辖市、县级图书馆、文化馆、博物馆达标改造任务较重。同时，一些地方基层文化事业机构、编制等问题长期得不到解决，乡镇综合文化站双重管理模式的作用未能有效发挥，影响正常开展工作。

由表 10 可以看出，我省每万人拥有图书馆面积、人均拥有图书馆藏书、人均购书费、每万人拥有群众文化设施面积、人均群众文化业务活动专项经费等主要文化发展指标在全国的排名情况均在倒数几位，说明我省的公共文化服务水平仍处于低水平。

表 11　主要文化发展指标与排名情况

主要文化发展指标	单位	2005 年		2010 年	
		数值	位次	数值	位次
每万人拥有图书馆面积	平方米	27.19	30	34.55	31
人均拥有图书馆藏书	册	0.15	29	0.20	30
人均购书费	元	0.10	31	0.15	31
每万人拥有群众文化设施面积	平方米	52.24	27	94.73	28
人均群众文化业务活动专项经费	元	——	——	0.17	31

（三）文物科技保护力量薄弱

文物人才地区分布不均衡，特别是文物科技保护、陈展设计、规划编制、修复鉴定等专业技术人才缺乏，优秀人才外流现象突出。文物科技保护工作与先进省份相比存在较大差距，文物科技保护水平不高，出土文物得不到及时修复与保护。

（四）城乡之间文化市场发展不平衡

我省是农业大省，长期以来城乡经济的非均衡发展，使农村物质文化生活与城市存在较大的差距，农村文化市场发展落后，文化产品数量少、质量低的问题亟待解决。2010 年，虽然全省农村文化市场经营单位有1808家，占全省文化市场总数的18.9%，但营业收入只有25406万元，占全省文化市场总营业收入的8.3%。

图10 2010年我省文化市场经营单位城乡区域分布

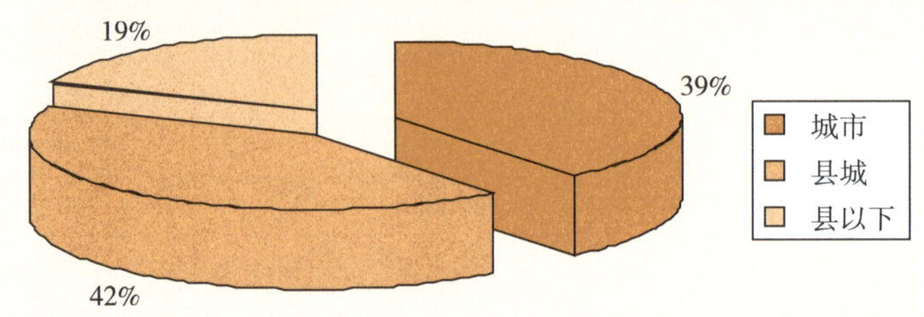

三、对河南文化建设的几点建议

当前，河南文化发展要紧紧抓住中原经济区战略构想上升为国家战略的机遇期，围绕中原经济区发展思路和战略规划调整工作部署，开展各项文化规划和建设，推动文化大发展大繁荣，兴起文化建设新高潮。

（一）进一步加大文化投入，形成多渠道投入机制

提高文化事业经费在财政支出中的比重，保证各级财政文化支出增幅高于同级财政经常性收入的增幅。建立公共文化服务体系经费保障机制，完善文化投入专项资金制度。要通过中央保障的重点文化项目、全省各级政府实施的文化惠民工程等提高各级文化建设投入。切实保障公共图书馆、文化馆（站）、博物馆、美术馆免费开放计划、艺术精品工程、文化信息资源共享工程、非物质文化遗产保护工程、省级重点文物保护工程、河南省图书馆新馆、河南博物院二期、省直文艺院团剧场提升工程建设等重点文化工程经费。

要充分利用多种投融资渠道，全面落实财税优惠政策，鼓励和引导社会资本投入文化领域。如通过政府购买服务、场次补贴、项目补助等方式，鼓励各级各类文艺团体开展文艺演出，从事优秀文艺作品创作生产；对国家认定的文化出口企业，按照政策规定给予奖励、贷款贴息支持；鼓励金融机构开展面向非公有文化企业的无形资产质押贷款、设备投入质押贷款、担保贷款、信用贷款等服务等。

（二）深化文化体制改革

稳步推进公益性文化事业单位改革创新。按照增加投入、转换机制、增强活力、改善服务的方针，围绕提高服务水平和能力，深化公益性文化事业单位劳动人事、收入分配等制度改革，不断增强活力，最大限度地创造社会效益。

加快经营性文化单位改革步伐，培育文化市场主体。全面完成国有经营性文化单位转企改制，推动已转制的国有文化企业建立现代企业制度，完善法人治理结构。加快推进国有文艺院团改革，加快建立完善的现代企业制度、法人治理结构，打造一批文化领域国有骨干文化企业。

（三）加强队伍建设

要统筹抓好各类文化人才队伍建设，大力培养、引进紧缺专门文化人才。根据省委、省政府关于农村“六大员”建设工作安排，重点做好村级文化协管员培训、管理工作。同时，要加强文化馆业务人员、乡镇（街道）文化专干等基层文化从业人员的业务培训和管理，建设稳定的基层文化服务队伍。

（四）坚持科学统筹城乡发展，积极培育、规范和发展农村文化市场

城乡文化的差距、农村文化市场的矛盾，要求我们科学统筹城乡发展，逐步改善、消除城乡二元特征，建设均衡发展的文化市场。同时，我们还要认识到农村文化市场情况复杂、经营网点分散、监管难度大的问题，在培育、规范和发展农村文化市场时，一定要从当地的经济文化发展的实际出发，与当地对农村文化市场的监管能力相适应。目前，我们可以通过以下几个方面发展农村文化市场：一是积极扶持民营艺术表演团体发展，培育农村演出市场。二是鼓励经营规范、信誉良好的网吧连锁企业开发农村市场，在市场准入、政策等方面给予支持，实现农村网吧市场的规范、繁荣发展。三是在制定文化市场发展规划和布局时，在市场准入门槛、发展规模、数量等方面向县城以下的农村区域倾斜。

（河南省文化厅　河南省文物局）

湖北省2010年文化发展情况分析

2010年，全省文化部门以科学发展观为统领，紧紧围绕文化科学发展这个主题，抓住加快文化发展方式转变这条主线，围绕中心、服务大局，抓住重点、攻克难点，扎实推进各项工作，全面完成了年初的工作部署和“十一五”时期文化发展的各项目标与任务，全省文化工作形成了重点突破、整体推进的良好态势，为促进全省文化综合实力迈上新台阶，进一步实现文化大发展大繁荣奠定了坚实基础，为推动湖北经济社会的科学发展作出了贡献。

一、全省文化产业机构与人员概况

截至2010年底，全省文化产业机构数为12697个，从业人员数达82857人，其中文化市场经营单位10447个，从业人员数56748人。文化部门直属机构2093个，从业人员22436人。

表1　2010年全省文化文物单位机构及人员情况表

机构名称	机构数（个）	从业人员（人）
总　计	12697	82857
艺术业	280	8718
公共图书馆	107	2151
群众文化服务	1376	4921
其中：文化站	1263	2662
文化市场经营单位	10447	56748
艺术教育机构	7	797
文物业	164	3222
其中：博物馆（纪念馆）	120	2233
其他	316	6360

二、文化文物单位收入大幅提高，但人均投入仍显著不足

（一）总收入和财政收入增长情况

2010年全省文化文物单位实现总收入21.32亿元，首次突破20亿元大关，比上年增加了1.49亿元，增幅为7.51%。其中财政补助收入14.78亿元，比上年增加2.21亿元，增幅高达17.58%。2010年财政补助收入占到总收入的69.32%，比上年高出6个百分点，可见文化部门总收入的增长主要来源于财政补助收入的增长，且财政补助收入占总收入的比重也逐年增大。

表 2 “十一五”期间财政补助收入占总收入比重情况表

年 份	总收入（亿元）	财政补助收入（亿元）	财政补助收入占总收入比重（亿元）
2006	11.92	6.75	56.63%
2007	14.84	8.4	56.60%
2008	16.04	9.27	57.79%
2009	19.83	12.57	63.39%
2010	21.32	14.78	69.32%

“十一五”期间，全省文化文物单位总收入 83.95 亿元，财政补助收入累计达 51.77 亿元，年平均增长率分别为 15.65% 和 21.64%。

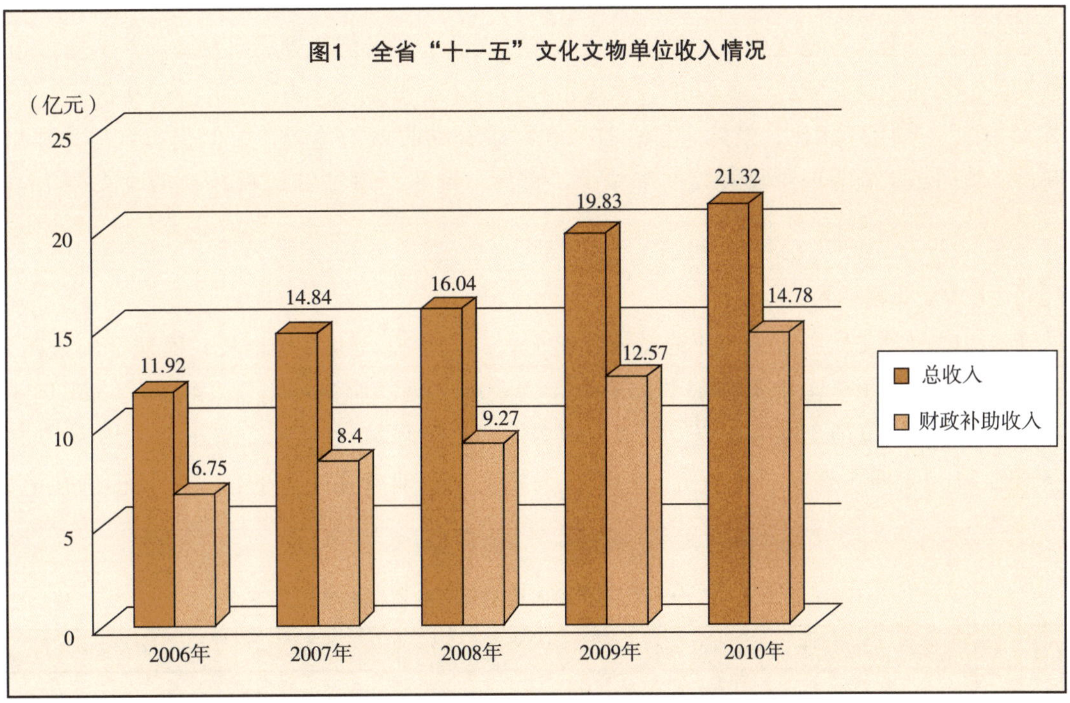

（二）各部门收入增长情况

分部门来看，文物单位、艺术表演团体、公共图书馆等公益性文化单位收入与上年相比均有较大幅度增长。

文物单位 2010 年总收入 4.1 亿元，比上年增加 0.53 亿元，增幅达 14.85%，增幅比上年该项指标增加了 4 个百分点；其中财政补助收入 3.15 亿元，比上年增加 0.53 亿元，增幅达 20.23%。

艺术表演团体 2010 年总收入 3.95 亿元，比上年增加 0.33 亿元，增幅达 9.12%；其中财政补助收入 2.72 亿元，比上年略微减少。

公共图书馆 2010 年总收入 3.13 亿元，比上年增加 0.63 亿元，增幅达 25.2%；其中财政补助收入 2.92 亿元，比上年增加 0.62 亿元，增幅达 26.96%。

表 3　“十一五”期间全省财政对文化单位投入分布情况

	2006 年（亿元）		2007 年（亿元）		2008 年（亿元）		2009 年（亿元）		2010 年（亿元）	
	财政补助	所占比例	财政补助	所占比例	财政补助	所占比例	财政补助	所占比例	财政补助	所占比例
全　省	6.75	100%	8.40	100%	9.27	100%	12.57	100%	14.78	100%
文　物	1.09	16.15%	2.05	24.40%	2.00	21.57%	2.62	20.84%	3.15	21.31%
艺术表演团体	1.84	27.26%	2.09	24.88%	2.38	25.67%	2.79	22.20%	2.72	18.40%
公共图书馆	0.76	11.26%	0.99	11.79%	1.48	15.97%	2.30	18.30%	2.92	19.76%
群众文化事业	0.81	12%	1.20	14.29%	1.35	14.56%	1.97	15.67%	2.00	13.53%
其　他	2.25	33.33%	2.07	24.64%	2.06	22.22%	2.89	22.99%	3.99	27.00%

（三）各地区收入变化情况

分地区来看，全省各地文化文物单位近几年来收入都呈现增长趋势，但发展仍不平衡。2010 年全年总收入过亿的地区有省直、武汉市、十堰市和宜昌市，分别为 6.07 亿元、6.19 亿元、1.02 亿元和 1.25 亿元。与上年相比，虽然全省总收入和财政补助收入增速较快，但仍有宜昌、鄂州、孝感、荆州、黄冈、恩施等地总收入较上年减少，宜昌、荆州、恩施等地财政补助收入较上年略微减少。

（四）人均文化事业费

尽管各级财政对文化事业和产业的投入逐年加大，人均投入也逐年增长，但从全国范围来看，我省的人均投入仍处于全国中下游水平。2010 年，全国文化事业费（不含文物）为 323 亿元，湖北省为 11.44 亿元，位列全国第 8 位；全国人均文化事业费为 24.11 元，而湖北省人均为 19.98 元，仅列全国第 20 位。回顾整个“十一五”时期，人均文化事业费在全国的位次一直徘徊在第 20 位左右。

表 4　“十一五”期间人均文化事业费排名情况

年　份	1995（元）		2000（元）		2005（元）		2006（元）		2007（元）		2008（元）		2009（元）		2010（元）	
	人均经费	位次	人均经费	位次	人均经费	位次	人均经费	位次	人均经费	位次	人均经费	位次	人均经费	位次	人均经费	位次
全　国	2.75	——	4.99	——	10.23	——	11.91	——	15.06	——	18.68	——	21.90	——	24.11	——
湖　北	2.04	21	3.21	23	7.63	19	9.41	20	9.74	23	12.64	23	17.11	21	19.98	20

（五）文化事业费占财政支出比重情况

随着省级财政收入的不断增加，文化事业费也逐年上升，但文化事业费在财政支出中的比重并无增长的趋势，而且增长幅度也远低于财政支出的增长幅度。

表 5 "十一五"期间文化事业费占财政支出比重情况

	2006		2007		2008		2009	
	比重	位次	比重	位次	比重	位次	比重	位次
湖北	0.51	7	0.48	13	0.44	15	0.47	12

三、文化基础设施建设迈上新台阶，重点公共文化服务工程取得新进展

2010 年全省文化基础设施建设顺利实施，固定资产投资项目达到 372 个，比上年减少 11 个；建筑面积 58.55 万平方米，比上年减少 23.86 万平方米；竣工项目 179 个，竣工面积达 22.20 万平方米，全年完成投资 5.51 亿元。投资 7.8 亿元的省图书馆新馆工程顺利推进。2010 年 10 月，李长春同志视察新馆建设工程，给予高度评价。湖北省博物馆扩建总体规划、建筑方案国际征集和编钟馆改造相关工作进展顺利。湖北艺术职业学院新校址建设取得新进展。咸宁市博物馆、十堰大剧院等地市重点文化建设项目抓紧实施。基层文化阵地建设取得重大进展。截至 2010 年底，随着最后一批 207 个建设项目、3366 万元建设资金的下达，全省乡镇综合文化站建设项目全面实施，乡镇综合文化站面貌得到根本改观。2010 年乡镇综合文化站完成投资 6169 万元，竣工 155 个，竣工面积为 7.1 万平方米。

整个"十一五"期间，全省文化部门基本建设项目完成投资 34.48 亿元，竣工 639 个项目，竣工面积达 81.26 万平方米。

表 6 "十一五"期间全省基建投资情况表

年 份	项目数	建筑面积（万平方米）	本年完成投资（亿元）	竣工项目数	竣工面积（万平方米）
2006	129	33.5	2.74	29	1.6
2007	188	50.4	13.24	93	26.2
2008	324	51.73	7.3	102	9.58
2009	383	82.41	5.69	236	21.68
2010	372	58.55	5.51	179	22.20

与"十五"时期相比，"十一五"期间全省公共文化设施基建投资各项数据增长较快，各地文化设施建设跃上了新台阶。以承办第八届中国艺术节为契机，全省共新建和改造了 35 个艺术表演场馆和展览馆，总投资超过 30 亿元。武汉市琴台大剧院、琴台音乐厅、湖北美术馆、中南剧场、黄石大剧院等一批新建项目建成使用，湖北剧院、珞珈山剧场、鄂州大剧院等经改造后也焕然一新。另外，"十一五"期间，我省实施乡镇综合文化站建设工程，每年省里投入 2000 万元用于建设 100 个乡镇综合文化站（其中，省发改委投入 400 万元建设 20 个，省财政投入 1600 万元建设 80 个），加上国家补助项目，乡镇综合文化站面貌得到全面改观。

表7 "十一五"期间投资过亿元项目表

项目名称	建筑面积（平方米）	计划投资数（亿元）
湖北省艺术馆	20593	1.4
湖北省博物馆扩建工程	36832	2.33
湖北省图书馆新馆工程	100523	6.4
武汉市艺术学校	46418	2.08
武汉市中南剧场	14621	1.36
武汉市琴台大剧院	65650	18.8
琴台艺术中心音乐厅	36600	7.2
黄梅戏大剧院	32000	1.5
辛亥革命博物馆新馆	25000	4
凤凰山古建筑群迁建	35000	2.8

四、公共文化服务体系建设稳步推进，服务能力显著提高

（一）公共图书馆发展情况

1. 公共图书馆基本情况

2010年全省共有各级公共图书馆107个，其中省级图书馆1个，市州级图书馆20个，县级图书馆86个。从业人员达到2151人，其中高级职称172人，中级职称921人。全省公共图书馆总藏量达2161万册（件），其中图书1927万册，书架单层总长度约为110.56万米。2010年全年流通人次达到1516万人次，书刊文献外借册次达1846万册，累计发放有效借书证104万个，为读者举办各类活动1790次，新购图书60.26万册。

107个公共图书馆中，有92个达到国家等级馆标准，创我省历史最好水平。武汉城市圈九市公共图书馆全部实现通阅服务。全省文化信息资源共享工程累计投入近1.9亿元，建成文化信息资源共享工程各级中心和服务点36959个，县级图书馆文化信息资源共享工程支中心全部建立，建设水平全国领先。

2. 人均拥有公共图书馆资源情况

虽然财政对公共图书馆的支持力度越来越大，图书藏量、购书经费也相应逐年增加，但按照全省人口来计算人均拥有资源量时，情况并不是很乐观，连续五年在全国的排名位次都是中等偏后。

表8 "十一五"期间人均拥有公共图书馆资源情况

		2006		2007		2008		2009		2010	
		数值	位次	数值	位次	数值	位次	数值	位次	数值	位次
人均拥有馆藏书量（册）	全国	0.38	–	0.39	–	0.41	–	0.44	–	0.46	–
	湖北	0.35	14	0.36	14	0.37	14	0.38	15	0.41	14

（续）

		2006		2007		2008		2009		2010	
		数值	位次	数值	位次	数值	位次	数值	位次	数值	位次
人均拥有公共图书馆建筑面积（平方米）	全国	0.0055	–	0.0056	–	0.0059	–	0.0064	–	0.0067	–
	湖北	0.0049	21	0.0048	18	0.0054	20	0.0055	21	0.0057	21
人均购书费（元）	全国	0.503	–	0.592	–	0.705	–	0.782	–	0.829	–
	湖北	0.269	11	0.27	12	0.329	13	0.33	21	0.323	23

（二）群众文化发展情况

2010年，全省共有群众文化单位1376个，其中群艺（文化）馆113个，文化站1263个，全年举办展览4272个，组织文艺活动18100次，举办培训班10654次，培训人员达54.3万人次。各地精心策划组织了多种形式的群众文化活动，各具特色、渐成品牌，武汉市的“武汉之夏”、知识工程少儿系列读书活动；荆州市的“唱响荆州”民歌大赛、“红歌会”；黄石市的“矿冶文化周”；鄂州市的“周周乐”广场文艺演出；荆门的“农家乐杯”群文大赛；孝感的传统民间舞蹈展演；十堰市的“人民广场大家乐”、“诵读中华经典共享和谐社会”；宜昌市的“三峡文化广场月月演”；随州市的“家庭风采展示大赛”；仙桃的“星火燎原”全市农村文化中心户调演；潜江市的“月月红”系列广场文化活动；天门的“夏日广场文化月”等，深受群众欢迎，吸引了广大群众的积极参与，较好地满足了人民群众的基本文化需求。

五、监管引导力度增强，文化市场繁荣有序

2010年，湖北省的文化市场管理工作继续坚持“一手抓繁荣、一手抓管理”的方针，紧紧围绕净化社会文化环境这一工作主题，强化管理执法，注重规范发展，进一步促进了文化市场的健康繁荣有序发展。

全省已形成演出、娱乐、网吧、音像、电影、网络文化、艺术品、艺术培训、图书报刊等门类齐全的文化市场，民营文化主体达到全省文化市场主体的50%以上，并呈逐年上升趋势。国有、民营等多种所有制文化经营主体并存，构成了富有生机活力的文化市场体系。据统计数据显示，截至2010年底，全省共有文化经营单位（不含图书报刊、广播电影电视、音像）10447家，从业人员56748人，资产总计72.22亿元，比2009年增长36.9%。其中，网吧7376家、综合性娱乐场所2939家，是经营单位数量最多的两个门类，分别占全省文化市场总数的69.49%、27.69%。

在网吧市场方面，2010年，全省共有网吧7376家，比去年减少243家；网吧连锁门店549家（约占全省网吧总量的7.44%），较上年增加61家；从业人员32033人，与上年持平；资产总值29.66亿元，较上年的增幅9.21%；营业收入20.84亿元、利润总额10.99亿元，与上年基本持平；营业总面积由2009年的146.53万平方米增加到147.79万平方米，计算机终端数由548887台增加到554912台，上网人次达120416万人次，平均每家网吧年上网16.33万人次。以上数据表明，2010年，我省网吧市场在经过几年的快速发展后进入平稳期，营业收入、利润总额基本保持上年水平。另外，截至2010年

底，湖北省约每7.76千人有一家网吧，网吧计算机终端人均占有量约为每103人1台。

在娱乐场所方面，2010年，全省共有娱乐场所2939家，较上年增加171家，主要是城市娱乐场所增加，农村娱乐场所略有增加，县城娱乐场所略有减少。娱乐场所总经营面积112万平方米，比上年增加12.25%；包厢数17989个，比上年增加2215个；电子游戏机台数45617台，比上年增加8483台。全省娱乐场所2010年资产总值22.73亿元、营业总收入12.76亿元、利润总额5.76亿元，比上年分别增长36.2%、12.0%、17.7%。统计数据表明，2010年我省娱乐场所经营数量增加，资产总值增加较大，经营效益有较快增长。

在演出市场方面，演出经营经纪方面，2010年，我省有演出经纪机构21家，比上年减少3家；从业人员189人，与上年持平；资产总值2.35亿元，比上年减少20.1%；经纪或举办演出1564场，比上年增长853场；观众192.4万人次，比上年减少29.7%；营业总收入4054.8万元，比上年增加6.7%，营业利润由负转正。统计数据表明，2010年我省演出经纪机构发展依然势弱，在机构数量略有减少的情况下，营业总收入增加，营业利润有增长。

艺术表演团体（企业）方面，2010年，我省有艺术表演团体（企业）104个，比上年增加8个；从业人员1140人，比上年增加127人；演出1.6万场次，比上年增加1340场次（其中农村演出1.2万场次，比上年增加930场次），观众1063万人次，比上年增加211万人次（其中农村观众375万人次，比上年增加182万人次）；营业收入2920万元，比上年基本持平，利润总额189.8万元，与上年基本持平，统计数据表明，2010年我省艺术表演团体（企业）处于维持现状的水平，各方面投入少，在机构数量略有增加的情况下，营业总收入、营业利润没有增长。

六、精品创作再创佳绩，重大活动精彩纷呈

2010年全省共有艺术表演团体204个，其中文化部门有艺术表演团体100个，其中省级4个，市州级22个，县级74个。从业人员6144人，其中高级职称862人，中级职称1908人。全年共演出22490场，惠及观众2829万人次，全年实现演出收入4833万元，分别比上年增长2.7%、8%、14.9%。

我省文艺百花园春色满园，创作生产了一大批优秀文艺作品，在国家重大文化评奖活动中获得佳绩。在第九届中国艺术节上，3个节目获文华大奖特别奖，1个节目获文华优秀剧目奖，参演和获奖剧目总数居全国第二；有13个节目和4个群众文化活动品牌获全国群星奖，1个节目获优秀节目奖，6人获“群文之星”称号，获奖总数居全国第三。省群艺馆辅导的《撒叶儿嗬组合》获第14届CCTV青年歌手大奖赛原生态组金奖。在2009－2010年度国家舞台艺术精品工程资助剧目授牌大会上，我省3台剧目入围接受表彰和资助，入围数居全国第一，其中花鼓戏《十二月等郎》获国家十大精品剧目。全省新创作了一大批重点剧目，其中《信义兄弟》受到李鸿忠等省领导的高度赞扬和社会各界的热烈欢迎。各地深入挖掘当地历史文化资源，倾力打造艺术精品，推出了一批剧节目，受到群众欢迎。全省专业剧团始终坚持开展各项演出，2010年平均每团演出场次达225场，居全国第3位。秭归县屈原艺术团、武汉市人民艺术剧院、监利县花鼓剧团、武汉市杂技团、浠水县楚剧团、浠水县杂技团等单位演出场次都超过了400场。年演出场次超过300场的有17个剧团，比2009年增加3个剧团。

2010年，我省文化部门成功承办了上海世博会湖北活动周各项文化活动，400多名演职人员参加了上海世博园演出展示和湖北周开幕式的相关活动，中外游客40多万人次观看演出和展览，向世界展示了历史悠久、绚丽多彩的湖北文化，得到上海世博会组委会的好评。圆满完成舞剧《王昭君》赴北京惠民汇报演出、赴内蒙古慰问演出，第7届台湾·湖北（武汉）周系列文化展览和演出，慰问汉源地震灾区恢复重建竣工演出等多项重大文化演出活动。成功举办了第9届楚天文华奖评奖、湖北省荆州花鼓戏艺术节、第9届中国武汉国际杂技艺术节、第14届“楚天群星奖”美术书法摄影作品评奖、“文化惠民、免费看戏”、送戏下乡等文化活动。“文化惠民、免费看戏”被列入省政府2010年十件实事之一，共演出2465场，直接惠及群众200多万人次。2010年全省剧团到农村演出2.7万场，占全部演出的70.3%，服务农村观众达2206万人次，占全部演出观众的56.7%。截至2010年底，共有92辆流动舞台车投入使用，基本上实现了全省专业剧团一团一车的目标，解决了基层单位送文化下乡转场难、搭台难、交通难的问题；2010年全年共下乡演出10250余场，占农村演出场次的37.9%，服务观众1195万余人次，占农村观众人次的54.2%。

表9 2006－2010年专业艺术表演团体演出情况

年份	全年演出场次（场）	全年演出观众人次（万人次）	农村演出场次（场）	农村演出观众人次（万人次）	流动舞台车数（台）	流动舞台车演出场次（场）	流动舞台车演出观众人次（万人次）
2006	20667	2389	12579	1509	——	——	——
2007	20512	2408	13410	1667	39	4541	632
2008	21967	2670	14952	1861	75	9147	1131
2009	21875	2619	14628	1851	75	9413	1023
2010	38450	3892	27020	2206	92	10250	1195

七、发展环境不断优化，文化产业快速发展

筑建平台，加大文化产业招商引资力度，成果卓著。成功举办了湖北文化产业招商博览会。来自美国、英国、香港、澳门、新加坡等国家和地区，全国29个省（市、自治区）的1200家文化企业和经纪机构、2万多客商参会参展。展会期间，签订了120项合作协议，签约金额达714.94亿元（合同签约金额537.13亿元，意向签约金额177.81亿元），其中50亿元以上的大项目4个。上海证券、中国银行湖北分行等金融机构分别与省委宣传部和文化厅签约，金融支持授信额度达到1100亿。

加大扶持，做强市场主体，文化产业园区蓬勃发展。海豚传媒股份有限公司，武汉艾立卡电子有限公司被评为第四批国家文化产业示范基地。湖北长江出版传媒集团、武汉两点十分数码科技有限公司等12个文化企业被评为省级文化产业示范基地；我省3个文化产业示范基地、4个文化产业项目获得中央财政专项资金1750万的支持。武汉市实施文化产业“一区一园”工程，东湖高新区中国光谷动漫产业基地、洪山区创意大道创意产业聚集区、“汉阳造”创意产业聚集区、昙华林艺术村等产业园区已初具规模。

出台政策，鼓励扶持，我省动漫产业异军突起。认真落实扶持动漫产业发展的各项政策措施，

制定出台了《湖北省扶持动漫产业发展专项资金管理办法（试行）》，实施了全省动漫产业认定工作，下拨首批扶持资金1200万元，着力培养动漫龙头企业和优秀动漫人才。我省动漫电视片《阿特的奇幻之旅》、《小鼠乒乒》在央视热播，动漫电影《熊猫欢欢与箭竹仙子》、《闯堂兔》即将在全国电影院线上映，江通动画和中国国际广播电台开展战略合作，影响日益扩大。全省动漫产业呈现良好发展态势。

加大营销力度，不断开拓市场，经营业绩屡创新高。全省演出公司、剧场、影院等文化经营单位克服国际金融危机带来的不利影响，加大营销力度，改善服务质量，积极组织优质文化产品演出和放映，演出市场持续升温，各类营业性演出达20000余场，实现了销售业绩逆势上扬。如湖北剧院完成演出164场，经营收入比去年增长14%。江汉影城电影票房收入2007万元，比去年增长53.86%，一举跻身两千万级俱乐部。

八、文化遗产保护成效显著，服务当代功能不断增强

2010年，全省文物业机构共计164个，从业人员3222人，拥有文物藏品146万件/套，全年修复藏品4170件/套；考古发掘项目151个，其中基本建设中的考古发掘项目81个，抢救性发掘项目59个，主动性发掘项目10个，分别占总项目数的53.65%、39.08%、6.63%；考古钻探面积达670万平方米。

博物馆事业发展迅速，博物馆建设及免费开放继续取得新成绩。全省共有博物馆120个，从业人员2233人，拥有文物藏品121万件/套，全年举办展览333个，接待观众1905万人次。免费开放博物馆已达107家，全年接待免费参观人数达1865万人次。省博物馆被确定为全国八家中央地方共建国家级重点博物馆之一，中等城市及部分重点县博物馆建设强力推进，在博物馆硬件建设、展览提升、内部管理等方面都取得了长足进步，初步形成了门类齐全、特色鲜明、分布广泛的博物馆体系。全省文博系统的博物馆全部实现免费开放，参观人数逐年攀升。不少博物馆探索走进社区、学校提供服务的新路子，提升了文博行业形象，取得了良好的社会效益。

文物保护工作的基础进一步夯实。本年考古出土文物及标本数72件/套，从有关部门接受文物622件/套，藏品征集2620件/套。第三次全国文物普查田野调查圆满完成，新发现文物点数量约为原来的2.5倍，文物省情进一步摸清；完成了第六批全国重点文物保护单位、第五批省级文物保护单位评选与公布工作，建立了文物藏品调查数据库。扎实推进文物安全工作。省政府召开开展严厉打击盗掘古遗址古墓葬犯罪专项行动电视电话会议，保持对文物犯罪的高压态势，侦破了随州、房县等地专业团伙盗墓案件。

各级财政对文物事业支持力度越来越大，文物保护重大工程取得新进展。2010年文物保护单位维修项目63个，已累计拨入项目经费3.84亿元，当年财政拨款9680万元，维修面积38.3万平方米。全面完成三峡湖北库区地下文物点抢救性发掘和屈原祠等地面文物搬迁保护任务，南水北调丹江口库区和引江济汉工程文物保护工作顺利推进，西气东输、汉宜铁路等建设项目中的文物保护工作有序开展。实施武当山、明显陵、中共“五大”会址等重要文物点的保护维修和环境整治工作，我省世界文化遗产和全国重点文物保护单位的保存状况、周边环境大为改善。

非物质文化遗产保护工作取得新成效。全省非物质文化遗产保护中心机构共有92个，工作人员688人，其中高级职称68人、中级职称235人，分别占总人数的9.9%、34.2%。我省现有国家级非物质文化遗产名录208个、省级480个，比去年分别增加了35.1%、12.7%。完成了本年度国家级非物质文化遗产名录项目保护、代表性传承人补助经费申报工作和第三批省级非物质文化遗产名录项目申报评审工作。非物质文化遗产保护宣传声势进一步扩大，保护理念深入人心，建立传习所214个，培训学员19600人；开展非物质文化遗产宣传活动2074次，202.3万人参与参观。各地积极探索文化遗产保护与区域经济社会发展互促共赢的新路，在服务“两圈一带”总体战略、文化惠民、对外文化交流等方面，发挥了重要作用。各地依托各自的特色资源，成功举办了“随州世界华人炎帝故里寻根节”、“屈原故里端午文化节暨海峡两岸屈原文化论坛”、“黄石国际矿冶文化节”、十堰“第四届世界传统武术节”等大型节会活动。

（湖北省文化厅）

湖南省2010年文化发展情况分析

2010年在省委、省政府的正确领导下，全省文化工作者紧紧围绕文化科学发展这个主题，振奋精神，抢抓机遇，服务大局，团结拼搏，全面推进各项文化工作并取得可喜的成绩。

一、文化基本建设项目稳步推进

2010年全省文化事业基建项目总数为657个，本年投入资金26126万元，其中国家预算内资金15163万元，占本年资金来源的比重为58%。本年完成投资27214万元，竣工面积17万平方米。

国家持续加大对农村基层文化设施建设的资金投入力度，带动各地对农村基层文化设施建设资金投入，建设项目数中乡镇综合文化站建设项目616个，占项目总数94%，一批文化设施项目特别是乡镇文化站建成投入使用，改变基层文化设施落后的面貌，为农村文化活动的开展提供了载体。

二、文化事业经费投入加大，但增速减缓，总量仍显不足

2010年全省文化、文物部门经费收入合计184284万元，比上年增加18448万元，增长11.1%，增幅较上年减少10个百分点。其中，财政补助收入123524万元，比上年增加7015万元，增长6%；事业收入16005万元，比上年增加2263万元，增长16.5%；经营收入2168万元，比上年增加384万元，增长21.5%；其他收入7346万元，比上年减少890万元，降低10.8%；资产总计279520万元，比上年增加48386万元，增长20.9%。各级政府对文化的投入有所增加，但财政拨款增幅较上年降低了26个百分点，总量仍然偏小。2010年全省人均文化事业费13.11元，比全国人均文化事业费少11元，仅为全国平均水平的54.4%、中部六省平均水平的84%，居全国第28位、中部省份第4位。投入不足仍是文化事业发展中的突出问题。

财政拨款结构仍不尽合理，承担公共文化服务的图书馆、群众文化馆和博物馆的财政拨款数仅占财政拨款总数的44%。其他文化单位财政拨款数较大，占财政拨款总数的27%、文化财政拨款数的40%，其中多数为各级文化局直接支出的文化事业费。

三、艺术表演繁荣发展，精品佳作不断涌现

全省各级专业剧团，采取送戏下乡与低票价相结合的方式，继续实施“演艺惠民工程”，扩大了覆盖面，全省共演出11463场，受益群众达千万人次，有效地引导了健康向上的文化消费。成功主办了首届湖南省县级剧团优秀剧目展演活动。51个县级剧团的69台剧（节）目参加评选。获得金奖的剧目在省会长沙展演，展演活动盛况空前，受到广大群众的热烈欢迎。连续两年开展的“情系农民工·文艺送春风”专场慰问演出，受到农民工朋友们的热烈欢迎。舞剧《天山芙蓉》、湘剧《古画雄魂》参加第9届中国艺术节，并取得了良好的成绩，获得文华优秀剧目奖。

图1 全省文化文物事业费结构情况

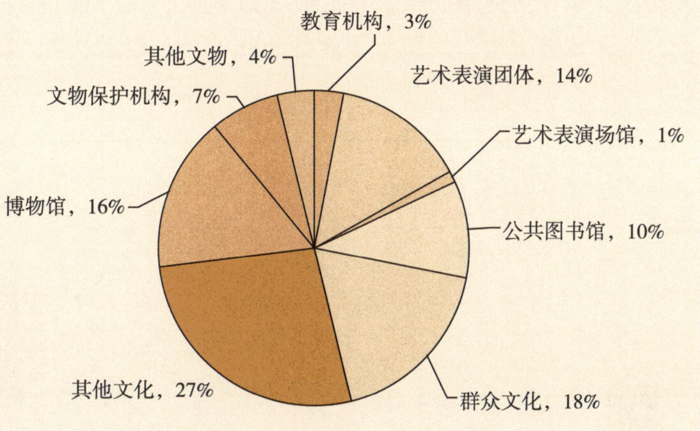

2010 年全省 201 个艺术表演团体，共演出 3.7 万场，平均每团演出 185 场。国内演出场次 3.2 万场，农村演出 2.4 万场，农村演出场次占国内演出场次的 75%，农村演出观众 1552.1 万人次。财政拨款 17128.7 万元，比上年增加 2765 万元，增长 19%；演出收入 6182.6 万元，比上年增加 2539.6 万元。全省剧团配备流动舞台车 116 辆，利用流动舞台车演出 1.1 万场，观众 860 万人次。

图2 艺术表演团体演出情况

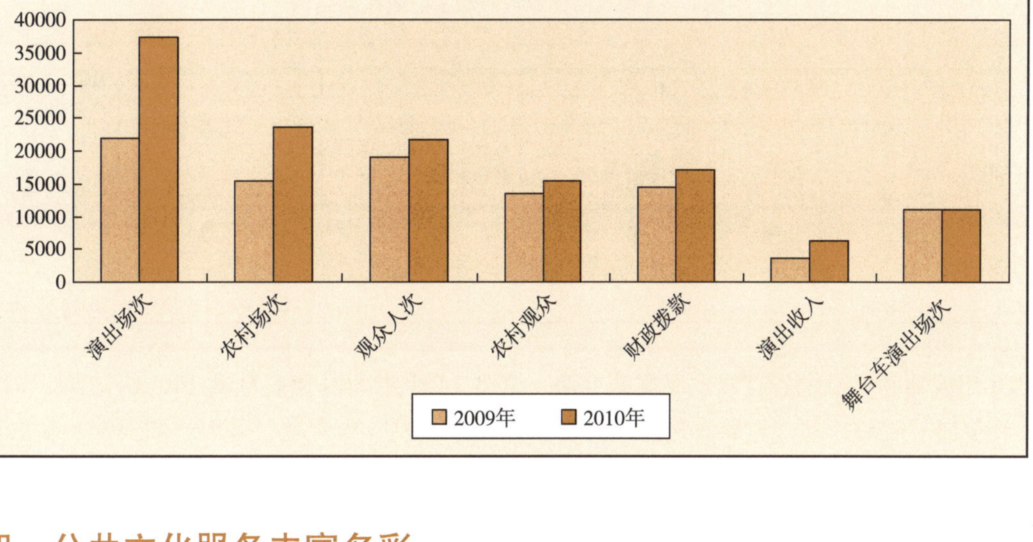

四、公共文化服务丰富多彩

全省建成文化共享工程 1 个省级分中心，14 个市级中心，123 个县级支中心，基层网点 48726 个，数字资源总量 14.71TB，基本建成资源丰富、技术先进、服务便捷、覆盖城乡的数字文化服务体系，其中建有共享工程卫星接收系统的站点 35944 个，全省覆盖 4750 余万人。

2010 年全省 124 个公共图书馆图书总藏量 1961.3 万册（件）。比上年增加 121.9 万册（件）；

累计发放借书证 81.4 万个；总流通 1028 万人次，比上年增加 88 万人次；书刊文献外借 1059 万册次，比上年增加 101 万册次。组织讲座 1058 次，参加 23 万人次；举办展览 271 个，参观 155 万人次；举办培训班 656 个，培训 5 万人次；阅览室坐席数 30031 个；财政拨款 12154 万元，比上年增加 937 万元，增长 8%。

图3　公共图书馆基本情况

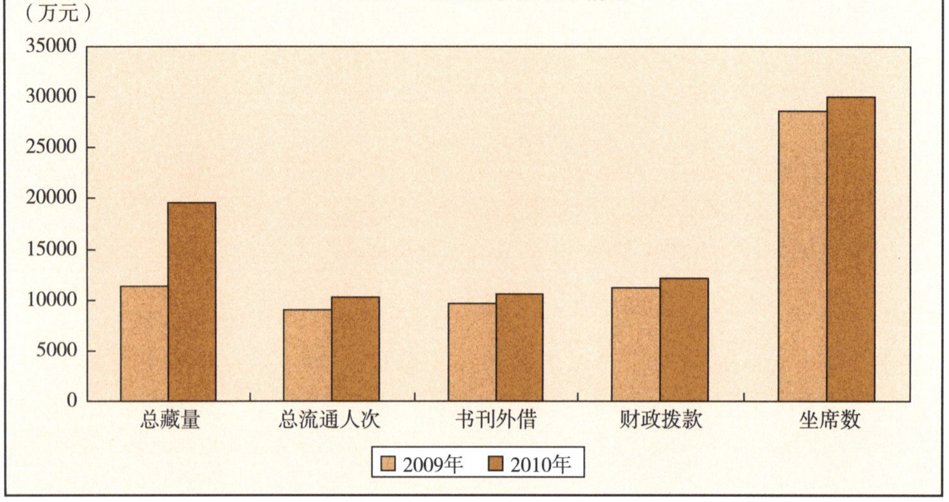

图4　各级图书馆业务活动及财政拨款结构

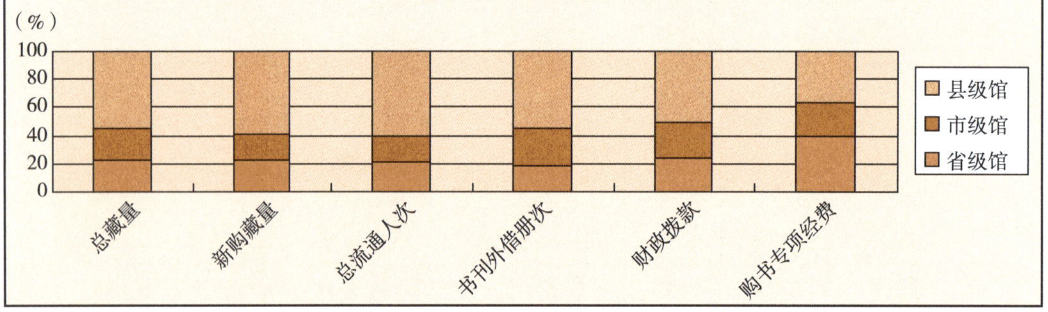

2010 年成功举办了全省首届农民文艺会演，全省 14 个市州的代表队共 140 多个节目、1500 多演职人员参加了活动，以“讴歌农村发展、展示农民新风貌”为主题，采取“农民演、演农民、农民参与评奖”的方式，在衡阳市 7 个县的 7 个乡镇共免费演出 14 场，10 万多农民群众观看了演出。以多彩的艺术表现形式、丰富的节目内容，新颖的文艺评奖机制，丰硕的创作成果为推进湖南社会主义新农村文化建设发挥了积极作用。

2010 年全省有 1 个省级群众艺术馆、14 个市州级群众艺术馆、125 个县级文化馆、2421 个文化站，举办展览 3971 个，比上年增加 484 个，增长 13.9%；组织文艺活动 25945 次，比上年增加 3629 次，增长 16.2%；举办各类培训班 10505 次，比上年增加 2661 次，增长 33.9%；培训 48.1 万人次，比上年增加 7.5 万人次，增长 18.5%；组织讲座 369 次，比上年增加 92 次，增长 33.2%；财政拨款 22824 万元，比上年增加 2995 万元，增长 15.1%。

2010年全省81个博物馆、纪念馆举办陈列展览370个，比上年增加18个；参观人数达到2200万人次，比上年增加289万人次；财政拨款28468万元，比上年增加6230万元，增长28%。

五、文化遗产保护得到加强

完成了全国第三次文物普查，申报的第7批全国重点文物保护单位中已有170处通过专家评审。大遗址保护建设成果丰硕，长沙铜官窑遗址、里耶古城遗址、永顺老司城遗址3处大遗址由国家文物局批准公布为首批国家考古遗址公园立项名单，里耶古城考古遗址公园已于10月开园。永顺老司城遗址被评为2010中国六大考古新发现之一。长沙城区一古井内新发现上万枚简牍，是中国南方地区发现东汉简牍最多的一次，对长沙打造国际化文化名城增添了宝贵的历史实物资料。

2010年全省文物单位收藏文物藏品857677件/套，比上年增加23521件/套；考古发掘项目123个，其中抢救性发掘项目78个；考古钻探面积873万平方米，发掘面积8万平方米；举办陈列展览457个，观众3170万人次，比上年增加977万人次，增长45%；文物保护单位维修项目110个，维修面积13万平方米，项目总预算10010万元。

端午节文化习俗成功入选世界非物质文化遗产代表作名录。武陵源区土家族苗族文化生态保护实验区成功申报为国家级文化生态保护实验区。认定第二批省级非物质文化遗产传承人91人。全省现有国家级非物质文化遗产保护项目99个，省级非物质文化遗产保护项目221个。

2010年，全省有非物质文化遗产保护中心65个；非物质文化遗产传习所327个；举办展览344个，观众86万人次；举办展演1697场，观众253万人次；举办民俗活动642次，参与109万人次；举办竞技比赛137场，5万人次参与。44个非物质文化遗产保护展览馆收藏实物48576件/套。

六、文化产业呈现良好的发展态势

文化产业继续保持了良好的发展态势。省文化厅与省旅游局、张家界市人民政府一起承办了2010首届中国国际文化旅游节。四大主体活动中，共有45万人次游客观看了270场展演节目。演艺业快速发展，以娱乐文化为主的演艺产业形成了差异化发展格局，各知名演艺品牌，保持了较强劲增长势头，正在向省外延伸，发展连锁经营。动漫业发展迅猛，成功举办了第5届全国手机动漫游戏大赛，参赛单位1523家，征集作品总数114389件，体验客户数达到897万人，累计下载次数达到5300万次。仅在大赛过程中产生的电信收入达到7000万元，相关产业收入接近3亿元，催生了一个崭新的文化业态。文化部等中央部委评选的30个重点动漫产品和18家重点动漫企业中，我省分别占13个和6家，排名全国第一。湖南大剧院和拓维信息股份有限公司被授予第4批国家级文化产业示范基地。我厅与中国农业银行湖南分行签订了《战略合作框架协议》，为省内重点文化企业提供授信20亿元。

七、文化市场更加规范有序

按照“总量控制，合理布局、严格准入、逐步发展、分级管理”的原则，对游艺娱乐场所的审批行为进行了规范。严厉打击假唱、假演奏、色情淫秽表演，全省共查处非法演出团体 33 个。积极扶持和培育我省本地的网吧连锁企业，通过收购、兼并、参股、托管等方式提升我省网吧质量。在全省统一安装网乐潇湘网络文化管理服务平台，安装率达到 70% 左右。全年全省各级文化市场稽查机构共出动检查人员 43.23 万余人次，检查各类文化场所 31.77 万家次，查处非法演出团体 33 个，办结各类案件 5713 起，停业整顿违法经营场所近 530 家，吊销证照 15 家。

2010 年全省 15469 个文化市场经营机构，从业人员 88695 人，经营面积 331 万平方米；资产总计 821776 万元，负债合计 198830 万元，所有者权益合计 622946 万元；营业总收入 549406 万元，营业总成本 313508 万元，利润总额 218418 万元。企业组织化程度低、效益差的状况有所改善。文化市场正在逐渐走向健康发展有序繁荣道路，产生了较好的社会效益和经济效益。

图5　文化市场经营单位经营状况与上年比较

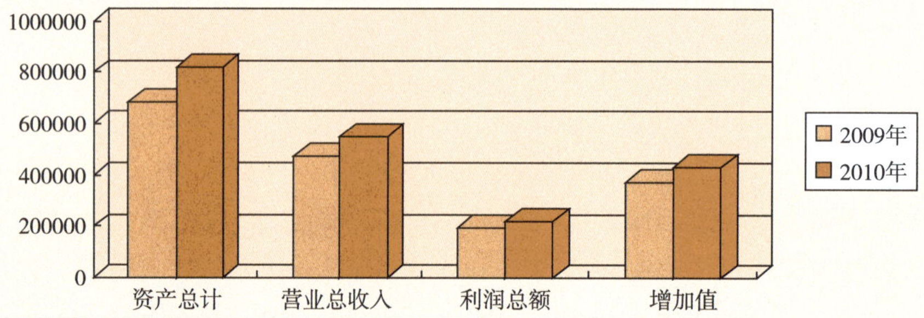

八、我省公共文化事业发展存在的困难和问题

（一）文化建设的总体水平还不高。随着经济社会发展的转型、居民消费结构的升级，文化消费需求得到更大释放。由于文化投入与需求相比明显不足，文化产品不论是总量上，还是质量和结构上还不能充分满足人民群众的需求，尤其是农村文化供给依然相对不足。同时，区域之间、城乡之间文化事业发展不够协调，地区之间仍存在较大差距。

（二）国有文化产业的总体实力不强。总量规模偏小，质量档次不够高，国有文化产业的规模效应和集聚效应还不太明显。动漫、网络游戏等新兴文化产业的发展和管理仍面临挑战，各类文化主体的创新能力和创造能力有待进一步激发。运用现代科技发展文化的意识和能力有待进一步增强。

（三）影响文化大发展的矛盾障碍依然存在。制约文化科学发展的体制机制障碍尚未完全革除，文化发展方式有待进一步转变，文化体制改革创新任重道远。文化遗产保护与城市改造、经济建设的矛盾仍然存在。

（四）文化体制改革中面临的困难和障碍比较多。改革的配套政策还不完善，特别是财政保障机制与深化文化体制改革相结合还不充分。

（湖南省文化厅）

广东省2010年文化发展情况分析

“十一五”时期，我省文化系统坚持以邓小平理论和“三个代表”重要思想为指导，深入贯彻落实科学发展观，着力推动文化大发展大繁荣，不断开创文化建设新局面，取得了显著成绩。

一、主要成效

（一）文化投入持续增长

1. 全省文化文物事业费年均增长16.3%

“十一五”以来，广东省委、省政府高度重视文化建设，各级政府不断加大文化投入，全省文化文物事业费（指文化系统内的文化文物事业费，不含基建经费，下同）逐年增加，由2005年的15.56亿元增加到2010年的33.16亿元，年均增长16.3%。

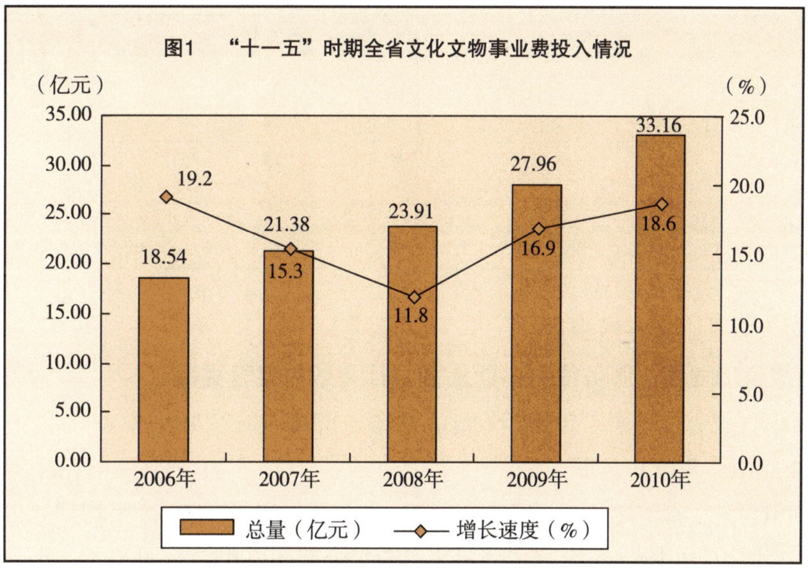

分地区看，“十一五”时期，文化文物事业费增速最快的是惠州市，由2005年的1955万元增加到7703万元，年均增长31.6%；增速超过全省平均水平的还有河源市（30.2%）、阳江市（30.2%）、汕尾市（27.9%）、肇庆市（24.6%）、揭阳市（23.8%）、汕头市（22.7%）、广州市（20.5%）、江门市（20.1%）、中山市（19.3%）、珠海市（19.2%）、茂名市（18.5%）、东莞市（17.7%）。

2. 人均文化文物事业费年均增长13.4%

“十一五”时期，随着文化文物事业费总量的增长，我省人均文化文物事业费也不断增加。2010年，全省人均文化文物事业费达31.79元，比2005年增长了87.9%，年均增长13.4%。其中，人均文化事业费由2005年的13.95元增加到2010年的26.06，年均增长13.3%，超额完成《广东省文化事业发展“十一五”规划》提出的“到2010年，人均文化事业费达到25元”的目标。

（二）公共文化设施建设成效显著

“十一五”时期，我省新建了一批标志性文化设施。省博物馆新馆、省立中山图书馆改扩建首期工程、友谊剧院改造、广东星海演艺集团等省直重点文化项目落成启用；广州大剧院、深圳音乐厅、东莞玉兰大剧院、中山文化艺术中心、中国（梅州）客家博物馆、广东（阳江）海上丝绸之路博物馆等地市标志性文化设施纷纷落成，全省公共文化设施的档次和水平大幅提升。至2010年底，全省有县级以上公共图书馆133个、文化馆（群艺馆）144个、国有博物馆161个、文化站1594个。2010年每万人拥有公共文化设施面积436平方米，比2005年的370平方米增加66平方米，增长17.8%，年均增长3.3%。

2010年，公共房屋建筑面积1万平方米以上的馆（站）有81个，比2005年增长88.4%。其中公共图书馆20个，比2005年增长122.2%；文化馆（群艺馆）4个，比2005年增长100%；博物馆26个，比2005年增长136.4%；文化站31个，比2005年增长47.6%。

表1　面积1万平方米以上的公共文化设施（单位：个）

	2005年	2010年	增长（%）
公共图书馆	9	20	122.2
群艺馆（文化馆）	2	4	100.0
博物馆	11	26	136.4
文化站	21	31	47.6
合　计	43	81	88.4

（三）公共文化服务水平不断提高

1. 公共图书馆稳步发展，服务能力不断增强，社会效益显著提高

“十一五”时期，我省公共图书馆稳步发展，图书馆的各项主要指标值逐年增加。2010年，全省县级以上公共图书馆财政拨款达5.83亿元，比2005年翻了一番，“十一五”时期年均增长15.3%；公共图书馆总藏量4615.5万册，比2005年增加1496.12万册，增长48%，年均增长8.2%；人均藏量0.44册，比2005年增长29.4%，年均增长5.3%；全省公共图书馆建筑面积84.08万平方米，比增加30.8万平方米，增长57.8%，年均增长9.6%。

表2　2005－2010年全省公共图书馆主要指标

年　份	机构数（个）	财政拨款（万元）	总藏量（万册）	人均藏书（册）	公用房屋建筑面积（万平方米）
2005	129	28592	3119	0.34	53.28
2006	129	31819	3454	0.37	62.46
2007	130	42230	3698	0.38	67.35
2008	132	49495	3995	0.42	73.11
2009	133	55146	4367	0.45	78.42
2010	133	58296	4615	0.44	84.08

公共图书馆藏书量的增加及服务条件的改善，使公共图书馆的社会服务效益明显增强。全省公共图书馆总流通人次从2005年的3543万人次增加到2010年的4540万人次，增长28.1%，年均增长5.1%；各级公共图书馆积极为读者举办讲座、展览、培训班等各种活动，2010年共为读者举办活动7891次，参加人次469.27万人次；分别比2005年增长159.3%和40.9%，年均增长21%和7.1%。

2003年首创的广东流动图书馆发展迅速。至2010年底已在全省经济欠发达地区建立了70个分馆，接待读者超千万人次，借阅图书达2000万册次。流动图书馆藏书丰富，可读性强，图书流转更新速度快，深受读者喜爱和好评。

2. 文化馆（站）积极采取多种措施，不断丰富群众文化生活

2010年全省有群艺馆（文化馆）144个，财政拨款达2.65亿元，比2005年增长112.9%，年均增长16.3%；共举办展览1021个，比2005年增长8.8%，年均增长1.7%；组织文艺活动7690次，比2005年增长39.6%，年均增长6.9%；举办训练班7501次，比2005年增长84.4%，年均增长13%；训练班结业人次29.39万人次，比2005年增长138.4%，年均增长19%。

表3 群艺馆（文化馆）主要指标

	财政拨款（万元）	举办展览个数（个）	组织文艺活动次数（次）	举办训练班班次（次）	训练班结业人次（万人次）
2005年	12458	938	5508	4067	12.33
2010年	26521	1021	7690	7501	29.39
“十一五”年均增长（%）	16.3	1.7	6.9	13	19

2010年全省有文化站1594个，财政拨款达5.87亿元，比2005年增长112.1%，年均增长16.2%；组织文艺活动24692次，比2005年增长40.1%，年均增长7%；举办训练班21540次，比2005年增长110.7%，年均增长16.1%；训练班培训人次96.67万人次，比2005年增长139.9%，年均增长19.1%。

表4 文化站主要指标

	财政拨款（万元）	组织文艺活动次数（次）	举办训练班班次（次）	训练班培训人次（人次）
2005年	27667	17624	10221	402913
2010年	58690	24692	21540	966739
“十一五”年均增长（%）	16.2	7	16.1	19.1

为丰富群众文化生活，我省定期举办导向性、示范性、制度化的大型群众文化活动，如“百歌颂中华合唱大赛”、“广东省群众艺术花会”和“岭南民间艺术展演”等，有效提升了我省群众文艺创作与演出水平。在全国社会文化艺术最高政府奖——文化部“群星奖”的评选中，我省连续多年名列前茅。

（四）艺术生产和表演双丰收

1. 文艺精品生产能力明显提高

“十一五”时期，我省专业艺术表演团体本团创作首演剧目389个。全省共获重大艺术奖项200多项。舞剧《风雨红棉》、音乐剧《星》、杂技剧《西游记》等作品先后获国家专业舞台艺术政府最高奖——文华大奖；话剧《十三行商人》等作品入选国家舞台艺术精品工程30强；6部美术作品入选国家重大历史题材美术创作工程；12个艺术科研选题获得国家级立项。

2. 演出收入大幅增长

“十一五”时期，全省专业艺术表演团体演出场次7.42万场，国内演出观众人次达9981.2万人次；全省专业艺术表演团体演出收入5.8亿元，其中2010年演出收入达1.49亿元，比2005年增长63.2%，“十一五”时期年均增长10.3%。

图2 “十一五”时期全省专业艺术表演团体演出收入情况

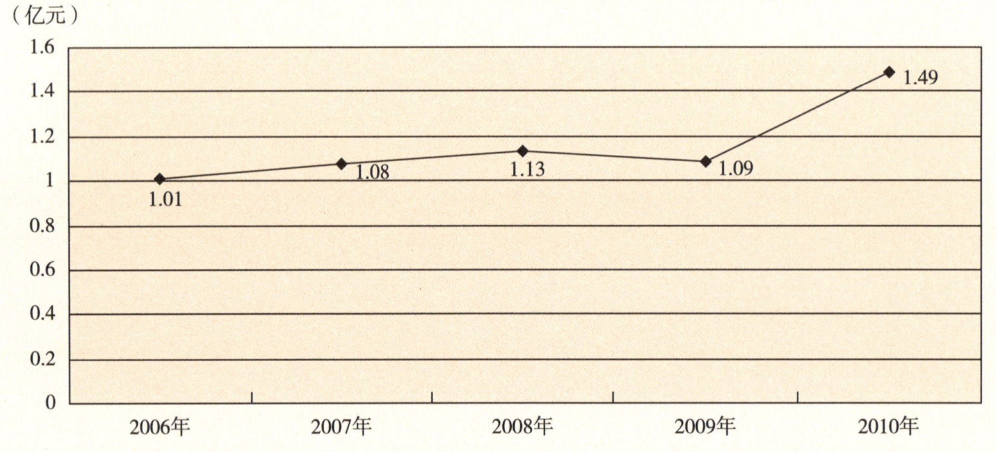

（五）文化产业日益繁荣

2010年，全省文化部门主办和管理的文化及相关产业机构数17184个，从业人员20.29万人。“十一五”时期，我省成功举办了五届中国（深圳）国际文化产业博览交易会、两届中国（中山）国际动漫游戏游艺博览会以及两届中国国际影视动漫版权保护和贸易博览会，在海内外产生了积极而广泛的影响。特别是2010年第六届中国深圳“文博会”总成交额达1088.56亿元，创历史最高水平。

（六）文物保护事业成果丰硕

1. 博物馆业务蒸蒸日上

2010年，全省国有博物馆达161家，比2005年增加15家，增长10.3%。博物馆藏品80.35万件，比2005年增长21.3%，“十一五”年均增长3.9%；其中一级品1289件，比2005年增长15.1%，年均增长2.9%。举办陈列、展览1147个，比2005年增长47.8%，年均增长8.1%。参观人次2405.6万人次，比2005年增长132.2%，年均增长18.4%。

表 5　博物馆主要指标

	机构数（个）	藏品数（件/套）		举办陈列、展览（个）	参观人次（万人次）
			一级品		
2005 年	146	662177	1120	776	1035.8
2010 年	161	803497	1289	1147	2405.6
2010 年比 2005 年增长（%）	10.3	21.3	15.1	47.8	132.2
“十一五”年均增长（%）	2.0	3.9	2.9	8.1	18.4

2. 文物保护工作亮点突出

开平碉楼与村落成功申报为世界文化遗产。顺利完成了举世瞩目的“南海Ⅰ号”整体打捞并开展试掘工作，开世界水下考古之先河，获国家文物保护科技与创新奖一等奖。正式启动了“南澳Ⅰ号”的抢救性发掘，取得一系列重要成果，被评为 2010 年度全国六大考古新发现。出台了《广东省实施〈中华人民共和国文物保护法〉实施办法》。全省免费开放博物馆 132 家，流动博物馆网络覆盖全省。完成了第三次文物普查野外调查，登记古遗址、古墓葬、古建筑、近现代重要史迹及代表性建筑、石刻等不可移动文物 3.8 万余处，其中新发现 2.8 万余处，居全国前列。2010 年组织评选并命名了第六批广东省文物保护单位 49 处，向国家文物局推荐第七批全国重点文物保护单位 44 处。完成省内全部馆藏珍贵文物和不可移动文物数据采集和入库工作，初步建成文物数据库中心。

（七）非物质文化遗产保护成绩喜人

完成全省首次非物质文化遗产普查，公布了 3 批省级非物质文化遗产名录项目 275 项，其中 74 项成功列入了国家级非物质文化遗产名录，3 项入选联合国教科文组织非物质文化遗产名录项目（古琴艺术、粤剧、中国剪纸）；公布了市级非物质文化遗产名录 668 项、县级名录 1205 项，初步建立起国家、省、市、县四级名录体系。建立了非物质文化遗产项目代表性传承人扶持机制。在全国率先完成了省级非物质文化遗产数据库的建设。加快了《广东省非物质文化遗产保护条例》立法步伐，《条例》已通过省人大常委会一审。积极开展“非物质文化遗产保护传承基地”和“省级文化生态保护区”的申报、评选工作，梅州市被文化部认定为国家级文化生态保护实验区。

（八）文化交流合作深入开展

1. 对外、对港澳台文化交流批次和人次居全国首位

“十一五”时期，全省对外、对港澳台双向文化交流合作项目共 4508 批 66295 人次，居全国首位。目前我省已与 120 多个国家和地区开展了文化交流与合作。与东盟国家的文化交流与合作日益密切，在西方主要国家举办多个大型文化交流活动。

2. 粤港澳文化合作特色鲜明

“十一五”期间，粤港澳文化合作不断深化，每年广东对港澳文化交流的批次和人数占全国的一半以上。2008 年广东被文化部命名为对港澳文化交流合作基地；2009 年签订了《粤港澳文化交流合作规划（2009－2013 年）》；2010 年签订了《粤港澳文化交流合作示范点工作协议书》，确定了三地32个交流合作示范点。举办了两届“粤港澳青年文化之旅”，开通了“粤港澳文化资讯网”。三地公共文化服务和文化产业合作初见成效，联合成功申报“粤剧”进入联合国人类口头及非物质文化遗产代表作目录。

3. 对台文化交流取得突破

积极开展“文化入岛”工作，组织文化艺术团体到台湾开展各种交流活动。2010年广东省文化厅牵头组织广东文化交流分团赴台开展了“台湾·广东周”文化交流系列活动，举办专题文艺晚会、表演、交流论坛、专题展览、走访交流等近20场次。

二、存在问题

（一）财政对文化事业的投入偏低

1. 文化文物事业费增幅低于财政收入增幅

十四届六中全会提出“中央和地方财政对宣传文化事业的投入，要随着经济的发展逐年增加，增加幅度不低于财政收入的增长幅度”的具体要求。我省文化文物事业费投入虽逐年有所增加，但增幅低于财政收入增幅。“十一五”以来，我省财政收入年均增长20.1%，而文化文物事业费年均增幅为16.3%，低于财政收入增幅3.8个百分点。我省人均文化事业费在全国排位从2005年的第7位退居第14位。

2. 文化文物事业费占财政总支出的比重下降

2010年，全省文化文物事业费仅占财政总支出的0.61%，比2005年的0.68%下降0.07个百分点；其中文化事业费占财政总支出的比重仅0.5%，与《广东省文化事业发展“十一五”规划》提出的“2010年，力争实现文化事业费占财政总支出的比重达到1%”的目标相差甚远。全省有12个地市文化文物事业费占当地财政总支出的比重低于0.5%，比重最低的茂名市仅为0.19%。

3. 文化文物事业费增幅低于其他社会事业经费增幅

“十一五”时期，全省文化文物事业费年均增长16.3%，教育事业费年均增长22.7%，卫生事业费年均增长29.5%。与教育、卫生事业相比，全省文化文物事业费增幅明显偏低，分别低于教育事业费增幅6.4个百分点，低于卫生事业费增幅13.2个百分点。

4. 公共文化服务活动经费不足

全省对提供公共文化服务的事业单位经费投入不足，相当一部分图书馆、文化馆（站）缺少或者没有专项业务经费。2010年，全省有24个公共图书馆无购书专项经费，占图书馆总数的18%；有85个群艺馆（文化馆）无业务活动专项经费，占总数的59%的；有80%的文化站无业务活动专项经费。2010年，我省人均购书经费1.20元，比《广东省文化事业发展“十一五”规划》提出的“人均公共图书馆购书费达到1.50元”的目标低0.30元。

（二）区域发展不平衡

全省经济发展不平衡导致文化发展不平衡。珠三角地区作为广东改革开放的前沿阵地，其强大的经济实力有力地促进了文化事业的发展；山区和东西两翼由于基础弱、底子薄，存在资金不足、人才匮乏等突出问题。

1. 文化投入不平衡

以2010年为例，珠三角九市文化文物事业费24.63亿元，占全省的74.3%；东西两翼七市文化文物事业费2.72亿元，占全省的8.2%；粤北山区五市文化文物事业费1.92亿元，占全省的5.8%。珠三角地区文化文物事业费相当于山区和东西两翼总额的5.3倍。

2. 公共文化人才队伍素质不平衡

2010年，我省文化系统从业人员31867人，其中高级职称1366人，中级职称3820人。高、中级专业人员主要集中在珠三角地区。高级职称人员中，省直和珠三角地区占全省的88.6%，东西两翼占9.1%，山区占2.3%；中级职称人员中，省直和珠三角地区占全省的69.7%，东西两翼占19.5%，山区占10.8%。在经济落后地区，一些县（市、区）公共文化服务单位甚至没有1个中级以上职称的从业人员。

（三）公共文化设施总量不足

至2010年，我省每万人拥有公共文化机构数仅0.21个，远远低于全国0.39个的平均水平。全省有47个县级文化馆面积未到达1500平方米的标准（其中有6个馆没有馆舍），有6个市级群众艺术馆面积未到达2500平方米的标准（其中有2个馆没有馆舍）；有457个文化站面积未达到500平方米的标准（其中164个文化站只有机构没有站舍）。全省有3个公共图书馆没有馆舍，有15个区没有公共图书馆建制。根据《公共图书馆建设标准》，即使是服务人口3至10万人的地区，也应建设800至2300平方米的公共图书馆，但我省仍有11个县级图书馆馆舍面积不足800平方米（不含无馆舍的图书馆）。国际图联对公共图书馆设置的标准是："每两万人就拥有一所图书馆"，"在市内主要居民区，通常离图书馆1.5公里左右就需设立分馆，3至4公里左右就需设立一个较大的图书馆"。而我省2010年只有133个县级以上公共图书馆（按现行统计口径，暂未统计镇级公共图书馆），每馆服务人数高达78.4万人，即使镇级公共图书馆统计在内，平均每馆服务人数也令人吃惊。

（四）公共文化服务有待加强

一些地方文化设施利用率不高，公共文化服务有待加强。2010年，全省有11个公共图书馆流通人次不足1万人次，有21个公共图书馆没有举办过读者讲座、培训班或展览等活动。有26个文化馆（群艺馆）没有举办过任何展览，有7个文化馆没有组织过任何文艺活动，有14个文化馆没有举办过任何类型的培训班；有101个文化站没有组织开展文艺活动、展览和培训班等文化活动，形同虚设。

（五）文艺创作和精品生产水平有待提高

与其他先进兄弟省市相比，我省的创作水平还存在一定的差距，特别是在加强艺术创新，打造独具岭南特色艺术作品方面，还存在着许多不足。主要表现为：艺术创作上缺乏创新精神，缺乏创新环境，缺乏创新型人才；艺术管理体制不够完善和健全；优秀剧本、名家、名角等领军人物较少；稀有剧种的保护和传承工作有待加强等。

三、对策建议

（一）拓宽文化投融资渠道，形成对公益文化事业多渠道投入的机制

1. 加大公共财政对文化事业的投入力度，完善政府主导的文化投入机制

政府对文化事业的投入占财政支出的比重逐年提高，增长幅度要高于财政支出增长幅度，推动文化事业费投入占当地财政总支出比例达到《广东省建设文化强省规划纲要（2011－2020年）》提出的“从2011年起，全省财政的文化事业经费支出占财政总支出的比例达到1%以上”的水平。进一步加大财政转移支付力度，增强欠发达地区文化事业发展的财力保障。发挥公共财政的作用，将公共文化服务体系纳入公共财政保障范围，建立省、市、县、乡镇（街道）按比例分担的公共文化投入经费保障和正常的增长机制，保证公益性文化事业单位人员工资、办公、业务费用和实施重大文化工程和组织举办重大群众文化活动的专项经费，为各级公益性文化事业单位开展公共文化服务提供经费保障。

2. 采取优惠措施吸引社会资金投资文化建设

希望国家出台更加优惠的政策鼓励社会力量对公共文化事业的捐赠和赞助，增强政策的可操作性，积极引导社会资金捐助公共文化建设，形成社会捐助公共文化的良性氛围和有效机制。

（二）继续完善公共文化服务体系建设

1. 完善公共文化设施网络

落实《广东省建设文化强省规划纲要（2011－2020年）》精神，逐步完善省、市、县（市、区）、乡镇（街道）、村（社区）五级公共文化设施网络。力争实现“到2015年，全省市、县图书馆、文化馆、博物馆、乡镇综合文化站、行政村（社区）文化设施全部达标，珠三角地区文化设施达到全国一流水平”的目标。

2. 扩大公共文化服务覆盖面，提高服务质量

打破部门、层级界限，进一步推进广东省文化信息资源共享工程和广东流动图书馆、流动博物馆、流动演出网建设。不断探索创新公共文化服务方式和手段，强化公共文化单位为基层群众服务的能力，面向农村，面向基层，改进服务方式，提高服务效能，特别是要维护特殊群体的文化权益，保证公共文化服务的公平均衡和全覆盖。

（三）力促全省文化事业均衡发展

以贯彻落实《珠江三角洲地区改革发展规划纲要》为契机，加强对全省文化建设的统一规划，形成以珠三角为中心、辐射全省的文化发展格局。珠三角地区应大力帮扶欠发达地区文化建设，遏制文化发展不均衡的发展趋势。省对山区、东西两翼文化建设进行倾斜和扶持，提高欠发达地区文化单位的创新和发展能力，促进全省文化事业协调、均衡、持续、繁荣发展。

（四）不断提升文艺创作水平

完善文艺创作机制，以制度促绩效，建立新型的艺术项目策划论证机制、管理体制，提高艺术行政管理的科学性。更新创作理念，提倡多维多元，扎根生活，重点鼓励现代题材文艺作品创作。强化市场功能，营造舆论氛围，建立和完善艺术创新激励机制，充分发挥艺术评价机制的效用。

（五）将文化工作纳入领导班子落实科学发展观考核评价指标体系

研究制定文化建设综合评价指标体系，将文化建设纳入对各级党政领导班子和领导干部落实科学发展观的评价指标体系中，作为考核评价领导班子和领导干部工作业绩的重要依据，确保各级党政领导将文化建设列入重要议事日程，推动文化强省建设。

（广东省文化厅）

广西壮族自治区2010年文化发展情况分析

2010年，伴随着广西经济的快速发展和经济结构的进一步转型升级，广西文化系统认真贯彻落实自治区党委、政府和文化部的要求部署，紧紧围绕着科学发展这个主题，抓住加快文化体制改革这条主线，抢抓机遇争主动，突破重点带全局，狠抓落实求实效，提高能力谋发展，全区文化建设成效显著，亮点频现，在改革创新中焕发出新的活力，在跨越发展中呈现出又好又快的繁荣发展局面，为促进广西经济平稳较快增长、社会和谐稳定作出了贡献，进一步实现文化发展与经济平稳较快增长的良性互动。

一、机构人员情况

近年来，广西文化人员队伍建设有了较快发展，从业人员的总量和规模不断扩大，人员结构不断优化，人员素质不断提高。2010年底，全区文化机构总计10279个、从业人员67980人。全区共有艺术表演团体141个（属文化部门116个），从业人员4946人；艺术表演场馆24个（属文化部门22个），从业人员337人；群众文化服务机构1284个（属文化部门1284个），从业人员4675人；艺术教育机构6个，从业人员217人；艺术科研机构10个，从业人员82人；文化市场经营机构8278个，从业人员51973人；文物机构总计135个，从业人员1515人。全区基本上已形成覆盖城乡、辐射村寨、门类齐全的文化服务网络，进一步提高了全区人民的文化生活质量。2010年全区文化机构数比2009年增加423个，表明全区的文化建设呈现出持续发展的良好势头，从而进一步提升广西的文化软实力和综合竞争力。

二、财政投入、收支情况

表1　2006－2010年广西文化事业收支基本情况

年　份	本年收入（万元）	本年财政拨款（万元）	本年支出（万元）
2006	57477.0	43907.1	54476.1
2007	62210.9	47851.7	73437.9
2008	108134.7	72414.1	104698.4
2009	112639.4	79329.7	113175.1
2010	145166.1	102024.3	137653.4

2010年，广西文化事业财政拨款10.2亿元，比上年增加2.27亿元，增长28.6%。其中艺术表演团体财政拨款1.79亿元，公共图书馆财政拨款1.22亿元，群众文化活动经费财政拨款1.53亿元，其他文化事业经费拨款3.45亿元，分别比上年同期增长了3.2%、7.4%、12.3%、36.4%。

从下列图示可以看出，近年来，尽管我区经济在一定程度上受到金融危机的影响，但是自治区党委、政府仍然持续加大对文化产业发展投入力度，文化事业经费逐年增加。据统计，2006 年至 2010 年，自治区财政对文化产业的财政拨款的平均年增长幅度为 30.5%，2008 年度的年增长率达到 51.8%，为近 5 年增长最快的一年，并且在接下去的两年中每年的增长幅度均在 25% 以上，极大地促进了自治区的文化产业的发展。

图1　2006-2010年广西财政对文化产业拨款示意图

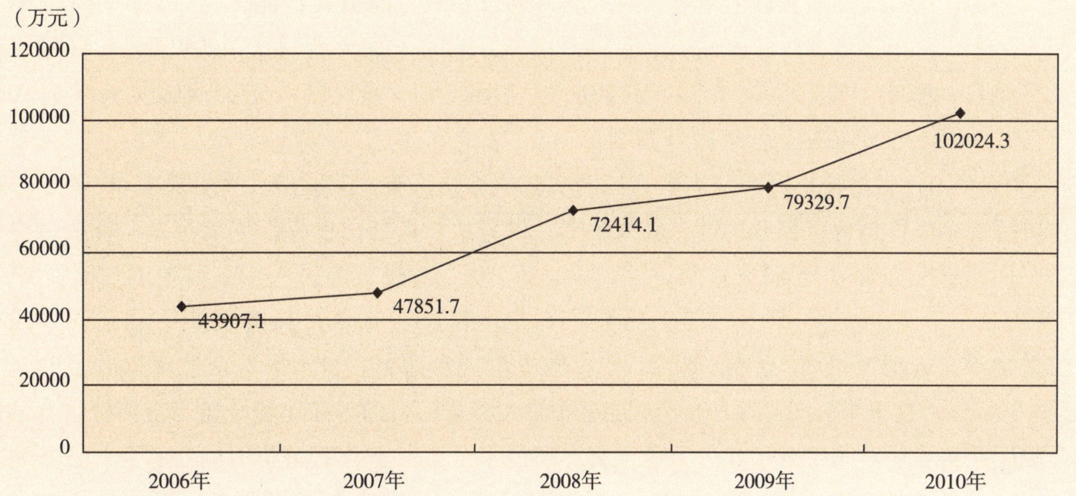

三、文化艺术创作生产进一步发展

2010 年，全区艺术表演团体年内创作首演剧目 14 个。全年演出 1.57 万场，平均每团 112 场，观众 1507.6 万人次，其中农村演出 0.70 万场、观众 805.3 万人次。演出收入 3678.8 万元。

表 2　2009 年和 2010 年艺术表演团体主要指标

主要指标	总量		增长速度（%）	
	2009 年	2010 年	2009 年	2010 年
机构数（个）	135	141	-3.6	4.4
本年原创首演剧目（个）	21	14	0	-33.3
演出场次（千场）	13.49	15.75	-14.7	16.8
其中：到农村演出场次	5.64	6.99	2.7	23.9
到农村演出场次比重（%）	41.8	44.4	——	——
观众人数（千人次）	12653	15076	-19.5	19.1
演出收入（万元）	2193.4	3678.8	-30.2	67.7
经费自给率（%）	12.6	20.5	——	——

从统计数据中看，2010 年的绝大多项数据较 2009 年有了明显好转，赴基层演出比重增加，演出场次和演出收入有了较大增长，艺术表演团体对丰富人民日常文化生活的重要性日益凸显，表明

了艺术表演团体的整体情况有了明显改善。

2010 年全区艺术表演场馆演出场次 1.87 万场，其中艺术演出 0.17 万场，平均每单位演出 118 场，观众 136 万人次，艺术演出收入 356.2 万元。其中在全区 24 个艺术表演场馆中，事业性质 22 个，占 98.4%；企业性质 2 个，仅占 1.6%。

艺术创作生产演出喜获丰收。自治区实施打造广西气派舞台艺术精品工程，举办第四届广西青年演员大奖赛、第二届广西彩调艺术节、第一届广西舞蹈青年演员大奖赛和广西杂技魔术比赛，有 324 个剧节目、64 个参赛单位（剧团）、近 1000 名选手参赛。加大话剧《白头叶猴》、桂剧《灵渠长歌》等剧目的演出力度，壮剧《天上的恋曲》获第二届少数民族戏剧会演银奖，入选 2009－2010 年度国家舞台艺术精品工程年度资助剧目。

在 2010 年上海世博会广西活动周中，广西文艺演出获得极大的成功，吸引观众 40 多万，60 多家媒体进行了全方位报道，创造了世界最大壮锦、世界最长板鞋的世界吉尼斯纪录，深受领导赞扬和观众好评。积极备战第 15 届群星奖评奖，全区有 10 个节目、项目入围，河池的《楼上楼下》、《哪嗬咿嗬嗨》等 8 个节目、项目获奖。百色市右江区舞蹈《瑶依朵》参加第 7 届全国"四进社区"文艺展演，入选 10 个现场展演节目，并在中央电视台播出。自治区群众艺术馆的歌曲《梦的眼睛》、小品《一袋玉米》分获 2010 全国儿童歌曲大奖赛、全国小品比赛金奖。自治区群众艺术馆红棉合唱团获第二届全国中老年才艺大赛金奖。河池市金城女子合唱团获中华红歌会长江杯奖。玉林市的《边缘》获第 9 届全国水彩水粉画展中国美术奖。来宾市的《四个老奶逛新村》获全国首届农民艺术节精粹奖。贵港市老年合唱团参加全国第 2 届"艺彩杯"中老年艺术展演获合唱组金奖。防城港市选派的京族哈妹组合在全国青歌赛上进入了原生态唱法单项决赛比赛，获得团体优秀奖。

四、公共文化服务平台进一步发展，综合服务水平不断提高

2010 年全区公共图书馆总藏量 1880.9 万册（件），其中图书 1371.5 万册；总流通量 1342.8 万人次；购书费 1675.5 万元；电子阅览室终端 3341 台。虽然 2010 年全区的图书馆数量有所增加，但是整体的图书刊物外借人次、册数，图书证发放，举办展览、培训班次数和参加人数等一些反映公共图书馆活动情况的数据较 2009 年有略微下降。

2010 年全区群众艺术馆，文化馆（站）共举办展览 2395 个，比 2009 年增加 193 个，增长 8.8%；组织文艺活动 19775 次，较 2009 年增加 4238 次，增长了 27.28%；举办训练班 8747 个，培训 37.6 万人次，比 2009 年分别增加了 1525 个和 1.2 万人次，增长幅度为 21.11% 和 3.3%；组织各类理论研讨和讲座 169 场，比 2009 年增长了 8.3%；对公众开放阅览室面积 1.3 万平方米；由本馆指导的馆办文艺团体 385 个，比 2009 年增加了 312 个，增长了 439.7%；群众业余文艺团队 8，400 个，比 2009 年增加了 2057 个，增长了 32.43%；馆办老年大学 19 个，比 2009 年增加了 4 个，增长了 26.7%。财政拨款也由 2009 年的 13511.3 万元增加到 15271.6 万元，增长 13.6%。同时，从我区 2006－2010 年的群众文化活动情况来看，2007 年群众文化活动比较低迷，从 2008 年开始群众文化活动的各项数据有所提高，特别是举办培训班次数得到了大幅度的增加，较好地发挥群众文

化活动的职能。

表 3 2006－2010 年广西群众文化活动情况

年 份	举办讲座（次）	举办培训班（次）	培训人数（千人次）	举办展览（个）	举办文艺活动（次）
2006	404	5421	190	2239	19633
2007	143	4867	181	1861	11838
2008	169	11106	352	2357	12896
2009	156	7222	364	2202	15537
2010	169	8747	376	2395	19775
合 计	1041	37363	1463	11054	78679

五、文化遗产保护和合理利用取得新成果

（一）文物管理网络逐步完善，人员素质明显提高

2010 年，各级各类文博单位积极适应社会新发展要求，十分重视人才培养，广西文物局举办了广西第三次文物普查实地文物调查阶段验收试点工作培训班、广西文博单位管理干部理论学习班，有效促进了文博工作者业务技能及综合素质的提升。2010 年，广西各级各类文物机构 135 个，比去年增加 5 个，其中博物馆、纪念馆 65 个，文物保护管理机构 61 个，形成了覆盖全自治区 100% 的三级文物保护网络。全年从业人员 1515 人，其中高级职称 111 人，比去年增加 2 人，中级职称 795 人，比去年增加 514 人，从业人员素质有了明显提高。

表 4 2010 年广西文物从业人员及结构分布表（单位：人次）

人员类别	博物馆、纪念馆		文物保护管理机构		文物商店		文物保护科研机构		其他文物企业	
	2009 年	2010 年	2009 年	2010 年	2009 年	2010 年	2009 年	2010 年	2009 年	2010 年
从业人员	1081	1096	244	274	56	55	76	69	0	10
高级职称	66	78	6	8	2	2	24	16	0	5
中级职称	207	204	51	57	8	7	15	11	0	0

（二）藏品修复数量渐长，文化遗产保护效果显著

一是文物藏品修复保护工作加强。2010 年全自治区文物机构共收藏各类文物 30.47 万件/套。本年度接收、征集、修复藏品数量 7246 件/套，其中接收文物 311 件/套，征集藏品 6590 件/套；修复藏品 345 件/套，其中修复珍贵文物 35 件/套，一级文物 4 件/套。2009 年藏品修复数量仅为 41 件/套，2010 年有较大幅度增长。

二是各级文物保护单位保护力度和范围加大。本年度文物保护工程 83 个，比去年增加 17 个，其中全国重点文物保护单位 15 个，自治区级文物保护单位 31 个。维修面积 43692 平方米。共投入经费 2872.2 万元，增长 4.6%。其中财政拨款 2845.7 万元，中央补助 1816.6 万元，地方配套

459.5 万元。全国重点文物保护单位靖江王府及王陵、甑皮岩遗址列入国家考古遗址公园立项名单。按照国家文物局的总体部署，2010 年顺利完成了第三次全国文物普查实地调查阶段县域验收工作，调查登记不可移动文物 11553 处，其中新发现 6147 处，复查 5380 处，调查登记消失文物 795 处。完成了花山岩画第一期抢险加固保护试验工程和花山岩画岩体开裂病害机理研究、凭祥市大连城前闸门抢险维修工程、永福县永宁州城南门楼和南城墙维修、龙州县法国驻龙州领事馆旧址第二期维修和恭城瑶族自治县朗山民居第二期维修等国家、自治区文物保护单位维修。

图2 广西文物保护单位维修资金来源比例图

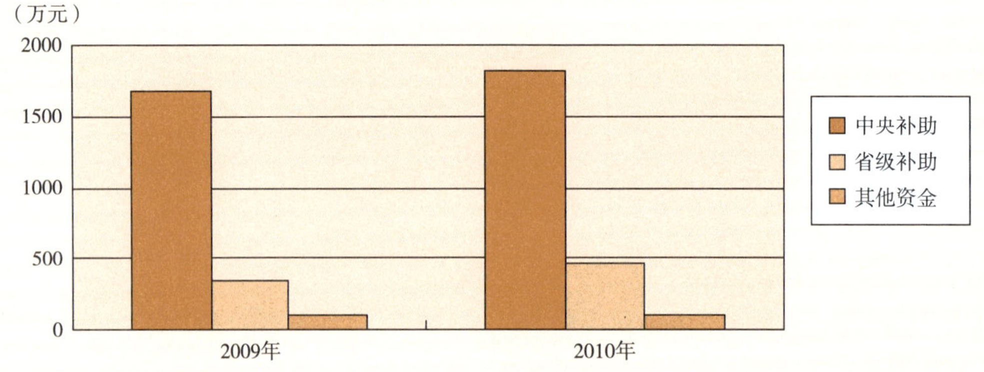

三是积极开展考古发掘，抢救保护珍贵文物。组织开展湘桂铁路改扩建工程、贵阳至广州高速铁路等基本建设工程用地文物调查、勘探、发掘，继续海上丝绸之路始发港汉代合浦港研究，初步确认汉代城址。统计显示，2010 年，广西文物考古研究所及自治区自然博物馆实施考古发掘项目 10 个，其中抢救性发掘项目 2 个，基本建设考古发掘 5 个，主动性发掘项目 3 个。完成考古钻探面积 919.5 万平方米，考古发掘面积 1.6 万平方米，发掘墓葬数 96 座，抢救保护了一批重要文物。

四是博物馆建设方兴未艾。2010 年完成北部湾博物馆、西江文化博物馆、柳州工业博物馆和贺州矿业遗址博物馆等区域性博物馆项目建议书的编制、立项等前期工作，龙胜各族自治县龙脊壮族生态博物馆建成并对外开放，自治区人民政府颁布了《关于建设百家博物馆的意见》，为广西博物馆的发展注入了更多的活力，提供了更为广阔的发展平台。

（三）政府重视文物事业，经费投入稳中有升

各级党委、人大、政府、政协越来越重视文物保护，重要文物工作列入自治区四大班子议事日程，文物保护项目、博物馆建设等投资经费越来越多。2010 年，广西文博单位本年收入合计 24905.3 万元，是 2009 年的 1.8 倍，其中财政拨款 19825.8 万元，事业收入 1530.5 万元，经营收入 591.7 万元，其他收入 1018.8 万元。其中财政拨款占收入合计的 79.6%，说明文博事业主要经费支持来源于国家和地方财政。在财政拨款中，博物馆收入 14244.2 万元，所占比例高达 72%，各级党委、政府十分重视博物馆纪念馆的免费开放工作，并从经费上给予保障支持。

历年财政拨款总体趋势不断增长，文物事业得到国家和地方政府的有力支持，呈现了扎实稳定发展局面，这对促进文物事业的发展，发挥文物资源的功能作用，促进社会主义精神文明建设具有

重要作用。

（四）陈列展览日益丰富，免费开放利民惠民

2010 年，广西有 36 家博物馆纪念馆向社会免费开放，占博物馆总数的 55%。举办了《瓯骆遗粹——广西百越文化文物精品展》、《中国与东盟》等基本陈列 136 个，推出或引进《印度尼西亚国家博物馆文物精品展》、《妙笔丹青——馆藏齐白石、黄宾虹、徐悲鸿、张大千绘画艺术精品展》等临时展览 203 个，比去年增加 39 个。全年接待观众 876 万人次，比去年增加 183.5 万人，增长 26%，其中未成年人 227.3 万人次，门票销售总额 172.1 万元。博物馆、纪念馆免费开放，让更多的人走进博物馆，尤其是低收入群体和农民工参观者有较大幅度增加。通过举办多样性的陈列展览，满足了人民群众多样化多层次的精神文化需求，博物馆、纪念馆公益性社会文化场所的作用得到进一步发挥。

据统计，2010 年全区文博机构藏品 34.7 万件，陈列、展览 339 个，参观 876 万人次，门票收入 172.1 万元。其中博物馆藏品 27.9 万件，陈列展览 318 个；参观 744.1 万人次，其中未成年人 206.7 万人次，门票收入 39 万元。从下列示意图中可以看出，我区的文物藏品主要分布在南宁、柳州、桂林、百色这 4 个市，其余各市的文物藏品数相对较少，但也比较均衡，全区的文物藏品呈现出相对集中但又分布广泛的态势。

表 5　2010 年广西博物馆文物藏量情况（按市分） 单位：件

自治区本级	102910	北海市	5200	百色市	28781
南宁市	1506	防城港市	318	贺州市	21122
柳州市	40162	钦州市	2213	河池市	3195
桂林市	34489	贵港市	7476	来宾市	3939
梧州市	12872	玉林市	13543	崇左市	1726

表 6　2009 年和 2010 年广西博物馆陈列展览情况

年　份	基本陈列（个）	举办展览（个）	参观人数（万人次）		门票销售额（万元）
				未成年人	
2009 年	138	164	692.5	208.4	1416.4
2010 年	136	203	870	272.3	172.1

（五）文物宣传交流反响良好，文博工作影响扩大

全区各文博单位采取多种形式开展以《文物保护法》、“国际博物馆日”、“中国文化遗产日”为主要内容的文物宣传活动，2010 年全区文化遗产保护宣传月活动取得积极效果，广西壮族自治区博物馆荣获“文化遗产日活动组织奖先进集体”称号。第三次文物普查工作中，各级普查机构发挥了宣传队的作用，把文物保护知识宣传到千家万户，文物保护意识逐步深入人心。

积极开展与东盟国家为主的文物对外交流合作。广西民族博物馆引进“印度尼西亚文物珍品展”等展览，参加新加坡第 7 届文化遗产节活动之一——“异族风情·大同世界：世界传统服装

展”等外展活动，社会反响良好。2010年11月2日借承办“第五届东盟10+3文化人力资源开发合作研讨班”之际，广西壮族自治区文化厅在广西民族博物馆举行了“中国－东盟文化交流培训中心”揭牌仪式，加深了广西与东盟国家文化文物方面的相互了解，建立了长期合作的友好关系，进一步推动了广西文博事业的发展和繁荣。

（六）非物质文化遗产保护利用成效显著

制定《广西非物质文化遗产保护工作平台建设规划》。重点推进桂林市桂剧传习基地等10个自治区级非物质文化遗产传习基地建设。完成广西非遗专场晚会《八桂风谣》晋京调演。举办文化遗产日5周年系列活动。组织评审第三批自治区级非物质文化遗产名录，自治区级名录从107个项目、133个保护单位增加到215个项目、252个保护单位。批准设立了自治区级河池铜鼓、百色壮族文化生态保护区。桂平市反映非遗内容的报告文学《“瑶族经书”手抄传奇》获国家级立项扶持。

六、公共文化设施建设上台阶

“十一五”以来，在各级党委政府的关心支持下，全区的文化设施建设呈现快速发展趋势，公共文化设施建设力度加大，逐步建成覆盖城乡的文化服务网络。在“十一五”期间，全区文化服务体系建设不断完善，大力实施了“文化惠民工程”，国家和自治区投资105亿元建设达标乡镇综合文化站514个，投资1.4亿建设村级公共服务中心1000个，改造维修了部分厅直属单位基础设施。国家和自治区投资7000多万元建设了1.1万个文化信息资源共享工程分中心和基层点，市县覆盖率为90.1%，乡镇覆盖率为90.23%；完成了隆林县等30个县级图书馆、文化馆的新扩建任务；对21个设区市级图书馆、群众艺术馆、艺术表演团体和183个县级图书馆、文化馆、艺术表演团体进行了业务用房的维修、改造及设备更新。建成广西民族博物馆等22个博物馆，全区36家公共博物馆、纪念馆向社会免费开放。

特别在2010年期间，全区文化设施年内建设项目217个，计划投资额118296.2万元，国家投资16077.4万元，与2009年相比分别增加66552.5万元、4820.3万元，增长128.6%、42.8%；本年实际完成18639.4万元，竣工项目113个，面积4.969万平方米。对比显示，全区的文化（文物）基本建设在2007年时陷入了低谷，但在此后的年份里均有了显著改善，得到了大幅提升，特别是2010年的年度计划投资建设比2009年增长了128.6%。但是由于文化（文物）机构基本建设的很大部分建设资金来源于国家资金投入，所以2010年的计划投资建设额虽大，但实际完成投资额本年增长幅度与计划投资的增长幅度相比不太明显，所以，稳定和确保国家资金的投入是文化基本建设得以顺利完成的基础。

同时，2010年全区的舞台流动车数量比上年增加了10辆，共有舞台流动车62辆，逐步解决送戏下乡难、搭台难、演出转点难问题，五年来全区流动舞台车下乡约演出3198场，观众达531.5万人次。为基层院团演出提供了便捷的演出舞台，为百姓搭建了便利的欣赏平台。

七、对外和对港台文化交流渐入佳境

2010年自治区制定了广西与东盟文化合作行动计划，被列入广西与东盟全面开放合作十项专项

图3 2006-2010年广西文化基本建设数据对比图

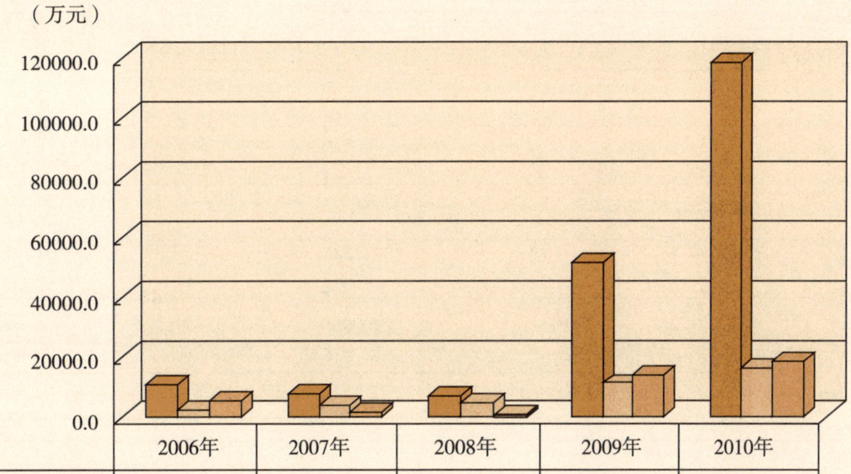

	2006年	2007年	2008年	2009年	2010年
年度计划投资	11177.4	8023.3	6911.0	51743.7	118296.2
年度国家投资	2311.3	4244.0	4950.8	11257.1	16077.4
年度完成投资	5281.1	1943.1	698.8	13864.6	18639.4

行动计划之一。在南宁建立了中国－东盟文化交流培训中心。组团参加了赴韩国、泰国“欢乐春节”活动，承办文化部第5期“10＋3”文化人力资源开发合作研讨班广西部分活动，赴印度参加中印建交60周年演出活动。组织广西艺术团携《魅力广西》随自治区政府主要领导出席广西与越南边境四省联合工作委员会第3次会晤并顺访越南演出，获得成功。组织广西少数民族服饰参加第7届新加坡文化遗产节展出。举办中韩（梧州）艺术交流活动周暨第7届中韩国际艺术展。南宁市粤剧团参加2010年新加坡艺术演出获得成功。崇左市、防城港市边境地区文化交流活动日益活跃。博白县杂技团延续对外商业性演出优势，收入70多万元。桂港澳台文化交流日益活跃，2010年广西赴港澳台演出项目总数10个，组织广西文化艺术交流演出团携新版歌舞剧《刘三姐》、杂技剧《快乐的小雪猫》随自治区代表团赴台举办“2010年桂台经贸合作论坛”文化交流演出活动引起了轰动。成功举办了“情系八桂——两岸文化联谊行”活动。来宾市赴港举办的“魅力来宾·风采八桂”演出引起轰动。2010年，广西对外文化交流所取得的一个又一个成绩表明了广西对外文化交往交流正在以稳健步伐向前迈进，使广西区外的全国各地人民和世界人民清晰地看到了广西近年来的发展成就，以文化促发展，广西文化事业对经济的发展的推动作用正日渐显著。

八、广西文化发展所存在的主要问题

（一）优秀、精英文化人才欠缺，人才队伍建设有待进一步提升。我区的文化产业发展所拥有的专业人才与文化发达省区相比还有一定差距。在全区的文化产业67980名从业人员中，高级职称的只有975人，仅占全区文化产业从业人员数的1.43%。

图4　2006-2010年文化产业中、高级职称人员占我区从业人员比重示意图

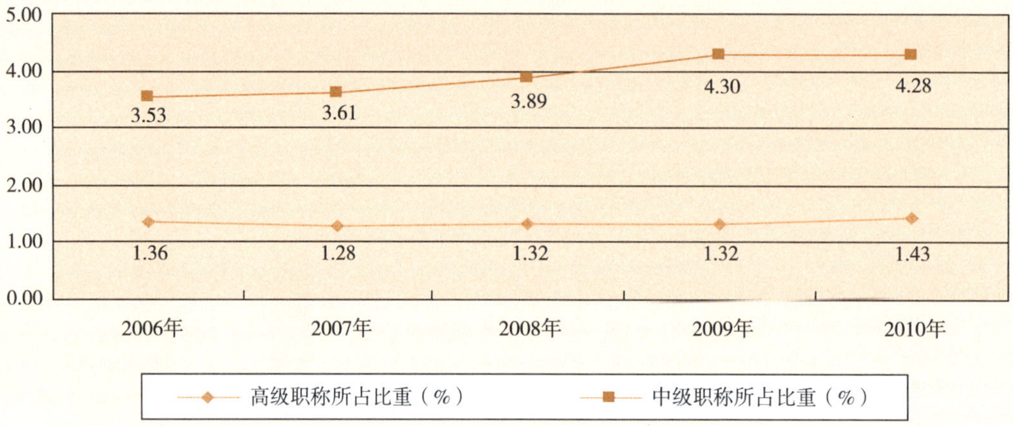

（二）文化投入的总量偏少。虽然我区的经济在近年不断发展，但不可否认的是我们的经济总量与发达省区相比还存在不小的差距，尽管全区各级财政投入逐年增加，但用于文化事业发展的财政投入还是处在不高的水平，文化事业建设经费投入不足的问题仍然存在，多渠道投入政策还不够完善。从而怎样妥善解决公共文化事业发展的资金来源，特别是农村文化建设的经费保障问题就显得日益突出和重要了。

（三）城乡之间、地区之间发展不平衡。由于各地经济发展的不平衡和地区人文条件的限制，我区各地的文化产业发展存在一定的差异，首府南宁和柳州、桂林等地的文化产业发展速度较快，形式较好，但其他各市的发展还有待进一步提高。城乡之间文化发展存在的问题更为突出，欠发达地区和农村文化建设相对薄弱。这些情况的出现一方面在于有些地区的文化底蕴相对薄弱，文化产业发展受到局限，另一方面在于欠发达地区的财政投入不足。城市居民文化生活虽有较大改善，但基层文化特别是“老少边山”地区农村文化整体滞后的情况仍比较突出。

从统计资料中可以看出，2006 年至 2010 年，广西的 5 大经济区的文化产业财政拨款增幅情况各有特点。其中，财政拨款增长幅度变动最大的是桂中经济区，增长幅度最高的是桂北经济区，涨幅为 64.6%，变动幅度最小的是桂西经济区。而且，从统计资料中得知，2009 年是我区桂中经济区、桂北经济区、桂东经济区 3 个经济区文化产业财政拨款增长幅度最快的一年，且从 2008 年开始 5 个经济区的文化产业财政投入增长幅度除桂北经济区外均显著提升，表明了 2008 年和 2009 年是我区的文化产业的发展的一个快车道时期。但不能否认我区的各个经济区间的文化产业的财政投入力度上还是不够均衡，特别是桂中经济区和桂北经济区的增长幅度波动相对较大，这两个经济区在 2006 年至 2010 年的 5 年内财政拨款增长幅度的上下波动显著，未能形成一个稳定的文化产业财政投入机制，这在一定程度上会影响到这两个经济区的文化产业的发展。同时，在 2006 年至 2010 年这 5 年中，我区的这 5 个经济区的 5 年文化产业财政拨款平均增长幅度也存在着一定差异，平均增长幅度最低的桂南沿海经济区与平均增长幅度最高的桂中经济区相比差了近 10 个百分点，这些

差异也会对我区的文化产业的区域均衡发展造成一定的不良影响。

图5 2006—2010年广西5个经济区文化产业财政拨款增长速度

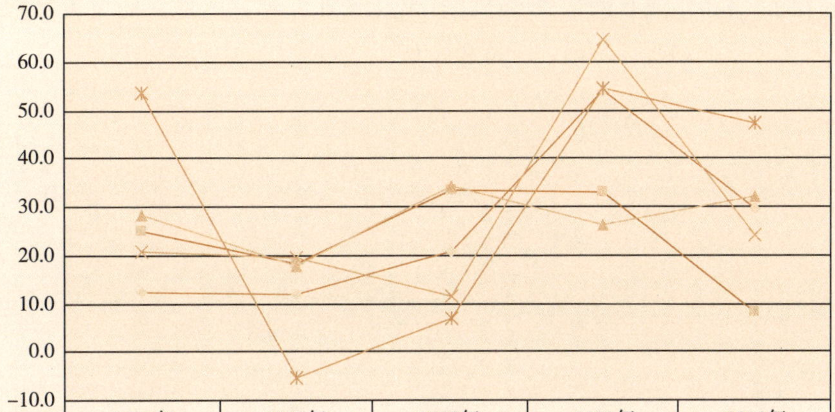

	2006年	2007年	2008年	2009年	2010年
桂东经济区	12.4	11.9	20.9	54.0	29.4
桂南沿海经济区	24.8	18.4	33.4	33.0	8.3
桂西经济区	28.2	17.6	34.1	26.3	31.9
桂北经济区	20.6	19.3	11.5	64.6	24.1
桂中经济区	53.5	-5.5	6.8	54.6	47.1

九、对策和建议

（一）加强文化人才队伍建设，实施人才兴文战略。自治区和各市要建立文化产业人才库。要制定和实施文化产业人才教育培训计划，建立多层次、多渠道的文化产业人才培训体系。办好广西人才培训班。同时，还可以请北京、上海等地进行文化产业方面的培训。充分发挥高等院校、科研院所和各类教育机构的作用，鼓励高等院校设立文化创意产业方面的院系，形成优势学科，源源不断地培养文化创意产业人才。各级政府和文化管理部门要有计划、有步骤地运用多种渠道引进高素质的文化艺术人才，以优惠政策吸引人才，以创新理念留住人才。

（二）加大文化投入，加大对民间文化资本引导，形成多元文化投入机制。首先，各级党委和政府须充分了解文化产业对经济发展的巨大推动作用，进而持续加大对文化产业的扶持力度，努力增加投入，财政拨款支持必不可少。同时还可以改进投入方式，以便形成稳定的经费保障机制，运用多种行政和经济手段广泛吸引社会资金投入公共文化服务领域，努力提倡和促进公办民助、充分利用社会各项资源，逐步形成政府、企业、民众等多种力量协调参与的广西文化建设格局。在乡村，考虑到单独某一个村寨组建一个文艺团体所存在的困难，可以鼓励各级村委进行广泛串联，使有着共同文化特色的村寨可以共同组建文艺演出团体，这样可以使某一范围内的乡村文化建设得到较好发展。

（三）整合全区文化资源，实施帮扶政策。由于文化历史底蕴和各地区、乡镇之间的经济发展水平不一，全区各地区的文化产业发展存在不同程度上的差异，为缓解并逐步消除我区文化地区发展的差异，应对文化产业发展缓慢的地区的文化建设给予必要扶持，在政策和资金上可以给予倾斜。同时鼓励各市结成互助帮扶城市，让文化产业发展好的地区对欠发达地区进行文化对口帮扶，推动我区文化产业均衡、协调、可持续发展。

（广西壮族自治区文化厅）

海南省2010年文化发展情况分析

“十一五”期间，海南省文化系统在省委、省政府的正确领导下，深入贯彻落实科学发展观，紧紧把握科学发展这条主线，以满足人民群众精神文化需求为目标，深化文化体制改革创新，坚持一手抓公益性文化事业、一手抓经营性文化产业，一手抓繁荣、一手抓管理，抢抓发展机遇，圆满完成了“十一五”的各项目标任务，有效保障了人民群众的基本文化权益。

一、公共文化服务体系基本建成

省图书馆、省博物馆、省歌舞剧院、省健身中心和市民文化广场等相继竣工使用，省级重点公共文化基础设施建设实现了历史性突破。完成省民族歌舞团搬迁三亚和省文化艺术学校整体搬迁桂林洋新校区。市县新建或修缮了一大批文化馆、图书馆、文物景点。实施“六大文化惠民工程”，全省204个乡镇综合文化站基本建成。村文化活动室、农家书屋、农民健身场所逐步建设和完善。省、市县、乡镇、村四级公共文化服务设施网络基本形成。至2010年底，全省有公共文化服务机构355个，其中公共图书馆20个，群众艺术馆3个，文化馆18个，文化站209个，文化部门艺术表演团体22个，艺术表演场馆6个，艺术学校1个，公益性文化基础设施实现基本覆盖。

（一）公共图书馆建设成绩显著

“十一五”期间，省图书馆建成投入运营，结束了海南没有省级图书馆的历史。改建、扩建一批市县级图书馆，2010年每万人拥有公共图书馆面积98.21平方米，比2005年增幅达84.8%。全省人均公共图书馆藏书量逐年增加，从2005年的0.22册增长到2010年的0.33册，增幅50.0%。购书经费增长明显，全省公共图书馆人均购书经费从2005年的0.14元增加到2010年的0.69元，增幅达392.9%。省图书馆的建成投入使用，带动了市县图书馆的各项建设，管理不断规范，2010年全省公共图书馆总流通172万人次，比2005年增加57万人次，增长50%。建设质量不断提高，硬件设施不断完善，全省公共图书馆全部配备电子阅览设施，至2010年末，全省公共图书馆电子阅览终端661台，比2005年增加534台，增长420%。

（二）群众文化机构建设成绩斐然

“十一五”期间，省文化公园建成并投入使用，省级群众文化设施建设发生质的飞跃；一批市县级文化馆完成了改造扩建。全省新建扩建了202个乡镇综合文化站。每万人拥有群众文化设施面积从2005年的71.26平方米增加到2010年的121.3平方米，增幅70.2%。全省乡镇综合文化站面积达标率（300平方米）从2005年的不足2%增长到2010年的99%。至2010年底，全省建制村文化室建设达标率39%，比2005年增加10个百分点。全省80%的市县建设了文化广场（公园），为群众文化活动的开展提供场所。

二、全省文化事业费投入逐年增加

“十一五”期间，是海南省经济发展进入快车道的5年，这5年，海南省的生产总值年均增长13.3%，2010年达到2052亿元，财政收入增长3倍，达到271亿元。对文化事业的投入也相应增加。2010年，全省文化事业费2.74亿元，比2005年增长355%。文化事业费占财政支出比重，从2005年的0.39%增长到2010年的0.56%。

表1 海南省“十一五”期间文化文物事业费

年 度	2005年	2006年	2007年	2008年	2009年	2010年
合计（千元）	86121	121127	135496	408574	552508	598835
文化事业费（千元）	74959	110191	119991	373358	487760	547974
文物事业费（千元）	11162	10936	15505	35216	34748	50861

图1 “十一五”期间文化事业费总收入、财政拨款及年增长速度

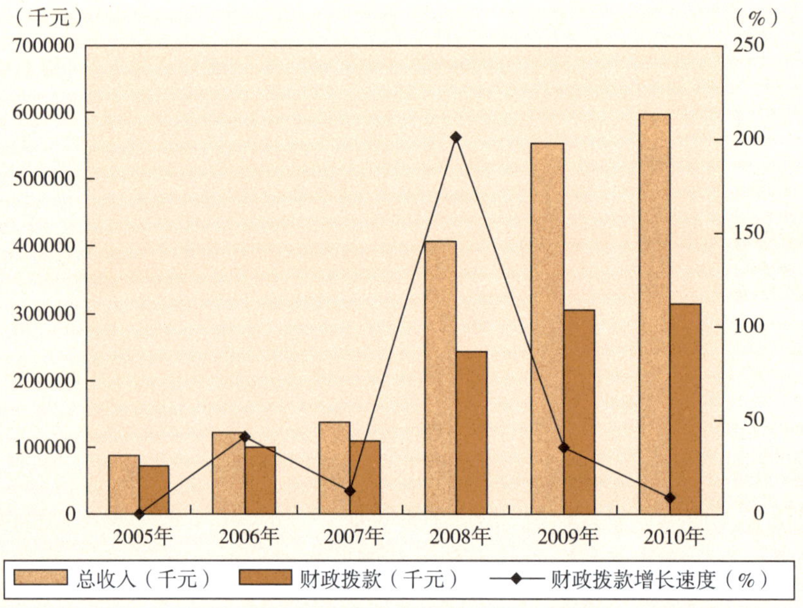

三、全省人民文化生活质量不断提升

“海岛欢歌”惠民演出季活动、迎新艺术节、东西南北中广场文艺会演、“群艺大舞台”、文化进社区、文化进工地、图书馆服务、各级博物馆纪念馆免费开放等文化活动，丰富了城乡群众的文化生活。5年共举办广场文艺活动1400多场，观众400多万人次；戏剧下乡6400多场，图书下乡1600多万册；向7个市县图书馆和48个贫困乡镇文化站赠书9万多册。2010年全省共有艺术表演团体67个，艺术表演场馆10个，演出8800场次，观众达683万人次。

群众文艺作品、影视剧佳作不断。创作演出音乐、舞蹈、小戏小品等作品200多个，生产影视

剧40多部800多集。大型民族舞剧《黄道婆》，现代琼剧《下南洋》，大型歌舞诗《海南岛》，电视剧《大姐》、《玫瑰绽放的年代》、《大明王朝1566》，广播剧《远山的呼唤》、《西沙女兵》等一大批文学艺术和广播影视作品获国家级或省级奖项。

四、文化市场趋向繁荣

“十一五”期间，影剧场、歌舞厅、健身娱乐场所等文化经营企业，随着市场发展和新技术、新产品的开发利用，进入大规模更新改造阶段。新兴文化产业、体育休闲产业呈现良好发展势头。“印象·海南岛”演艺中心、美丽之冠演艺中心、三亚动漫产业基地，提高了我省文化产业化程度，提升了大众文化娱乐休闲生活的档次。

2010年文化市场各类经营单位1755家，比2005年减少921家。其中互联网上网服务单位1001家，娱乐场所711家，艺术表演团体（企业）26家，演出经纪机构6家，艺术表演场馆4家，经营性互联网文化单位5家，艺术品经营机构2家。2010年文化市场经营机构总营业收入8.36亿元，比2005年增长117.8%。在机构减少的情况下，利润大幅度增长，说明我省文化市场经营单位的效益和经营结构明显改善。

（一）加强网吧的调控管理，网吧数量变化不大，但营业利润逐年明显增加

表2　网吧数量及经营利润情况

年　度	2005年	2006年	2007年	2008年	2009年	2010年
数量（个）	938	1046	1046	999	1052	1001
利润（万元）	2395	3207	6305	4802	9182	9006

（二）娱乐场所机构数量及经营效益增长迅速

表3　娱乐场所机构数量及经营利润情况

年　度	2005年	2006年	2007年	2008年	2009年	2010年
数量（个）	376	326	530	504	604	711
利润（万元）	2650	1031	6666	5389	8670	8981

五、文化遗产保护工作取得重大成效

“十一五”期间，完成了全省文物和非物质文化遗产普查，到2010年底，全省现有国家级非物质文化遗产保护项目21项（第一批9项、第二批12项），省级非物质文化遗产保护项目88项（包括8个扩展项目）。黎族传统纺染织绣技艺被联合国教科文组织列入首批急需保护的世界非物质文化遗产名录。“越王亓北古剑”、“唐三彩马”、“宋青白瓷花口凤首壶”等三件国宝入藏省博物馆。

公布第二批省级文物保护单位66处。8处古遗址、古建筑等不可移动文物列入第6批全国重点文物保护单位；海口市被公布为国家历史文化名城，三亚市崖城镇、儋州市中和镇、文昌市铺前镇、定安县定城镇、三亚市保平村、文昌十八行村、定安高林村等被公布为第四批中国历史文化名

镇名村，海口骑楼老街被评为“中国十大历史文化名街”。对三亚崖城学宫、中共琼崖“一大”旧址、儋州故城、秀英炮台等文物古迹实施了修缮保护。完成全省文物普查实地调查数据登录工作。西沙群岛新发现11处沉船遗址或水下遗物点，调查掌握南海水下文物遗存线索82处，登录43处。开展对华光礁Ⅰ号沉船遗址抢救性发掘和对附近海域水下考古调查，出水文物1万余件，为证明南海诸岛自古就属于中国版图提供了实物依据。

至2010年底，全省共有文物保护单位国家级14个，省级108年，市县级313个。文物保护机构26家，其中博物馆16家，文物保护管理机构10家，从业人员308人。全省共有文物藏品58398件，其中一级文物81件，二级文物239件，三级文物1325件。全省博物馆和文物点参观人次达148万。博物馆全部实现免费开放，其他文物点门票总收入89万元。

从统计数字纵向比较，“十一五”期间，我省文化文物事业发展态势良好。但是，和兄弟省市比较起来，还有明显的差距。主要表现如下：

（一）财政投入有待提高。我省2010年人均文化事业费31.55元，在全国排名第11位。公共图书馆人均购书经费1.008元，只相当于北京、上海、广东等文化发达省市的二分之一，人均图书只有0.33册，全国排名也比较靠后。

（二）群众性公共文化设施需要进一步完善。2010年底，虽然我省乡镇综合文化站建设基本完成，但是全省59个街道办事处的群众文化站建设基本空白。全省行政村文化室达标率不足20%，全省有一部分市县文化馆、图书馆面积不达标准，如三亚市群众艺术馆、琼中县文化馆、临高县文化馆等没有馆舍，只能和其他机构合并办公，文化活动场所更无从谈起。

（三）文化文物机构还不健全。全省乡镇体制改革后，取消文化站编制，并入社会发展中心，文化站的职能有所弱化。人员不固定，经费不到位、活动开展不起来的现象严重。全省只有省和海口市成立文物行政部门，其他市县文物行政工作明显滞后。

（四）文化产业规模偏小。2010年省统计局统计调查全省全口径文化产业增加值43.3亿元，只占全省生产总值GDP的2.11%。文化产业增加值占第三产业增加值的比例仅为4.4%，与其他兄弟省市相比，总量相对比较小，规模也不大。

六、“十二五”文化发展展望

国际旅游岛的建设，为文化产业的发展提供了广阔的发展空间和机遇。独特的旅游资源是海南最珍贵的财富，海南最具潜力、未来成为海南发展最主要的或主导的产业应该是旅游业。文化是旅游业的灵魂，为旅游资源赋予文化的内涵，可以使旅游资源的价值最大限度地提升。文化与旅游业相结合，可以使文化搭上旅游这辆快车，促进旅游文化产业的发展。为了更好地发展海南的旅游业，必须使旅游资源和文化元素结合，提升旅游资源的价值。海南独特的地理位置和独一无二、不可复制的自然资源，使海南在海内外享有无尽的美名，如生态岛、健康岛、度假岛、长寿岛、温泉岛、美食岛、五星级酒店岛等，这些美丽的文化符号为发展海南旅游业带来了口碑。

（海南省文化广电出版体育厅）

重庆市2010年文化发展情况分析

2010年是“十一五”收官之年，全市文化系统广大干部职工解放思想，改革创新，抢抓机遇，团结拼搏，锐意进取，高质量完成各项工作任务，取得了新进展新成效，为“十一五”划上圆满句号。

一、基本情况

（一）机构和从业人员稳步增长

2010年全市共有各类文化文物机构8390个，比2009年增加665个，增长8.61%；从业人员48719人，比2009年增加5713人，增长13.28%。分类型看，艺术表演团体机构数增加较多是因为文化市场方面，我市渝中区、永川区、忠县和开县对本区域内演出团体进行了清理整顿，将以前散乱但活动频繁的各类民营演出团体实施了备案管理。

表1 2010年重庆市文化文物机构及人员情况

单 位	机构数（个）			从业人员数（人）		
	2010	2009	同比增幅（%）	2010	2009	同比增幅（%）
总 计	8390	7725	8.61	48719	43006	13.28
一、文化及相关产业	8389	7724	8.61	48693	42897	13.51
1. 艺术业	428	203	110.84	5258	3485	50.88
其中：艺术表演团体	381	160	138.13	4423	2813	57.23
艺术表演场馆	46	42	9.52	825	662	24.62
2. 图书馆	43	43	0.00	854	805	6.09
3. 群众文化服务	1041	1035	0.58	3726	3574	4.25
其中：文化站	1000	994	0.60	2972	2821	5.35
4. 艺术教育业	1	1	0.00	241	178	35.39
5. 文化市场经营机构	6672	6242	6.89	34156	31460	8.57
6. 文艺科研	1	1	0.00	29	30	-3.33
7. 文物业	89	89	0.00	1895	1785	6.16
8. 其他文化及相关产业	114	110	3.64	2534	1580	60.38
二、非文化及相关产业	1	1	0.00	26	109	-76.15

（二）文化（文物）事业投入增长明显，增幅较大

1. 文化部门经费增长迅速

全市文化部门2010年总收入12.05亿元，其中文化事业费7.73亿元，分别比2006年增长

276.56%和236.08%。人均文化事业费26.81元，比2006年增长224.97%。

图1 2006-2010年文化部门收入情况

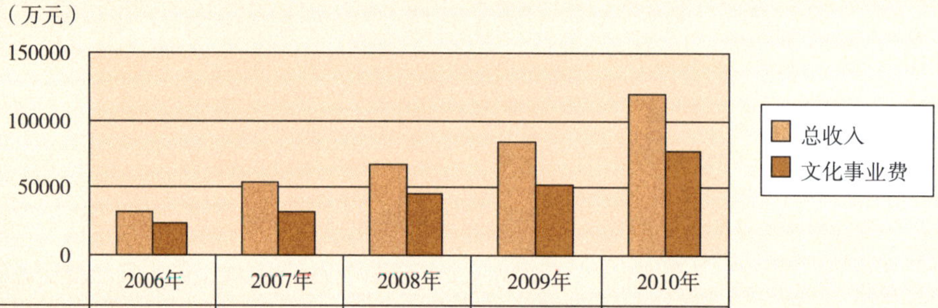

	2006年	2007年	2008年	2009年	2010年
总收入	32043	54118	67351	84973	120500
文化事业费	23168	32691	46287	51464	77350

2. 文物事业费增长明显

全市文物业2010年总收入3.55亿元，其中文物事业费2.15亿元，分别比2006年增长151.77%和451.28%。人均文物事业费7.47元，比2006年增长437.41%。

图2 2006-2010年文物业收入情况

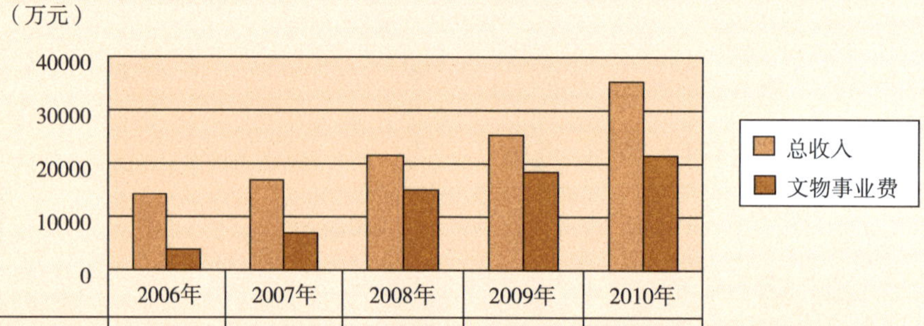

	2006年	2007年	2008年	2009年	2010年
总收入	14071	17076	21368	25568	35511
文物事业费	3915	7047	14813	18543	21542

从经费构成看，在“十一五”期间财政投入占总收入的比重在增大。2006年文物业财政拨款0.39亿元，仅占总收入的28%；而到了2010年文物业财政拨款2.15亿元，占总收入的62%。

（三）文化基础设施建设加快

一是重大公共文化设施建设与储备同步。建成重庆川剧艺术中心，加快建设重庆国泰艺术中心、重庆自然博物馆，新开工重庆国际马戏城和重庆市群众艺术馆新馆。储备了“十二五”新一轮十大文化设施。

图3　2006年文物业经费收入构成

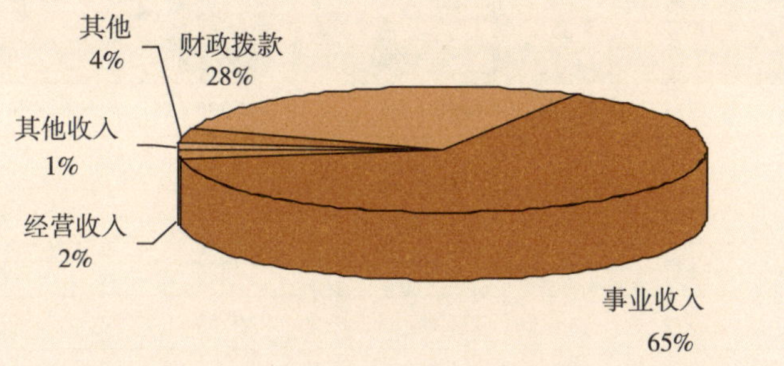

图4　2010年文物业经费收入构成

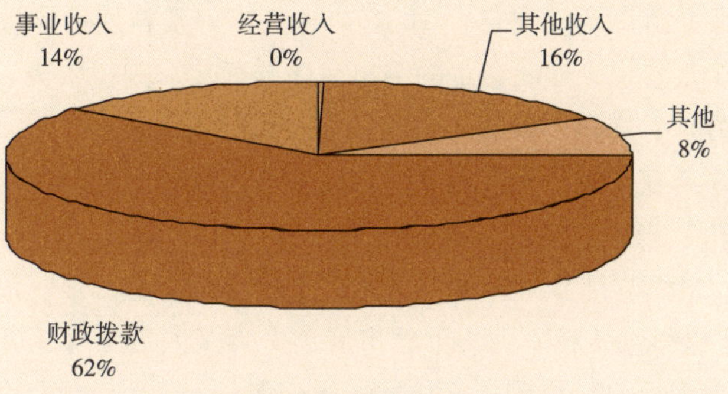

二是区县文化馆、图书馆建设发力。全市新建或改扩建文化馆、图书馆 44 个，截至目前，全市设施建筑面积达到部颁等级馆标准的文化馆有 32 个，图书馆有 36 个。

三是乡镇（街道）文化设施建设取得突破。年度建成乡镇综合文化站 145 个，推进 32 个，累计建成 882 个，基本实现全覆盖。年度完成乡镇综合文化站设备配置 383 个，累计已配置 704 个。利用城市建设配套费建成主城 9 区街道文化中心 40 个，应建 164 个，累计建成 97 个。

（四）公共文化服务不断提升

1. 公共图书馆服务能力进一步提高

2010 年全市公共图书馆总藏量 1030.77 万册（件），比 2009 年增长 4.33%；全年总流通人次 621.3 万人次，比 2009 年增长 5.66%，其中书刊文献外借 340.4 万人次，比 2009 年增长 17.26%。2010 年，全市公共图书馆为读者组织各类讲座 653 次，16.5 万人参加，分别比 2009 年增长 28.04% 和 124.5%；举办展览 257 个，48.2 万人次参观，分别增长 54.8% 和 27.85%。

2. 群众文化生活不断丰富

2010 年，全市 1041 个群众文化机构，共举办展览 3717 个，比上年增长 23.12%，组织文艺活动 15840 次，增长 12.97%；组织各类理论研讨和讲座 198 万次，增长 72.17%；举办各类训练班 7285 班次，增长 6.1%，培训 50.6 万人，增长 3.05%。

表 2　2010 年群众文化业主要指标

	举办展览个数（个）	组织文艺活动次数（次）	举办训练班班次（次）	培训人次（万次）	组织各类理论研讨和讲座次数（次）
总　计	3717	15840	7285	50.60	198
群众艺术馆	-	23	15	0.03	-
文化馆	343	2193	1511	7.69	198
其中：县文化馆	137	874	324	1.84	66
文化站	3374	13624	5759	42.88	-
其中：乡镇文化站	2598	9403	4040	30.86	-

3. 群众文化活动异彩纷呈

一是成功承办首届中华红歌会。来自全国 31 个省区市，及新加坡、香港特别行政区、台湾地区的 63 支队伍共 3000 余人参加，红歌会主题突出、参与面广、规模宏大、水平精湛，深受人民群众喜欢，深得社会各界好评，增强了传唱红歌的吸引力和影响力。

二是参加国家级赛事喜获丰收。全市群众文化共荣获各类国家级奖项 43 个。其中，8 个作品荣获第 15 届“群星奖”作品，红歌传唱活动等 3 个作品获“群星奖”项目。3 人获评“群文之星”；1 个作品获优秀表演奖。组织节目参加第 8 届西部花儿歌会荣获金、银、铜奖各 1 个。重庆图书馆“七彩纽带——畅通重庆摄影作品展”到 7 个省市展出，参观人数累计达 8 万余人。承办文化部组织的“春雨工程”文化援藏活动，受到了文化部通报表彰。

三是市级群众文化活动多姿多彩。全年开展大型红歌演唱会 500 余场次，参与人数 840 万人次。成功举办“红五月”红色经典剧目展演、第二届全市社区红歌大赛、“施光南音乐广场社区红歌月月赛”电视红歌大赛等大型系列“唱读讲传”活动、全市第二届小品大赛、第四届乡村文艺会演、第 14 届三峡艺术摄影联展元旦春节期间“送文化下乡”等一系列重大群众文化活动，丰富了广大市民的精神文化生活。万州三峡库区移民文化节、垫江县牡丹文化旅游节、巫山县红叶文化旅游节、巫山县巫文化旅游节、潼南县菜花文化旅游节等区县特色节庆活动，充分展示了浓郁的地域文化。

（五）文博事业蓬勃发展

1. 文物保护工作取得重大突破

一是全面完成三峡文物保护任务。涪陵白鹤梁题刻原址水下保护工程、云阳张桓侯庙整体搬迁及东侧滑坡治理工程、忠县石宝寨原地保护工程全面完工并对外开放；完成考古发掘面积 126 万平方米，出土一般文物 14.3 万余件，其中珍贵文物 8 千余件。

二是积极开展抗战遗址保护工作。编制完成《重庆抗战遗址保护利用总体规划》，并经重庆市委、市政府审议通过；规划投资 28.88 亿元，拟对 395 处抗战遗址进行保护利用，市财政每年安排不低于 2000 万元的专项资金；对全市尚未定级的 182 处抗战遗址进行了挂牌保护；完成抗战遗址、革命遗址维修 41 处，对外开放抗战遗址 76 处。

三是第三次全国文物普查实地文物调查顺利通过国家验收。全市共出动文物普查人员 832 人，各级财政投入经费 1944. 31 万元，共调查登记不可移动文物 27184 处，其中新发现 18212 处、复查 8972 处；完成了 24435 件馆藏珍贵文物数据库登录工作。

四是重点文物保护工程成果显著。全面启动大足石刻千手观音造像抢救性保护工程和大足石刻艺术博物总馆建设工程，顺利开展潼南大佛抢救保护工程和合川钓鱼城城墙修缮工程，基本完成大足石质文物保护中心建设工程。申报 76 个第 7 批全国重点文物保护单位。

2. 博物馆工作成效明显

一是博物馆免费开放成效显著，文物业参观观众人次迅速增长。2010 年全市共举办陈列展览 350 个，接纳观众 1620. 3 万人次，比 2006 年增长近 3 倍。特别是从 2009 年博物馆实行免费开放以来，参观人次迅速增长，从 2008 年到 2010 年参观人次年均增长 29. 33%。

图5 “十一五”期间文物业参观人次

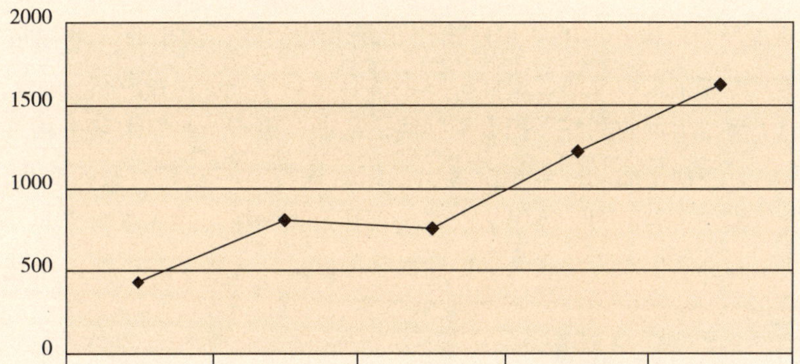

	2006年	2007年	2008年	2009年	2010年
参观人次（万人次）	439	809.1	749.1	1216.3	1620.3

2010 年参观的 1620. 3 万人中，有 1550. 9 万人为参观博物馆的人数，其中 1386 万人为免费开放博物馆的接待人数。推出临时展览 108 个，同比去年增加 10 个，文博展览下乡 31 个。

二是博物馆所建设成效明显。三峡博物馆顺利通过国家一级博物馆运行评估验收，重庆自然博物馆新馆、巫山县、奉节县、巫溪县、酉阳县、綦江县等博物馆和涪陵、巫山、万州区域性中心文物库房主体工程完工；开工建设开县、云阳、巴南、永川、秀山等 5 个区县博物馆。馆藏珍贵文物数据库建设圆满完成。

三是文物交易活跃。文物交易平台建设取得重大突破，全年共举行 3 场文物拍卖，成交文物 722 件，成交金额达 5698. 86 万元，同比去年增加 83. 8%。开展馆藏文物、涉案文物、文物拍卖鉴定 25 次，鉴定文物 3600 余件。文物基础工作夯实，馆藏珍贵文物数据库建设全面完成。

（六）文化市场不断繁荣

1. 2010 年重庆民营演出机构管理更加规范，演出活动更加丰富多彩

（1）演出团体及场馆。据统计，重庆现有演出团体 352 个、演出场馆 28 座，2010 年演出活动 51970 场次，财政拨款 2665.6 万元，演出收入 7594.7 万元。

表 3 2009 – 2010 年重庆市艺术演出情况

指标	2009 年度	2010 年度	同比增减率（%）
机构数（个）	演出团体 130	352	171
	演出场馆 30	28	–7
演出场次（场）	12510	51970	315
财政拨款（万元）	893.2	2665.6	198
演出收入（万元）	3318.3	7594.7	129

（2）演出经纪机构。2010 年重庆演出市场非常繁荣，演出收入增幅很大。政府出台的优惠政策促使多家演出经纪机构复活，使许多原本持有《营业性演出经营许可证》而实际开展业务极少的单位，看到了演出市场的利好，积极承办演出活动，更有一些原本从事相关行业的企业增设经营经纪演出业务，开展演出活动。全年由演出经纪机构推出的较高档次的演出活动共计 44 部、116 场次，均具有较强票房号召力，吸引了众多老百姓走进剧场，并逐步树立起了买票欣赏高雅艺术的理念，使看演出和办演出双方都步入了良性循环的轨道，促进了我市演出市场的繁荣和演出收入的大幅提升。

表 4 2009 – 2010 年重庆市演出经纪机构情况

指 标	2009 年度	2010 年度	同比增减率（%）
机构数（个）	64	72	13
演出场次（场）	1629	2852	75
财政拨款（万元）	2017.8	2666.2	32
演出收入（万元）	10847.2	11474.3	5.8

2. 2010 年重庆专业院团演艺业特点突出，增长明显，市场发展有序

（1）艺术创作、获奖和精品剧目不断涌现。2010 年，重庆创作音乐剧、话剧、川剧、京剧、舞剧等首演剧目 12 个，获国家级奖项剧目 14 个，入选 2009 – 2010 年度国家舞台艺术精品工程资助剧目 2 个。全新创作的民族音乐会《巴渝风》、歌剧《巫山神女》、民族歌舞剧《巴歌渝舞》、川剧交响乐《纳袄青红》等一批重庆地域特色的精品剧目，形成了一台极具巴渝特色的民族音乐会，其中《巴渝风》入选文化部“中国民族音乐巡礼”活动。

（2）惠民演出活跃，观众群体得到进一步培养。组织了“第 6 届全国话剧优秀剧目展演”、“中国西部交响乐周”、“重庆市首届钢琴比赛”、“红五月 · 红色经典剧目展演”、“上海世博会 · 重庆文化活动周展演”、“唱读讲传展演”、“第2届重庆演出季”、“城乡文化互动工程”、“中华红歌会”、“社区红歌大赛”、“施光南音乐广场社区红歌月月赛”、“政府采购1000场演出下乡”等重大惠民演艺活动，不仅举办演出活动达60000余场次，而且来自全国31个省、自治区、直辖市，新疆生产建设兵团，中国人民解放军总政治部，中华全国总工会，全国武警总队，香港特别行政区和台湾地区以及新加坡等国内外63支演艺团体3000多人参加演出活动，参与和惠及民众2200多万人次。

（3）文化交流继续扩大，重庆对外的良好形象正在树立。2010年，重庆深化“走出去、请进来”战略，组织杂技、民乐、交响乐、川剧等经典艺术门类，赴美国、瑞典、法国、挪威、斐济、塔希提、土库曼斯坦、密克罗尼西亚和中国台湾等国家和地区演出，对外文化交流项目9个，出访人数达111人。引进了来自美国、菲律宾、俄罗斯、哈萨克斯坦、英国、瑞典、韩国、澳大利亚、台湾等29个国家和地区103个项目，1449人次先后来渝开展文化交流访问和商业演出活动。项目的实施，不仅为人民群众提供了直接欣赏世界优秀艺术平台，也为演出行业及市场的发展带来了新的活力。

二、主要问题

（一）财政投入增幅有所提高但总量不足

虽然文化（文物）的总收入和财政投入在逐年提高，但基数太低、总量不足，重庆文化文物经费投入低，排在全国各省市中间偏后，在4个直辖市中最低，在西部也仅处于中游水平。

表5　2008－2010年文化文物事业费占财政支出情况

年　份	财政一般预算支出（亿元）	文化事业费（亿元）	占财政支出比重（%）	文物事业费（亿元）	占财政支出比重（%）
2008年	1010.69	4.63	0.46	1.48	0.15
2009年	1317.46	5.15	0.39	1.85	0.14
2010年	1770.96	7.73	0.44	2.15	0.12

2010年，重庆文化经费各级财政共投入7.73亿元，北京16.17亿元，天津5.63亿元，上海18.63亿元，重庆排在全国的第19位，西部第6位。

重庆文物经费各级财政共投入2.15亿元、北京市为9.14亿元、天津市为2.26亿元、上海市为3.29亿元，重庆在全国排名第22位，西部第6位。

从文物经费投入构成看，近几年国家财政投入占总投入的比重均大于市级财政和区县财政。地方财政投入严重不足。

专项资金方面，全国各地均设有文物保护专项资金，额度有所不同，就文物保护单位常年维修经费来说，2010年，重庆为200万元，北京1.1亿元，四川3500万元，江西3000万元，陕西1200万元，贵州1000万元，天津700万元，上海800万元，重庆为最低的省份。

图6　2008-2010年各级财政对文物投入比重

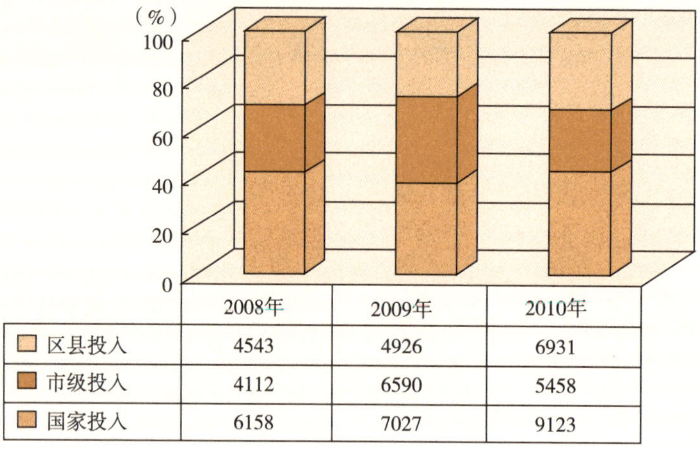

（二）专业技术人才匮乏，急需引进和培养高素质人才

目前，在我市48719名从业人员中，具有中高级专业技术职称的仅有2308人，所占比重不足总人数的5%。

文化人才方面重庆仅有入选中宣部“四个一批”人才9人，虽然数量位居西部第一，但仅为北京的27%、上海的43%。演出剧、节目创作生产力不高，特别是高、精、新产品较少，产品与市场脱节，新的剧目往往成为少数人欣赏的艺术，市场化程度低，生存空间不足等问题仍然存在。

文物人才方面重庆尚无一人进入国家文物局文物保护专家库。全市具有文物保护甲级设计资质单位仅1家（全国为51家）。专业技术人才匮乏，制约着我市文物事业的进一步发展。

表6　2010年从业人员表

	从业人员（人）				
	总计	高级职称	所占比例（%）	中级职称	所占比例（%）
总　计	48719	723	1.48	1585	3.25
一、文化及相关产业	48693	723	1.48	1585	3.26
1. 艺术业	5258	337	6.41	496	9.43
2. 图书馆	854	84	9.84	222	26.00
3. 群众文化服务	3726	120	3.22	514	13.79
其中：文化站	2972	37	1.24	296	9.96
4. 艺术教育业	241	37	15.35	68	28.22
5. 文化市场经营机构	34156	0	0.00	0	0.00
6. 文艺科研	29	4	13.79	8	27.59

（续）

	从业人员（人）				
	总计	高级职称	所占比例（%）	中级职称	所占比例（%）
7. 文物业	1895	131	6.91	252	13.30
8. 其他文化及相关产业	2534	10	0.39	25	0.99
二、非文化及相关产业	26	0	0.00	0	0.00

（三）演出市场成本偏高、场馆座位总量偏低

演员、场租、税收、安保等演出综合成本约占总票房的35%。与经济发达的北京、上海、广州等地区相当。目前，重庆演出场馆观众座位总量不足11万座，仅为北京的1/4、上海的1/3，仅为成都的1/2，举办演出活动的场地选择余地小。

（四）企业综合竞争能力较弱

截至2010年底，全市的演出行业投资总额为13560万元。最大企业投资5000万元，最小企业投资为9.5万元。仅为上海的30%、广东的35%、四川的60%。在全年7485场次的营业性演出中，参与或举办演出活动的演出主体19个，占演出主体的19.8%。在企业市场运作过程中往往缺乏长期发展规划和创新思路，市场预测能力弱，企业运作不规范，演出商之间缺乏合作精神，在判断选择演出市场消费时机、消费需求、消费品牌、消费能力等方面缺乏科学的定位、营销策略和宣传，不少企业因某个演出活动的需要，才申请举办演出活动的资质，随后便消声遗迹。严重影响了企业形象，难以形成有力、有效的市场竞争。

（五）政府扶持的政策和措施及力度有待进一步加强

市委出台了《关于推动文化大发展大繁荣的决定》，但相关配套措施还未出台，一些扶持政策和措施涉及多个部门，协调和落实困难。演出交流交易公共信息平台的促进作用有限，与体育、旅游等相关产业结合松散，未形成牢固有效的产业链和真正建立长效机制。

三、下一步工作的政策建议

（一）持续加大对基层文化文物建设资金投入。在积极争取国家资金投入的基础上积极争取市级财政对我市文化文物的投入力度。建立和完善财政对文化的分级投入机制。通过设立文化专项资金，把对文化事业的投入落到实处，同时积极引导社会力量参与对文化事业建设和活动，多渠道拓宽文化资金来源。

（二）全面培养高素质的人才队伍。应统筹抓好文化文物领域骨干人才培训，也可引进一批文化文物方面的专业技术人员，逐步提高全市人才队伍水平。

（三）用财政政策激活演出市场。充分发挥国有演出单位在公共文化服务中的作用，不断加强面向中低收入人群的小成本演出剧目，鼓励国有演出场所举办公益性、低票价的演出活动，建立健全公益性演出长效机制，不断满足人民群众日益增长的文化需要，同时，挖掘和培养观众群体，为

演艺市场发展打基础。支持、鼓励企业参与和举办演出活动，改善演出经营管理模式，提高经营管理水平。进一步加强演出经纪机构、演出专职经纪人员、主要演出场馆和演出团体等演出主体的教育培训。制定长期演出计划，不断增加演出场次，减少单场演出宣传费用开支。积极参与和举办演出活动，特别是重大节假日、演出季及2011年的亚洲艺术节等重点时段的演出活动，在演出相对集中的交易交流平台上，不断扩大企业的影响力和竞争力。

（四）深入实施“走出去、请进来”战略，拓展演出市场。加强国内外官方和民间文化交流，举办文艺演出活动，推动演艺产业发展。加强与美国恒创公司、倪德伦环球娱乐公司等的合作关系，探索建立和完善海外演出基地，开辟和巩固海外演艺市场。

（重庆市文化广播电视局）

四川省2010年文化发展情况分析

“十一五”时期，全省文化系统广大干部职工按照国家“十一五”文化发展纲要的总体部署，以改革创新为动力，以公共文化服务体系建设为重点，以实施重大文化产业带动战略为突破，一手抓抗震救灾和灾后重建，一手抓文化强省建设，完成了一系列大项目、大工程、大活动，实现了文化惠民大覆盖，文艺创作大丰收，文化产业大发展，文化市场大繁荣，遗产保护大加强，文化影响力大提升，全省文化工作呈现出又好又快的发展势头，2010年取得的成绩是“十一五”时期不断积累、不断推动的结果。

一、“十一五”以来，四川省文化文物发展情况

（一）全省文化文物机构人员情况

2010年底，由文化部门主管和由文化部门审批管理全省文化机构总计21876个，从业人员111136人。其中：文化部门单位机构数5678个，从业人员26085人；文化市场经营单位15874个，从业人员78995人。与2009年相比，全省文化机构数增加1440个，增长了7.04%；从业人员增加6221人，增长了5.93%。

（二）公共文化服务设施建设上台阶

我省大力实施“文化信息资源共享工程”、“乡镇（社区）综合文化站建设工程”、“送文化下乡工程”等重点文化惠民工程，以农村和基层为重点，大力加强公共文化基础设施和公共文化服务能力，公共文化服务体系建设取得历史性突破，呈现崭新局面。省级重点文化工程四川博物馆新馆建成并投入使用，川剧大剧院建设工程进入收尾阶段，四川艺术职业学院、省图书馆新馆、省非遗保护中心建设等项目有序推进。成都博物馆、泸州大剧院、广元艺术中心等一批市州重点文化工程项目抓紧实施。民族地区实施了富民安康工程“牧民定居”行动计划，推动了彝区文化基础设施建设，设立了全国第四个国家级羌族文化生态保护实验区。

“十一五”期间，四川省文化（文物）基本建设项目总数为6292个，投资总额83.85亿元，是2006年的3倍以上。其中新改扩建县级文化馆、图书馆84个；新建乡镇综合文化站建设项目4268个，已竣工2220个，占项目总数的52.1%，进入施工阶段的1243个，占项目总数的29.2%；新建城市社区文化中心（活动室）750个；新建文化信息资源共享工程省级分中心1个，市州级支中心22个，县级支中心115个，新建乡镇、村级文化共享工程基层站点50192个；新改扩建文物保护管理机构37个，博物馆28个。

“十一五”以来，全省文化（文物）基本建设投资逐步加大，基建项目数量、竣工面积逐年增加，投资额总体呈增长趋势，2008年至2009年是一个增长高峰，投资项目和投资额大幅增加，原因一方面是乡镇综合文化站建设工程的启动实施；另一方面是文化灾后重建项目投资增加。

图1 “十一五”四川省文化（文物）基本建设投资情况

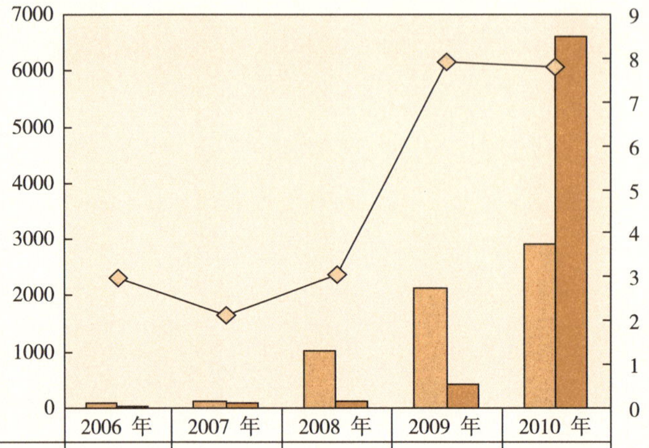

	2006 年	2007 年	2008 年	2009 年	2010 年
项目数(个)	83	133	1015	2132	2929
竣工项目面积(千平方米)	24	101	133	422	6617
完成投资额(亿元)	2.97	2.11	3.06	7.92	7.79

（三）灾后恢复重建成效显著

5·12 汶川特大地震发生后，针对灾区群众最基本、最现实和最紧迫的基本文化需求，我省启动了抚慰心灵“文化安民”行动，实施了“文化暖冬”工程。新建灾民集中安置点文化站 780 个，为灾区群众送书 57 万册、送电影 10 万余场、送演出 850 余场，组织群众文化展演活动 1397 次，通过赈灾义演为灾区文化单位募集资金 4300 多万元。

灾后恢复重建项目启动后，我省按照中央和省委、省政府“灾后重建三年任务两年完成”的要求，精心组织保质保量加快进度，到 2010 年底，灾后文化恢复重建已经取得决定性胜利。全省 2938 个灾后文化恢复重建项目开工率达 96.3%。其中，公共文化基础设施重建项目（1014 个）开工率达 93.5%，文化产业项目（58 个）开工率达 94%；文化市场服务网点恢复重建项目（1575 个）已全部完成；精神家园恢复重建项目（50 个）开工率达 65.8%；245 个灾后文物抢救保护项目全部开工。“三基地一窗口”和地震遗址“一馆三地”建设积极推进，北川、映秀、汉旺地震遗址纪念地实现局部开放；世界文化遗产都江堰古建筑群伏龙观、二王庙抢救保护工程、桃坪羌寨等文物保护系列工程正式竣工。

（四）公共文化服务水平大幅提升

全省各地不断创新基层公共文化服务方式，“文化列车”、“流动博物馆”、“百姓舞台”演出工程和各级图书馆开展的公益讲座已成为我省文化惠民的重要品牌。

1. 公共图书馆服务能力和水平有所提升

截至 2010 年，全省图书馆总藏量 2599 万册，总流通人次达 1168 万余人，其中书刊借阅人次 544 万人，书刊借阅册次 923.5 万册，与 2006 年相比，总藏量增加 505 万册，增长率为 24.1%，总流通人次增加 279 万人，增长率为 31%，书刊外借册次增加 211 万册，增长率为 29.6%。为读者举办各种活动 2625 个，其中组织各类讲座 1307 次，参加人次近 31 万人，与 2007 年相比，讲座次数和参加人数都有较大增长，分别增长62%和8%；积极开展各类延伸服务，流动图书馆车书刊借阅人次近66.3万人，借阅人次比上年增加了5倍多，流动图书馆车书刊借阅册次达91.9万册，借阅册次比上年增加了近4倍。

图2 “十一五”四川省公共图书馆藏量及书刊流通情况

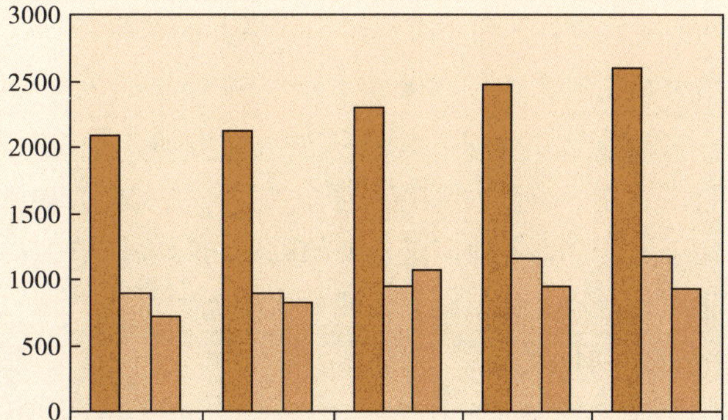

	2006年	2007年	2008年	2009年	2010年
总藏量（万册）	2094	2117	2305	2480	2599
总流通人次（万人）	889	886	952	1151	1168
书刊外借册次（万册）	713	829	1071	949	924

“十一五”期间，全省公共图书馆总藏量逐年增加，图书文献等资源日益丰富；总流通人次和为读者举办各种活动呈逐年增长趋势。2008年由于汶川大地震，灾区公共图书馆损毁或受损严重，为读者举办各种活动减少。随着灾后重建步伐的加快，2009年公共图书馆组织各类活动大幅增加，恢复并超过地震前的水平，公共图书馆服务能力进一步提高，社会服务效益逐渐增强。

图3 “十一五”四川省文化馆（站）主要业务活动情况

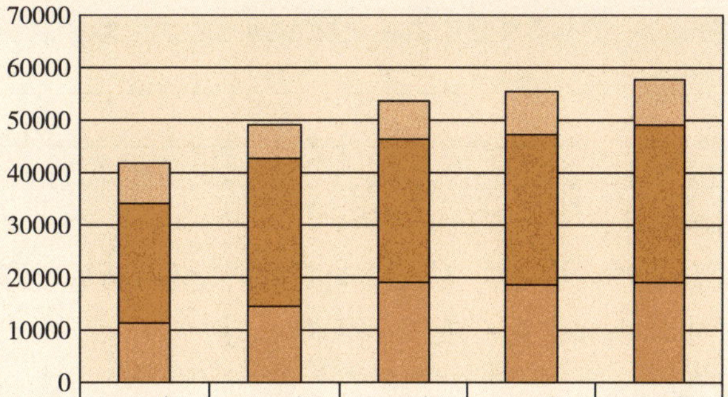

	2006年	2007年	2008年	2009年	2010年
举办展览（个）	7549	6285	7269	8126	8694
组织文艺活动（次）	22946	28230	27247	28732	30194
举办培训班次（次）	11260	14550	19287	18412	19052

2. 群众文化丰富多彩

2010年全省文化馆（站）充分发挥群众文化主力军作用，全年组织文艺活动30194次，举办展览19052个，举办培训班19052次，组织理论研讨和讲座734次，利用流动舞台车演出385场，观众人次达57.2万人，演出覆盖了全省市州和县（区市），并延伸到乡镇，流动舞台车利用率明显提高。

"十一五"期间，全省文化馆（站）组织和举办的各类活动逐年增加，其中举办培训班次和组织文艺活动次数增长幅度较大，与2006年相比，举办培训班次和组织文艺活动次数增长率分别为69.2%和31.6%，各级文化馆（站）服务项目有所增加，服务能力得到加强。"迎奥运"、庆祝新中国成立60周年、"感恩·奋进大家唱"等系列文化活动极大地激发了全川人民的爱国热情，营造了加快发展的文化氛围。全省各地广泛开展的凉山国际火把节、彩灯文化节、嘉陵江合唱节、康巴艺术节等重大文化节庆活动充分彰显了地域文化特色。

3. 博物馆免费开放初见成效

2010年全省有各类博物馆（纪念馆）108个，从业人员达4052人，全省博物馆（纪念馆）举办展览614个，接待观众3375万人次，与2006年相比，展览个数和观众人次大幅增长，增长率分别为276.7%和295.4%。

2008年全省12家博物馆实施免费开放，举办展览232个，接待参观人次1205万人次；2009年免费开放博物馆达50家，举办展览245个，接待参观人次2577万人次，与2008年相比，观众人次增长了78.6%；2010年免费开放博物馆举办展览614个，参观人次3357万人次，与2009年相比，观众人次增加了30.3%，免费开放以来，文博事业公共文化服务能力和水平得到显著提高，受到了全社会的普遍欢迎，取得良好的社会效益。

表1　2008－2010年四川省博物馆（纪念馆）免费开放情况

年　份	机构数（个）	举办展览（个）	参观人次（万人）
2008年	12	232	1205
2009年	50	245	2557
2010年	50	614	3557

（五）艺术创作活跃，文艺舞台好戏连台

我省以打造精品力作为中心，文化艺术创作生产坚持贴近实际、贴近生活、贴近群众，一手抓创作和生产，一手抓演出和普及，精品力作不断涌现，艺术生产主体日益壮大。

1. 艺术创作力度加大

2010年全省系统内艺术表演团体加大艺术创作生产力度，原创首演剧目47个（其中省级8个，市州级33个），与上年相比，省、市两级艺术表演团体原创首演剧目增长32%。

"十一五"期间，全省累计原创首演剧目307个，其中省市两级原创首演剧目156个，占总数的50.8%。省直文艺院团充分发挥龙头作用，推出了音乐剧《未来组合2008》、舞剧《红军花》、曲剧《羌山雄鹰》、川剧《死水微澜》等一批艺术感染力强的优秀作品。各地涌现出一批精品力作，话剧《坚守》、川剧《欲海狂潮》、原生态歌舞《羌魂》等剧目在省内外引起极大反响。获得

“国家舞台艺术精品工程十大剧目”、“国家舞台艺术精品工程资助剧目”、“文华奖”、“群星奖”、“五个一工程奖” 等国家级奖项 223 项。

2. 艺术生产主体日益壮大

2010 年全省艺术表演团体 348 个，国内演出场次 5. 1 万场，国内演出观众人次 3303. 9 万人，赴农村演出 2. 1 万场，农村观众人次 1061. 9 万人。其中全省事业性质艺术表演团体 82 个，占艺术表演团体总数的 23. 6%，国内演出 10041 场，赴农村演出 3485 场，占演出场次总数的 34. 7%，服务观众人次达 974. 2 万人，其中农村观众人次 365. 3 万人，占观众人次总数的 37. 5%；企业性质艺术表演团体 266 个，占艺术表演团体总数的 76. 4%，与上年相比增加 18 个，增长 7. 3%，国内演出场次 4. 1 万场，占全省演出场次的 80. 4%，服务观众人次 2329. 7 万人，占全省观众人次的 70. 5%。全省民营文艺表演团体发展势头良好，涌现出四川民族歌舞团、德阳杂技团、四川遂宁杂技团等一批优秀民营院团。

表 2　2007 年以来四川省艺术表演团体主要指标

主要指标	2007 年	2008 年	2009 年	2010 年
一、事业	-	-	-	-
1. 机构数（个）	84	83	84	82
2. 演出场次（场）	9782	9036	9869	10793
3. 参观人次（千人）	8336	8556	7658	9742
4. 农村演出场次（场）	4048	3649	3550	3485
二、企业	-	-	-	-
1. 机构数（个）	122	191	248	266
2. 演出场次（场）	18949	26968	41429	43550
3. 参观人次（千人）	7909	7265	30111	23297
4. 农村演出场次（场）	5512	15146	12770	17201

“十一五” 期间，全省艺术表演团体机构逐年增加，赴基层演出比重增加，其中事业机构有减少的趋势，企业机构数有较大幅度的增加，企业单位所有指标比重均有所提高，艺术表演团体市场化程度有所提高。

（六）文化产业实力增强

2010 年度，全省 12 个国家级文化产业示范基地（园区）中有民营文化企业 4 家，23 个省级文化产业示范基地（园区）中有民营企业 11 家，民营文化企业已成为我省文化产业的主导力量。2010 年四川省文化产业总产出 91. 55 亿元，与 2006 年 50. 07 亿元相比增长了 183%。

“十一五” 期间，除 2008 年受汶川地震灾害的影响，我省文化产业出现负增长外，文化产业总体保持了持续高速发展的势头。“十一五” 以来推广文化产业项目 268 项，引资 120 亿元，促成文化产业项目合作意向性合同 351. 59 亿元，“四川扶持文化产业品牌专项资金” 实施三年来，扶持文化产业品牌项目 126 项，安排资金共计 1080 万元，对重大文化产业项目的品牌建设、展示、推广等项工作起到了重要作用。培育了成都武侯祠锦里文化旅游项目、成都宽窄巷子历史文化街区保护项目、九寨沟民族文化演艺中心等年产值1000万元以上的龙头支撑项目32项；成德绵广文化产业带和藏羌彝文化走廊初具规模；遂宁、南充、阿坝等地特色文化产业项目从单一实体向综合文化产业集群发展。2010年全省文化产业项目和进出口文化产品获中央财政奖励640万元，5家企业获得文化部动漫游戏产业“走出去”项目资金奖励105万元，占全国获奖企业总数的10%，资金总数的7.5%，特别是获奖网络游戏企业占到全国获奖网游企业总数的25%，资金总数的23%，《藏谜》、《蜀风雅韵》、《飞翔》列入文化部、国家旅游局“国家文化旅游重点项目名录——旅游演出类”。

（七）文化市场繁荣有序

2010年全省文化市场经营机构数15874个，2010年文化市场营业总收入64.26亿元，与2009年相比增加了3.81亿元，增长6.3%。其中娱乐场所、网吧和互联网文化经营单位营业收入在我省文化市场经营单位营业收入中所占比重较大，分别为46.57%、38.44%和13.58%。收入增减幅度显著的有：娱乐场所营业收入增长13.33%，经营性互联网文化单位增长25.93%，演出经营机构减少13.61%，网吧业减少5.5%。

图4　“十一五”四川省文化市场经营单位营业收入情况

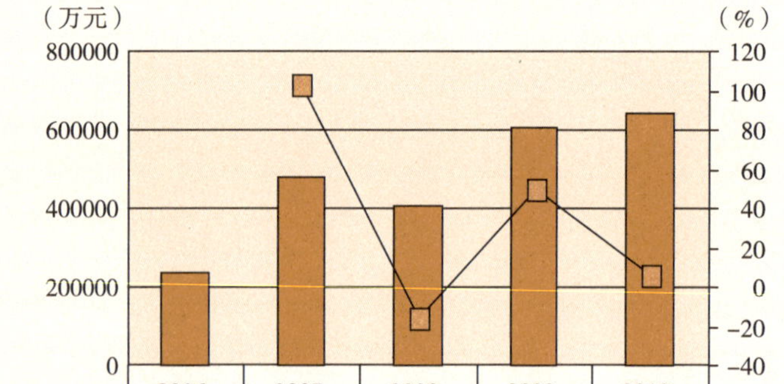

	2006	2007	2008	2009	2010
文化市场营业总收入（万元）	235417	477476	404142	604480	642574
年度增长率（%）		102	-15	49	6

“十一五”期间，因汶川特大地震影响，灾区文化市场受损严重且上报数据不齐全，导致2008年文化市场营业总收入降低，下降15.37%，2009年文化市场迅速恢复且超过地震前水平，增长49.59%，2010年持续增长，增长6.30%。截至2010年文化市场经营单位营业总收入占全国的6.01%，排序上升为全国第5位。

我省文化市场在“十一五”期间正在发生质的变化，整体经营规模和档次有较大提升，并逐渐朝着规模化、品牌化方向发展。2010年涌现出成都梦工厂网络信息有限公司、成都金山数字娱乐科技有限公司、成都锦天科技发展有限责任公司3家营业总收入超过5千万的经营性互联网文化单位，其中成都金山数字娱乐科技有限公司经营收入达5.18亿；娱乐场所在新的总量与布局规划下，规模大、档次高、经营规范的正在涌现，2010年有18家营业总收入超过千万；成都演艺集团成为我省唯一一家收入超过千万的演出经纪机构。

（八）文博事业取得长足进展

1. 各类文物得到有效保护

2010年我省有文物点91810处，其中国家级文物保护单位128处，省级文物保护单位578处，市县级文物保护单位3035处。与2006年相比，文物点增加了88360处，增长2651%。2010年辖区内文物点大幅度增加，与2009年相比，增长了815%，主要原因是“文物三普”工作，新发现81669处。“十一五”期间，文物保护单位的抢救保护力度不断加大，全省近75%的全国重点文物保护单位和近50%的省级文物保护单位得到了有效维修保护。四川省人民政府与国家文物局签署了“大遗址保护成都片区合作框架协议”。以三星堆、金沙、邛窑等为代表的大遗址得到了有效的保护，积极带动了当地经济社会的快速发展，其中“三星堆遗址”和“金沙遗址”被列入国家文物局授予的“国家考古遗址公园”。成都、德阳等地的35处大遗址被纳入《国家文物事业发展“十二五”规划》。

2. 配合基本建设的考古勘探、发掘和研究工作成果丰硕

“十一五”期间，配合我省各项基本建设工程，我省完成考古调查、勘探任务1079项，其中考古钻探面积1855.8万平方米，考古发掘面积139.4万平方米，发掘墓葬6415个。2008年考古勘探、发掘项目等大幅下降，主要原因是2008年汶川地震，抗震救灾和灾后重建任务繁重，到2010年我省考古调查、勘探已超过了震前水平。其中“成都江南馆街唐宋街坊遗址”荣获“2008年十大考古新发现”殊荣在成绵复线、成绵乐城际铁路、绵遂高速公路等重点建设项目中，开展抢救性文物调查、勘探与发掘，发现了一批具有重要学术价值和文物价值的珍贵遗存。成都金沙遗址出土的“太阳神鸟”被评选为“中国文化遗产标志”。

“十一五”期间，我省文物单位完成科研项目303个，完成专著或图录79册，在省级以上刊物公开发表论文805篇，科研项目和科研成果呈逐年上升趋势。《成都十二桥》、《射洪泰安作坊遗址》、《四川安岳卧佛院唐代刻经窟》等20余部考古调查、发掘报告编辑出版；反映我省全国重点文物保护单位和馆藏珍贵文物的精品文集《四川文化遗产》和《天府藏珍》相继编辑出版；全省136种古籍成功入选第二批“国家珍贵古籍名录”，其中5种古籍入选“国家珍贵古籍特展”，5家单位成为我省首批全国古籍重点保护单位。历时20余年编撰完成的《中国文物地图集·四川卷》正式出版发行。

（九）非物质文化遗产保护工作实现新跨越

1. 非物质文化遗产保护名录体系进一步完善

2010年全省非物质文化遗产名录项目数量达6788个，其中国家级非物质文化遗产名录项目105个，省级名录项目333个，市级名录项目1250个，县级名录项目5100个。与2009年相比，市级和县级名录项目有较大幅度的增长；国家级代表性传承人57人，省级代表性传承人574人，市级代表性传承人898人，县级代表性传承人4706人。《羌年》被联合国教科文组织列入急需保护的非物质文化遗产名录，《彝族火把节》被列为联合国教科文组织2010年“人类非物质文化遗产代表

作名录”申报项目。

2. 非物质文化遗产宣传展示活动异彩纷呈

2010年全省举办各类宣传展示活动4329个，其中举办展览1520个，举办展演1660场，举办民俗活动1048次，举办竞技比赛101次，参与人次达682.2万人。“十一五”期间，全省非物质文化遗产宣传展示活动数量及参与人次呈波浪形波动，2007年各类宣传展示活动的参与人次是一个高峰。2008年举办宣传展示活动是一个高峰，原因一是2007和2009年我省成功举办了中国成都国际非物质文化遗产节，非遗节各类展示活动参与人数明显增多；二是2008年汶川地震后，灾区非物质文化遗产保护活动大幅增加，尤其非物质文化遗产保护展演活动增多。中国成都国际非物质文化遗产节作为国家四大国际文化节庆活动之一，永久落户成都，成为中国承担人类文化遗产保护责任的又一显著标志。

图5 “十一五”四川省非物质文化遗产宣传展示活动情况

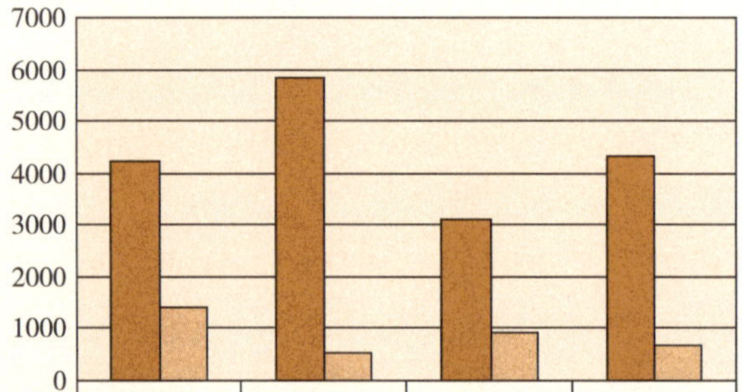

	2007	2008	2009	2010
宣传展示活动（个）	4249	5847	3096	4329
参与人次（人）	1418.2	518.7	938.6	682.2

以灾后恢复重建工作为平台，积极推进非物质文化遗产研究基地和生产性保护示范基地建设。都江堰市非物质文化遗产博物馆、绵竹年画博物馆、北川羌族民俗博物馆等灾后重建项目相继建成，成都非物质文化遗产国家公园项目已进入收尾阶段，省非物质文化遗产保护中心建设项目顺利启动，我国第四个国家级文化生态保护区——羌族文化生态保护实验区已编制完成了《四川省羌族文化生态保护区建设规划实施方案》。

（十）对外文化交流和贸易创新性发展

2010年，全省开展对外文化交流项目198个，参与交流人员2496人次，交流范围遍及10多个国家和地区，开展对外演出展览1896场，实现文化对外贸易额8.71亿元，对外文化交流和贸易呈现出蓬勃发展的良好态势。

“十一五”期间，全省共开展对外文化交流项目983个，交流范围遍及50多个国家和地区；开展对外演出展览14464场，展出超过700天，观众达到600万人次；实现对外文化贸易额19.28亿元。具有国际影响力的对外文化品牌不断增加，艺术品、动漫网游等文化产品出口大幅提升，对外贸易结构进一步优化。全省有18个项目被纳入国家重大对外文化交流活动，9个文化品牌入选国家

图6 “十一五”四川省对外文化交流活动项目及人员情况

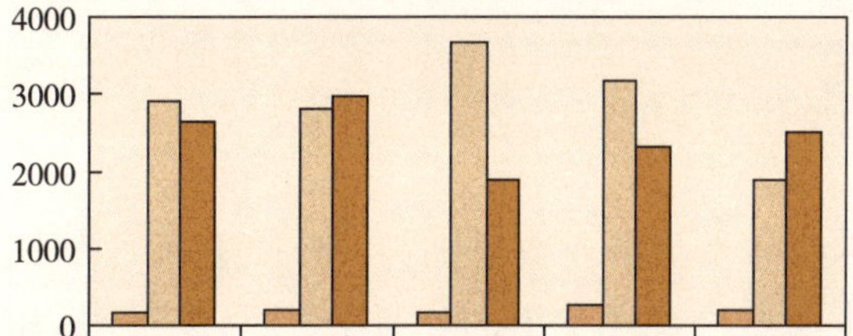

	2006年	2007年	2008年	2009年	2010年
■ 对外文化交流项目（个）	174	208	149	254	198
■ 其中：演出（展览）场次	2916	2821	3663	3168	1896
■ 参与交流人员（人）	2633	2990	1884	2303	2496

图7 “十一五”四川省文化对外贸易情况

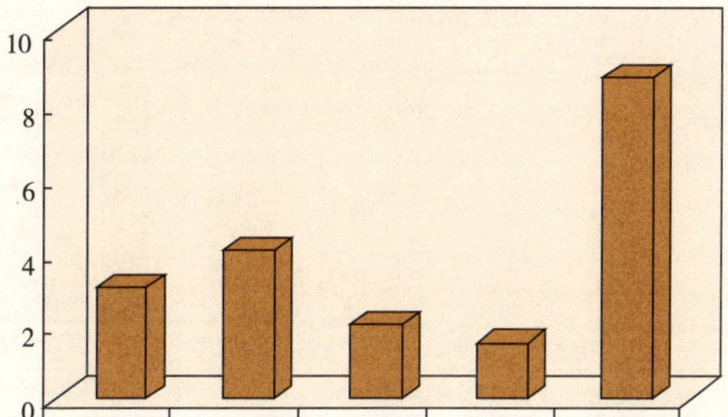

	2006年	2007年	2008年	2009年	2010年
■ 贸易额（亿元）	3.02	4.04	2.01	1.5	8.71

文化出口重点项目；以“文化感恩致谢”为主题，“天府四川宝岛行——四川成都大庙会”、“锦绣四川——美国行大型演出”等大型对外（对港澳台）文化交流活动，充分展示四川人民感恩奋进的精神风貌。

由于汶川地震，抢险救灾和灾后重建任务繁重，2008 年对外文化交流项目和参与交流人次减少，项目数和参与交流人次是“十一五”时期的最低点，但当年演出展览场次是“十一五”时期的一个高峰，是由于对外文化交流项目中驻演和对外杂技巡演等演出类别增加。对外贸易额 2007 年较 2006 年增长 33.8%，2008 年和 2009 年文化对外贸易额连续两年大幅减少，2010 年文化对外贸易额达到一个高峰，原因是艺术品对外贸易额 6.67 亿元纳入统计范围，统计口径不同所致。

二、存在的有关问题

（一）公共财政的投入不足

1. 纵向比较

“十一五”时期我省文化事业费分别为：5.17 亿元、7.43 亿元、11.08 亿元、11.82 亿元和 14.39 亿元；文化事业费占财政支出的比重分别为 0.38%、0.42%、0.37%、0.33% 和 0.33%。“十一五”末的比重 0.33%，与“十五”末的比重 0.41% 相比，下降了 0.08 个百分点；与“九五”末（2000 年）的比重 0.45% 相比，下降 0.12 个百分点；与“八五”末（1995 年）的比重 0.61% 相比，下降 0.28 个百分点。文化事业费总量逐年增加，但文化事业经费在财政支出中比重较低且总体呈下降趋势。

图8 “十一五”四川省文化事业费占财政支出的比重

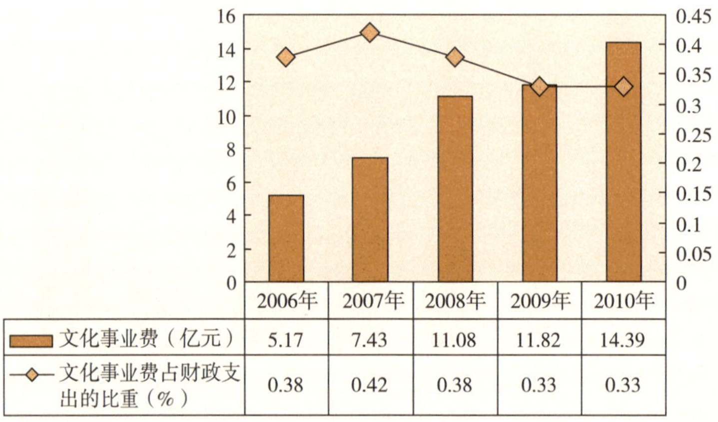

图9 各时期末四川省文化事业费占财政支出的比重

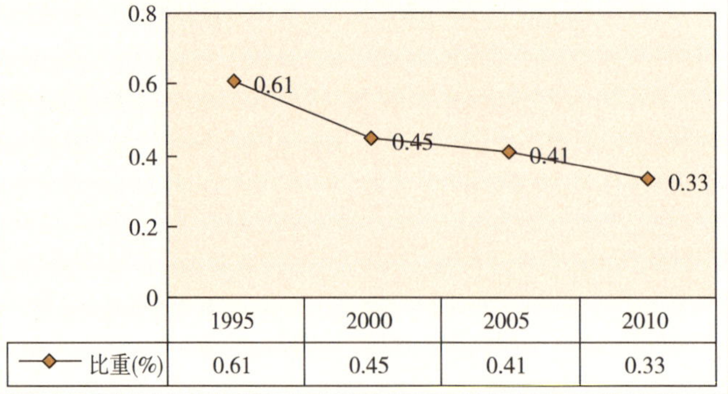

2. 横向比较

（1）与社会事业其他部门比。2010 年全省文化事业费 14.39 亿元，占财政支出的比重为

0. 33%；教育事业费 540. 65 亿元，占财政支出的比重为 12. 7%，卫生事业费 263. 34 亿元，占财政支出的比重为 6. 18%，科技事业费为 34. 71 亿元，占财政支出的比重为 0. 82%。2010 年我省财政对文化事业的投入总量仅为教育投入总量的 2. 6%，卫生投入总量的 5. 46%，科技投入总量的 42. 11%；从占财政支出比重看，财政对文化的投入比例与社会事业其他部门的财政投入情况比，相对偏低，低于教育投入 12. 37 个百分点，卫生投入 5. 85 个百分点，科技投入 0. 49 个百分点。

（2）与全国平均水平比。2010 年我省文化事业费 14. 39 亿元，与 2009 年相比增加 2. 57 亿元，同比增长 21. 7%，全省人均文化事业费 17. 89 元，居全国第 23 位，与 2009 年相比增加 3. 44 元，同比增长 23. 8%。虽然 2010 我省文化事业费增长速度加快，但由于基数较低，我省文化事业费落后于全国总体水平，文化事业费占财政总支出的比例低于全国平均水平，人均文化事业费也低于全国平均水平。

表 3 “十一五”四川省文化事业费情况（与全国水平对比）

年 份	文化事业费（亿元）		文化事业费占财政支出比重（%）		人均文化事业费（元）	
	全国	四川	全国	四川	全国	四川
2006 年	158. 03	5. 17	0. 39	0. 38	11. 91	6. 32
2007 年	198. 91	7. 43	0. 4	0. 42	15. 06	8. 93
2008 年	248. 04	11. 08	0. 4	0. 37	18. 68	13. 61
2009 年	292. 32	11. 82	0. 39	0. 33	21. 90	14. 45
2010 年	323. 06	14. 39	0. 36	0. 33	24. 11	17. 89

（3）与西部地区其他省份比。2010 年，四川省人均文化事业费 17. 89 元，在西部地区仅高于贵州省和广西壮族自治区，居西部地区的第 10 位；2009 年文化事业费占财政支出的比重 0. 33%，略高于西藏自治区，居西部地区第 11 位；我省文化事业费总量大，但人均文化事业费和占财政支出的比重与西部地区其他省市还存在一定差距，在全国各省市中排名偏后，就是在西部也处于落后水平。

表 4 2009－2010 年西部地区文化事业费情况

地 区	文化事业费（万元）	2009 年文化事业费占财政支出的比重（%）	位 次	2010 年人均文化事业费（元）	位 次
重 庆	7. 74	0. 40	18	26. 81	13
四 川	14. 39	0. 33	27	17. 89	23
贵 州	5. 37	0. 39	22	15. 46	26
云 南	8. 69	0. 39	23	18. 90	22
西 藏	2. 11	0. 27	31	70. 12	4
陕 西	8. 95	0. 39	24	23. 97	16
甘 肃	5. 56	0. 38	25	21. 73	18
青 海	4. 11	0. 53	9	73. 07	3

（续）

地　区	文化事业费（万元）	2009 年文化事业费占财政支出的比重（%）	位　次	2010 年人均文化事业费（元）	位　次
宁　夏	2. 45	0. 57	5	38. 85	8
新　疆	7. 13	0. 45	13	32. 67	10
内蒙古	8. 01	0. 47	11	45. 73	5
广　西	11. 3	0. 42	16	17. 40	24

3. 文物事业的财政投入

2010 年我省文物事业费 7. 33 亿元，在财政支出的比重为 0. 17%，与 2006 年相比，文物事业费增加 5. 34 亿元，增长 448. 7%，在财政支出中的比重增加 0. 08 个百分点。“十一五”以来文物事业费总量大幅增加，在财政支出中的比重除 2008 年略有减少外，总体呈不断上升的趋势，但与文物保护的实际需要相比，存在总量偏少的问题。

图10　“十一五”四川省文物事业费及占财政支出的比重

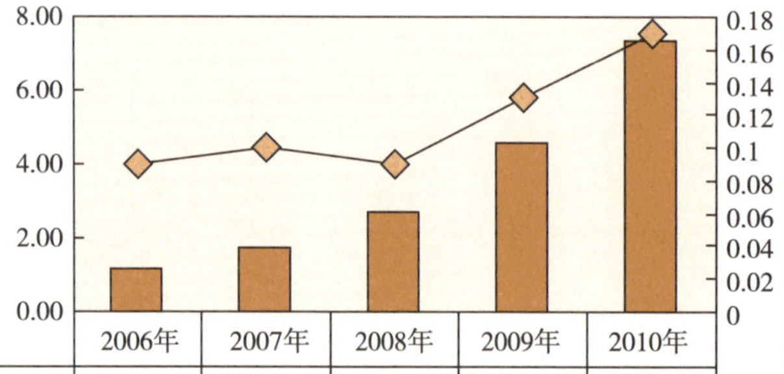

	2006年	2007年	2008年	2009年	2010年
文物事业经费（亿元）	1.19	1.76	2.71	4.55	7.33
比重（%）	0.09	0.10	0.09	0.13	0.17

我省地方公共财政对文物保护专项经费的投入逐年有所增加，但在财政支出中的比重偏低且呈下降趋势，2010 年文物保护专项经费减少幅度较大，由于灾后重建地方财政经费压力较大，省级财政对博物馆免费开放的配套资金不到位，从文物保护专项经费中调剂使用。

总的来说，各级财政对文化文物事业的投入逐年有所增加，但与全国平均水平比，与教育、科技、卫生等社会事业其他部门比，与西部地区其他省份比，与人民群众日益增长的文化需要比，文化文物事业经费在财政支出中比重较低且总体呈下降趋势，公共财政对文化文物投入严重不足，比例偏低的问题十分突出。

（二）文化事业发展不平衡

1. 地区发展不平衡

我省平原地区、盆周山区、民族地区、贫困地区和革命老区之间文化事业发展极不平衡。成

图11 “十一五”四川省文物保护经费占财政支出的比重

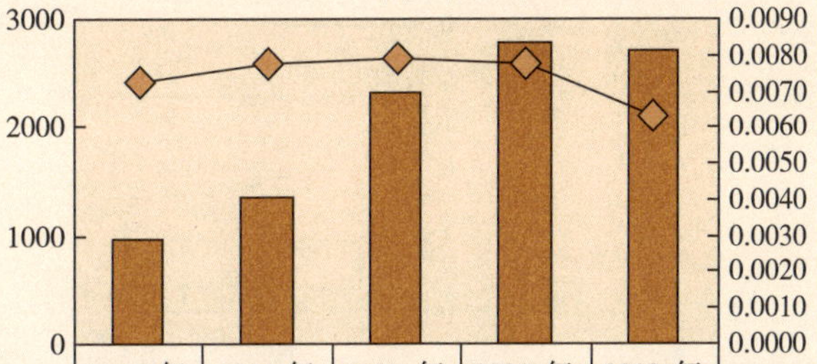

	2006 年	2007 年	2008 年	2009 年	2010 年
省级文物保护专项经费（万元）	979	1366	2332	2788	2704
比重（%）	0.0073	0.0078	0.0079	0.0078	0.0064

都、绵阳、德阳、乐山等经济发达地区财政对文化的投入较多，2010 年仅成都市、广元市、南充市、宜宾市、德阳市、攀枝花市、乐山市地区的文化投入总量就占了全省的 51.6%，其中文化投入最多的成都市 3.93 亿元，占全省文化事业费的 27.3%，发达地区公共文化基础相对较好，增长动力更为强劲，其余大部分市州文化发展相对滞后。

我省有 3 个少数民族自治州，51 个少数民族县，拥有人口 701.3 万，公共文化设施建筑面积共计 194549 平方米，人均拥有公共文化设施面积 0.027 平方米，远低于全省人均水平。其中 27 个公共图书馆公用房屋建筑总面积 25145 平方米，平均每馆 931 平方米，每千人拥有公共图书馆面积 3.6 平方米，公用房屋建筑面积在 500 平方米以下的县图书馆 14 个，占公共图书馆总数的 51.9%，我省民族地区至今尚有近一半的县没有公共图书馆机构；54 个文化馆公用房屋建筑总面积 52037 平方米，平均每馆 964 平方米，公用房屋建筑面积在 500 平方米以下的县级文化馆有 15 个，占文化馆总数的 27.8%；1106 个文化站公用房屋建筑总面积 97260 平方米，平均每站 87.9 平方米；10 个博物馆公用房屋建筑总面积 20107 平方米，平均每馆 2010.7 平方米，其中北川羌族民俗博物馆为山东省灾后重建援建项目，建筑面积 8002 平方米，其余 9 个博物馆公用房屋建筑面积 12105 平方米，平均每馆 1345 平方米。

2. 城乡发展不平衡

2010 年底，四川省全省共有乡镇文化站 4264 个，有 1518 个乡镇有站无舍，占乡镇文化站总数的 35.6%，有 448 个乡镇文化站业务用房低于 300 平方米，占乡镇文化站总数的 10.5%，有 98 个乡镇文化站业务用房面积低于 50 平方米。绝大多数村文化室没有活动阵地。我省城市与农村文化投入比为 7：3。

2010 年全省文化市场经营单位 15874 家，农村文化市场经营单位仅 4233 家，占经营单位总数的 26.7%；全省文化市场营业总收入约 64.26 亿元，农村文化市场营业总收入仅 8.76 亿元，占营业总收入的 13.6%。总体来说，农村经济发展水平较低，农民整体消费水平偏低，农村文化市场的投资能力相当有限，农村文化市场经营单位无论从规模、总量、档次、种类等与城市相比都存在着较大的差距。

“十一五”以来，我省农村文化工作得到了各级政府的高度重视，随着“送戏送书下乡”、“乡镇

图12 “十一五”四川省农村文化事业费情况

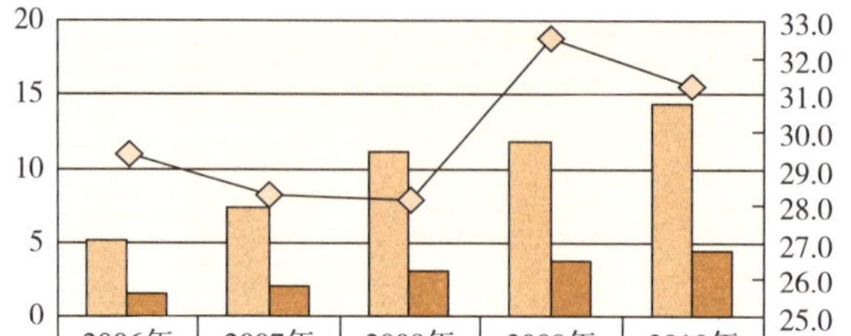

	2006年	2007年	2008年	2009年	2010年
文化事业费（亿元）	5.17	7.43	11.08	11.82	14.39
农村文化事业费（亿元）	1.52	2.1	3.12	3.84	4.49
农村文化事业费占文化事业费的比重（%）	29.4	28.3	28.2	32.5	31.2

综合文化站建设工程”等农村文化建设工程的推进，各级财政通过转移支付等手段逐步加大了对农村文化投入的扶持力度，农村文化投入状况有了明显改善，农村文化事业费逐渐增加。但是，与满足城乡居民文化生活的需要比，我省广大农村地区还存在着公共文化服务短缺、错位的现象；与城市文化投入水平比，还存在着总量少、比例低的状况，实现基本公共文化服务均等化的财政投入基数偏低、总量仍显不足，城乡间文化发展不平衡的结构矛盾仍然突出，财政投入的城乡间差异依然凸显。

（三）公共文化设施建设相对滞后

1. 人均拥有公共文化设施数量偏低

截至 2010 年底，全省公共文化设施面积达到 276.3 万平方米，人均公共文化设施 0.034 平方米，全省人均拥有公共文化设施数量低。

2. 各级各类公共文化设施有待进一步改善

省级拥有公共文化设施面积 7.6 万余平米，市级公共文化设施面积 67.5 万余平米，县级公共文化设施面积 100.8 万余平米。全省公共文化服务体系龙头单位的省图书馆、省文化馆建于上世纪七八十年代设施破败、设备落后，4 个省级艺术院团现有的设施设备与城市发展的反差越来越大，难以适应新时期公共文化服务的需要；21 个市（州）级文化馆、图书馆没有按照《公共图书馆建设标准》、《文化馆建设标准》完成基本建设，而且绝大多数设施建设年代较早，设施陈旧落后，专业设备欠缺，其中 9 个市级两馆修建于上世纪七八十年代，占全省市级馆的 21.4%，11 个市级两馆修建于上世纪 90 年代，占全省市级馆数量的 26.2%，少数民族三州地区市级两馆设施建设尤其落后，凉山州文化馆修建于上世纪 50 年代，阿坝州文化馆至今没有阵地；县级文化（图书）馆设施简陋，设备匮乏，134 个县级图书馆中，只有 14 个县级图书馆达到《公共图书馆建设标准》中小型馆的标准，仅占县级图书馆总数的 10.4%，有 112 个县级图书馆建筑面积未达到小型馆建设标准（大于 2300 平方米），占县级图书馆总数的 83.6%。有 107 个县级图书馆藏书量未达到小型馆标准（大于 12 万册），占县级图书馆总数的 79.9%，有 80 个县级图书坐席数未达到小型馆标准（大于 130 坐席），占县级图书馆总数的 59.7%。

全省有161公共图书馆，尚有20个县无公共图书馆机构，公共图书馆公用房屋建筑面积33.8万平方米，平均每万人拥有公共图书馆面积仅42.1平方米，平均每馆2103平方米，建筑面积未达到《公共图书馆建设标准》中小型馆建设标准（大于2300平方米），文化馆机构基本实现全覆盖，但204个文化馆公用房屋建筑面积33.4万平方米，平均每馆1638平方米，建筑面积未达到《文化馆建设标准》中小型馆建设标准；全省21个市州，181个县，仅有54个艺术演出场馆（文化部门），公用房屋建筑面积33.4万平方米，平均每个剧场2766平方米；108个博物馆公用房屋建筑面积93.7万平方米，平均每馆8682平方米；4448文化站公用房屋建筑面积100.2万平方米，其中乡镇综合文化站公用房屋建筑面积89.8万平方米，平均每站建筑面积210.7平方米，没有完成国家要求每站300平方米任务。

“十一五”以来，全省文化设施建设成效显著，每千人拥有公共文化设施建筑面积逐年有所增加，但人均拥有公共文化设施面积仍然偏低，普遍缺乏功能齐全、设备配套、与经济社会发展水平相适应的现代化公共文化服务设施，公共文化设施建设任务艰巨。

（四）文化文物机构基本建设的投入方式过于单一

2010年文化（文物）机构基本建设投资13.98亿元，其中财政拨款10.26亿元，占基本建设投资总额的比例高达73.39%。其中文化机构基建投资11.85亿元，占全省基建投资总额的84.8%；文物机构基建投资2.13亿元，占全省基建投资总额的15.2%。

图13 “十一五”四川省文化文物基建投资及国家预算内投资情况

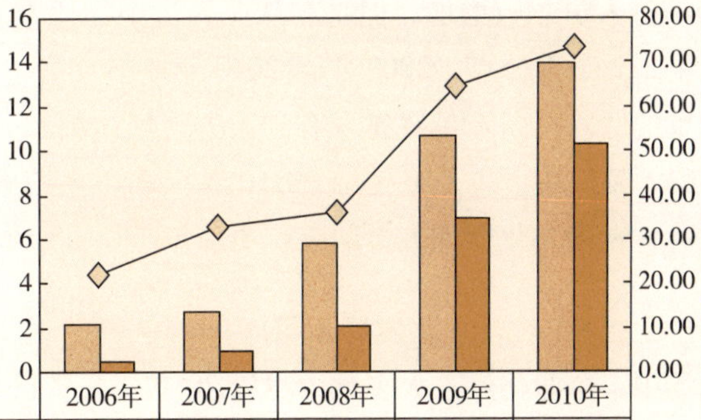

	2006年	2007年	2008年	2009年	2010年
基建投资（亿元）	2.17	2.72	5.76	10.63	13.98
其中：国家预算内投资（亿元）	0.48	0.89	2.07	6.88	10.26
国家预算内投资占基建投资的百分比（%）	22.12	32.72	35.94	64.72	73.39

“十一五”以来，我省文化文物机构基本建设的投入逐年增加，财政拨款在基本建设投资中所占比重较高，基本建设投资中财政拨款增长幅度大。现阶段，文化文物设施建设相对滞后，设施建设任务艰巨，而多渠道投入政策还不完善，一些文化经济政策未能得到有效落实，仅靠财政的支持在现阶段已不能满足人民对公共文化服务的需求，也不足以支撑文化事业的未来发展。

（五）文化队伍整体素质有待提高

2010 年我省文化部门机构数 5678 个，从业人员 26085 人，其中高级职称 1018 人，占从业人员总数的 3.9%，中级职称 4424 人，占从业人员总数的 16.96%。中高级职称人数总量少，所占比重偏低，文化艺术和管理人才现状不容乐观。

图14　“十一五”四川省文化部门从业人员及职称构成状况

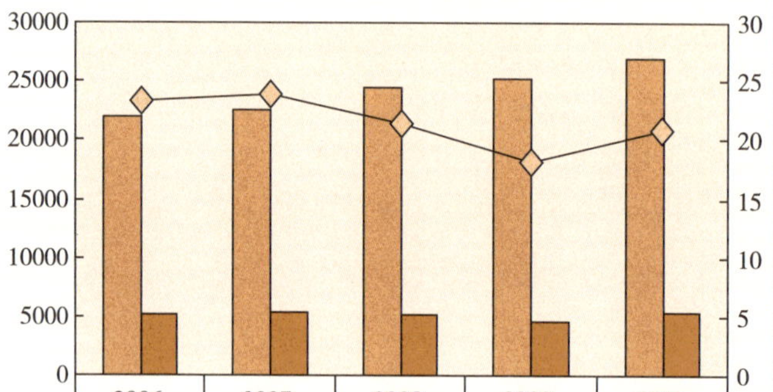

	2006	2007	2008	2009	2010
从业人员数（人）	21994	22600	24533	25192	26985
中高级职称（人）	5126	5400	5254	4572	5442
中高级职称所占比重（%）	23.31	23.89	21.42	18.15	20.86

“十一五”期间，我省文化部门从业人员逐年增加，高（中）级职称人员数量增减各年不同。虽然高（中）级职称人员总数增加，但是在从业人员中的比重总体呈下降趋势，2008 年至 2009 年下降最快，下降了 3.2 个百分点，2009 年至 2010 年略有回升。文化部门机构高（中）级职称人员总数少且所占比重偏低，原因一是我省现有的人事管理体制和分灶吃饭的财政体制，文化单位编制和经费问题长期得不到解决；二是乡镇综合文化站大多由乡镇政府管理，而非独立机构，从业人员多为乡镇兼职人员，专职文化管理人员缺乏，更谈不上中高级职称人员。

（六）文化市场经营单位规模化发展不足

我省文化市场中小企业仍然占大多数，尽管 2010 年我省已有 26 家年营业收入超过千万的经营单位，但相对全省 15874 个经营单位的基数来说仍然偏小。

传统门类中娱乐场所和网吧多数属中小企业，数量大，单个体量小；演出经纪机构因我省演出市场需求决定其数量较少，截至 2010 年仅有 1 家年营业总收入超过千万。我省实施了网吧连锁化、娱乐场所总量与布局规划以及大力发展演出经纪市场等一系列发展措施，但传统门类规模化仍需要一段时间方能显出其效果。

文化市场新兴门类如动漫企业和经营性互联网文化单位，因本身从业门槛高，天然趋向高投入高产出的规模化经营发展。目前，我省动漫企业 12 个大多处于前期投入阶段，营业收入无超千万企业；经营性互联网文化单位 35 个中，有 8 个年营业收入超千万，占比 22.86%，其中 3 家年营业收入超 5 千万，约占比 8.57%。

（七）文物保护及环境亟待改善

表 5 “十一五”四川省文物机构主要指标情况

	2006 年	2007 年	2008 年	2009 年	2010 年
文物点（个）	3450	3741	3739	10141	91810
藏品数（万件/套）	75.7	80.9	97.3	89.4	114.7
机构数（个）	226	237	259	258	284
从业人员数（人）	4535	4610	4750	5211	5567
公用房屋建筑面积（万平方米）	39.9	52.8	55.6	70.3	114.3
其中：文物库房	3.4	3.7	3.7	5.6	6.6

截至 2010 年底，全省有文物点 91810 个，与 2006 年 3450 处相比，增长了 2651%；藏品数 114.7 万件/套，与 2006 年 75.7 万件/套处相比，增长了 51.52%。三普新发现后，我省文物数量大幅增加，大量文物本体年久失修，特别是石质文物风化严重，文物保护和执法安全工作形势严峻；随着城市化进程的不断推进和大型基本建设，文物本体的周边环境越来越恶劣，修建的房屋与文物的风貌不协调。

全省现有文物机构 284 个，从业人员 5567 人，与 2006 年相比，分别增长 25.7% 和 22.8%，公用房屋建筑面积 114.3 万平方米，其中展览用房 26.47 万平方米，占公用房屋面积的 23%，文物库房 6.6 万平方米，占公用房屋面积的 5.77%。现有机构和人员远不能满足文物保护管理工作的需要，而且文物机构设施设备陈旧落后，展览和文物库房面积狭小，馆藏文物保管环境差，库房、装具等基本设施设备严重缺乏，更谈不上展柜微环境控制系统，“硬件”条件的缺失直接影响文物保护与管理，导致文物陈列展览方式陈旧，公共服务水平较低。文物保护机构数量和设施与我省文物资源大省所要求的文物保护工作不成正比，与经济社会发展水平和文物保护的需要相距甚远

三、有关建议

（一）加快构建覆盖城乡的公共文化服务体系

“十二五”时期，我省加快省级重点文化工程建设，完成省川剧院、四川艺术职业学院新校区建设工程，加快省图书馆新馆、成都博物馆新馆建设，完成四川非物质文化遗产保护中心主体建设，推动四川大剧院、四川省群众文化中心（四川省文化馆）、四川人艺剧场、四川歌舞演艺有限责任公司剧场的改造和新建。

加强以市级三馆为重点的市、县公共文化设施建设。基本建成以省级文化设施为龙头，市（州）文化设施为枢纽，县（区）文化设施为骨干，乡镇和社区为基础，流动文化服务与数字文化装备为补充，覆盖城乡、结构合理、功能健全、适用高效的五级公共文化服务设施网络。

继续实施博物馆、纪念馆免费开放，推动图书馆、文化馆免费开放，抓好公共文化服务体系示范区和“三基地一窗口”建设，进一步提升公共文化服务能力和水平。以文化信息资源共享工程为

基础，开展数字化信息服务，推动流动图书馆、自助图书馆、数字图书馆建设。积极开展重大节庆和全省性重大群众文化活动。推动全省百县千乡“一县一品”、“一乡一特色”民族民间艺术工程建设。

（二）继续加大公共财政对文化事业的投入力度

积极争取各级财政加大对我省文化事业的投资力度，财政投资以农村为重点，向民族地区、革命老区和秦巴山区倾斜，尤其要重视少数民族地区公共文化设施建设和内容建设。创新文化资金投入机制，鼓励社会资金资助文化事业，探索多渠道投资文化的方式和方法。建立健全绩效考评制度，加强财务监督，防范化解财务风险，保障资金使用的安全有效。

（三）加强文化法规政策协调和实施效果监测评估

党中央和国务院历来重视公共文化服务体系建设，出台了一系列政策，如“文化事业费不得低于当地财政支出的1%”，“要把社区文化中心建设纳入城市规划，从城市住房开放投资中提取1%用于社区文化设施建设”等，在实际工作中很难得到落实，政策法规的执行力度欠缺。文化部要进一步加强文化法规政策协调力度以及实施效果监测评估，建立多部门信息沟通机制，加强政策的落实督促检查，确保政策落到实处。

（四）加强文化队伍建设

要采取切实有效的措施，加强文化队伍建设，重点加强基层文化队伍人才的培养，积极实施“领军人才提升工程”、“技术人才教育工程”、“经营人才行家工程”、“基层紧缺人才援助工程”，夯实文化发展的人才基础，促进文化人才结构更加优化。

（五）加大力度开展文物抢救保护工作

要组织专门人员，全面调查我省各文物点的分布和保存状况，准确掌握其项目和资金需求，分期分批、分片分级做好保护规划和抢救保护方案，并通过项目的逐步实施，抢救保护文物本体，改善文物保护生存环境和当地老百姓的生活条件及水平，将文化遗产保护的成果“惠及民众”，力争在“十二五”期间让100%“国保”和80%的“省保”得到妥善保护。重点推进民族地区和革命老区文物抢救保护工作，全面摸清我省藏区、彝区、秦巴山区、革命老区文物的分布和保存状况，分“轻重缓急”做好规划、方案编制等储备项目工作，在做好文化保护工作的同时，改善当地老百姓生产生活水平，促进地方社会经济持续和谐发展。

（六）切实做好文物安全和行政执法工作

大力推进文物平安工程，重点完成各级文物风险单位的技术防范工程达标工作。争取一级风险单位的技术防范工程要在2012年达标，二、三级风险单位的技术防范工程要在2014年底全部达标；要加强田野文物、馆藏文物安全保卫工作，完善省级以上文物保护单位、国有博物馆纪念馆的安全防范和消防设施。

加强文物行政执法和人员培训工作，逐步建立健全县级以上文物行政执法机构，完善文物行政执法工作机制，实行文物行政执法和安全保卫人员持证上岗制度。积极与公安、工商、海关等有关职能部门协商，建立预防和打击文物违法犯罪活动的长效工作机制，严厉打击盗窃、盗卖和走私文物等各类文物违法犯罪活动。

（七）继续培育和繁荣发展文化市场

认真规划，规模引导，以娱乐市场、网络文化市场、演出市场为主要抓手，创规模、创品牌，使文化市场各个门类无论是规模、档次，还是效益、服务，都有一个量的增长和品位的提升，以提升我省文化市场的总体实力。

（八）加强调查研究，加大农村文化市场的工作力度

根据我省不同地区的不同特点，培育和发展多层次、多元化的符合农村、农民需求的文化市场项目，并逐步形成规范有效的农村文化市场管理体系。

（四川省文化厅）

贵州省2010年文化发展情况分析

2010年，在省委、省政府、文化部的领导和指导下，我省文化工作认真贯彻落实科学发展观，团结协作、集思广益、开拓进取、真抓实干，紧紧抓住繁荣文艺创作这一根本，夯实群众文化这一基础，扎实推进全省公共文化服务体系建设，加强文化遗产的保护与合理利用，强化文化市场监管，为实现贵州文化崛起、促进全省文化大发展大繁荣作出了积极贡献。

一、文化事业发展情况

（一）文化部门单位机构和人员情况

2010年，全省各类文化单位机构数1890个，从业人员11232人。其中，艺术表演团体52个，从业人员2201人；艺术表演场所7个，从业人员168人；文艺科研机构4家，从业人员31人；图书馆93个，从业人员937人；文化馆（群众艺术馆）95个，从业人员1058人；文化站1429个，从业人员3732人，其中：乡镇文化站1345个，从业人员3495人。

（二）文化事业经费投入情况

2010年，全省文化机构总收入77391万元，比上年增加694万元。其中财政拨款收入53676万元，占总收入的69%。可见文化事业投入主要还是依靠政府财政。2010年我省人均文化事业费15.45元，比上年提高了8.73%，在全国排名26位，但是与全国人均文化事业费24.11元相比，差距仍然较大。投入不足仍然是我省文化事业发展的突出问题。

从地区上看，2010年文化事业总收入最高的仍然是贵阳市，达到13965万元，比上年增加了5%，增长最多和最快的则是六盘水，比上年增加了1837万元，增长55%。在9个地州市中，有3个地区的文化事业收入出现了不同程度的下降，其中下降幅度最大的是黔西南布依族苗族自治州。

（三）公共文化服务体系不断完善

2010年，全省共有52个艺术表演团体，全年共组织演出6580场，比上年减少650场，国内观众达到568万人次，比上年增加24万人次。其中，到农村演出2000场，农村演出观众人次236万人次。艺术表演团体2010年总收入为10931万元，其中演出收入650元，与上年基本持平。

2010年，全省共有7个艺术表演场馆，全年共组织演出650场，国内观众达到34万人次。2010年总收入达到213万元，其中表演创收50万元，比上年增加了49.5万元。

2010年尽管我省艺术表演团体和表演场馆全年组织演出场次比上年有所减少，但演出质量和演出规模均有所提高，观众参观人次和演出收入均有所增加，取得了较好的社会效益和经济效益。

2010年，全省公共图书馆93个。省级1个，地市级8个，县级84个。房屋建筑面积155千平方米。其中书刊阅览室面积和电子阅览室面积分别达到28.8千平方米和6.47千平方米，阅览室坐席数由2009年的12172个，增加至2010年的12220个。

2010年全省图书馆总收入6680万元，财政拨款5939万元，比上年增加556万元，说明政府对图书馆的建设在逐年加大。新增藏量购置费682万元，但是人均购书费仅为0.20元，与全国人均购书费0.83元相比，差距较大。

购书专项经费848万元，比上年增加197万元，增长30%，其中省级图书馆购书专项经费300万元，地市级图书馆购书专项经费287万元，县级图书馆购书专项经费261万元。省级图书馆购书专项经费占到全省购书专项经费的35%，而剩下的92家图书馆购书专项经费仅占到全省购书专项经费的65%，说明我省图书馆的建设还需要向基层倾斜。

2010年总藏量由上年的800万册增至812万册，增幅1.5%，人均拥有公共图书馆藏书0.87册。全省公共图书馆新购各类报刊种类1.59万种，累计发放图书证18.9万张，比上年增加2.6万张，增长16%。总流通人数369.06万人次，比上年增长38%。其中，书刊文献外借142.7万人次，外借222.3万册次。

二、文化文物保护工作情况

2010年全省拥有文物藏品119594件/套，其中珍贵文物藏品达9315件/套，比2009年增加了1590件/套。

2010年我省文博单位收入合计16794.2万元，其中财政拨款14967.3万元，财政拨款占收入合计的89.1%，说明我省文博事业绝大部分经费支持来源于财政拨款。政府资金投入文物保护呈现了持续稳定发展态势，特别是国家对免费开放政策的实施，政府进一步重视对公共文化事业的投入，资金向西部省区倾斜。我省共有33家博物馆、纪念馆纳入国家免费开放名单，每年获中央财政补助经费6736万元，全省博物馆经费在此期间创历史新高。

文物普查取得新成果，文物保护工作进一步加强。截至2010年10月，我省调查登记不可移动文物15939处，其中新发现10000余处，复查4500余处。调查历史文化名城、村镇、历史街区243处，极大地丰富了我省文化遗产的类型和内涵。2009年12月至2010年4月，我省文物普查总量增长值为4314处，增幅为37.13%，文物调查总量增长值、文物调查总量增幅、新发现与复查文物增长值三项指标均居全国第一。2010年启动第五批省级文物保护单位申报，并继续组织开展了47处增补第七批全国重点文物保护单位申报工作，使我省申报总数达到139处。到“十一五”末，我省各级文物保护单位2100余处，其中全国重点文物保护单位39处，省级文物保护单位342处。

2010年非物质文化遗产保护工作进一步加强。截至2010年底，全省非物质文化遗产保护机构达到96个，从业人员312人，国家级非物质文化遗产名录98个，省级462个，市级1166个，县级2588个。国家级非物质文化遗产代表性传承人44人，省级159人，市级2464人，县级2630人。传习所199人，培训学员3642人。12个非物质文化遗产展览馆共收藏35224件/套物品。2010年非物质文化遗产普查工作在2009年的基础上继续稳步推进，征集实物1573件/套，征集文本资料2003册，录音录像资料4371小时，完成调查报告843篇，出版成果362册，资源清单311册。

三、文化市场发展情况

2010 年度，贵州省有各类文化市场经营单位 4828 家，比上年增加了 300 家。其中增加较多的是娱乐场所经营单位，增加了 188 家，约占总增长量的 63%。全省文化市场营业总收入比上年增加了约 15%，利润总额增长了 30%。总体来看，2010 年度我省文化市场发展基本处于平稳增长的态势。

（一）全省 4828 家文化市场经营单位中，1326 家在城市，2708 家在县城，县城以下仅有 794 家。城市占 27%，县城占 56%，而占城乡比例 94% 的县以下区域文化市场经营单位却仅占 16%。其中演出经纪机构有 94% 在城市，6% 在县城，县城以下没有演出经纪机构；娱乐场所有 26% 在城市，65% 在县城，县城以下有 8%；网吧有 29% 在城市，46% 在县城，县城以下有 24%。由此可见，我省文化市场城乡差距仍然比较突出，培育、发展农村文化市场的任务还十分重。

（二）2010 年全省网吧总量与上年基本一致，终端数增加了 3%，营业面积增加了 9%，营业收入增加了 2%，利润总额增加了 13%。基本体现了我省网吧市场控制总量、扩大规模，优化布局的管理原则。

（三）娱乐市场方面，2010 年全省娱乐场所经营单位 2352 家，比上年增加约 9%，从业人员比上年增长约 7%，总收入增长约 30%。其中歌舞娱乐场所包房数增加 25%，游艺娱乐场所设备数增加 6%。

（四）2010 年全省演出经纪机构 33 家，较上年增加了 4 家，另有 7 家停业。33 家演出经纪机构中，有 3 家是国有演出经纪机构，占总数的 9%，演出场次为 194 次，占总场次的 36%；而剩下的 30 家民营单位，占总数的 91%，演出场次 344 次，只占总场次的 64%。有近半数的民营演出经纪机构在 2010 年演出场次为 0。这说明我省演出市场在数量上虽然有所增加，但在质量上还很不成熟。不少演出经纪机构因市场经营状况不佳，难以维持，遭到淘汰。

2010 年，全省演出经纪机构举办各类演出 538 场次，比上年增加了一倍，而观众人次 158 万余人，比上年却减少了 55%。演出规模比上年大大减小，大型演出很少。

（贵州省文化厅）

云南省2010年文化发展情况分析

“十一五”时期，云南省的文化工作在省委、省政府的领导下和文化部的指导下，认真贯彻落实国家《“十一五”时期文化发展纲要》和文化部《文化建设“十一五”规划》，围绕文化强省建设的战略目标，立足全局，创新思路，锐意进取，较好地完成了“十一五”既定目标和任务，文化建设取得了新的进展，为蓄势冲刺“十二五”打下了坚实基础。

一、全省文化机构及人员稳步增长，素质提高

“十一五”期间，全省文化文物机构、从业人员整体呈稳步增长的态势。从类型来看，文化市场经营机构及人员由于多种因素影响，下降幅度较大，在群众文化服务业中，因行政区划改变，一些乡镇合并，文化站机构数略有减少外，其余我省文化文物机构、从业人员整体保持了稳步增长势头。截至2010年底，全省共有各类文化文物机构11158个，从业人员55390人，与上年相比机构减少2187个，人员减少5709人。现将“十一五”期间2006年与2010两年中，机构及从业人员增减变化情况按可比口径（因职能调整，2009年音像制品经营机构不再纳入文化部门统计）分析如下：

表1　云南省文化机构及从业人员情况表

类　型	机构数（个）			从业人员数（人）		
	2006	2010	增幅（%）	2006	2010	增幅（%）
总　计	25306	11158	-55.91	79512	55390	-30.34
文化及相关产业	25306	11158	-55.91	79512	55390	-30.34
1. 艺术业	170	178	4.71	5044	5719	13.38
其中：艺术表演团体	126	142	12.70	4714	5370	13.92
艺术表演场馆	33	36	9.09	249	349	40.16
2. 图书馆	149	150	0.67	1693	1760	3.96
3. 群众文化服务	1548	1517	-2	4800	5181	7.92
其中：文化馆	148	148	0	1906	2029	6.45
文化站	1400	1369	-2.21	2894	3152	8.91
4. 艺术教育业	1	1	0	236	237	0.42
5. 文化市场经营机构	16484	8765	-46.83	54703	37248	-31.91
6. 文艺科研	12	13	8.33	125	114	-8.8
7. 文物业	154	246	59.74	1231	1844	49.80
8. 其他文化及相关产业	151	288	90.73	1704	3287	92.90

从人员结构来看，在从业人员中，具有中、高级专业技术职称的人员，占从业人员的比重逐年递增，队伍的整体素质进一步提高。

图1 “十一五”时期全省从业人员结构变化情况

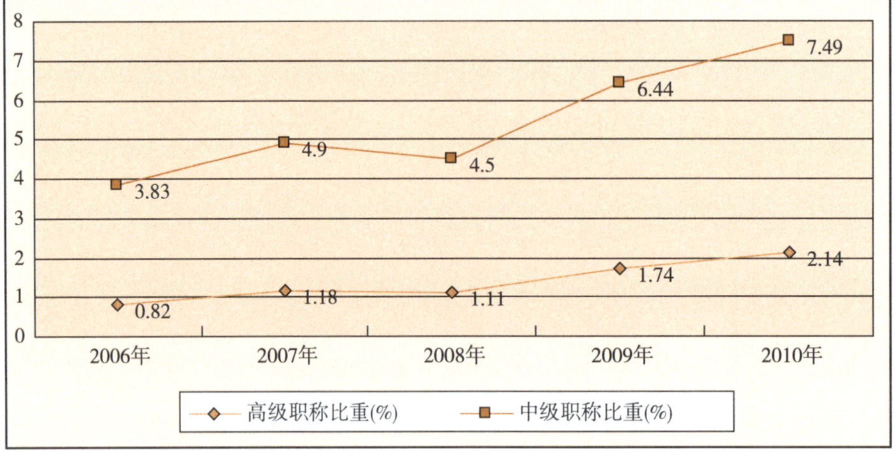

二、文化投入稳定增长

（一）文化事业财政投入力度不断加大。2010 年全省文化事业费财政拨款达到 8.69 亿元，占财政支出的 0.38%，比上年增加 1.06 亿元，增长 13.93%。从总量上看文化事业费的投入在稳步增长，呈逐年递增态势，但增加的程度各不相同，2006 年增幅最高，为 27.85%，增幅最低的是 2007 年，为 7.75%。

图2 “十一五”时期文化事业财政投入情况

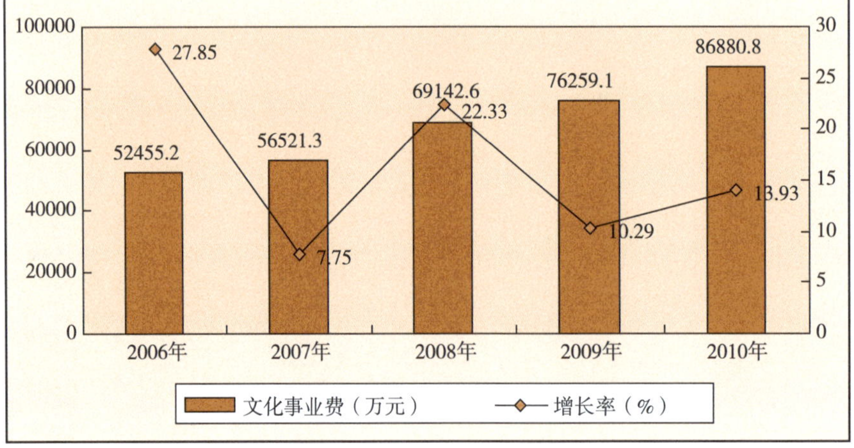

（二）人均文化事业费逐步增加。2010 年，全省人均文化事业费由上年的 16.68 元增加到 18.92 元，比上年增加 2.22 元，增长 13.31%。全省有 7 个州、市的人均文化事业费（按人均财政拨款，下同）超过全省平均水平（18.92 元），其中有 4 个州、市的人均文化事业费超过了全国人均数（24.11 元）。迪庆州最高，人均文化事业费达 47.44 元，其次是玉溪市、怒江州和普洱市，人均文化事业费分别为 31.39 元、29.28 元和 28.61 元。德宏州人均文化事业费为 23.80 元，人均文化事业费最低的是昭通市，仅为 6.93 元。

图3 “十一五”时期全省人均文化事业费情况

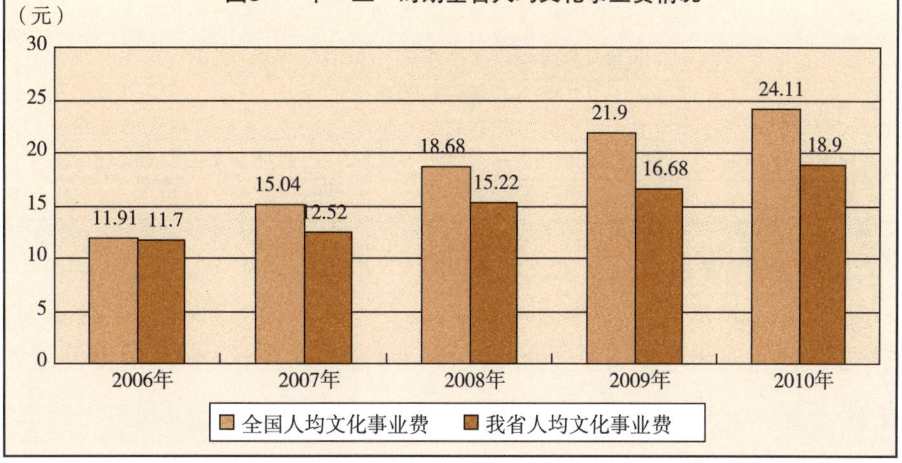

（三）各州市文化事业费财政拨款均有不同程度增长。从 2010 年较 2009 年财政拨款的增减额看，普洱市的增加额最高，达 3871.3 万元，其次是昆明市、文山州和大理州，分别为 1759.2 万元、1640.3 万元和 1153.75 万元，玉溪市增加了 1049.1 万元位居第五。2010 年文化事业费财政拨款增长幅度达到和超过全省平均水平（13.93%）的州、市有 8 个，其中增长幅度最高的是普洱市，增幅为 113.71%，其次是文山州、昭通市和怒江州，分别为 60.1%、33.22% 和 31.79%，第五是大理州增长了 30.85%。只有曲靖、临沧、西双版纳 3 个州市的文化事业费财政投入有所下降，分别下降 42.2 万元、558.1 万元和 296.9 万元，下降幅度为 0.92%、23.99% 和 11.73%。

（四）不同文化结构的财政投入有所增长，但所占财政总投入比重略有下降。从财政拨款构成看，2010 年艺术表演团体财政拨款 2.28 亿元，比上年增加 2240.8 万元，增长 10.91%，占财政拨款总额的 26.22%，比上年回落 0.72 个百分点。艺术表演场馆财政拨款 520.2 万元，比上年增加 177.1 万元，增长 51.62%，占财政拨款总额的 0.06%，比上年减少 0.39 个百分点。公共图书馆财政拨款 1.18 亿元，比上年增加 93 万元，增长 0.8%，占财政拨款总额的 13.54%，比上年下降 1.76 个百分点。群众文化服务业财政拨款 2.38 亿元，比上年增加 13154 万元，增长 132.6%，占财政拨款总额的 27.39%，比上年下降 1.29 个百分点。其中，文化站财政拨款 1.15 亿元，比上年增加 229.3 万元，增长 2.04%，占财政拨款总额的 13.19%，比上年下降 1.53 个百分点。其他文化财政拨款 2.8 亿元，比上年增加 61854 万元，增长 28.33%，占财政拨款总额的 32.25%，比上年增加 3.62 个百分点。2010 年文化事业费的投向明显倾斜于公共文化服务。这是我省贯彻落实《关于加强公益性文化事业建设的若干意见》、《关于加强农村公共文化服务体系建设意见》的结果，文化投入重心转移，面向基层，服务大众的理念得以实现。

图4 2010年全省文化事业费构成情况

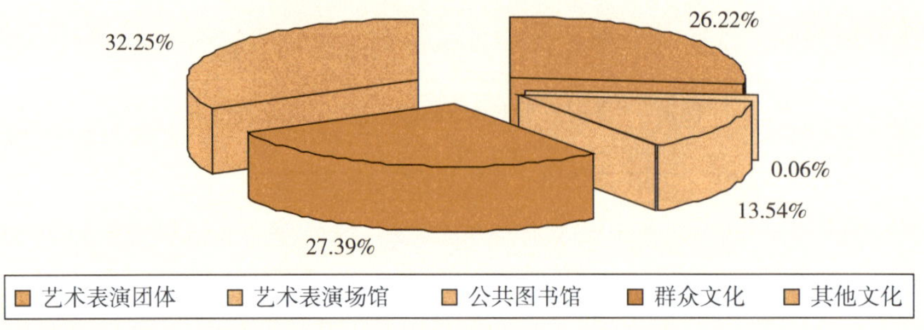

（五）财政投入力度有待进一步加强。尽管财政对文化事业的投入在“十一五”期间得到较快发展，但与其他社会事业相比，仍有一定差距。“十一五”时期文化事业费年均增速为16.43%，低于财政总支出的增长速度（24.61%），与教育、卫生、科技的投入及所占财政支出的比重相比偏低。

三、公共文化建设项目力度加强

（一）文化文物基本建设投资项目有序进行。2010年全省文化文物基本建设投资项目403个（其中文化390个、文物13个），完成投资额2.37亿元，竣工项目171个，竣工面积10.93万平方米。较2009年投资项目减少46个，完成投资额减少3.92亿元，竣工项目减少26个，竣工面积减少0.7万平方米。2009年是“十一五”以来，完成项目和竣工面积最多的一年。

（二）重大文化设施建设项目取得突破性进展。“十一五”期间，我省一批有代表性的文化标志性工程先后启动和完工：省博物馆新馆开工建设，云南大剧院已奠基，玉溪市聂耳文化艺术中心、西双版纳州民族博物馆已建成投入使用，红河州文化中心、昭通市博物馆建设主体工程基本完工；省文化馆扩建工程、省杂技团和省歌舞剧院综合业务楼相继竣工；云南文化艺术职业学院改扩建加快推进，云南艺术家园区建设已启动，云南民族文化传习学校已立项；文山州图书馆、曲靖市图书馆相继建成使用，临沧市市民活动中心完成投资5935万元，普洱市文化中心完成投资1.25亿元。

（三）公共文化设施建设成效显著。根据文化部关于《“十一五”文化建设规划》和《全国“十一五”乡镇综合文化站建设规划》的精神要求，“十一五”时期通过实施我省乡镇综合文化站建设工程、贫困县两馆一站设施建设工程、文化信息资源共享工程、兴边富民工程和文化惠民等一系列顺民心合民意工程，全省共投入文化基础设施建设20多亿元（其中争取中央补助6亿多元），实施建设项目1398个，竣工面积39万平方米。

四、公共文化设施逐步完善，服务能力提升

（一）公共图书馆。2010年，我省公共图书馆共有计算机5816台，比上年增加2471台，增长73.87%；电子阅览室终端4070个，比上年增加1522个，增长59.73%；电子阅览室面积1.93万平方米，比去年增加0.74万平方米，增长62.18%。电子阅览室占阅览室总面积的比重由2009年的6.52%提高到2010年的25.39%。

图5 “十一五”时期全省公共图书馆电子阅览室面积情况

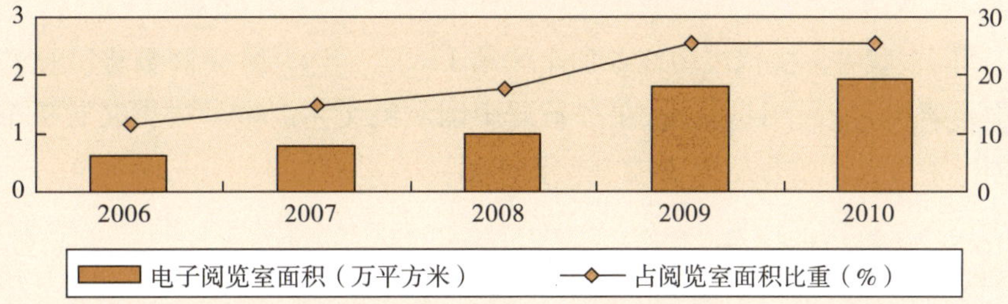

伴随着公共图书馆设备的逐步完善，其服务能力也迅速提升。2010年，全省图书馆总藏量为1566万册，比2009年增加58.1万册，增长3.85%；新购藏量42.93万册，比上年减少8.89万册，减少17.16%；发放借书证318400个，较上年增加7981个，增长2.57%。图书馆总流通人次907万人次，比2009年减少54.89万人次，减少5.71%。其中，书刊文献外借402.61万人次和702.42册次，比上年分别增长3.3%，减少8.77%。为读者举办各种活动1579次，参加人次44.71万人次，比上年分别增长5.62%和减少2.41%。

表2 “十一五”时期全省公共图书馆主要业务活动指标

年 份	机构数（个）	总藏量（万册）	总流通人次（万人次）	书刊文献外借册次（万册）	为读者举办各种活动（次）	参加人次（万人）
2006	149	1396.7	694.5	631.2	904	66.7
2007	149	1419.5	750.9	607.1	1229	58.1
2008	150	1452.7	753.9	568	1342	73
2009	150	1507.91	961.93	770	1495	45.82
2010	150	1566	907.04	702.42	1579	44.71

（二）群众文化业。群众文化活动丰富多彩，文化的作用得到充分彰显。2009年全省共有群众文化机构1517个，其中文化馆148个，文化站1369个（乡镇文化站1294个）。举办展览4166个，比上年增加5个，增长0.12%，组织文艺活动21665次，比上年增加1415次，增长6.99%，举办训练班10183次，培训63.81万人次，较上年分别减少8.88%和增长8.99%。组织各类理论研讨和讲座205次，比上年减少42次，下降17%。藏书414.76万册，比上年增加58.08万册，增长16.28%。计算机5565台，比上年增加2537台，增长83.78%。

表 3 “十一五”时期全省群众文化业主要业务活动指标

年份	计算机（台）	藏书（万册）	举办展览（个）	组织文艺活动（次）	举办训练班（次）	培训人次（万人）	组织种类理论研讨和讲座（次）
2006	186	265.1	11507	27288	4494	23.1	145
2007	304	300.3	3126	17249	5495	43.9	1135
2008	376	296.3	3329	21698	6866	47.3	257
2009	3028	356.68	4161	20250	11175	58.6	247
2010	5565	414.76	4166	21665	10183	63.81	205

“十一五”期间，我省群文代表团在参加全国第 14 届、第 15 届“群星奖”比赛及其他全国群众性文艺赛事中，荣获 17 个节目奖项；在“首届中国农民文艺汇演”中，又有 7 个节目获奖，位居西部第一，创下了历届“群星奖”参赛获奖数之最。

五、文化艺术繁荣发展

（一）艺术表演团体。2010 年全省 142 个艺术表演团体（其中事业团体 111 个、企业团体 31 个），原创首演剧目 29 个，演出场次 20950 场，比上年增长 20.33%，国内观众 1740.7 万人次，比上年减少 15.89%，其中到农村演出 5250 场，比上年增长 3.14%，占总演出场次的 25.06%，观众达 724.2 万人次。

表 4 “十一五”时期艺术表演团体主要业务活动情况

年份	机构数（个）	本团原创首演剧目（个）	演出场次（场）		到农村演出场次比重（%）	观众人数（万人）	演出收入（万元）
				其中：到农村演出场次			
2006	126	53	14000	4000	28.57	1315.2	7653.7
2007	131	65	14510	5210	35.91	1254.7	5833.5
2008	127	43	13590	3590	26.42	1122.6	3595.3
2009	146	40	23700	5090	21.48	2069.6	4605.7
2010	142	29	20950	5250	25.10	1740.7	2556.5

“十一五”以来，一批具有国家级水准、云南民族特色的优秀文艺作品在国际国内文艺界引起广泛关注，共有 98 件艺术作品获得 146 个国际、国家和省级重要奖项，呈现出持续繁荣的强劲势头。歌舞《舞彩云》获第 3 届全国少数民族文艺会演大奖，《太阳女》获第 8 届中国艺术节文华剧目奖。花灯《梭椤寨》获“五个一工程”奖和第 3 届全国地方戏优秀剧目展演一等奖。省京剧院入选全国重点京剧院团，《白洁圣妃》获第 5 届中国京剧艺术节一等奖和中国少数民族戏剧金孔雀大奖。杂技《男女绸吊》获“法兰西共和国总统奖”，《放飞梦想 · 顶之技》获第五届全国青少年杂技比赛文华杂技节目创作铜奖，魔术《彩云渔歌》获全国魔术比赛金奖。话剧《打工棚》获“五个一工程”入选作品奖。滇剧《西施梦》获第 18 届上海国际艺术节白玉兰戏剧表演艺术集体奖，《童心劫》获全国地方戏优秀剧目展演三等奖。傣剧《南西拉》、彝剧《疯娘》在首届中国少

数民族戏剧会演中分别获剧目金奖及导演、舞美等20个单项奖。音乐剧《丽江情缘》备受社会关注，实现了云南音乐剧史上零的突破。美术方面，油画作品《战争中的国际协作》入选“国家重大历史题材美术创作工程”，4件美术作品入选第4届全国画院优秀作品展览。

（二）艺术表演场馆。2010年全省36个艺术表演场馆（其中事业26个、企业10个），演出场次9010场，比上年减少0.11%，观众138.7万人次，比上年减少14.01%。

表5 “十一五”时期艺术表演场馆主要业务活动情况

年份	机构数（个）	演出场次（场）	观众人数（万人）
2006	33	7000	192.8
2007	28	8000	191.1
2008	31	12000	196.3
2009	34	9020	161.3
2010	36	9010	138.7

六、文化市场蓬勃发展

（一）文化市场经营机构逐步规范。“十一五”以来，我省实施了“文化市场绿色行动计划”，开展净化社会文化环境专项行动及一系列整治活动；推进“绿色网吧”试点工作，建成“绿色上网专区”14个；完成全省网络文化市场计算机监管平台建设，实现对26万台网吧计算机终端的实时监控；大力推动网吧连锁化、品牌化经营，全省有网吧连锁企业35家、连锁门店61个；加强“五老”网吧义务监督员队伍建设，建有队伍50多支，2400多人，已成为对网吧实施社会监督的重要力量。2010年全省有文化市场经营单位8765家，其中演出经纪机构23个，娱乐场所5328家，互联网上网服务营业场所3009家，艺术品经营机构10个，其他经营机构392个，从业人员37248人，上缴国家税金12693.9万元，利润总额72041.4万元。比上年机构数减少了2192家，减幅25%；从业人员减少3702人，减幅9.9%；上缴国家税金增加312.6万元，增幅2.46%；利润总额减少1340.06万元，减幅18.6%。

表6 云南省文化市场经营单位情况

项　目	2009年	2010年	增长速度（%）
机构数（个）	10957	8765	-25
从业人员（人）	40950	37248	-9.90
资产总计（千元）	3168583	3368778	5.90
营业总收入（千元）	1815376	1780616	-1.90
营业总成本（千元）	1040899	1025765	-1.50
上缴税金总额（千元）	123813	126939	2.46
利润总额（千元）	854420	720414	-18.60

从图表来看，文化市场经营机构数减少，各项指标有所回落，其原因主要有以下方面：一是市

县文化部门逐步把以往一直在统计的文化茶室划出了管理范围，只有少部分县仍在统计文化茶室数据；二是有的经营机构规模小，管理不善，无市场竞争力，被淘汰或兼并及整合连锁。表中同时显示，由于兼并或整合的原因，在机构数减少的同时，资产总计有所增加。

（二）文化市场执法机构人员落实，设施完善。2010 年全省有文化市场执法机构 119 个，从业人员 633 人。经过各级文化部门的努力，文化市场执法机构的人员编制已经有所增加，各种设施、设备得到了增强。但财政投入仍然不足，2010 年财政拨款 2025.8 万元，较上年减少 138.9 万元，减幅 6.42%，设施装备仍比较落后。

七、文物事业各项工作成效显著

（一）文物事业迅速发展

1. 文物机构及人员稳中有升。2010 年我省有文物机构 246 个，较 2009 年机构新增 9 个，分别为昆明市朱德旧居展览馆，昆明市云南地下党建党旧址展览馆，昆明市熊庆来、李广田旧居展览馆，昆明市滇池博物馆，昆明市安宁温泉历史文化展览馆，普洱市博物馆，红河州绿春县哈尼族博物馆和红河哈尼梯田管理局，大理州文化遗产局。从业人员 1844 人，较 2009 年增加了 135 人，其中高级职称 194 人、中级职称 408 人，我省文物机构及人员稳中有升。

2. 文物藏品及文物保护经费增幅较大。我省有藏品 453712 件/套，较 2009 年增加 23013 件/套，其中一级品 809 件/套，二级品 1762 件/套，三级品 15472 件/套。设基本陈列 2212 个，举办展览 777 个。

文物部门收入 27857.8 万元，较 2009 年增长 73%，其中财政拨款 20023.7 万元，较 2009 年增长 65%；事业收入 2286.8 万元；经营性收入 60.6 万元；其他收入 4279.6 万元。

3. 博物馆免费开放社会效益显现。我省共有各级博物馆 120 个，其中有 113 个向社会公众免费开放，这些免费开放的博物馆为广大民众提供了文化服务，博物馆事业已成为了一项“民生”工程，在宣传云南的历史文化知识，爱国主义精神等方面发挥了重要的作用。本年来博物馆参观的人员骤增，博物馆社会效益成效得以显现。本年来以博物馆为主的各类博物馆、展览馆及文管所参观人次达 1962.3 万人次，较 2009 年增加 44%；未成年人参观 426.1 万人次，较 2009 年增加 47%。

4. 文物普查取得丰硕成果。全省 129 个县（市、区）共调查登记不可移动文物 15371 处，其中新发现 11446 处，复查 3925 处，调查登记消失文物 767 处。通过此次普查，目前全国的不可移动文物数量由 45 余万处增加到 90 余万处，增幅为 200%，我省不可移动文物数量由原来的 5300 处增加到 15371 处，增幅近 300%，高于全国平均水平，极大地丰富了我省文化遗产的数量和类型，为今后云南的文化事业、旅游产业和经济社会发展提供了优势资源，充分表明我省第三次文物普查实地调查阶段取得了丰硕成果。

5. 文物保护维修工作全面开展。2010 年我省实施了维修项目 64 个，维修面积 1345.4 万平方米，项目总预算为 8311.1 万元。在全国重点文物保护单位实施的项目有姚安龙华寺古木建筑整体保护维修项目，会泽会馆第二期维修项目，李家山古墓群保护设施建设工程，石寨山古墓群保护设施建设工程，通海秀山古建筑群、孟连宣抚司署等消防、安防，避雷工程等。同时还启动宜良文庙维修，石羊盐井保护工程、兴教寺壁画、宁蒗扎美戈喇嘛寺、宾川杨氏宗祠名人题刻、腾冲英国领事馆、兰坪兔峨土司衙署、陆良大觉寺、云龙顺荡火葬墓、开远南桥电厂、宜良文庙及大姚庆丰古盐井等省级文物保护单位和文物普查新发现文物的抢救维修工程。

我省制定了《云南省文物维修工程审批管理办法》，进一步提高了文物维修项目管理的规范化与科学化程度。我省对13家资质单位完成云南省文物保护工程资质单位资质年检工作，加强了文物维修的规范化管理。

6. 继续推进考古调勘、发掘工作。2010年完成考古发掘项目29个，其中抢救性发掘10个，主动发掘7个；考古钻探面积28.07千平方米，考古发掘面积81.41千平方米，发掘墓葬数507个。完成30余处工程考古勘探调查和发掘工作。

7. 推进文物保护方式转变。2010年我省不断探索新形势下的文物保护与开发利用新途径，探索出从单体保护扩展到整体保护，从“点”、“面”布局的文物建筑保护到“大型文化景观”、“线型文化遗产”、“系列遗产”等区域性的文化遗产保护、开发与利用之路。如通过举办“茶马古道遗产科学保护普洱论坛”、“茶马古道文化线路”专题研究、“千年印记——茶马古道风情展”、“首届普洱茶马古道节”等活动，不仅拉开了茶马古道整体保护行动的序幕，而且扩大了茶马古道的社会影响力，使“茶马古道”与“聂耳音乐”、“香格里拉”成为云南响亮的名片，掀开了茶马古道文化线路遗产保护、开发和利用的新篇章。

（二）非物质文化遗产保护成效显著

1. 保护工作取得突破。四级名录体系和三级保护制度初步建立，走在了全国前列。我省的“傣族剪纸”、“藏族史诗《格萨尔》”入选联合国教科文组织“人类非物质文化遗产代表作名录”；“阿诗玛”、“泼水节”等70个项目被列为国家级非物质文化遗产保护项目。截至2010年，全省有省级非遗保护项目217项、州市级非遗保护项目2881项、县（区、市）级非遗保护项目5417项。全省有各级命名的非物质文化遗产项目代表性传承人3551人，其中51人入选国家级代表性传承人，284人入选省级代表性传承人。

2. 区域性整体保护工作有序进行。迪庆、大理被文化部列入开展区域性整体保护的全国十大文化生态保护实验区。建成非物质文化遗产专题场馆47个，设立非物质文化遗产传习所、传承基地109个。

3. 宣传工作覆盖面广。非物质文化遗产知识“进校园、进课堂、进教材、进社区、进农村文化广场”活动，取得显著成效。

4. 科学利用得到重视。文化遗产的科学利用在推动文化产业发展中的作用进一步凸显。在开展古籍保护工作中，省图书馆被国务院命名为全国重点古籍保护单位，被文化部确定为国家级古籍修复中心。

八、文化交流更加广泛，影响力不断扩大

2010年，我省共组织文化艺术团（组）102个，1788人次，分别前往30个国家进行文化艺术

交流；接待21个国家文化艺术团（组）69个，1426人次；对港澳台派出文化交流团（组）30个，960人次，接待文化交流团（组）9个，113人次。特别是云南艺术团代表国家随温家宝总理参加中缅建交60周年庆典演出活动，受到了中缅两国领导人的高度评价。“十一五”期间，我省共派出文化艺术团（组）498个，8958人次，分别出访57个国家；接待来自42个国家的文化艺术团（组）336个，7625人次；对港澳台派出文化交流团（组）158个，4756人次，接待文化交流团（组）75个，725人次。

九、存在的主要问题

“十一五”时期云南文化建设各项工作不断发展，取得明显成绩，但也存在以下主要问题：一是公共文化投入总量少、比重偏低。同全国相比，2010年我省人均文化事业费为18.89元，比全国平均水平低5.22元；人均公共图书馆购书费为0.37元，不到全国平均水平的一半。二是缺乏公共文化服务经费保障机制，文化设施难以运行，直接影响了基层单位公共职能的发挥。三是文化人才培养和引进力度不够，缺乏名家大师和高层次有影响的专业领军人物，缺乏文化产业发展所需的经营管理人才和掌握文化领域高新技术的专业人才。四是基层公共文化队伍数量不足，专业素质偏低，乡镇文化站文化专干不专职、不专业、不专心的问题十分普遍。五是农村文化产业发展仍然处于初始阶段，“小、弱、散、难、软”等问题同时存在。六是文化安全形势严峻。近几年来，与我省毗邻的周边国家加大了对边境地区文化建设的投入，境外非法宗教势力、教会组织活动频繁，直接影响到边境地区的发展和稳定，给我省的文化建设带来了新课题和新挑战。

针对以上存在问题，一是要继续深入贯彻党的十七大，十七届四中、五中全会精神和省委、省政府重要会议精神，认清当前文化形势，明确抓好文化建设的意义及作用。二是抓住云南省实施“桥头堡”战略的机遇以及我省“十二五”规划纲要首次把文化建设作为单独的一项战略任务进行部署，认真贯彻全省文化建设工作会议的精神，研究制定支持文化发展的政策措施，为推动云南文化发展提供有力支撑。三是进一步推进文化体制改革，为推动云南文化加快发展注入生机活力。四是加强农村文化建设的“云南经验”的推广和完善，进一步加大对边疆少数民族地区文化建设的投入，加强和巩固边境一线文化阵地。五是要充分发挥城市文化市场的辐射作用，抓好基层农村文化市场的发展。六是要进一步解放思想，拓宽支持文化建设的资金渠道，为文化建设和文物保护工作提供有力保障。

（云南省文化厅）

西藏自治区2010年文化发展情况分析

2010年，西藏文化事业围绕中心，服务大局，坚持以公共文化服务体系建设为抓手，以繁荣文艺创作、加强非物质文化遗产保护等为重点，文物工作认真贯彻“保护为主，抢救第一，合理利用，加强管理”的文物工作方针，为推进全区文化文物工作，加快发展做出了大量卓有成效的工作。

一、机构人员情况

2010年，全区文化系统人员队伍建设有了较快发展，机构逐步健全，较2009年相比，机构增加32个（其中县级文化行政主管部门增加7个，县级综合文化活动中心增加26个，艺术表演场馆减少1个），全区共有艺术表演业机构29个，从业人员1294人，艺术表演场馆21个，从业人员41人，图书馆4个，从业人员64人，群众文化服务机构321个，从业人员311人，文化行政管理机构15个，从业人员281人，其他文化事业机构2个，从业人员53人。

表1　2008－2010年文化单位机构人员情况

年份	艺术表演业		艺术表演场馆		图书馆		群众文化服务机构		文化行政管理部门		艺术科研机构		其他文化事业机构		合计	
	机构	人员	机构	人员	机构	人员	机构	人员	机构	人员	机构	人员	机构	人员	机构	人员
2008年	29	1279	22	88	4	63	257	331	8	238	1	16	1	36	322	2051
2009年	29	1238	22	32	4	66	295	216	8	258	1	16	1	40	360	1866
2010年	29	1294	21	41	4	64	321	311	15	281	1	13	1	40	392	2044

2010年度全区文物机构数为79个，其中文物管理机构73个，博物馆3个，文物科研机构1个和文物鉴定机关1个，文物总店1个。文物机构数比2009年度增加55个，增长229%，

全区文物系统从业人员数为394人，其中高级职称3人，中级职称26人。从业人员数比2009年度增加24人，增长7%。

二、文化经费投入情况

从文化资金的投入情况可以看出，2010年全区文化事业费22297.9万元，其中财政拨款22156.2万元，占全区文化事业费的99.36%，以此可以看出我区的文化投入基本是国家投入。人均文化事业费47.22元，较2009年上涨6.46元，增长13.68%。从投入级层看，除自治区本级投入52.3%外，文化投入所占的比重依次为：山南地区10.9%、昌都地区7.66%、那曲地区6.87%、日喀则地区6.69%、林芝地区6.5%、拉萨市5.59%、阿里地区3.46%。仅从投入比例来讲，自治区本级的经费投入较大，而在地县乡则投入较少，特别是乡，很多地方基本没有投入。

表2　2010年财政投入情况表（单位：万元）

	艺术表演业	艺术表演场馆	图书馆	群众文化服务机构		文化行政管理部门	艺术科研机构	其他文化事业单位	合计	占全部投入的比重
				群艺馆/文化馆	乡镇文化站					
拉萨市	802.1	–	–	212.7	0.7	222.4	–	–	1237.9	5.59
林芝地区	514.3	–	62.6	166.8	252.9	443.2	–	–	1439.8	6.5
山南地区	1006	336.7	–	388.3	–	692.6	–	–	2423.6	10.94
那曲地区	579.1	163.2	–	236.7	–	544	–	–	1523	6.87
阿里地区	382.4	–	6	159.8	–	217.5	–	–	765.7	3.46
日喀则地区	626.7	3.8	–	298.4	5.9	546.7	–	–	1481.5	6.69
昌都地区	790.6	–	164.6	327.4	1.5	412.2	–	–	1696.3	7.66
自治区本级	4143	–	917.4	567	–	4911.6	314.2	735	11588.2	52.3
合计	8844	503.7	1151	2357.1	261	7990.2	314.2	735	22156.2	100
占全部投入的比重	39.91	2.27	5.19	10.64	1.18	36.06	1.42	3.32	100	–

从文化经费投入的项目看，2010年全区艺术表演团体、艺术表演场馆、图书馆、群众文化服务机构投入比例占全区文化事业费的59.19%，说明文化事业费投入逐步向公共文化服务倾斜。

表3　2010年收入支出情况表

	本年收入合计						本年支出合计			
	财政拨款	事业收入	演出收入	经营收入	其他收入	合计	基本支出	项目支出	经营支出	合计
艺术表演团体	8844	28.7	3.3	1	31.6	8908.6	8681	112.6	12.5	8805.9
艺术表演场馆	503.7	24	24	–	7	558.7	311.5	42.2	9.1	362.8
图书馆	1151	–	–	–	–	1151	689.9	–	–	689.9
群众文化服务机构	2618.1	–	–	–	22.1	2640.2	2543	455.6	58.9	3057.2
文化行政管理部门	7990.2	–	–	–	–	7990.2	3049	5160.6	–	8209.2
艺术科研机构	314.2	–	–	–	–	314.2	248.3	–26	–	274.3
其他文化事业单位	735	–	–	–	–	735	415	273.3	–	688.3
合　计	22156.2	52.7	27.3	1	60.7	22297.9	15937	6070.3	80.5	22087.6

从文化事业费支出结构情况看：基本支出15937万元，其中人员支出12410.1万元，占全区文化事业费财政投入的56%，文化专项投入6070.3万元，占全区文化事业费财政投入的27%，表明文化事业费主要用于支付人员费用，直接用于业务活动的经费仍然比较紧张。

三、文化设施建设情况

2010年，我们按照“十一五”规划提出的任务，在全面总结的基础上，对列入规划而没有开工的项目，积极主动与有关单位加强沟通协调，切实加快了基层文化设施建设的进度。

（一）全年新安排3个县级综合文化活动中心和68个乡镇综合文化站建设项目。截至2010底，基本实现了县县有综合文化活动中心的目标。已建乡镇综合文化站的数量也已达到149个，占全区乡镇的22%。

（二）为充分发挥已建基层文化设施服务群众的功能，2010年我们下大力气，完成了全区42个县综合文化活动中心、74个乡镇文化站、3个地区图书馆以及10个县民间艺术团内部设备配备工作，实现了全区所有县综合文化活动中心、19支民间艺术团和已建的乡镇文化站有文化活动设备的目标，为基层群众开展文化活动提供了坚实基础。

（三）文化信息共享工程深入推进。29个县支中心和752个行政村基层点建设工作基本完成，县级图书馆数字化推广工作全面启动。总时长达40个小时的《传统八大藏戏》和《西藏民族歌舞》数字化资源建设工作基本完成，即将通过共享工程网络和光盘形式向区外宣传。

四、群众文化

2010年我区公共图书馆藏书总量53.4万册，较上年增加3.4万册，增长6%，人均拥有公共图书馆藏书籍0.18册。当年购买报刊种类1604种，读者总流通人次2.7万人次，人均图书购置经费0.43元，较上年增长0.03元。

2010年各级文化馆共举办展览34个，组织文艺活动551次，举办各类培训99班次，培训4322人次，馆办文艺团体演出141场。

2010年239个乡镇综合文化活动中心全年组织文艺活动907次，藏书23.6万册，举办培训班214次，培训1.7人万人次。

2010年区直三团送戏下乡演出300多场次，各地市专业文艺团体累计演出达到1600多场次，19支县级民间艺术团和各类民间演出机构演出6000多场，基层群众文化生活呈现出异常活跃的良好态势。

五、文化市场

2010年全区共有文化经营单位1764家，从业人员10018人。其中娱乐场所980家，从业人员5841人；台球室357家，从业人员687人；网吧经营机构348家，从业人员1327人；演出经纪机构等文化公司38家，从业人员325人；其他经营机构28家，从业人员1838人，艺术品经营机构13家。

2010年度全区文化市场经营机构总资产为5.8亿元，总营业收入为2.7亿元，主营业务收入为2.6亿元，主营业务税金及附加为2852万元，较2009年增加2.18%。其中贡献率最大的为拉萨市2225万元，占总数的78%；日喀则地区170万元，占总数的6%；林芝地区183万元，占总数的6%；山南地区74万元，占总数的3%；阿里地区68万元，占总数的2%；昌都地区82万元，占总数的3%；那曲地区50万元，占总数的2%。

2010年，加大文化市场法规宣传力度，《西藏自治区文化市场管理条例》正式实施。各类专项整治行动落到实处，全区各级文化市场管理部门共出动执法人员13614人/次，检查各类文化经营场所8946家/次，责令整改161家/次，警告146家/次，罚款54400元，责令停业整顿48家/次，没收各类非法音像制品137190盘（张）。

六、艺术创作

2010年初，召开了全区专业艺术创作会议，讨论、修改、通过了《西藏自治区重点项目扶持和奖励办法（试行）》、《西藏专业艺术创作思路》，极大地调动了创作人员的工作积极性。全年全区新创作推出的舞台文艺作品达到了320余个，比2009年有较大提高。如区歌舞团新创的世博会西藏活动周巡游主题歌《腾飞西藏》、世博会西藏活动周大型歌舞晚会《天上西藏》，区藏剧团的《吉祥祝福》，山南地区的《雪域珍宝》，区话剧团的话剧小品《酒驾》、《幸福》，昌都地区的《幸福之路》，那曲地区的《和谐羌塘》等都在社会上产生了较大影响，受到了人民群众的普遍欢迎。西藏爱乐乐团应邀参加国家大剧院“第二届中国交响乐之春”演出季活动、重庆“西部交响周”活动，受到了内地专家和观众的广泛好评。组织创作的男子踢踏舞《欢歌起舞》入选参加“中央电视台2011年春节联欢晚会”，自治区歌舞团的优秀舞蹈作品《热萨玛》入选参加2011年国家文化部电视新年晚会。现实题材话剧《扎西岗》继进入区党委宣传部“五个一工程”、文化部“2009－2010年度国家舞台艺术精品工程扶持项目32强”后，经进一步修改提高，2010年5月，在广州举办的第九届中国艺术节上荣获文华大奖特别奖；区藏剧团青年藏戏表演艺术家班典旺久荣获文华表演奖，区话剧团青年演员索朗次仁荣获优秀表演奖；同时，在全国3年一次的“群星奖”评奖活动中，《同乡的年轻人》获音乐类群星奖，《阿嘎舞》、《欢乐踢踏舞》获舞蹈类群星奖；“全区大型群众文化调演活动”获项目类群星奖，自治区群艺馆馆长贡布欧珠和昌都地区群艺馆副馆长春梅获得“群文之星”荣誉称号。

七、文化产业

（一）积极推动产业发展。2010年我区共组织23家企业和单位参加了全国各类重大文化产业博览交易会，对外推介文化产业招商项目42个，签订产品订单12个，全年落实文化产业协议投资达7亿元左右。

（二）成功举办首届西藏唐卡艺术博览会并承办了“百万优秀动漫产品进西藏”等系列活动。

（三）重点文化产业项目原生态歌舞《幸福在路上》，入选“国家旅游重点项目名录”并全面推向市场。

（四）一批重点文化企业相继涌现，不断壮大。拉萨市娘热乡民间艺术团已发展成为一支以藏戏表演为主，集多种艺术为一身的远近闻名的经营性综合民营艺术团体；拉萨市城关区古艺建筑美术公司和拉萨岗地经贸有限公司被文化部命名为国家级文化产业示范基地。

八、文化遗产保护

非物质文化遗产保护成效显著。2010年初召开了全区非物质文化遗产普查工作总结会议，对

“十一五”以来，我区非物质文化遗产普查工作进行了全面总结，对下一步工作进行了安排部署。据统计，2010 年投入非物质文化遗产保护经费 1295 万元，一是全面开展了对国家级、自治区级和传承人以及 200 余支民间藏戏队的保护工作；二是全区 21 个项目列入重点保护计划，完成了拉萨河文化生态保护区的申报工作；三是在“文化遗产日”期间举行了藏戏入选人类非物质文化遗产代表作名录的庆典仪式，出版了《藏戏经典唱腔名人名段》CD 光盘，编撰完成了《吉祥卓舞》、《墨竹工卡县普堆巴宣舞》、《传统八大藏戏剧本》等非遗系列丛书；四是向文化部上报了我区 76 项国家级非物质文化遗产项目（含第三批公示的 16 项）保护规划书。

全区文物保护工作取得新成绩。一是文物保护工作取得新成绩，“三大重点文物保护维修工程”全面竣工，“十一五”重点文物保护工程进展顺利，新开工 21 处维修保护项目。二是文物普查工作有序开展。2010 年度全区已发现各类文物点 4277 处，各级文物保护单位 743 处，其中全国重点文物保护单位 35 处、自治区级文物保护单位 224 处、市县级文物保护单位 484 处。各类文物点比 2009 年度增加 15 处，增长了 0.35%，截至年底已基本完成了全区 74 个县（区）629 个乡镇的文物普查工作，普查面积约 117.6 万平方公里，调查区域覆盖率达 98%。2010 年度全区文物藏品数 143071 件/套，比 2009 年增加 26773 件/套，增长 23%，其中文博机构为 10821 件/套、西藏博物馆 29491 件/套、山南雅砻历史博物馆 3114 件/套、文物总店 5645 件/套。其中一级品为 454 件/套，比 2009 年增加 41 件/套，增长 9.93%；二级品 470 件/套，比 2009 年增加了 392 件/套，增长了 502.56%；三级品 577 件/套，比 2009 年增加了 300 件/套，增长了 108.30%。三是第一批全区“红色遗迹”保护工程全面实施。四是完成了昌都、林芝、日喀则、山南四个地区的 2800 多件馆藏文物的电子档案制作工作，对布达拉宫管理处、罗布林卡管理处收藏的 4887 件文物建立了电子和纸质档案，对 5880 多部文献典籍进行了整理编目和登记造册。

古籍保护工程全面实施。今年是贯彻落实文化部等 8 部委《关于支持西藏古籍保护工作的通知》精神的第一年，一年来，我们结合实际，制订了《西藏自治区 2010－2015 年古籍保护工作规划》、《西藏自治区古籍普查工作实施方案》。以政府名义，召开了全区古籍保护工作会议，对全区古籍保护工作进行了全面部署。向国家古籍保护中心申报了《格萨尔王克敌制胜记》等 15 部珍贵古籍，其中 12 部珍贵古籍入选第三批国家珍贵古籍名录。截至目前我区已成功申报 34 部国家级珍贵古籍。

2010 年，通过全区广大文化工作者的艰苦努力，文化文物事业取得了长足发展，同时我们也要看到，与文化大发展大繁荣的新形势、新任务、新要求相比还有很大的差距，突出表现在：一是文化市场经营单位规模仍然偏小、竞争力不强，基层文化市场有待进一步培育发展。二是资金投入不够，制约了文化事业的发展。三是基层文化文物机构不健全，人才匮乏。为此我区将积极争取各方面文化事业的资金投入，进一步加大人才队伍建设，为实现西藏文化事业的全面繁荣而努力奋斗。

（西藏自治区文化厅）

陕西省2010年文化发展情况分析

2010年，全省文化系统以邓小平理论和“三个代表”重要思想为指导，认真贯彻党的“十七大”和十七届四中、五中全会精神，深入贯彻落实科学发展观，坚持社会主义先进文化方向，坚持“二为”方向和“双百”方针，以创先争优活动为牵引，努力建设和谐文化，推进文化体制改革和文化创新，增强文化发展活力，大力繁荣文艺创作、发展公益性文化事业和文化产业，不断繁荣文化市场，积极实施文化“走出去”战略，全省文化建设保持了持续稳定发展繁荣的好势头，为全省经济社会发展营造了良好的文化氛围。

一、文化事业发展概况

（一）机构人员情况

2010年度文化部门共有机构2334个，从业人员20267人，其中高级职称891人。艺术表演团体127个，从业人员7162人，其中文化部门107个；艺术表演场馆97个，从业人员2217人，其中文化部门89个；公共图书馆112个，从业人员1988人，其中高级职称64人；群众艺术馆11个，从业人员384人，文化馆109个，从业人员1990人；文化站1707个，从业人员3428人，其中乡镇文化站1542个；文化部门教育机构7个，从业人员383人；文化艺术科技科研机构13个，从业人员156人；其他文化产业机构281个，从业人员4776人。

（二）经费收支情况

2010年全省文化单位收入合计122307万元，支出125435万元，分别比上年增长12%和15%。在收入合计中财政拨款89457万元，比上年增长23%；事业收入6665万元，比上年减少21%；经营收入963万元，比上年增长155%。在支出合计中人员费用50232万元，比上年增加8%，占支出合计的40%。

陕西文化具有深厚的底蕴，更具有极大的发展潜力。随着经济的发展，文化发展所需投入也逐渐增加，从上述收支情况明显看出2010年各级财政对文化的投入有所增长，公共财政的支持作用日益凸显，但现阶段文化部门收入主要依靠财政拨款，财政收入主要用于人员费用，而用于开展业务活动的经费相对较少、增长缓慢，从一定程度上影响了文化事业的发展，希望各级政府进一步加大对文化事业的投入力度，推进陕西文化又好又快地发展。

（三）基本建设情况

2010年，全省文化单位基本建设项目540个，其中艺术表演团体6个，艺术表演场馆4个，公共图书馆23个，文化馆19个，文化站482个，其他项目6个。本年计划投资额23179万元，中央投资11825万元；本年实际完成7145万元，竣工项目71个，竣工面积2.9万平方米。近几年，中央和省里加大了对文化设施的投入力度，一定程度上促进了基层文化基础设施的建设，但由于我省经济欠发达，偏远贫困地区较多，基础设施简陋，内部设备不全，难以发挥乡镇文化站、文化馆等基础设施作用，且日常维护费用严重不足，难以保证正常文化活动的开展。

（四）业务活动情况

1. 艺术业

2010年全省艺术表演团体全年演出2.1万场，平均每团165场，观众3093万人次，其中，到农村演出1.6万场，农村观众2624万人次。演出收入4966万元；艺术表演场馆演出0.5万场，其中艺术演出0.26万场，平均每单位演出52场，艺术演出收入5088万元。

2010年我省成功举办了第五届中国秦腔艺术节，西安城墙“万人吼秦腔”，演出门票收入全部捐献灾区，并组织获奖节目下乡演出，让艺术节真正成为了“人民的节日”。来自西北五省（区）22个高水平演出团体，为广大戏迷带来26台精彩剧目，共上演52场。剧目质量之高、规模之大、影响之广，均创历史之最。

新品新作不断涌现，市场运作水平不断提高，陕西演艺集团创排了京剧新编历史剧《藜仗行》、大型歌舞音画剧《金格灿灿的彩》，热演后引起轰动，形成一票难求的火爆场面。《大唐赋》、《汉唐百戏》、《风雨老腔》、《唐乐舞》等精品保留剧目经过打造提升，凸显出更高的艺术和商业价值。大型木偶皮影剧《来自中国的三个传说》的上演，是集团剧目引进的有益尝试。

2. 公共图书馆业

2010年全省公共图书馆总藏量1127万册（件），比上年增加68万册，其中图书937万册，比上年增长45万册；视听文献、微缩制品7.8万册，比上年增长2.4万册。人均拥有公共图书馆藏书0.3册，比上年人均0.28册有所增长。人均购书经费0.409元，比上年0.31元有所增长。

2010年全省公共图书馆总流通519万人次，平均每馆4.63万人次，比上年上升35%；书刊文献外借196万人次，平均每馆1.75万人次，比上年上升3%；书刊文献外借305万册次，平均每馆2.7万册次，比上年上升18%。计算机3936台，电子阅览室终端2394台，运用科技手段，提升公共图书馆服务水平。

3. 群众文化业

完成了文化信息资源共享工程36个市、县级支中心和一批乡镇、村级基层服务点的建设任务。完成了39个社区文化中心、302个文化活动室的设备采购及配送工作。完成了200个乡镇综合文化站设施建设任务，为1300个行政村配送了文化活动器材。向财政部、文化部申报了372个乡镇文化站的设备购置规划，申请中央专项支持资金2960万元，省财政配套资金740万元。

举办了全省第7期乡镇文化站站长岗位培训班，培训乡镇文化站长40余名。推荐4人参加了全国第三、四期文化站长培训班。举办了两期乡镇文化站灯光音响设备配送暨使用培训班，为372个乡镇文化站配发了灯光、音响设备。申请非物质文化遗产保护专项资金、乡镇文化站设备购置经费、城市社区文化中心（街道文化站）及文化活动室设备购置经费、流动舞台车专项经费、文化信息共享工程专项经费及文化产业发展专项资金中央支出50012万元。

4. 文化艺术教育与文化艺术科研

2010 年全省共有文化部门教育机构 7 个，全年各类院校共有在校生 659 人，在机构减少的情况下比上年有所增加；艺术在校生 2439 人，比上年略有减少，为国家培养各类艺术人才 636 人，艺术教育取得显著成绩。

2010 年艺术科技科研机构共有 13 个，从业人员 156 人，高级职称 31 人，占总人数的 20%，全年累计完成科研项目 13 个，其中获国家奖 1 个，省部级奖 11 个，发表论文 47 篇，科研工作取得突出发展。

5. 文化产业

目前全省有 1 个国家级文化产业示范园区，8 个国家级文化产业示范基地，55 个省级文化产业示范基地。培育市场主体、增强微观活力的举措，使一批有较强实力、竞争力、影响力和自主创新能力的文化单位、企业迅速成长起来，绝大多数已成为当地文化产业的知名品牌，有效地发挥了示范、辐射和带动作用，产生了较好的经济和社会效应。

6. 非物质文化遗产

完成了第二批省级非物质文化遗产名录项目代表性传承人命名工作。经申报、评审、公示、审定等程序，从各市申报人中确定 89 人进入省级名录项目代表性传承人名单。对列入国家级和省级名录项目的五年保护规划，进行了认真地编制与评审，进一步建立健全了非物质文化遗产世界、国家、省、市、县五级名录。现有世界级 2 项、国家级 51 项、省级 295 项、市级 590 项、县级 2292 项。

二、文化市场经营单位发展概况

2010 年，陕西省文化市场经营单位 5261 家，从业人员 35119 人，资产总计 47.83 亿元，营业总收入 24.26 亿元，利润总额 10.07 亿元，应付工资总额 4.46 亿元。主营业务收入 24.33 亿元，其中演出业 7839 万元，娱乐业 9.2 亿元，经营性互联网经营单位 282 万元，网吧业 12.2 亿元，棋牌、休闲等其他文化经营行业 1.32 亿元，网吧连锁企业 1354 万元，艺术品 13 万元，动漫企业 6562 万元。

与 2009 年相比较，2010 年全省文化市场经营单位主营总收入同比减少 3.24%，其中演出业减少 8.68%，娱乐业增长 33.82%，网吧业减少 18.65%，其他文化经营机构减少 13.36%。从数据可以看出，2010 年陕西省文化市场继续保持比较平稳的发展。特别是娱乐市场发展稳定性有所提高，发展的协调性有所改善。经营性互联网文化单位、动漫企业规模还较小，还属于起步阶段。

（一）演出经纪机构

2010 年陕西省演出经纪机构 14 家，从业人员 426 人，其中民营演出经纪机构 13 家。演出经纪机构资产总计 2.1 亿元，主营收入 7839 万元，比上年度减少 693 万元，同比减少 8.68%，由于营业成本增高，利润总额赤字 1329 万元，比上年度增加 109 万元，应缴税金 621.4 万元，比上年度增加 122 万元。全年演出 453 场，同比增长 96.96%，观众近 116.2 万人次，同比增长 41.36%。

图1　2010年文化市场经营单位主营收入总量和比重情况

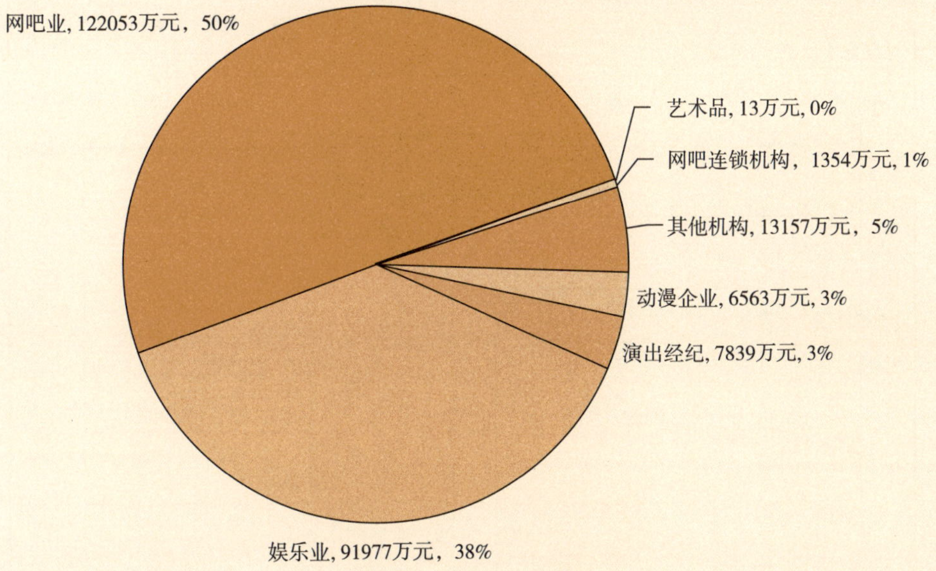

（二）娱乐场所

2010 年全省娱乐场所经营单位达到 1031 家，比上年度增加 40 家，从业人员 11523 人，比上年度增加 259 人。资产总计 19.16 亿元，比上年度增长 4.89 亿元，主营收入 9.19 亿元，比上年度增长 1.86 亿元，利润总额 4.51 亿元，比上年度增长 36.3%，应缴税金 7015 万元，比上年度增长 92.35% 万元。娱乐场所中 873 家属于歌舞娱乐，134 家属于游艺娱乐，24 家属于其他娱乐场所。

（三）互联网上网服务营业场所

从文化市场整体构成来看，互联网上网服务营业场所（网吧）占据了全省文化市场的半壁江山，对推动文化市场整体发展，丰富人民群众文化生活，起到了非常重要的作用。2010 年，陕西省网吧机构 3270 家，比上年度增加 273 家，从业人员 19542 人，比上年度减少 967 人。全省网吧计算机终端近 40.25 万台，营业面积达 116.2 万平方米，上网人次 5.73 亿。资产总计 22.1 亿元，比上年度减少 1.3 亿元，主营收入 12.2 亿元，比上年度减少 2.8 亿元，利润总额 5.05 亿元，比上年度减少 0.59 亿元。应交税金 4046.8 万元，比去年比上年度增加 119 万元。

（四）网吧连锁企业

全省共有网吧连锁企业 6 家，资产总计 4770 万元，主营收入 1354 万元，利润总额 538 万元。拥有连锁门店 375 家，占全省网吧总数的 11.46%。

（五）经营性互联网经营单位

全省经营性互联网经营单位共 6 个，从业人员 153 人，资产总计 6507 万元，主营收入 281.5 万

图2 2009-2010年度文化市场经营单位主营收入比较

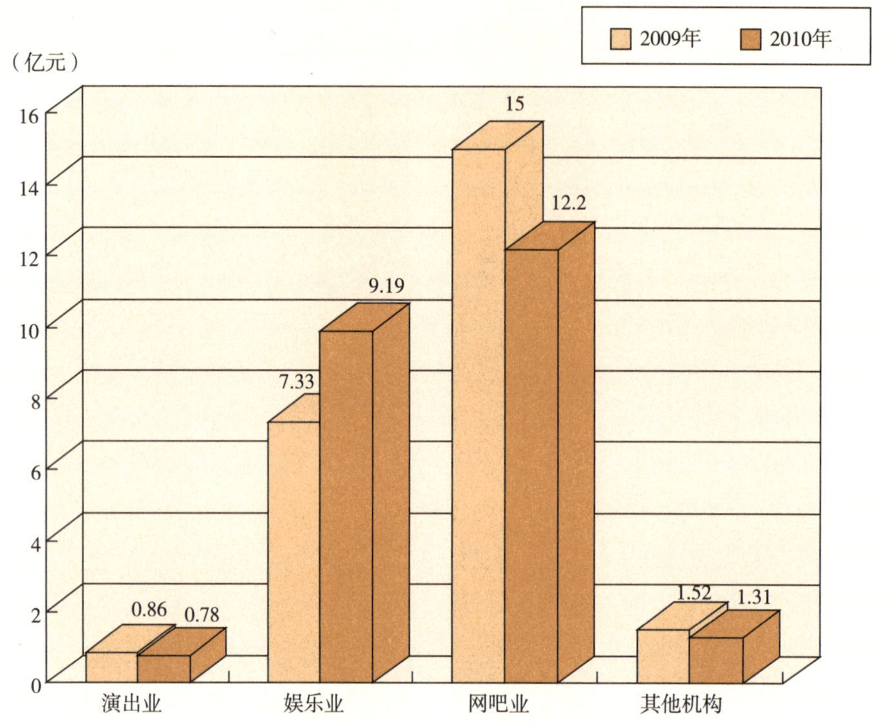

元，拥有自主知识产产的网游 20 个，利润总额 -316 万元。

（六）动漫企业

全省动漫企业共 27 个，资产 1.21 亿元，主营收入 6562 万，利润总额 11.6 万元。

（七）其他文化市场经营机构

其他文化市场经营机构是指随社会发展出现的如棋牌、茶秀、酒吧等等有关文化休闲娱乐类的新兴文化市场，不包含于上述的娱乐场所。2010 年，全省机构数 933 家，比上年度减少 35 家，从业人数 3203 人，比上年度增加 101 人。资产总计 2.18 亿元，比上年度增长 3800 万元，主营收入 1.31 亿元，比上年度增长 2100 万元，利润总额 6245.4 万元，比上年度减少 877.83 万元，应交税金 1654 万元，比上年度增加 1187 万元。

（八）数据分析

1. 娱乐业发展稳中有升

娱乐业在 2010 年随着社会消费水平的提高而得到了较快速的发展，总体规模日益壮大。2010 年比 2009 年主营收入增长 36.3%。在娱乐行业的各种经济类型当中，个体、民营经济已成为主要发展力量，尤其是民营经济类型在数量、从业人数、资本金总量上更是占据了行业的半壁江山。

从业态分布来看，歌舞娱乐场所成为最为民众喜欢的娱乐场所，在全省 1031 家娱乐经营企业中，歌舞娱乐场所占 873 户，占总数的 84.6%；游艺娱乐场所以 134 家，以 12.9% 的比重排在第二位。

2. 网吧市场趋于稳定

2010 年网吧较 2009 年增加了 273 家，但在主营收入方面却比上年度减少 2.8 亿元，利润总额 5.05 亿元，比上年度减少 0.59 亿元。这说明，网吧市场在数量上已经饱和。从业人员 19542 人，比上年度减少 967 人，但工资发放总额为 2.19 亿元，和 2009 年基本持平，从以上数据说明人员工资成本增高，加上运营的各种费用上涨，网吧的营利能力有所降低。

三、文物事业发展概况

（一）文物机构情况

2010 年我省共有文物机构 347 个，比上年增加了 3 个，从业人员 8472 人，比上年增加了 537 人。文物机构中文物行政主管机构 118 个，文物科研机构 13 个，文物保护管理机构 203 个，博物馆 106 个，文物商店 1 个，其他文物机构 24 个。

表 1　2009 年和 2010 年全省各地区文物机构基本情况对照表

地市	机构			2010 年机构明细				
	2009	2010	增减	科研机构	文保机构	博物馆	文物商店	其他机构
西安	41	42	1	1	24	13	0	4
宝鸡	25	26	1	1	3	16	1	5
咸阳	70	72	2	3	42	18	0	9
渭南	52	52	0	2	37	10	0	3
铜川	27	25	-2	2	15	8	0	0
汉中	26	26	0	0	17	9	0	0
安康	15	15	0	0	11	4	0	0
商洛	17	17	0	0	11	6	0	0
延安	26	31	5	1	17	13	0	0
榆林	30	31	1	1	25	5	0	0
杨凌	1	1	0	0	1	0	0	0
省直	14	9	-5	2	0	4	0	3
合计	344	347	3	13	203	106	1	24

（二）文物藏品情况

2010 年文物藏品总计 946083 件/套，比 2009 年增加 8795 件/套，其中一级品 7077 件/套，比去年增加 125 件/套；二级品 13705 件/套，比上年减少 103 件/套。减少原因为榆林市二级品 0736 汉黑白两色石棋子由二级品调整为三级品；三级品比上年增加 968 件。

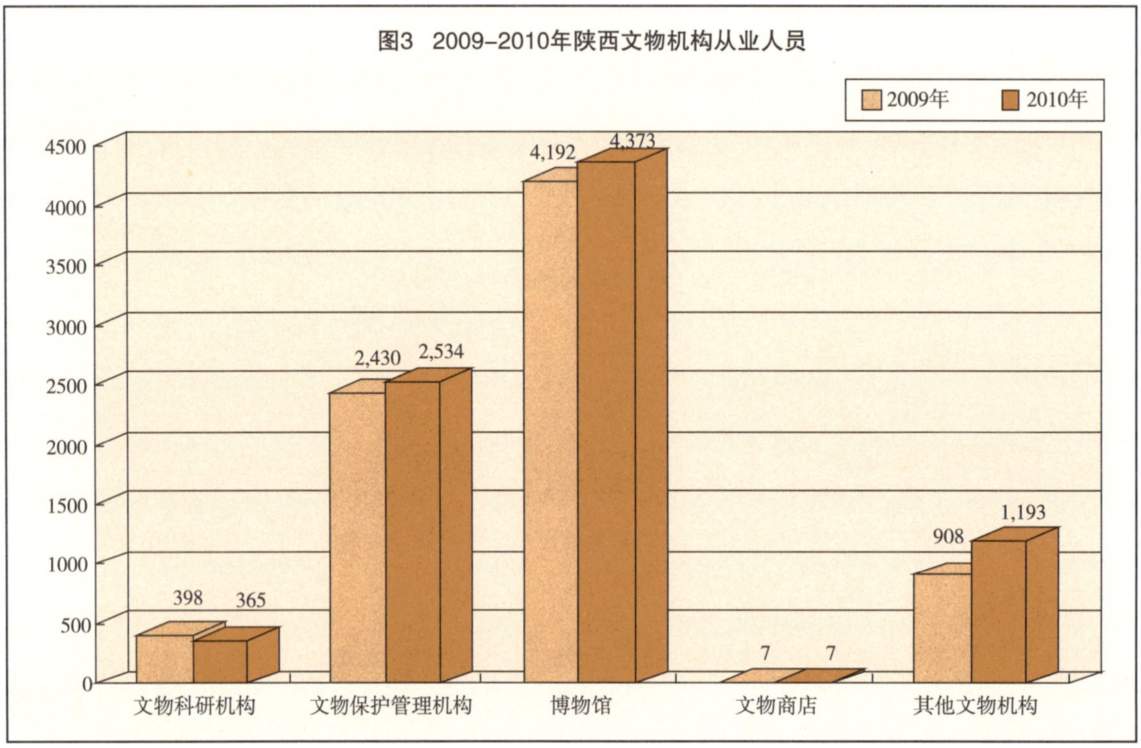

（三）文物系统单位经费收支情况

2010年陕西省文博单位全年收入114871.3万元，比上年增加23978.7万元，其中财政拨款54712万元，事业收入41830万元，经营收入1192万元，其他收入14570万元。与2009年相比较，2010年总收入同比增长26.38%，幅度较大，收入显著增长，其中财政拨款同比增长68.96%，事业收入同比增长17.06%，经营收入同比增长36.98%。

陕西省文博单位全年支出87043万元，比上年增加11711万元，本年支出中基本支出57909万元，项目支出25552万元，经营支出882万元。与2009年相比较，2010年总支出同比增长23.94%，其中基本支出同比增长33.99%，项目支出同比增长0.51%，项目支出同比增长13.19%。

表2 2010年文物系统单位经费收入情况表（单位：万元）

单位类型	本年收入				
	总计	财政拨款	事业收入	经营收入	其他收入
总计	114871.3	54712	41830.4	1192.7	14570.9
文物科研机构	11836.3	5083.5	4511.6	-	2105.3
文物保护管理机构	25726.3	15451.7	6251.3	858.8	2690.6
博物馆	59431.5	19727.2	30096	333.9	8655.5
其他文物机构	17677.2	14449.6	971.5	-	1119.5

表3 2010年文物系统单位经费支出情况表（单位：万元）

单位类型	本年收入				
	总 计	财政拨款	事业收入	经营收入	其他收入
总 计	107880.1	77590	25552.3	882	3855.8
文物科研机构	10006.1	8116	1684.8	53.6	151.7
文物保护管理机构	24005.3	11497.3	9737.7	703.9	2066.4
博物馆	56707.3	45568.4	10154.9	124.5	859.5
其他文物机构	16974.9	12408.3	3974.9	-	591.7

（四）博物馆情况

1. 陈列展示再上新台阶

我省博物馆、纪念馆总数达到106座，全年举办展览54个，接待观众1250万人次。西安碑林博物馆新石刻艺术馆、宝鸡青铜器博物馆、大唐西市博物馆等6个博物馆建成开放。我们举办的“大唐遗宝——何家村窖藏出土文物展”、“丝绸之路——大西北遗珍展”、“渭水之滨秦陇一脉关中-天水先秦文化巡礼展”、“长安佛韵展”等展览，充分展示了陕西文物宝库中的精华，产生了很大的社会影响。我们在辽宁大连举办的“永远的长安——陕西历史博物馆藏唐代文物精品展”，在深圳举办的“三秦瑰宝——陕西出土周秦汉唐文物展”等展览都在当地引起强烈的反响，为宣传陕西、扩大文化交流做出了应有贡献。

2. 免费开放工作进一步深化

公布了全省第二批43座免费开放博物馆、纪念馆名单，使我省免费开放博物馆增至48家，数量位居全国前列。目前全省有9个市都有免费开放博物馆，其中一级博物馆2座，二级博物馆6座，三级博物馆6座。不断加大对免费开放博物馆的管理力度，对已免费开放的博物馆实施了绩效考核，在全国博物馆纪念馆免费开放工作会议上，我局作为全国唯一的省级文物行政管理部门，以《密切合作、创新服务，以高度的责任感全面推进博物馆免费开放》为题，向大会汇报了我省博物馆免费开放工作所取得的成绩和经验，得到了与会者的好评。同时，我们扎实推进博物馆教育纳入国民教育体系工作，为全省义务教育阶段中小学生组织编写了陕西文化遗产乡土教材，目前已完成大纲和教材初稿，正在抓紧审定过程中。

3. 服务社会有声有色

大力支持上海举办世博会，先后组织陕西历史博物馆、西安博物院、法门寺博物馆收藏的16件组一级文物参加了上海世界博览会中国国家馆、城市足迹馆的展出，特别是秦始皇帝陵博物院“青铜之冠”——秦陵一号铜车马首次离馆在上海世博会出展，作为中国馆镇馆之宝，成为世博会的亮点。

（五）文物系统单位基本陈列、展览情况

2010年陕西省文博机构共举办各类陈列、展览1199个，比上年增加724个；参观2172万人次，比上年增加381万人次；全年实现门票收入46378万元，比去年增加7531万元。

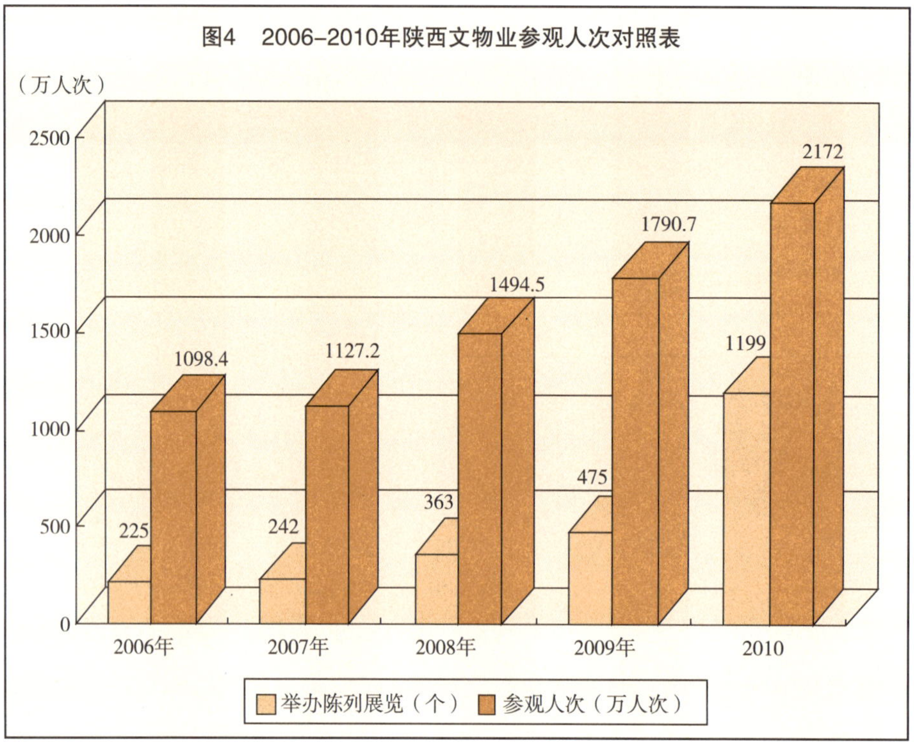

国际间文化交流活动产生重要影响。2010 年，组织出国出境团组 71 批 229 人次，邀请国外专家 12 批 42 人次；接待和协助省有关部门接待法国总统萨克奇、国际博协欧洲委员会主席等外宾和港澳台客人 80 批 1451 人次。全年在 8 个国家和地区举办文物外展 12 个，引进展览 2 个，收到了良好效果。在瑞典东方博物馆举办的“中国的兵马俑展览”，瑞典国王卡尔·古斯塔夫十六世及王后西尔维亚，瑞典文化大臣莱娜·阿德尔松·利列罗特，中国驻瑞典大使陈明明参加了开幕式。该展览是由习近平副主席和瑞典国王卡尔·古斯塔夫十六世亲自确定的展览项目，不仅在该国引起轰动，还在海外形成了“陕西文物展览热”。在赴台参加“2010 台湾陕西周”活动中，我局与台北故宫博物院达成合作共识，赵正永代省长率领的陕西省政府代表团出席了双方合作共识对外宣布仪式和“石墨真宝——西安碑林博物馆碑拓特展”开幕活动，两项活动成为“2010 台湾陕西周”的亮点，得到了赵正永省长和景俊海副省长的高度评价。另外，完成了对外设立“陕西文化遗产大使”荣誉奖项的报批手续，已开始设计建立海外专家资料库，并录入了部分外国专家资料。

（六）考古发掘工作情况

2010 年我省加大了考古发掘工作的力度，完成考古发掘项目 256 个，其中基本建设考古发掘项目 148 个，抢救性发掘项目 19 个，主动性发掘项目 15 个。组织开展了汉茂陵丛葬坑的考古勘探与试掘、唐景陵的考古调查勘探与发掘、杨官寨遗址考古发掘、周公庙遗址考古发掘等项目，全年完成考古调查项目共计 6 项，线路总长度约 400 公里、总面积约 120 平方公里。特别是秦兵马俑考古项目荣获 2010 年西班牙阿斯图里亚斯王子奖，这是中国首次获得这项在欧美具有较高知名度、有

“小诺贝尔奖”之称的奖项，为此，省政府对承担秦兵马俑考古项目的秦始皇帝陵博物院及作出贡献的文物工作者给予了通报表彰。

（七）文物统计分析结果

从统计数据可以看出，2010 年，我省文物事业继续保持稳定发展的良好势头。

1. 全省文物事业经费投入逐年增加。全年实现财政拨款 54712 万元，比上年增加 69%，这充分说明中央和省财政对文物事业的高度重视和大力支持。文博单位的全年收入和支出比上年都有较大的提高，陕西文物事业正在党和国家的正确领导下，在全体文博从业人员的辛勤工作下顺利进行。

2. 博物馆建设步伐进一步加快。我省文物机构正在逐步健全，人员队伍也不断得到扩展，文物藏品也在不断增加，国家财政和省级文物保护单位抢救维修项目资金投入也在不断加大，考古勘探和考古发掘及配合基本建设和省市重点工程在稳步进行，加大全省博物馆陈列提升、科学研究等基础工作。

3. 文物宣传工作稳步提升。2010 年，文物宣传和外展工作成效显著。我们围绕国家和省上的中心工作，从促进改革开放的大局出发，着眼于“让世界了解陕西，让陕西走向世界”和推动文物保护事业科学发展，积极做好宣传工作和文物对外交流与合作工作，全省文博单位接待观众 2172 万人次，比上年增加 21%，展示宣传和社会服务工作不断创新，陈列展览的数量明显增多，质量明显提高。为陕西经济社会的发展作出了积极的贡献，使陕西在国内外的影响力不断增强。

陕西文物事业取得了一系列成绩，但是在发展的同时也存在一些不容忽视的问题。

1. 文物保护基础工作还有待加强。文物保护管理机构相对薄弱，一些地方文物、博物馆工作管理水平不高，已成为妨碍文物、博物馆事业健康发展，各项工作迟缓于时代要求的原因之一。长期以来，妨碍文物事业发展的管理体制问题仍然没有得到有效解决。文物保护宣传工作不到位，文物行政执法能力还有待提高，相当多的地方文物执法机构不健全，难以承担《文物保护法》赋予的行政执法职责。

2. 文物保护经费投入和人才供给与实际需求尚有较大差距。文物保护和修复资金投入不足，尤其是在大遗址保护和古建设计维修方面。文物保护科研人员比较欠缺，文物工作人员文化素质和业务水平还有待进一步提高。许多文博单位专业人才匮乏、人才结构不合理，难以承担日益繁重的文物保护任务。

3. 文物保护科学研究相对滞后，不能适应文物事业快速发展的需求。随着经济市场化、文化多元化、信息网络化的社会转型期，文物、博物馆工作面临的问题日趋复杂，社会各界对文物保护工作愈发关注。不注意学习借鉴先进的思想方法和工作成果，不注意鼓励发挥各类人才的智力优势，不注意掌握利用先进的科学技术，文物、博物馆事业就不可能取得长足的进步。

（陕西省文化厅　陕西省文物局）

甘肃省2010年文化发展情况分析

2010年，全省文化系统认真落实省委、省政府工作部署，紧紧围绕文化科学发展这个主题，抓住加快文化发展方式转变这条主线，以“六大工程”建设为具体抓手，坚持解放思想，改革创新，抢抓机遇，锐意进取，文化建设各项工作取得了新进展、新成效。

一、2010年文化发展概况

（一）机构和人员基本保持稳定增长

全省共有各类文化单位机构4902个，比上年增加338个，增长7.41%，从业人员32615人，比上年增加3520人，增长12.1%。文化系统机构数1987个，较上年增加124个，增长6.7%。机构增长主要是乡镇文化站增加120个，博物馆增加11个。全省共有艺术表演团体81个，从业人员4421人。各类艺术表演场所28个，从业人员265人。公共图书馆94个，从业人员1306人。群众艺术馆16个（含张掖市文化中心），从业人员384人，文化馆86个，从业人员1070人。文化站1315个，从业人员1962人，其中乡镇文化站1226个，从业人员1863人。其他文化事业机构26个，从业人员215人。文物保护管理及科研机构50个，从业人员1251人。博物馆102个，从业人员2015人。全省文化市场经营单位（含演出经纪机构、娱乐场所、经营性互联网文化单位、艺术品经营单位、文化市场连锁经营单位等）共有2912个，较上年增加215个，从业人员17186人。

（二）文化事业费逐年增长

甘肃是经济欠发达地区，财政历来都很困难，文化文物事业费基数很低，“十一五”期间在上级部门和省级财政的大力支持下，文化文物事业经费逐年增加。文化事业收入由2006年的5.33亿元增加到2010年的13.16亿元，平均年增长19.8%；文化事业经费由2010年的3.06亿元增加到2010年的8.66亿元，年平均增长23.13%；文物经费由2006年的2.16亿元增加到2010年的4.50亿元，年平均增长15.81%；文物保护项目支出由2006年5604万元增加到2010年14738万元，年平均增长13.15%。

2010年全省文化（文物）事业费总收入达到13.16亿元比上年增加2.43亿元，增长23.43%。

全省文化事业财政拨款达到8.34亿元，较上年7.15亿元增加1.19亿元，增长16.6%，其中文化财政拨款为5.56亿元，较上年4.7亿元增加8600万元，增长18.3%；文物财政拨款2.78亿元，较上年2.44亿元增加3400万元，增长13.9%。

全省文化事业总支出12.57亿元，较上年10.41亿元增加2.16亿元，增长20.87%。其中文化总支出8.47亿元，较上年6.38亿元增加2.09亿元，增长32.76%；文物总支出4.1亿元，较上年4.03亿元增加722万元，增长1.8%。

表 1　2006－2010 年收入支出情况（单位：亿元）

	2006 年	2007 年	2008 年	2009 年	2010 年
文化文物总收入	5.33	7.29	9.39	10.73	13.16
其中：文化总收入	3.06	4.61	5.75	7.22	8.66
文物总收入	2.16	2.58	3.50	3.53	4.50
文化财政补助收入	2.59	3.1	3.94	4.71	5.56
文物财政补助收入	1.02	1.04	2.27	2.45	2.79
文化文物总支出	4.98	6.86	9.19	10.41	12.57
其中：文化总支出	2.95	4.32	5.79	6.38	8.47
文物总支出	1.93	2.43	3.27	4.05	4.10

（三）以基础设施建设为重点，不断提升服务能力，公共文化服务体系建设实现新突破

一年来，以建立健全公共文化服务体系为目标，大力推进文化基础设施建设和公共文化服务活动，公共文化服务能力得到了进一步提升。一是基层文化阵地建设进一步加强。列入“十一五”规划的 990 个乡镇综合文化站建设项目，已经建成 499 个，绝大多数已经投入使用；2010 年下达的 481 个乡镇综合文化站项目完成了选址，现已陆续开工。为 629 个乡镇综合文化站每站配置了 10 万元的设备，为 33 个社区文化中心每个中心配备了 12 万元的设备，为 90 个社区文化活动室每个配备了 5 万元的设备，保障了文化服务功能的正常发挥。二是文化信息资源共享工程取得突破性进展。2010 年，我们又建成了 29 个文化信息资源共享工程县级支中心，建成村级服务点 10260 个，与农村党员远程教育联合共建村级服务点 5557 个，基本实现了村级服务点全覆盖。同时，对 200 多名县级支中心工作人员进行了集中培训，提高了技术水平，为正常开展服务提供了保障。三是重点文化设施建设项目进展顺利。省直单位的“金城第一戏楼”竣工并投入使用，黄河剧院重建正在紧张施工，飞天文化产业大厦项目主体完工，正在进行功能布局的设置和招商工作。敦煌莫高窟保护利用工程、大地湾遗址保护设施建设抓紧施工。各市州和县区的重点文化建设项目顺利推进，兰州市建成了中国秦腔博物馆、兰州非物质文化遗产陈列馆和兰州国学馆，白银市投资 1800 万元建成了市文化中心，武威市投资 1.5 亿元、占地面积 3.6 万平方米的市博物馆建设工程正式开工，玉门市文化活动中心、阿克塞哈萨克族民俗博物馆等文化设施建设正在加紧进行。陇南市、甘南州灾后文化重建工作有序推进。四是群众文化活动丰富多彩、硕果累累。一年来，全省各级文化部门和文化单位利用各类节庆活动，组织开展了大量文化活动。大型活动的举办，一方面有效丰富了群众文化生活，另一方面有效提升了群众文化活动水平，在各类全国性评奖活动中取得佳绩。

（四）以建设戏剧大省为目标，完善艺术生产机制，戏剧创作演出再获佳绩

2010 年，我省以戏剧大省建设为目标，采取切实有效措施推进艺术创作生产，戏剧创作演出取得骄人成绩。一年来，我们组织召开了舞台艺术剧本创作笔会，研讨剧本 65 个；召开了全省艺术创作工作会议，讨论了全省 2011－2015 年舞台戏剧艺术创作规划、艺术科研规划和美术创作规划，以及保障落实规划的 5 个配套办法，为艺术精品生产奠定了良好基础；召开了艺术院团开拓演出市场工作会议，

积极探讨院团开拓市场的途径和办法。通过开展“千台大戏送农村”、“精品剧目演出周”等活动，坚持不懈抓好演出。2010 年，省直 8 个艺术院团演出 2121 场，全省专业艺术表演院团演出 16312 场，其中 68% 在农村基层演出，大大丰富了全省群众文化生活。与此同时，狠抓艺术精品生产，提升甘肃戏剧的影响力。去年，陇剧《官鹅情歌》入选国家舞台精品工程十大剧目，并入选第 12 届上海国际艺术节演出，获得广泛好评；现代陇剧《苦乐村官》参加第 9 届中国艺术节，演出荣获文华特别奖，并入选 2010 年度国家舞台艺术精品工程资助剧目。普通话版话剧《兰州好家》获中国话剧艺术节“参演优秀剧目奖”；秦剧《锁麟囊》参加第 5 届中国秦腔艺术节调演获编剧、导演、表演、音乐、舞美等 9 项金奖。音乐剧《花儿与少年》参加第 2 届全国少数民族戏剧会演，荣获剧目银奖和优秀编剧、导演、表演奖；秦剧《锁麟囊》、《麦积悲歌》参加第 5 届中国秦腔艺术节，荣获优秀剧目奖。特别值得一提的是，2010 年天水市创排的《麦积悲歌》在第 5 届中国秦腔艺术节上获得了殊荣，定西市创排的秦剧《百合花开》在新疆、青海、山西巡演 21 场，这是继兰州市的《大梦敦煌》之后走向全国的、由市州院团创排演出的又两部优秀剧目，标志着我省市州艺术创作演出的水平得到了全面提升。艺术科研取得长足进展，完成了《甘肃省文化艺术研究资源库》等国家级、省部级艺术学课题 4 项，获得文化部艺术学一般课题立项 2 项，并编辑出版甘肃文化艺术研究系列丛书 6 本。这些研究成果为全省文化建设提供了理论支持和决策参考，形成了艺术理论与艺术创作相得益彰的良好局面。

（五）公共图书馆事业稳步推进

全省 94 个公共图书馆总藏量 10418. 2 万册（件），总流通人次 468. 3 万人次，图书外借 345 万册次，购书经费 1176. 8 万元，新购图书 25. 96 万册（件）。

公共图书馆总藏量 1041. 8 万册（件），其中：省图书馆藏书量为 347. 3 万册，占全省图书总藏量的 33. 3%，市级图书馆图书总藏量为 185. 5 万册，占全省总藏量的 17. 8%，县级图书馆总藏量为 509 万册，占全省总藏量的 48. 9%。

全省公共图书馆本年收入 9846. 8 万元，其中财政收入 9648. 1 万元，占总收入的 98%，省图书馆财政补助收入为 2955 万元，占全省公共图书馆财政补助收入 30. 6%，8 个市级图书馆财政补助收入为 2342. 5 万元，占全省公共图书馆财政补助收入 24. 3%，84 个县级图书馆财政补助收入为 4350. 6 万元，占全省图书馆总收入的 45. 1%。

图1　图书藏量分布图

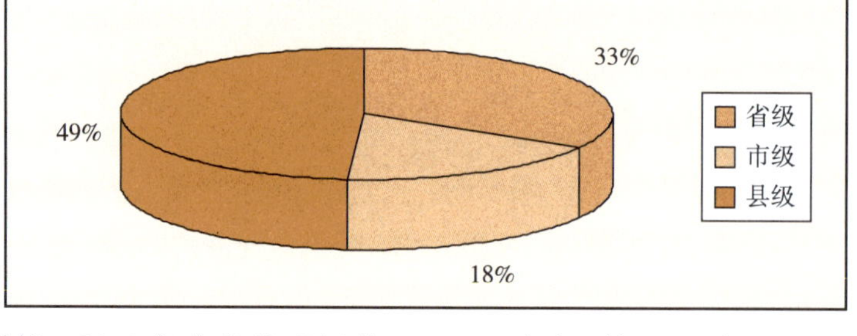

购书经费逐年增长。2010 年全省购书经费 1256. 5 万元，较 2009 年 1041. 6 万元增加 214. 9 万元，增长 20. 63%。其中省级 700 万元，增加 100 万元，增长 16. 67%；市级 396. 5 万元，比上年增加 76 万元，增长 19. 17%；县级 160 万元，增加 38. 9 万元，增长 24. 3%。

图2　购书经费支出走势图

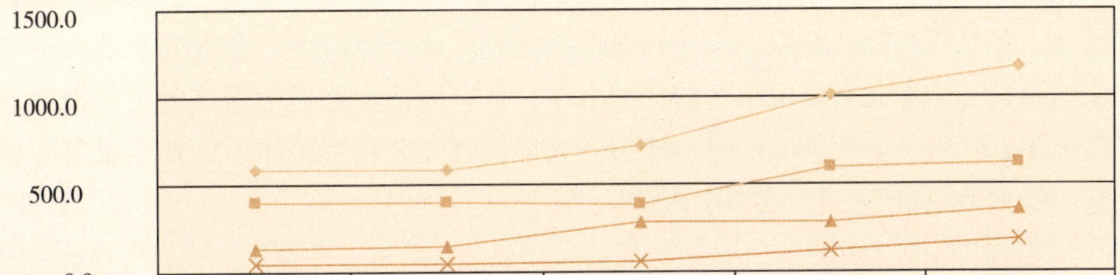

	2006年	2007年	2008年	2009年	2010年
购书经费合计	585.0	586.4	727.5	1013.2	1176.8
省级	397.9	396.8	384.3	605.6	626.9
地市级	137.7	144.9	286.1	285.6	357.1
县级	49.4	44.7	57.1	122.0	192.8

购书经费合计　省级　地市级　县级

统计数据显示：县级图书馆数量多，藏书量少，购书经费少。省、市、县三级的总藏量与财政补助收入比例大体一致。

（六）坚持促进发展繁荣与加强管理并举，日常监管与专项整治并重，繁荣有序的文化市场环境进一步形成

2010 年我省文化市场机构总数有 2912 家，较上年增加 215 家，增幅为 7. 3%；从业人员 17186 名，较上年增加 3139 人，增幅为 18%；创造利润总额为 4. 56 亿元，较上年增加 1. 03 亿元，增幅为 22. 5%；文化经营场所的资产总额、营业收入及利润总额均有较大增长，文化市场整体呈现出良好的发展态势。

1. 网吧市场稳中有升。2010 年，全省共有网吧 1742 家，吸纳从业人员 7338 人，较上年增加 398 人；营业利润 1. 87 亿元；计算机终端数 142659 台，上网人次达 97036 千人次，较上年度增加 11547 千人次，平均每家网吧年上网 55. 7 千人次。以上数据表明，全省现有网吧的规模逐步扩大，服务人员逐步增加，经营环境得到改善。上网人次比上年度增加了 6 个百分点，网吧的经营规模和经营效益都有小幅提高，发展趋于稳定。

2. 娱乐场所发展迅速。2010 年，全省共有娱乐场所 1029 家，较上年增加 177 家；从业人员 9505 人，较上年增加 2659 人；利润总额 2. 61 亿元，较上年增加 1. 03 亿元；经营面积 497. 82 千平方米，较上年增加 130. 39 千平方米；包厢数 9566 个，比上年增加 1063 个；电子游戏机台数 7725 台，比上年增加 6366 台；统计数据表明，2010 年我省娱乐场所数量、经营面积、从业人员均有大幅度提升，经营环境得到了很大改善，实现了经营利润的较大幅度增长。其中，新兴娱乐行业的出现和大型歌舞娱乐行业引领和推动了娱乐场所的发展，拉动了城乡居民消费水平。游艺娱乐行业自

2009年开始准入审批后，发展势头良好。

3. 演出经纪市场稳步推进。2010年，我省有演出经纪机构3家，比上年增加1家；从业人员22人，比上年增加8人；演出场次24场，较上年增加14场；观众人次898千人次，较上年增加880千人次。目前，我省经营性演出市场尚处于初期发展阶段，规模、水平与发达省市相比还有较大差距，主要是投入经费有限，市场辐射面不大，观众参与面不广，社会影响力不够，盈利模式尚未形成。须进一步加大对演出市场的扶持力度，放宽民营文艺表演团体的市场准入，积极鼓励社会资本以个体、独资、合伙、股份等形式投资兴办民营文艺表演团体。培育一批具有较强实力的经营企业进入演出经纪市场，扩大演出市场所占比重。

（七）以贯彻落实国务院文化产业振兴规划为契机，推进园区建设，扶持企业发展，文化产业快速发展

2010年，我省以园区建设为重点，以扶持文化企业做大做强为着力点，以宣传、推介文化产品为突破口，进一步加快全省文化产业发展步伐。一是申报、扶持文化产业园区发展。充分利用文博会等渠道，大力推介宣传我省优秀文化产品，为企业搭建交易平台。2010年，敦煌飞天文化产业发展有限责任公司又被文化部命名为文化产业示范基地，目前我省共有国家级产业示范基地4个，其中庆阳市民俗文化产业示范基地围绕香包产业组建公司110多家，已经形成年生产500万件以上、从业人员15万人、产值逾3亿元的规模，在国内30多个省市自治区和东南亚、港、澳等国家及地区建立了销售网络。兰州市文化实业发展总公司已发展成为拥有东方红影城有限公司、龙源文化产业投资有限公司等7家子属或关联企业，经营门类涉及电影放映、演出经纪、艺术培训、旅游服务、宾馆服务、文化投资，资产总量近亿元的骨干文化企业。天水汉唐麦积山陶艺有限公司文物复仿产业示范基地在研究、开发、生产麦积山石窟艺术旅游工艺产品的同时，积极筹建“天水汉唐艺术苑”，现已完成投资1600万元，初步形成了集工艺品研发、生产、展销和文化旅游为一体的规模型文化企业。二是努力打造龙头企业。在对全省工艺品行业深入调研的基础上，由省文化产业协会牵头，对天水汉唐、天水三星、敦煌大乘、甘肃纪元、塞纳河等文化艺术品企业相关资源进行整合，尝试组建了工艺品行业联合体，逐步推动工艺品行业成为我省文化产业的龙头企业。组织文化企业参加了在西安举办的西部文博会，有3个项目成功签约，投资总额3.1亿元，省文化厅荣获最佳组织奖、最佳展示奖和交易成果奖。同时，省文化厅正在加快进行飞天文化产业大厦的经营规划工作，将以飞天文化产业大厦为基础，打造省直文化产业发展基地。三是通过创意、设计、制作和销售文物旅游纪念品，推进文化旅游产品开发。2010年，仅敦煌研究院就推出了70多款新的文物旅游纪念品，麦积山石窟艺术研究所推出了20多款文物旅游纪念品，取得了良好的社会效益和经济效益。

（八）文化遗产保护成绩显著，人们的保护意识普遍增强，大批文化遗产得到合理保护和开发

“十一五”期间，得到社会各界广泛关注的莫高窟、炳灵寺石窟、张掖大佛寺、武山水帘洞石窟群、肃南马蹄寺石窟群、天水伏羲庙、兰州黄河铁桥等100余项全国重点文物保护单位保护维修和基础设施大部分工程已经按期竣工。五年间全省共投入文物维修经费15260万元，文物保护维修面积119.13千平方米。

2010 年，我省第三次全国文物普查实地调查阶段工作顺利完成，共登记不可移动文物点 16895 处，其中新发现 6368 处；长城资源调查全面完成，我省明长城 1738.3 千米，居全国之首，早期长城总长度 1999.3 千米，全省 90 余处文物保护单位有望入选第七批全国重点文物保护单位。组织开展了第七批省级文物保护单位推荐申报工作。丝绸之路申遗工作以得实质性进展。文物科技保护成效明显，对外交流不断深入，文化遗产的社会影响日益扩大。

我省自 2004 年启动非物质文化遗产保护工作以来，通过普查摸清了我省的非遗家底，发现非物质文化遗产线索 2.7 万多条，整理出 16 类 4000 多项非物质文化遗产，建立了国家、省、市、县四级名录体系，有国家级名录 61 项，省级名录 264 项、市级名录 811 项，县级名录 2422 项，目前已有 294 名传承人入选国家级和省级传承人名录，我省的非物质文化遗产项目“花儿”，还成功入选联合国“人类非物质文化遗产代表名录”。国家对非物质文化遗产的补助从 2006 年的 170 万元增加到 2010 年的 1370 万元，平均年增长 48.45%。

（九）免费开放带动博物馆事业快速发展，文物藏量日渐丰富

到 2010 年底，我省已有各级各类文物收藏单位 118 家，比“十五”末增长 48%，其中文物系统所属国有博物馆（纪念馆）102 家，包括国家二级博物馆 4 家，三级博物馆 9 家。基本陈列和举办展览 1605 个，比“十五”末增长了 72%。全省文物系统藏品增加了 116606 件/套，其中一级品增加 16 件/套，二级品增加 313 件/套，三级品增加 946 件/套。

图3 “十一五”全省博物馆藏品情况表

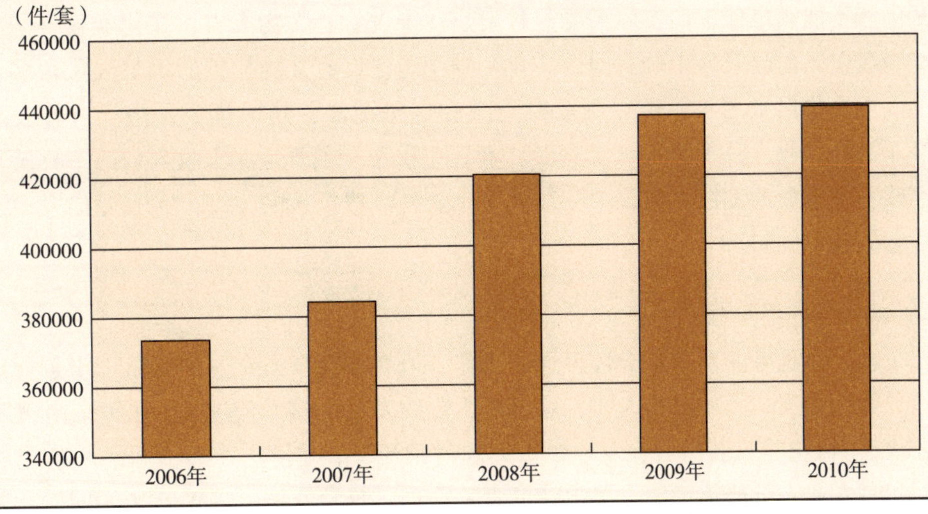

2008 年以来，我省文物系统先后有 88 家博物馆（纪念馆）实行了免费开放，其中 60 座博物馆、纪念馆得到中央财政补助，极大地促进了我省博物馆事业的发展。博物馆建设热情空前高涨，省博物馆新馆建成开放，武威、庆阳、陇西、庄浪等二十多个市县博物馆新馆建成或开工建设，全省博物馆工作整体水平不断提高，陈列展览水平大幅提高，博物馆对外合作交流更趋广泛，社会影响不断扩大。

五年来，累计接待观众2140余万人次，比“十五”增长298%。2010年全省文物系统中央补助的60个免费开放博物馆纪念馆共接待观众约565余万人次，其中青少年205余万人次（2010年接待观众人次指的是得到中央财政补助免费开放的博物馆接待人次，不包括未得到中央财政补助免费开放的博物馆）。可见，与“十五”博物馆（纪念馆）机构数明显增加，文物藏量日渐丰富，为建设文物大省积聚了大量的精神文化财富，到博物馆参观的人次也增多了。

二、存在的问题及对策建议

（一）地方财政配套压力大，基础设施建设配套资金难以落实

由于中央财政和地方财政分灶吃饭，中央建设补助资金不能满足项目的全部需要，需要地方财政按一定比例进行资金配套，甘肃省是西部地区的省份，全省有43个国家级贫困县，占全省县市区的一半以上，地方财政是“吃饭”财政，基本支出大部分靠中央转移支付。2010年甘肃省地方财政收入完成353.6亿元，而财政支出1466.7亿元，地方财政收入仅占财政支出的24%。面对越来越多的配套要求，基层财政尤其是贫困地区、少数民族地区文化设施建设在财政配套上困难巨大，许多县级图书馆的共享工程无法正常使用，基层文化事业单位普遍存在着没有公用经费的现象。

（二）资金短缺始终困扰着文化、文物事业的发展

从总体上看，近年中央和省上对文化事业的发展、文物保护事业的投入有较大幅度的增加，但增长的幅度仍然不能满足保护的实际需要。甘肃是戏剧大省、文物大省，文化文物资源丰富，由于我省经济发展缓慢，财政收入十分有限，文化基础设施建设，文物保护的历史欠账很多，一大批特别是省级及以下文物保护单位不能得到及时有效的保护维修，其现状令人担忧，各级政府用于文化、文物事业的补助收入只能维持日常支出。事业性收入（主要是演出收入和门票收入）也是微乎其微，基本谈不上事业的发展。建议中央加大文化文物经费投入的力度，尤其是向甘肃这样资源丰富，经济落后的省份倾斜。

（三）人才培养急需加强

文化、文物工作是专业性、综合性很强的工作，迫切需要一支专业的队伍干事创业。从业务角度看缺少挑大梁、独当一面的突出人才，这也成为制约发展的核心问题。“孔雀东南飞”是我们人才发展的现状，“梅花奖”获得者和专业领军人才时常流失，培养一个专业人才不容易，可要留人才就更难。同时专业人员严重紧缺，层次较低且不合理、年龄断档、青黄不接的问题比较突出，已影响到我省文化文物事业的发展。

（四）继续加强市场监管，着力引导、培育文化市场

我省的文化市场仍处于起步阶段，发展还很不成熟，地区发展不平衡、行业结构不合理、城乡发展差别较大等情况仍然存在，需要在加强监管的同时，注重引导、培育、发展。

1. 加强对文化市场的研究。结合工作实际，加强与市场管理部门、研究机构和经济发达省市的

交流合作，积极探索适合当地市场实际的发展模式，着力解决发展过程中出现的重点和难点问题。加强和改进对文化市场工作的领导，促进全省文化市场科学发展，协调发展，全面发展。

2. 要积极培育新兴文化市场业态。推动网络文化产品的服务交易，探索将艺术品、演艺等市场向网络化方向发展。引导游艺娱乐场所向大商场、度假村、商业步行街等配套设施完备的场所发展。建立健全动漫产业管理体系，把动漫产业作为发展新兴文化市场的突破口，按照文化部和省上的相关政策要求，明确部门职责，理顺工作关系，积极争取设立专项资金，打造原创动漫品牌。

3. 加大对文化市场的政策扶持力度。要紧密结合本地区文化市场发展的实际，以国家的政策法规为依据，认真制定促进本地区文化市场发展的政策，统筹规划，协调发展，鼓励创新，扶持特色和优势文化市场经营，协调相关部门，制定、出台税收、信贷等方面的优惠政策，鼓励有实力的企业、团体、个人依法发起组建各类文化投资公司，大力发展文化产业，培育具有市场竞争力的文化产业群，建成演出、娱乐、网络文化、艺术品等门类齐全，结构合理，有序、开放、统一、健康发展的文化市场体系。

4. 加大对农村文化市场的监管。要在前期对全省农村文化市场监管工作和执法现状专题调研的基础上，进一步掌握农村文化市场的发展现状和执法情况，积极引导和培育农村文化市场。降低市场准入，不断调整优化农村文化市场的产业结构和行业布局，引导扶持一些有实力的经营单位加快发展，为当地农村文化市场的繁荣发展发挥示范带动作用。充分挖掘当地文化资源，积极引导文化市场资本有序向农村流动，进一步缩小城乡文化市场差距，丰富广大农民群众的精神和文化生活，逐步探索将农村文化市场纳入监管体系。

5. 加强艺术品市场的培育和管理。联合工商等部门对艺术品市场进行一次全面调查，开展艺术品经营单位经营活动备案统计工作，摸清全省艺术品市场的底数，推动艺术品市场诚信建设，促进艺术品市场和健康发展。

（甘肃省文化厅）

青海省2010年文化发展情况分析

2010年，在省委、省政府的正确领导下，青海省文化事业保持了良好的发展势头。主要体现在以下几个方面：

一、继续加大文化投入，公共文化服务体系不断完善

（一）机构人员稳步增长，文化事业投入大幅增加

文化机构、人员逐年稳步增长。2010年末，我省共有文化机构644个，在职人员3908人，较上年增加机构121个，增加人员84人（机构、人员均不包括文化娱乐业）。其中艺术表演团体32个，从业人员1279人，机构较上年增加了5个，人员增加了22人；艺术表演场馆20个，从业人员211人，机构较上年减少了1个，人员减少了8人；公共图书馆44个，从业人员398人，较上年同期人员增加了7人；群众艺术馆、文化馆50个，从业人员507人，与上年同期相比没有变化；文化站358个，从业人员265人，较上年增加了115个文化站，增加了32人；文化部门教育机构1个，从业人员81人，较上年人员增加了1人；文化艺术科技科研机构1个，从业人员14人，较上年没有变化；其他文化及相关产业93个，从业人员717人，机构较上年增加了3个，人员增加了75人。

图1　2005-2010年度青海省文化机构及从业人员变化趋势图

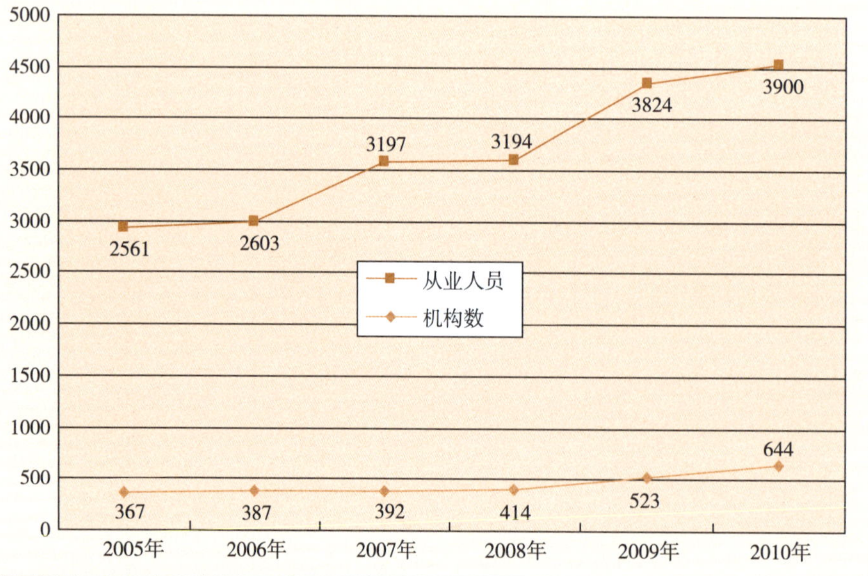

各项文化事业投入大幅增加。2010 年，全省文化事业单位总收入 54421 万元，总支出 52594 万元，分别比上年增长 21.85% 和 29.80%，收支大体平衡。在总收入中，财政拨款 53385 万元，比上年增加了 15048 万元，增长 39.25%；事业收入 1411.6 万元，比上年增加了 249.2 万元，增长 21.43%；经营收入 234.2 万元，比上年增加了 47.3 万元，增长 25.31%。各项收入占总收入的比重分别是：财政拨款收入占 90.15%，事业收入占 2.38%，经营收入占 0.40%。

图2　2006-2010年度青海省文化（文物）机构经费收入

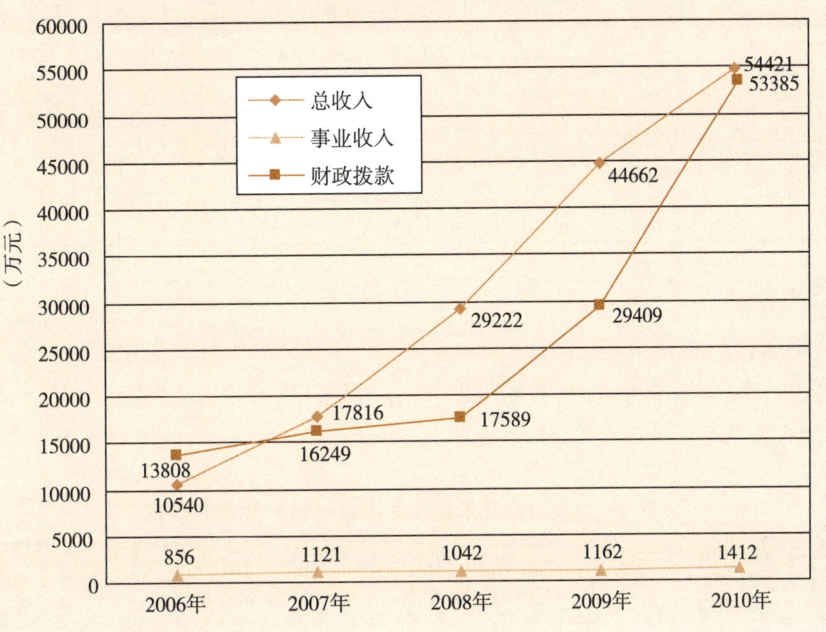

支出总计 52594 万元，其中基本支出 27470 万元，较上年同期略有增加；项目支出 24922 万元，同比增加了 14045 万元，增长 129.14%；工资福利支出 14772 万元，增加了 827 万元，增长 5.93%。

2010 年作为“十一五”时期文化发展的关键一年，我省文化机构及从业人员稳中有升，文化投入继续稳步增加，为我省的文化事业发展繁荣打下了良好的基础。在文化投入中，财政补助收入占到总投入 2/3 以上，说明我省的文化事业的发展主要依靠政府的推动。

（二）公共图书馆事业获得长足发展

2010 年，我省对公共图书馆事业的投入继续稳步增长，各级公共图书馆积极组织开展形式多样的公共文化服务活动，公共图书馆事业呈现出良好的发展势头。全省公共图书馆总收入 3200 万元，比上年增加了 176 万元，增幅达到 5.82%。在总收入中，财政拨款收入 3096 万元，比上年增加了 131 万元，增幅达 4.42%。财政拨款收入占总收入的 98%，说明政府的投入成为促进全省公共图书馆事业发展的主要动力。2010 年，全省公共图书馆总支出 3155 万元，比上年增加 91 万元，增长 2.97%。在总支出中，基本支出 2732 万元，占总支出的 86.59%；项目支出 406 万元，占总支出的

13.61%；在基本支出中，人员工资福利支出1845万元，占总支出的67.53%，较上年有所增加。在总藏量中，图书藏量357万册，报刊藏量38万册，视听文献、微缩制品藏量2万件，其他藏品20万件，均比上年度有一定程度的增加。全年累计发放有效借书证8万个，总流通人次达到89万人次，书刊文献外借册次达到42万。

表1　2006－2010年度青海省公共图书馆主要指标表

项目／年份	机构数（个）	从业人员（人）	总藏量（万册件）	当年新购报刊种类	书架单层总长度（米）	累计发放有效借书证（个）	外借册次（千册次）	举办的各类培训班（次）
2006年	43	380	304	2377	78000	54234	570	182
2007年	43	381	340	3185	82084	59519	952	181
2008年	43	392	348	4782	73799	69730	961	209
2009年	44	391	351	2934	85389	80047	429	178
2010年	44	390	357	2781	83722	77316	423	146

（三）群众文化服务再上新台阶

截至2010年底，全省共有51个文化馆（群艺馆）和358个乡镇文化站，同比增加115个乡镇文化站，从业人员772人，同比增加了27人。举办展览725个，组织各类文艺活动2600余场，群众文化生活更加丰富多彩。

表2　全省群众艺术馆、文化馆（站）数据对照表

年　份	机构数（个）	从业人员（人）	举办展览个数（个）	组织文艺活动次数（次）	本年收入合计（千元）	
						财政拨款
2010年	409	772	725	2600	142338	135081
2009年	294	745	711	2486	92245	82770
2008年	254	719	354	1738	38171	34315
2007年	249	692	403	3085	33328	30808
2006年	262	646	247	2010	21049	19406

二、着力打造文化艺术精品，积极推动演艺事业发展壮大

（一）加大剧目创作生产力度，着力打造艺术精品

2010年，《千古寒食节》、《雪域英豪之嘉察》、《赛马称王》、《三江同源看青海》、《相约春天》、《千年吐谷浑》、《祝福母亲湖》、《高原精灵》、《相约平安》、《2011青海新年》、《日月湾的笑声》等11部原创剧目与观众见面，均获得广泛的好评，取得了良好的经济效益和社会效益。极大地丰富了广大人民群众的文化艺术生活。

（二）积极推进演艺事业发展壮大，丰富群众精神文化生活

演艺事业团体日趋壮大。2010 年，我省共有 32 个艺术表演团体，全年完成各类演出 3200 余场，观众 230 余万人次，其中，到农村演出 1750 余场，观众 120 万人次。2010 年度总收入 8720.3 万元，其中，财政拨款 7685.9 万元，完成增加值 7032.3 万元，较上年同期均有不同程度的增加。各演艺团体的稳步发展，促进了我省舞台艺术的繁荣，在满足广大群众精神文化生活的同时也增加了自身的文化积累。

表 3 艺术表演团体演出及收支情况

项目名称	2009 年	2010 年	增长速度%
剧团数（个）	27	32	18.52
从业人员（人）	1301	1279	-1.69
高级职称	133	154	15.79
中级职称	337	335	-0.59
本团原创首演剧目（个）	8	11	37.50
演出场次（千场次）	2.8	3.2	14.29
收入情况（千元）	85580	87203	1.90
财政拨款	74132	76859	3.68
演出收入	7448	10344	38.88
公用房屋建筑面积（千平方米）	30.74	31.69	3.09
流动舞台车数量（辆）	12	13	8.33

（三）艺术研究和艺术教育工作稳步推进

艺术教育方面，我省坚持基础教学与艺术实践相结合，开展了一系列教学实践活动。在第 7 届宁夏中国西部民歌会上获金奖 1 个，银奖 2 个，铜奖 2 个。“玉树卓舞·好时光”获全国传统舞蹈大赛金奖。艺术研究方面，国家西部课题“青海藏传佛教寺院音乐文化研究”已结题，“青藏高原藏戏遗产保护与研究”、“青海藏传佛教绘画艺术基础数据库”等课题研究进展顺利。

三、加强文化市场专项整治，有效改善文化市场经营秩序

2010 年，本着打扶并举，积极引导的原则，我省加大了对文化市场的治理力度，文化市场经营秩序明显提升，文化市场培育力度不断加大，总体发展保持了较为平稳的良好发展态势。截至 2010 年底，全省共有文化市场经营单位 1377 家，较上年同门类（不含音像市场）增加了 133 家，从业人员 6104 人，较上年增加 567 人，资产总值到达 43309 万元，较上年增长 2024 万元，固定资产原值达到 42550 万元，营业收入达 29259 万元，利润总额达到 13857 万元。文化市场呈现积极良好发展态势。全省文化市场格局分布如下：

（一）网吧市场规范有序发展

按照总量控制、合理布局、优化结构的总目标，不断调控市场发展，促进市场整合，积极引导

图3 青海省文化市场行业分布

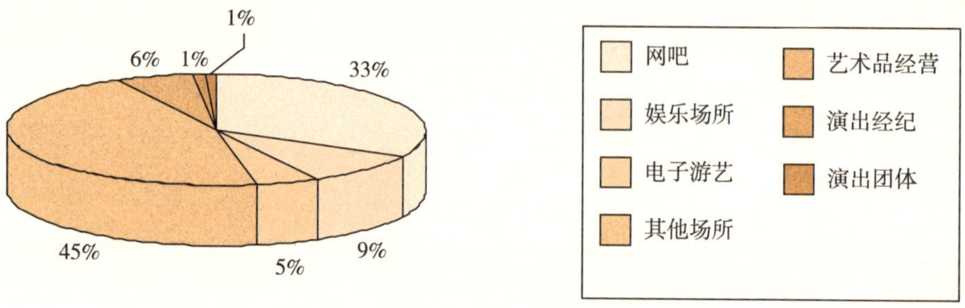

网吧连锁化发展，全省网吧呈现布局有序，经营规范的发展态势。2010 年底，全省共有网吧 449 家，从业人员 1962 人，较上年有所增加。资产总值达到 17797 万元，较上年有所增长，营业收入达到 12466 万元，营业面积也由上年的 11.5 万平方米增加到 11.7 万平方米。计算机终端数达到 37288 台，较上年增长 2180 台，上网人次达 2937 万人次。网吧市场发展在布局方面受经济发展、人口分布不均等区域影响较大，省内农业县和牧业县网吧分布特点有所不同，网吧大多集中分布在城市、州政府所在地、农业县及人口密集区域，而牧业县由于生活习性等原因，网吧市场较小。近几年，全省网吧市场正向着规范化、规模化方向发展，散、小、乱、差的格局正逐步被规模大、配备好、经营规范、服务质量好等特点所替代，发展较好较快的网吧主要集中在西宁市、格尔木市，目前数量达到 208 家。省内各县均有网吧，县城网吧数量为 168 家，县以下有 73 家，目前连锁网吧在我省尚未形成规模。

（二）娱乐场所繁荣健康发展

对娱乐场所加大引导和管理力度，通过实施“阳光工程”等项目及专项治理活动，进一步改善了娱乐行业形象，提升了娱乐产业层次，积极引导业主发展健康有益的文化娱乐经营项目，培养大众自觉抵制低俗腐朽文化的意识，在全省培育了阳光管理、阳光经营、阳光消费、阳光服务的健康娱乐理念。目前全省共有歌舞娱乐场所 129 家，电子游艺游戏场所 68 家，棋牌、酒吧、台球厅等娱乐项目场所 625 家，各类娱乐及其他类经营项目较上年增加 95 家，从业人员 3060 人，营业收入达 13524 万元，其中歌舞娱乐场的卡拉 OK 包间共 1616 间，游艺游戏场所共有电子游戏机 442 台。除受到 2010 年游艺游戏机场所专项治理，游艺机台数较上年明显减少了 1085 台外，娱乐场所各项发展指标均较上年有所增长，娱乐场所正向着规模化、精品化方向发展。特别是西宁市和格尔木市的娱乐场所软硬件设备及环境品质较高，且不乏民族特色发展项目，管理相对规范。此外，部分县级娱乐场所由于经济发展滞后等原因仍存在面积小、条件差、经营管理混乱等现象，但娱乐场所总体发展较为繁荣。

（三）演出经纪、演出团体、艺术品市场不断发展

一是演出经纪市场能够充分发挥其中介作用，积极开展承办各项演出活动，2010 年全年共开展

经纪或举办演出场次达165场，观众约18万人次，演出经纪机构已有8家，从业人员65人，营业收入近1005万元。二是演出市场发展活跃。民营艺术表演团体积极活跃在演出市场上，目前现有民营艺术演出团体（不含民办非）共18家，从业人员373人，全年演出达到1040场次，农村演出达到600场次，国内演出观众达40万人次，营业收入达266万元。民营文艺团体中演员大多来自农村，演出活动不但为广大农牧民在农闲时间增加了收入，还丰富了广大人民群众的精神文化生活，受到了群众的普遍欢迎。三是艺术品市场健康发展。近几年，我省充分利用丰富的文化艺术资源，通过开展农牧民手工艺培训、举办唐卡艺术节等活动，积极引导、鼓励农牧民开展文化艺术创作，并运用市场手段，让农牧民创收。全省共有艺术品经营机构81家，从业人员647人，资产总计达到3481万元。

四、文物保护工作扎实推进

截至2010年末，全省共有博物馆18个，文物科研机构1个，文物保护管理机构24个，各类文物藏品186276件/套，其中一级品389件/套，二级品882件/套，三级品1411件/套，较上年同期均有一定数量的增加。全年总收入4910.7万元，其中财政拨款4120.1万元，占总收入的83.9%，与上年同期相比总收入增加了414.4万元，增长了9.22%，财政拨款增加了273.6万元，增长了7.11%。机构和人员的稳定保持使得各项文物保护和博物馆业务工作有序开展，文物事业得到国家和地方政府的有力支持，呈现出扎实稳定发展的局面。

图4　2006-2010年度青海省文物机构经费收入

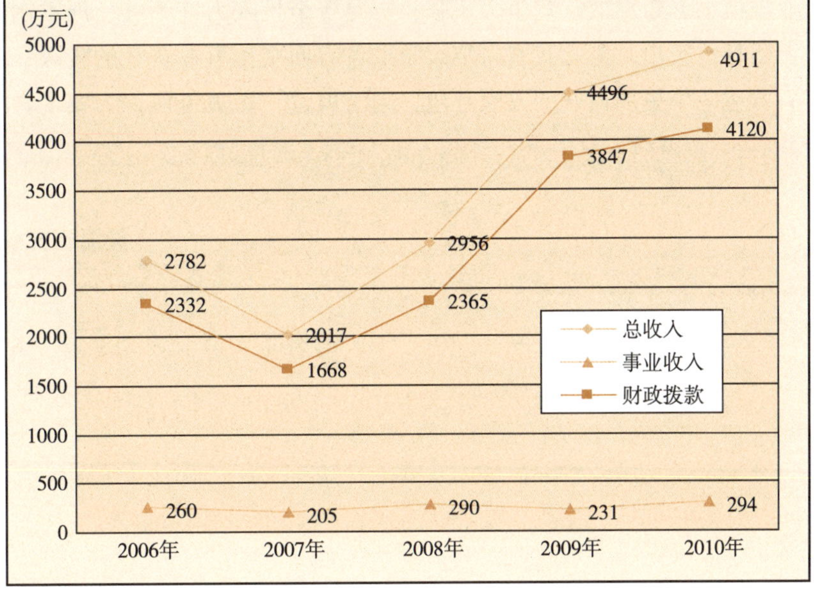

五、非物质文化遗产保护成效显著

2010 年组织实施了塔尔寺、贵德文庙及玉皇阁、隆务寺、瞿昙寺、民和县马场垣遗址等全国重点文物保护单位的维修工程；建设了玉树大藏经珍藏馆，修复了循化《古兰经》并建设了展示馆；对循化街子清真寺、平安洪水泉清真寺、中山纪念堂、乐都王佛寺等一大批古建筑进行了维修。喇家遗址、柳湾遗址、马厂垣遗址、西海郡遗址等的保护规划、工程建设和保护性发掘工作取得有效进展。投入 1153 万元开展了长城资源调查、丝路世界文化遗产申报和第三次全国文物普查工作。西宁市先后投入 4600 万元，加强对青唐城遗址、虎台遗址、沈那遗址、山陕台遗址的保护工作。贵德县博物馆、格尔木市博物馆、海南州文物库房及民和县文物库房等都相继建成使用。

截至目前，全省已有国家级非物质文化遗产名录 57 项，省级名录 93 项。国家级非物质文化遗产项目代表性传承人 40 名，省级代表性传承人 113 名。黄南热贡文化生态保护实验区成为国家批准的全国第三个文化生态保护实验区。争取非物质文化遗产保护专项资金 4459 万元，对一批非物质文化遗产项目实施了较好的保护和传承。出版《青海省首批国家级非物质文化遗产代表名录丛书》（共 10 册），这是我省非物质文化遗产保护工作的一项重大成果。

六、存在的问题

2010 年，通过全省广大文化事业工作者的艰苦努力，全省文化事业工作取得了长足的发展，同时我们也要看到，与文化大发展大繁荣的新形势、新任务、新要求相比还有很大的差距，突出表现在：一是文化企业规模小、布局散、竞争力不强；二是资金投入力度不够，严重制约了文化事业的发展；三是人才矛盾日益突出。为此我省将继续争取各方面文化事业资金的投入，进一步加大人才队伍建设，为我省营造一个更加良好的发展环境，与时俱进，积极进取，为实现青海文化事业的全面繁荣而努力奋斗。

（青海省文化和新闻出版厅）

宁夏回族自治区2010年文化发展情况分析

2010年，全区文化系统认真贯彻执行党的“十七大”和十七届五中全会精神，服从于区委、政府工作大局，紧紧围绕《国家“十一五”文化发展规划纲要》和《宁夏“十一五”时期文化发展规划纲要》对文化建设提出的要求，以科学发展观为指导，以繁荣社会主义先进文化、构建和谐社会为目标，积极深化文化体制改革，突出重点，扎实工作，全区文化事业呈现良好的发展态势，为全区经济建设营造了良好的社会环境。

一、机构及从业人员趋于平稳，文化投入明显增加

2010年末，全区共有文化产业机构2304个，从业人员14870人，分别比上年增长5.4%和6.1%。其中文化市场经营机构1898个，从业人员9403人；文物部门产业机构31个，从业人员561人；文化部门产业机构363个，从业人员4489人。

2010年，全区文化部门机构总收入5.4亿元，总支出4.4亿元，分别比上年增加18.6%和3.7%，收支基本持平。

图1　2010年全区文化部门收入情况

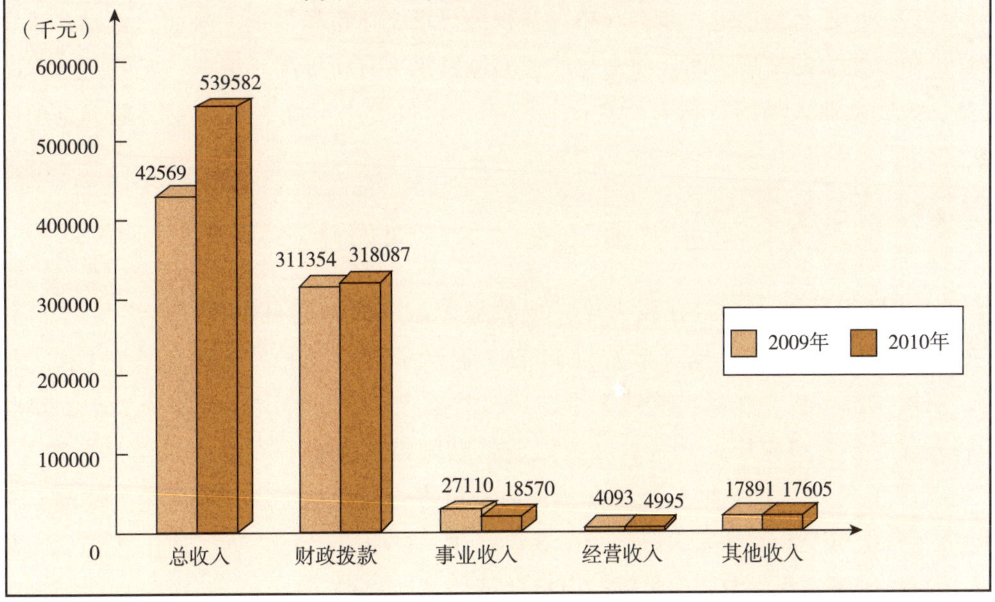

2010年，我区文化收支情况有以下几个特点：首先，在文化投入中，财政拨款收入占到74%，说明我区的文化在不断向前发展，特别是公益性文化事业的发展主要在依靠各级政府，十七届五中全会提出要加大文化建设的力度，继续争取各级政府加大对文化的投入已经成为各级政府部门和文

图2 2010年全区文化部门支出情况

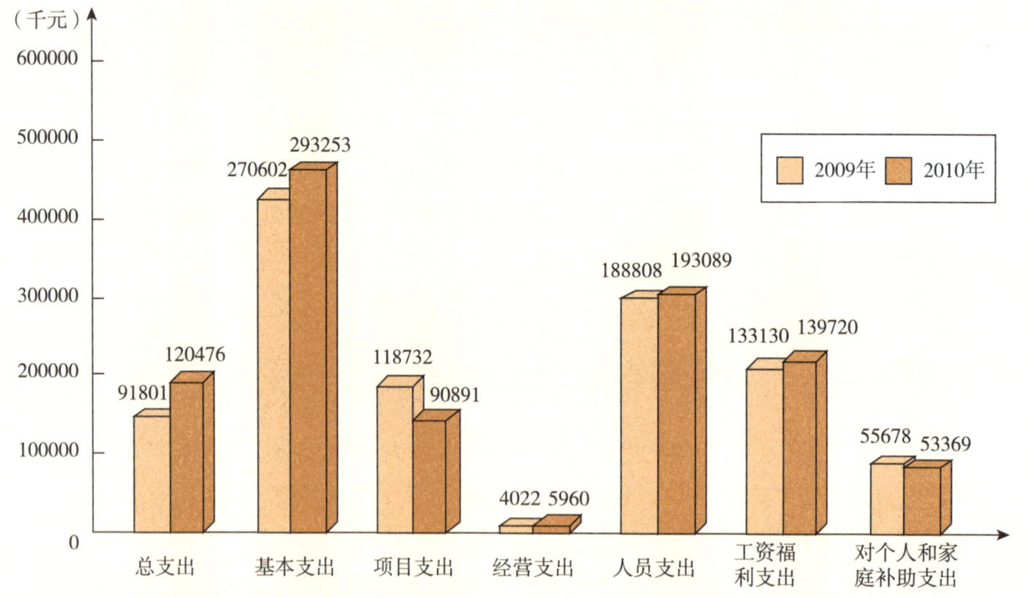

化主管部门的一项中心工作。其次，事业收入、经营收入较2009年有下滑，说明文化主管部门在文化市场的调控方面还有待于进一步去开拓，要积极寻求文化市场发展的规律，调动广大文化工作者的积极性，争取更大的发展空间，使文化产业的经营水平有所提高。第三，人员支出方面比2009年有所提高，说明从业人员的待遇有所提高。第四，项目支出下降，重要原因是重点项目建设在2009年基本完成。

二、全力推动文化精品引领工程，文艺创作生产取得丰硕成果

2010年，我区继续加大剧目建设力度，成效显著。一抓新剧目创排，推出了《计生主任》、《朔方天歌》、《跨越丝路》等新剧（节）目11部。启动了“十二五”新剧目征集工作。加大小戏小品创排，获得“群星奖”作品类奖项5个、项目类奖项1个、群文之星奖项2个，获奖等次之高、作品和人数之多为宁夏历史之最。二抓原创精品剧目打磨提升。集中对《月上贺兰》、《花儿》、《庄妃与多尔衮》、《回乡婚礼》等8部优秀剧目进行提炼加工，开展区内外巡演，获得多项大奖。其中，《月上贺兰》在国家大剧院演出获得好评，在中国“九艺节”演出并获“文华大奖特别奖”，入选首批国家文化旅游演出类重点项目名录。大型舞剧《花儿》两次晋京在国家大剧院等艺术殿堂演出获得巨大成功，参加世博会宁夏活动周精品剧目展演，并与《庄妃与多尔衮》共同荣获“第二届少数民族戏剧会演”金奖。《月上贺兰》、《花儿》双双获得文化部国家舞台精品工程重点资助剧目。舞蹈《口弦声声》获中国舞蹈“荷花奖”展演“十佳作品”。《夸夸咱的红枸杞》获“世博金玉兰奖”艺术大赛最高奖。有1人获文华表演奖。三抓创作表演方式和传播手段创新。拍

摄完成西海固纪事风情系列电影《农机站长》、《乡村医生》和自治区重大精品创作工程故事片《枸杞情缘》3部电影。积极策划推出文化旅游精品剧目，《风雨沙坡头》荣获中国文化旅游发展贡献奖。四抓艺术创作研究。实施《宁夏文化史话》编纂工作，新农村文化建设等课题研究深入推进。上报两个文化科技项目入选国家文化科技创新工程。这些作品的创作和演出丰富了我区的文艺舞台，收到了良好的社会效益和经济效益。

此外，积极创新文化惠民工程载体，通过实施“我为乡亲送戏来”以及“送戏下乡”等文化惠民活动，充分利用文化部为我区配备的流动舞台车，为文化下乡演出提供了极大的便利，2010年共开展演出活动4700多场次，具体情况如下：

表1　宁夏演出活动开展情况

项　目	演出场次（场）	下乡演出（场）	观众人数（千人）	演出收入（千元）
2009年	5460	3240	4660	13814
2010年	4730	3310	5975	9722
2010年比2009年增加	-730	+70	1315	-4092

三、社会文化事业继续保持稳定发展

（一）公共图书馆业发展良好

公共图书馆业全年总收入达到5265.8万元，其中财政拨款5067万元，占到总收入的96.2%，各级政府的投入成为促进全区公共图书馆事业发展的主要动力。

2010年，全区各级公共图书馆累计支出5788.5万元；基本支出3964.9万元，占到68.5%；项目支出946.2万元，占到16.3%；各项费用中，人员支出占到32.9%，新增藏量购置费占到0.86%，全年新购藏量达到30.6万册（件），总藏量462.3万册（件），比上年增长27万册（件），增幅达到6.2%。在总藏量中，图书藏量385.8万册，报刊藏量38.9万册，视听文献、微缩制品藏量2.7万件，均比上年度有一定程度的增加。

（二）群众性文化事业投入明显增加

2010年，我区群众文化事业单位总收入108746千元，比上年增加57927千元，增长113.9%，其中财政拨款收入53803千元，占到总收入的49.5%，政府投入依然是推动群众文化发展的主要动力。

（三）全区群众文化活动开展十分活跃

一是成功举办了第2届文艺旅博会暨第2届宁夏文化艺术节，历时7天集中开展了10大项20多个分项活动，《欢乐中国行》开幕式演出等活动盛况空前，有国家领导人和6个国家部委领导、28个省区市和3个计划单列市的代表团、52个国家的外宾和外媒及港澳台嘉宾、参展参会客商、专家学者共6800多名嘉宾参加了盛会，直接参与活动的观众达到40万人次，创宁夏举办大型活动观众人数历史新高。同时，举办了第8届中国西部民歌（花儿）歌会、第2届宁洽会暨首届中阿经贸论坛晚会、

图3　2010年宁夏公共图书馆经费支出情况

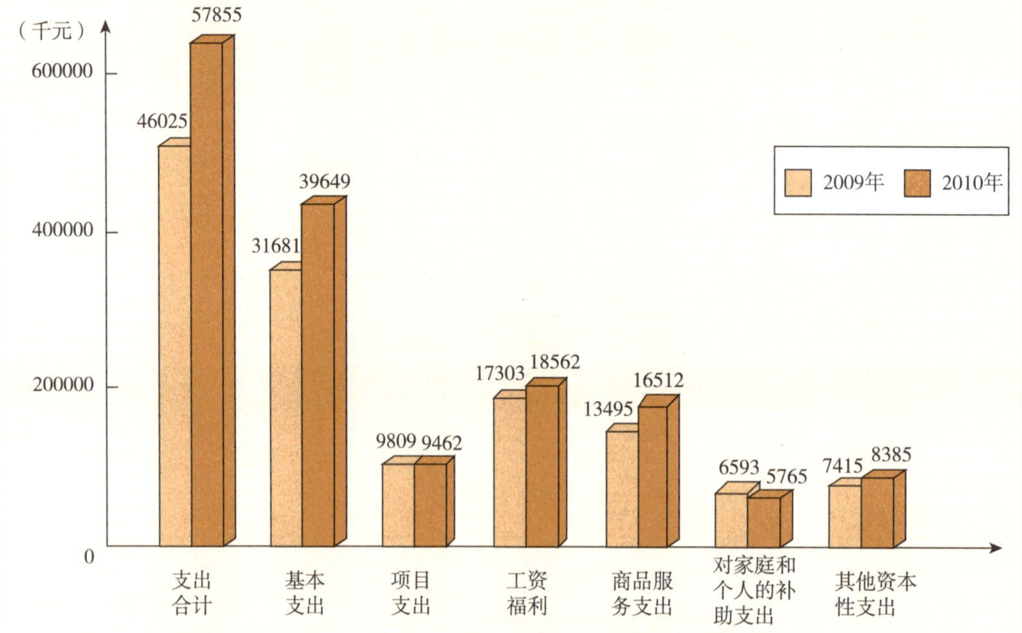

首届中国（银川）国际文化艺术节、古岩画与新时尚文化创意论坛与第3届贺兰山岩画学术研讨会、第12届文化艺术论文研讨会和非物质文化遗产专题报告学术研讨会等10项系列活动。文博会开幕式《欢乐中国行》、西部民歌（花儿）歌会、第2届宁洽会暨首届中阿经贸论坛晚会《跨越丝路》等在中央电视台播出17次，极大地提升了宁夏的知名度和美誉度。二是精心组织节庆和赛事文化活动，策划举办2010年春节民俗文化大集、第六届全区社火大赛、虎年书画艺术展等活动，与区直有关部门联合举办纪念“三八”妇女节100周年文艺晚会、全区庆“六一”首届少儿才艺大赛暨第2届少儿书画作品展、第2届全区农民艺术节、校园文化艺术节、庆祝建党89周年等活动，参与组织了园博会、全区第7届民运会开幕式文艺表演。支持承办“星光大道”宁夏赛区选拔赛，宁夏选手多次走进“星光大道”栏目。三是坚持办好常规性文化活动。邀请知名人士主讲，坚持举办“塞上人文论坛”。坚持开展“清凉宁夏”等30个特色品牌文化广场活动，完成演出1718场。组织专业和业余剧团排练优秀文艺剧目和作品，送戏下乡演出2629场。四是扩大文化交流加快宁夏文化“走出去”步伐，认真组织开展了世博会宁夏文化周活动，开周仪式演出，特钢大舞台“花儿的家乡”，特钢小舞台和民族、民间、民俗展演传习区“彩韵回乡”展演，世博街头“天下黄河富宁夏”巡游，庆典广场“魅力宁夏”等系列文化活动精彩纷呈，舞剧《花儿》中《金色的汤瓶》舞蹈应邀入选上海市政协中秋晚会演出，得到有关方面的高度评价。组织《月上贺兰》、《海上升明月》、《三打白骨精》等优秀剧目赴阿拉伯国家、台湾地区进行交流演出，得到国务院台办、文化部等有关方面的通报表扬，宁夏文化“走出去”迈出重大步伐。同时，积极“请进来”开展文化交流，成功组织中阿文化论坛文化部长参访交流活动、“非洲聚焦”演出活动，举办了国内外优秀剧目展演、第2届中国少数民族戏剧会演、台湾少数民族“演艺文化”塞上行、全国“群星奖”获奖剧（节）目展演、宁夏·文莱达鲁萨兰国交流合作论坛、六盘山“花儿”国际研讨会等活动，全年共计有来自14个国家和国内的近100个艺术团体（剧组）的111台剧（节）目来宁演出，使群众在家门口就品味到具有别样风情的文化大餐，进一步扩大了我区的对外影响，全面提升了我区对外交流的良好形象。

四、全力推动文化基础设施建设工程，文化环境得到极大改善

2010年，全区各地市积极规划和建设与城市相匹配的文化设施，各级政府文化建设的主动性进一步增强，基层文化设施建设呈现出良好的发展势头。一是全力推进区级重点工程建设，按计划完成宁夏大剧院整体建筑结构土建工程，以及工程预留预埋和舞台设备招标、设计深化等工作。同时，宁夏艺校迁建工程奠基动工，红旗文化大厦抓紧施工，银川剧院拆迁工作基本完成，京歌大院开发改造开始动迁。二是加大基层文化设施建设的协调扶持。积极争取文化部资金支持，推进13个市县区文化场馆改造建设项目，为194个乡镇综合文化站增配了设备，基层文化阵地进一步夯实。三是积极参与“黄河金岸”文化展示线项目和塞上江南新天府、贺兰山历史文化5个节点景区建设，举办以“打造黄河金岸、弘扬黄河文化”为主题的首届“黄河文化论坛”，编辑出版了以反映黄河诗词歌赋为内容的《黄河风辞》一书，正在协调推进银川华夏珍奇艺术展示园、吴忠黄河文化展示园、中卫世界沙博园、石嘴山五千年华夏馆等标志性工程，实施“黄河金岸”重大美术题材创作工程。全区文化单位基本建设项目17个，竣工14个。

2010年，全区文化单位基本建设资金来源合计2357万元，其中国家预算内资金1114万元，中央、自治区、市、地方各级都加大了对文化设施的投入力度，投资比重呈现出逐级提高的趋势，中央及自治区级加大对基层文化投入的倾斜政策明显。

我区以实施十项创新性重点工作为重点，自治区、市、县、乡、村五级公共文化服务设施建设稳步推进。石嘴山市两馆一中心主体建设基本完成；通过扶持和引导，一批县级文化设施相继建成或得到改善，竣工面积达到1071万平方米；地方特色博物馆，如石嘴山市“五七”干校博物院开工建设，乡镇综合文化站建设也在稳步推进。

各级文化部门面向基层、面向群众，不断加大各项文化惠民工程的实施力度，文化信息资源共享工程全面推进，完成了县级支中心和资源共享村级站点的建设工作；通过利用“流动舞台车”，有效地解决了下乡难、搭台难、转点难的困难；基层群众多层次、多方面、多样化的文化需求得到进一步满足，基层文化资源进一步丰富。

五、全力推动文化遗产保护工程，民族区域优秀传统文化得到很好的传承发展

一是编制完成“十二五”文物事业发展规划及文物保护项目和经费需求规划、长城保护计划和拜寺口双塔等一批重点文物保护规划，为深入推进保护工作奠定基础。二是扎实推进第三次文物普查后续工作，对全区各市县区三普实地调查进行验收，完成境内明长城及战国秦长城实地调查和资料整理工作，启动了隋长城和馆藏文物调查“世博金玉兰奖”。完成第7批全国重点文物保护单位

申报复核、第4批自治区文物保护单位申报和资料汇总工作。三是切实做好考古工作，完成西气东输二线、包兰铁路、宁东能源化工基地等大型基本建设中考古发掘项目10个。四是加强文物保护，积极争取国家重点文物保护专项经费和大遗址保护专项经费支持，加快董府保护修缮工程，启动了西夏陵四号陵保护工程。水洞沟段长城保护修缮工程前期准备工作抓紧进行，须弥山景区文物保护、西夏陵文物保护基础设施建设项目选址、论证、报批工作完成。完成贺兰口、苏峪口等6个岩画分布点信息建档工作。命名贺兰县等首批全区“文化建设先进县（市、区）”6个、青铜峡镇等“历史文化名乡（镇）”3个、沙坡头区北滩村等“历史文化名村”5个。五是大力发展博物馆事业，积极协调推进须弥山博物馆展陈设计和西夏陵博物馆迁建，建设农业博物馆、龙文化博物馆等行业专题博物馆15座，总量达到66座，提前实现了自治区确定的每10万人拥有1座博物馆的目标。举办了“国际博物馆日”、丝绸之路文物精品展、典藏书画作品展等文物展11个。六是大力保护非物质文化遗产。编制完成“花儿”生态保护区保护规划和非物质文化遗产教育传承计划纲要，编辑出版了《花儿论文集》、《汤瓶八诊》非遗系列丛书。新建宁夏大学回族研究中心研究基地、隆德县六盘山文化城等国家级非遗名录项目传承基地（点）10个。启动第三批自治区级非遗代表性传承人申报工作，公布第二批自治区级非遗代表性传承人62名。非遗保护“绿芽计划”全面实施，非物质文化遗产进校园等教育传承工作扎实推进。我区已经初步建立了国家、自治区、市、县四级非物质文化遗产保护名录体系和传承人保护体系。

表2　宁夏非物质文化遗产保护情况

项目	国家级	自治区级	市级	县区
保护项目	31	188	309	383
传承人	32	410	415	865

2010年，全区文物保护管理机构21个，博物馆6个，文物科研机构3个，全年实现总收入1.04亿元，总支出6081.3万元。全区全国第三次文物普查登记不可移动文物3780处，现有全国重点文物保护单位18处，申报第7批全国重点文物保护单位20处；自治区级文物保护单位143处；市、县级文物保护单位200余处。有国家级历史文化名城1座，历史文化名镇（村）1个。长城、西夏陵和水洞沟遗址被列入全国100处大遗址。须弥山石窟、开城遗址、固原古城和固原西南郊北朝－隋唐墓地4处遗产点列入“丝绸之路跨国联合申报世界文化遗产”推荐名单。贺兰山西夏王陵风景名胜区进入首批13家中国国家自然与文化双遗产名单。目前，已建成各类博物馆66多座，其中各级政府建设的有32座，行业专题博物馆21座，民办13座。全区文物系统馆藏文物84093件/套，其中一级文物367件/套，二级文物3418件/套，三级以上文物7416件/套。全区各级博物馆共举办各类展览200多个，接待观众330多万人次。已建成各类博物馆66多座，提前实现每10万人拥有一座博物馆的宏伟目标。

六、加强文化市场监管，文化娱乐业健康发展

2010年，通过采取加强演出市场管理、举办演出经纪人培训班、取缔黑网吧、推进卡拉OK内

容管理服务系统建设等一系列加强文化市场监管的措施，文化市场环境得到净化，文化娱乐市场得到进一步健康有序发展。积极推进综合执法改革，文化市场执法力量得到加强，执法能力进一步提高。通过开展“整治互联网低俗之风专项行动”、“网吧集中整治专项行动”、“治理校园周边环境专项行动”，未成年人进入网吧现象得到有效遏制，网吧低俗内容接入大部分已被屏蔽，部分市县实现网吧接入“零点断线”，从源头上制止了超时营业现象，网吧数量得到有效控制，退出机制正在建立，社会监督机制已初步建立并逐步完善，“五老”监督员（老干部、老战士、老专家、老教师、老模范）正在发挥积极作用。

2010 年，我区各类文化市场经营机构与上年度相比有所增加，经济效益有较大提高，固定资产原值减少，文化市场经营机构的发展由数量增长型向规模效益型转变。另一方面，利润总额相比增加 9668 千元，增长不是很大，说明文化市场经营单位经营成本加大，一些网吧和歌舞娱乐场所为了提高经营利润，纷纷改善经营环境，盲目投资和重复性建设较为严重，有的地区新建的娱乐场所，在没有进行充分的市场调查下就盲目投资，导致规模过大，而激烈的市场竞争又使得投入资金难以迅速回收，在刚开业经营一段时期后又不得不关门歇业，经营状况较为波动。总之，我区文化市场为丰富广大群众的文化生活，增加就业机会，优化投资环境，促进经济发展起到了十分重要的作用。但就总体而言，我区文化市场尚处在发展阶段，产业结构不尽合理，仍需进一步完善。2010 年，通过全区广大文化文物工作者的艰苦努力，全区文化工作取得了长足的发展，但同时也要看到，文化建设与全面建设小康社会目标的要求尚有差距，与政治、经济、社会建设协调发展还不完全相适应。各级政府要继续加大对文化事业的投入力度，为我区营造一个更加良好的发展环境。我们将在区委、区政府的领导下，坚持科学发展观，与时俱进，积极进取，为实现宁夏文化事业的全面繁荣而努力奋斗。

（宁夏回族自治区文化厅）

新疆维吾尔自治区2010年文化发展情况分析

2010年是"十一五"的收官之年，新疆文化厅坚持以科学发展观为指导，以新疆工作座谈会为契机，以科学编制"十二五"规划为推动，以"文化兴疆"和"文化惠民"为主线，探索创新，重点突破，圆满完成了收官之年的各项工作。着力构建多元融合、充满活力、更加开放、科学发展的现代公共文化体制机制，满足各族群众不断增长的精神文化需求，对于推动我区大建设、大开放、大发展和"十二五"国民经济和社会发展蓝图的全面实现，具有十分重要的意义。

截至2010年底，全区共有9430个文化机构（含市场），从业人员37711人。全年文化行政事业机构实现总收入14.96亿元，企业机构营业总收入11.80亿元。

现有群艺馆15个、文化馆97个，文化站1097个，其中乡镇文化站977个。公共图书馆103个、图书总藏量1，113万册（件）。博物馆71个、文物保护管理机构96个，文化市场经营机构7577个。

一、文化（文物）事业投入逐年增加

2010年全区文化（文物）部门经费总收入14.96亿元，其中财政拨款11.91亿元，分别比2006年增长173%和198%。

2010年文化部门经费收入合计11.2亿元，文化事业费为7.12亿元，人均文化事业费32元。文化事业费和人均文化事业费分别比2006年增长131%和108%。

2010年文物业收入3.69亿元，文物事业费2.41亿元，人均文物事业费为11.05元。文物事业费和人均文物事业费分别比2006年增长180%和157%。

二、公共文化设施建设取得新进展

"十一五"期间，完成新疆艺术剧院、新疆木卡姆艺术团区级文化设施新建项目。全疆现有23个区级文化设施，各地州和县市已建成公共图书馆102个、博物馆70个、文化馆110个，乡镇综合文化站1097个，全区公共文化设施建设取得了新的进展。

三、重大文化工程实施顺利

"十一五"期间，新建923个乡镇综合文化站，投入资金42850.62万元，乡镇综合文化站在我区基本实现全覆盖。2009年，国家率先在新疆启动了南疆三地州行政村和社区文化室建设项目，新建1145个行政村和社区文化室，投入资金26271万元。建成"全国文化信息资源共享工程"自治区级分中心1个、县级支中心94个、乡级和村级基层服务点9321个，投入资金11976.21万元。"送书下乡工程"向贫困边远地区的48个县级图书馆和400个乡镇文化站送去少数民族语言文字图书50余万册。流动舞台车工程为新疆配备61辆流动舞台车，公共文化服务能力显著增强。

四、艺术生产成绩斐然

“十一五”期间，各级专业艺术表演团体创作生产了一批思想内容好、艺术特色浓、市场有潜力的舞台艺术精品，如大型音乐杂技剧《你好，阿凡提》，大型歌舞《洒满阳光的新疆》、《舞动天山》、《万方乐奏》，传统乐舞《木卡姆的春天》，大型音乐剧《冰山上的来客》，话剧《马市巷子的老院子》、《大巴扎》，哈萨克歌舞《阿嘎加依》，新疆曲子剧《哈哈泉子的户儿家》等等。这些作品，不仅屡获全国“十大精品剧目”、“文华大奖特别奖”、“白玉兰奖”等国家级奖励，也收到了很好的社会效应，极大地丰富了各族群众的精神文化生活。

五、群众文化活动日益丰富

“十一五”期间，新疆连续举办“百日广场文化活动”，累计总场次30525万次，累计观众11817万人。乡村文体活动竞赛在全区农村组建了舞蹈、赛马、叼羊、秧歌、篮球等各种群众性文体活动队伍562个，总人数18800余名，年活动场次6300余场，观众550万人。“千场演出送基层”、“三下乡”、“四进社区”、“高雅艺术进校园”等文化下乡活动累计演出5000余场次，举办各类讲座近2000场次，培训农村业余骨干近6万人。打造了“群星耀天山”、“新歌唱新疆”、“新诗写新疆”等系列群文品牌活动，有声有色，影响广泛。麦西来甫、阿肯弹唱、库姆孜弹唱、诺鲁孜节、那达慕大会等民间传统“节日系列”文化活动，成为最受少数民族群众欢迎、参与最广泛的群众性文化活动。

六、文物保护工作硕果累累

五年来，新疆先后颁布实施了《新疆维吾尔自治区实施<文物保护法>办法》、《吐鲁番交河故城遗址保护管理条例》，经中央批准实施了《丝绸之路（新疆段）重点文物抢救保护工程方案》。新疆率先在全国完成文物数据库建设；北庭故城国家考古遗址公园建设顺利，丝绸之路（新疆段）重点文物抢救保护工程成效显著，吐鲁番坎儿井保护一期工程顺利竣工；丝绸之路申报世界文化遗产工作有序推进；多次在美国、德国、日本、韩国及内地、台湾成功举办新疆文物精品展；在宣传方式上力求创新，推出电视专题节目《博物馆之旅》、制作动漫短片《博物宝宝》，受到了社会的欢迎，博物馆参观人数大幅提升。文物业机构总数2010年为173个（文物局为49个，文物管理所为49个），比2009年净增加10个机构。从统计数据分析，机构数量的增长并不大，但名称上的变化，标志着工作职能、工作权限的变化，反映出有关地方政府对于文物行政管理工作的重视程度有了很大的提高。

2010年全区博物馆数量保持持续增长。2008年博物馆有47家，2009年增加到63家，2010年增加到70家。这是由于近年来国家对包括博物馆工作在内的公益性事业高度重视，对免费开放参观的博物馆给予财政经费补助，推动了各地县建馆的积极性；也是新疆党委提出“以现代文化为引领"，保障新疆各族人民群众文化权益的措施实施的必然结果。

2009 年全疆文博从业人员为 1261 人，2010 年从业人员为 1377 人，人员数量增加 116 人。从人员归属结构来看，全疆文物局（所）（包含除自治区博物馆以外的 4 个区属文博单位）人员数量从 2009 年的 803 人变化到 2010 年的 784 人，减少了 19 人；全疆博物馆人员数量从 2009 年的 458 人增加到了 2010 年的 593 人，增加了 135 人。

其中，全疆文物局（所）（包含 4 个区属文博单位）人员数量有所略微减少，基本属于人员离退休等正常流动。同时由于各地州对于文博行业的进一步重视，成立了博物馆，文物局（所）有一部分人员分流进入博物馆。此外，因新成立博物馆，必然编制增加，人员相应增加。

从数据中还反映出随着文博事业的不断蓬勃发展，各地对于文博行业的重视程度不断提高，人员总体配备数量有了一定的增加。新疆文物业目前的机构配置按照行政区划来说基本算是比较均衡，基本达到了基层都有文物行政管理部门和业务机构，这对开展文物工作是有利的。但是面对新疆地域广大、文物资源分布面广、点多线长的现状，人员数量配备、人员知识结构等方面还是远远达不到要求，不能够满足目前事业开展需求。为了推进文博事业的持续发展，建议各级政府要加大文物保护领域各类人才的培养力度，拓宽人才培养途径，要健全人才激励机制，充分调动各方面的积极主动性，结合重大文物保护科技项目大胆起用青年人才，培养高水平的创新人才，才能够逐步从根本上解决我区文博行业人员缺乏，尤其是专业人员匮乏的问题。

截至 2010 年底，全疆共有文物点为 9712 处（因数据上报时，疆内文物普查未完全结束，所以此数据只包含部分文物普查出的文物点），其中全国重点文物保护单位 58 处，自治区级 373 处，县市级为 2789 处。由于我区全国第三次文物普查工作的开展，使 2010 年新疆辖区内的文物点数量继续增加。相较去年，全国重点文物保护单位和自治区级文物保护数量没有变化，县市级文物保护单位增加 824 处。

截至 2010 年底，全疆共有馆藏文物 121852 件/套。其中，一级 707 件/套，二级 1348 件/套，三级 4104 件/套。一级文物藏品数量没有变化，二级文物藏品数量增加 9 件、三级文物藏品数量者增加 66 件。新增 75 件珍贵文物原因是 2010 年自治区文物鉴定委员会进行文物鉴定，增加文物资料也已在国家文物局备案。

2010 年全疆共有馆藏文物 121852 件/套，其中博物馆、纪念馆藏品数量为 119370 件/套，文物保护管理机构藏品数量为 2482 件/套。相较 2009 年度，博物馆、纪念馆藏品数量增长较大。一是由于各地新建博物馆，部分原为文物保护管理机构收藏的文物藏品，被调整到博物馆、纪念馆收藏。二是由于机构改革，原先没有博物馆纪念馆的地县于 2010 年成立了博物馆，因而将文物藏品移交到即具备收藏条件也符合管理要求的专业藏品机构——博物馆进行收藏保护。这也反映出基层单位逐渐提高了藏品管理意识，重视文物藏品的保护管理方式。

2010 年度全疆共举办展览 191 个，参观人数 3664000 人次。较上年度展览数量进一步增加，参观人数也必然进一步增加，无论是成年人还是青少年都增加近一倍。可见随着国民文化素质的逐步提高以及文物保护宣传力度的加大，群众对祖国文化遗产、悠久历史的关注度和热情越来越高。国家近年来注重爱国主义教育要从小开始抓起，重视青少年思想教育也成为参观展览人数增加的重要原因之一。

七、非遗保护和传承力度加大

目前，新疆拥有维吾尔木卡姆、柯尔克孜史诗《玛纳斯》、维吾尔族麦西来甫3项世界级非遗项目。已建立国家、自治区、地、县四级非物质文化遗产名录，国家级项目名录66项、自治区级项目名录186项（含兵团），国家级非遗代表性传承人24名、自治区级传承人358名。颁布实施了《新疆维吾尔自治区非物质文化遗产保护条例》和《新疆维吾尔自治区维吾尔木卡姆艺术保护条例》；在哈密、鄯善、莎车等地建成木卡姆传承中心；维吾尔古典文学和木卡姆学会升级为国家级学术团体，举办国际木卡姆学术会议，出版了一系列多文种文集；召开“全国阿依特斯学术会议”，出版3种文版论文集；扶持资助出版多文种《江格尔》文集及学术著作。

八、文化产业建设取得新进展

“十一五”期间，新疆积极探索文化产业发展思路，成功举办首届“新疆文化产业研讨会与洽谈会”和“中国西部地区文化产业经营管理人才培训班”，组织参与了6届中国（深圳）国际文化产业博览交易会，签订意向金额1.887亿元，在中国西部（呼和浩特）文化产业博览会上签订意向金额8600万元。在乌市水磨沟区7坊街建立首个文化创意产业集聚区。与中国农业银行新疆分行签订了战略合作协议，在文化产业领域建立长期稳定的战略合作关系。截至2010年，新疆文化产业增加值17亿元，经营性文化产业机构7607个，从业人员24458人，新疆文化产业从无到有，从小到大，艰难起步。

九、文化市场逐步规范

2010年，全共各类文化市场经营单位7577家，营业收入114533万元，其中演出业3170万元，娱乐业57235万元，网络文化1203万元，网吧业37003万元。与2009年数据比较，2010年各类文化市场经营单位营业收入同比增长28.8%。其中，收入增减显著的是演出市场主营收入同比增长49.8%，网吧收入同比减少0.7%。

表1　文化市场发展情况

单位名称	机构数（个）			从业人员（个）			营业收入（万）		
	2010年	2009年	增减数	2010年	2009年	增减数	2010年	2009年	增减数
演出市场	27	26	1	252	231	21	3170	1579	1591
娱乐市场	2182	2416	-234	11943	11417	526	52735	50130	2605
网吧市场	2439	2532	93	7273	8169	896	37003	39929	-2926

2010年，演出经纪公司27家。演出总收入3170万元，同比增加1591万元，全年演出经纪公司代理演出场次总计1989场，观众人数2491万人，其中，县城演出212场。

2010年全区娱乐场所经营单位2182家，同比减少234家，从业人员11943人，同比减少526人。其中，歌舞娱乐场所1147个，游戏、游艺场所814个、棋牌、台球场所221个

2010年全区文化娱乐场所固定资产127447万元，同比增加45153万元，主营营业收入517595万元，同比增加6745万元；

2010年全区互联网上网服务营业场所2439家，同比减少93家，计算机终端近18万台，同比增加0.5万台，从业人员7273人。连锁经营企业拥有网吧门店264家，全区互联网上网服务营业场所（网吧）营业收入为37003万元，同比减少2926万元。

截至2010年底，全疆共有执法机构108个，其中自治区级1个，地州市级14个，区县级93个，全疆共有执法人员610人。

十、对外文化交流成效显著

“十一五”期间，新疆与世界60多个国家和地区进行了文化交流，开展文化交流项目累计达476项、5043人次，提升了中国新疆的良好形象。成功举办首届“中国新疆国际民族舞蹈节”、“春满天山”专业文艺汇演，参与北京奥运会开幕式、上海世博会“新疆活动周”等重大演出。2010年央视青歌赛中，新疆代表队获得青歌赛银奖的历史最好成绩。

十一、文化人才队伍逐步壮大

目前，新疆共有文化艺术从业人员36922人，初步形成了艺术、图书、群众文化、文博4个专业为一体的文化专业队伍。“十一五”期间，依托新疆艺术学院等5所艺术类大专院校，培养舞蹈、音乐、美术等艺术人才20000余人，在中央戏剧学院培养4届近120名戏剧表演人才，在西北大学培养2批约60名文物考古专业人才，在东北师大、北大、上海马戏学校开办图书、文博和杂技专业的培训班，举办多期艺术培训和少数民族骨干人才特培班，有力地壮大了新疆文化人才队伍。

（新疆维吾尔自治区文化厅）

后　记

文化统计工作是实现文化领域宏观调控和行业管理的重要基础性工作，随着文化建设的快速发展，社会各界对文化统计信息提出了更高的需求。为了更好地满足这些需求，充分发挥统计工作反映文化发展、服务文化决策、引导文化实践的重要基础性作用，我们在全国文化统计系统组织开展了《文化发展统计分析报告》课题研究工作。

经过三个多月的努力，在各级领导的指导下，我们完成了课题的研究工作。现将研究成果编印出版，奉献给大家，供参考使用。本书分为综合篇和地区篇两个部分。综合篇是从不同角度对全国文化发展情况进行的宏观分析，地区篇则是立足于各地区文化发展的特点开展的研究。这些文章既有经济理论和文化理论的运用，也有统计数据的佐证；既有现状的描述，也有问题的讨论和建议的提出，对现阶段我国文化发展具有一定的参考意义。

该书的编撰出版得到了文化部各级领导、各地方文化厅局以及国家统计局、东北财经大学相关同志的大力支持。在此，表示由衷的感谢。由于时间仓促，水平有限，且是首次出版全国范围的文化统计分析报告，错误和不足之处在所难免，希望得到大家的理解，并请给予批评指正。

2011 年 7 月

图书在版编目（CIP）数据

2011文化发展统计分析报告 / 中华人民共和国文化部编. —
北京：文化艺术出版社，2011.7
ISBN 978-7-5039-5148-0

Ⅰ. ①2… Ⅱ. ①文… Ⅲ. ①文化发展—统计分析—
研究报告—中国—2011 Ⅳ. ①G12

中国版本图书馆CIP数据核字(2011)第138866号

2011文化发展统计分析报告

主　　编　中华人民共和国文化部
责任编辑　张勍倩
装帧设计　朱倩倩
出版发行　文化艺术出版社
地　　址　北京市东城区东四八条52号（100700）
网　　址　www.whyscbs.com
电子邮箱　whysbooks@263.net
电　　话　（010）84057666（总编室）　84057667（办公室）
　　　　　84057691—84057699（发行部）
传　　真　（010）84057660（总编室）　84057670（办公室）
　　　　　84057690（发行部）
经　　销　新华书店
印　　刷　北京图文天地制版印刷有限公司
版　　次　2011 年 8月第 1 版
印　　次　2011 年 8月第 1 次印刷
开　　本　889 × 1194 毫米　1/16
印　　张　22.5
字　　数　500 千字
书　　号　ISBN 978-7-5039-5148-0
定　　价　160.00 元
